GELEBTES ERINNERN – ERINNERTES LEBEN /

»Schreiben – Ein Fluch, der rettet ...«

Zusammengestellt von Johann P. Tammen / Mit einer Bildergeschichte von Wolfgang KrauseZwieback.

Inhalt

UM DICH DAS MENSCHENTUM UND SEIN GEBARME ...

Barbara Köhler: In the movies 5
Gerhard Falkner: zeit / druck 6
Peter Rühmkorf: Drei Variationen über das Zeitgedicht 7
Gottfried Benn: Hör zu 8
Wilhelm Raabe: Des Menschen Hand 9

Wolfgang Hegewald: »Dass die Kanaille Herr ist und bleibt.« / Wilhelm Raabe zum Gedächtnis 11

... AM BESTEN GEBE ICH KEINE PROGNOSE ... SO LONG EUER ALBERT

Albert Vigoleis Thelen: »Mötterken sei gegrüßt ...« / Briefe aus düsteren Jahren (1929-1948) / Ausgewählt, kommentiert & bebildert von Ulrich Faure und Jürgen Pütz 19
Michael Gormann-Thelen: Neues vom »Prallerzähler« 59

... UND AUCH VOM HIMMEL KOMMT KEIN SEGEN MEHR

Klaus Stiller: Philosophismen 65
Peter Geist: »Lust, Zartheit, Klugheit, Schmerz ...« / Über Gerhard Falkner 71
Gerhard Falkner: Ist es einfach, ist es schwierig? 80
Gerhard Falkner: Schmerzkopfen in Kiev 89
Cornelia Jentzsch: Ich bin nicht Schrödingers Nichte ... / Notizen zu Barbara Köhlers Poesie 99

Fortsetzung Seite 3

55. Jahrgang, Band 4 / 2010, Ausgabe 2

Marginalien

Indem sie [die Universalgeschichte] den Menschen gewöhnt, sich mit der ganzen Vergangenheit zusammenzufassen und mit seinen Schlüssen in die ferne Zukunft vorauszueilen: so verbirgt sie die Grenzen von Geburt und Tod, die das Leben des Menschen so eng und so drückend umschließen, so breitet sie optisch täuschend sein kurzes Dasein in einen unendlichen Raum aus und führt das Individuum unvermerkt in die Gattung hinüber.

Friedrich Schiller: Was heißt und zu welchem Ende studiert man Universalgeschichte? 1789

*

(...) Des Menschen Leben scheint ein herrlich Los: / Der Tag wie lieblich, so die Nacht wie groß! / Und wir, gepflanzt in Paradieses Wonne, / Genießen kaum der hocherlauchten Sonne, / Da kämpft sogleich verworrene Bestrebung / Bald mit uns selbst und bald mit der Umgebung; / Keins wird vom andern wünschenswert ergänzt, / Von außen düstert's, wenn es innen glänzt, / Ein glänzend Äußres deckt ein trüber Blick, / Da steht es nah – und man verkennt das Glück.

Johann Wolfgang Goethe: Trilogie der Leidenschaft / An Werther 1824

*

Stunde stunde meine Frist, / Bis das Werk verrichtet ist. // Stündige den letzten Tag, / Der das Lied vollenden mag. // Stünde, Stunde, mir das Wort / Und ich geb es reicher fort.

Albert Vigoleis Thelen: Dichtergülte (Runenmund) 1963

*

Gedichte können einen Schrecken verraten, den jede andere Sprache dem Körper verheimlichen würde.

Gerhard Falkner: so beginnen am körper die tage / aufzeichnungen aus einem kalten vierteljahr 1984

*

Aber uns ist kein Schnabel gewachsen: / wir reden, wie uns der Mund gestopft wurde.

Barbara Köhler: Vogelbild (Blue Box) 1995

*

Man kommt mit seiner Nase auf die Welt, und fertig ...

Albert Vigoleis Thelen über Albert Vigoleis Thelen

Inhalt

Hasso Krull: »Bin ich jetzt verwandelt? Nein ...« 108
Michael Hametner: Die Welt des KrauseZwieback 115
Wolfgang KrauseZwieback: Sims geht vor 118

... VIELLEICHT SCHWINGT HINTER DER STIRN NUR EIN TON?

Klaus Stiller: »Das Unermessliche vermessen ...«............................. 129
Götz Wienold: Rotlauf 133
Jürgen Theobaldy: Drei Männer / Vor der Siesta / Nacherzählt 137
Ralf Thenior: es geht weiter 147
Derek Mahon: »Eis im Mare Imbrium« 148
Anne Dorn: »Hinter der Stirn« 152
Johano Strasser: Eine Art Unfall / Hamburger Simulation 157
Ludwig Lugmeier: »Mach was draus«, dachte ich mir 165
Michael Schulte: Die Wandlung – Ein Bericht 170
Ludwig Lugmeier: Lieber Michael 176
Jürgen Theobaldy: Im Gerede 177

... UND WAS MACHT MAN MIT DEM WEIẞEN PAPIER?

Edith Werner: Radikal subjektiv – Clarice Lispector.......................... 179
Clarice Lispector: »Schreiben – Ein Fluch, der rettet ...« /
Auswahl aus den Crônicas »A descoberta do mundo« 183
Hans-Jürgen Heise: Der Tango, das argentinische Vaterunser? 197

WER IST DER ANDERE? WER IST MAN SELBST? – bücherforum

Gert Heidenreich: Sänger des Zweifels – Johano Strassers Gedichte 203
Johano Strasser: Litanei 204
Walter Neumann: Günter Grass und die Brüder Grimm 207
Peter Geist: Dietmar Daths Weltenrettungs-Panorama 208
Wend Kässens: Hugo Dittberners »See-Vokabularium« 211
Carola Ebeling: Anne Dorns Romanwelten 215
Wend Kässens: Sabine Peters' Roman-Kunststück »Feuerfreund« 219
Michael Buselmeier: Gabriele Weingartners Roman »Tanzstraße«......... 223
Ingo Flothen: Pedro Mairals Sturz in die Vergangenheit 225
Sabine Peters: Carl-Henning Wijkmarks »Nahende Nacht« 226
Ingo Flothen: Francis Wyndhams Roman »Der andere Garten« 220
Eva Taylor: Zwanzig Jahre »Jeanette Schocken Preis« /
Eine Dokumentation 230
Gerd Kolter: Die Bücherlust des Eric van der Wal 232

Kolophon / Die Autoren, Künstler & Übersetzer / Quellen & Hinweise 239

WOLS (1913–1951), Künstlername von Wolfgang Schulze. Foto: Ohne Titel! Aus: WOLS. Bilder Aquarelle Zeichnungen Photographien Druckgraphik. © Benteli Verlag Bern.

Barbara Köhler

*1959

In the movies

»Film ist vierundzwanzigmal
Wahrheit pro Sekunde«

Jean-Luc Godard

Vierundzwanzigmal pro Sekunde
laufe ich mir davon kommt etwas
auf mich zu sagt: Ich

laufe davon bin fest
gehalten in den Bildern
die laufen ein Massaker
jede Bewegung eine Wendung
im Schlaf in vierundzwanzig
Stück pro Sekunde Stunden
der Tag zerteilt eine gepreßte
Stimme die Tonspur sagt: Ich

hab mich verlaufen sehe vor
lauter Bildern den Film nicht
den Stillstand sehe mich vor
vierundzwanzig Feststellungen
pro Sekunde bewegt die Hand
in den Mund gestopft: Leben

tut weh Madame beißen Sie zu.

Gerhard Falkner

*1951

zeit / druck

man wird
man wird froh sein, wird man
man wird sich gefürchtet haben
wird man sich, viel gefürchtet
in diesem trubel
wird einem heiß geworden sein
aber kurz nur, nur kurz, so kurz
wie der tanz des königs kastschei
oder sogar noch kürzer

und die speck am drecken haben
werden qualmen wie unschlitt
und die rüben in den mieten
werden sauer werden, und am
prellstein verstaucht sich ein
leuchtender sog
die beschwichtigung log

aber andere und ihnen ähnliche
oder solche von den ihresgleichen
sie werdens gewesen sein
sie werdens nicht anders
gewollt haben, sie werden
gewesen sein

Peter Rühmkorf

1929–2008

Drei Variationen über das Zeitgedicht

Das Zeitgedicht, das Zeitgedicht,
ist schon ein Tutmirleidgedicht,
mit Kunst geschliffen und gefeilt,
entgeht ihm, wie die Zeit enteilt,
ojeh!

Das Zeitgedicht, das Zeitgedicht,
so schnell wie Zeitung kann es nicht,
weil wo es sich mit Sinn verfaßt,
ist prompt der Drucktermin verpaßt,
oweh!

Das Zeitgedicht, das Zeitgedicht,
hat nur ein kurzes Lebenslicht,
und wenn es auch die Wahrheit spricht,
man dankt's ihm nicht!
Olé!

Gottfried Benn

1886–1956

Hör zu

Hör zu, so wird der letzte Abend sein,
wo du noch ausgehn kannst: du rauchst die »Juno«,
»Würzburger Hofbräu« drei, und liest die Uno,
wie sie der »Spiegel« sieht, du sitzt allein

an kleinem Tisch, an abgeschlossenem Rund
dicht an der Heizung, denn du liebst das Warme.
Um dich das Menschentum und sein Gebarme,
das Ehepaar und der verhasste Hund.

Mehr bist du nicht, kein Haus, kein Hügel dein,
zu träumen in ein sonniges Gelände,
dich schlossen immer ziemlich enge Wände
von der Geburt bis diesen Abend ein.

Mehr warst du nicht, doch Zeus und alle Macht,
das All, die großen Geister, alle Sonnen
sind auch für dich geschehn, durch dich geronnen,
mehr warst du nicht, beendet wie begonnen –
der letzte Abend – gute Nacht.

Wilhelm Raabe

1831–1910

Des Menschen Hand

Legt in die Hand das Schicksal dir ein Glück,
Mußt du ein andres wieder fallen lassen;
Schmerz und Gewinn erhältst du Stück um Stück,
Und Tiefersehntes wirst du bitter hassen.

Des Menschen Hand ist eine Kinderhand,
Sie greift nur zu, um achtlos zu zerstören;
Mit Trümmern überstreuet sie das Land,
Und was sie hält, wird ihr doch nie gehören.

Des Menschen Hand ist eine Kinderhand,
Sein Herz ein Kinderherz im heftgen Trachten.
Greif zu und halt! … Da liegt der bunte Tand,
Und klagen müssen nun, die eben lachten.

Legt in die Hand das Schicksal dir den Kranz,
So mußt die schönste Pracht du selbst zerpflücken;
Zerstören wirst du selbst des Lebens Glanz
Und weinen über den zerstreuten Stücken.

Wilhelm Raabe. 1831–1910. Foto: Archiv.

Wolfgang Hegewald

»Dass die Kanaille Herr ist und bleibt.«

Wilhelm Raabe zum Gedächtnis anlässlich seines 100. Todestages

Fast drei Jahre nach Raabes Tod am 15. November 1910 veröffentlichte Wilhelm Brandes einen Aufsatz, den der sechzehnjährige Schüler Wilhelm Raabe verfasst hat; das vorgegebene Thema lautete: »Die Schwalben und die Sperlinge«. – Die Geschichte geht etwa so: Im Frühling aus dem Süden zurückgekehrt und redselig von ihren Reiseabenteuern plappernd, finden die Schwalben ihr Nest von einem zwei Jahre alten Sperling besetzt, der darin überwintert hat. Er habe das Nest vor fünf Jahren selbst gebaut, behauptet der Sperling dreist, und die Heimkehrer sind perplex und suchen Rat beim weisen Storch. Der aber bittet sich ein Jahr Bedenkzeit aus, denn er müsse zuvor ein weiteres Mal nach Ägypten fliegen und die Inschriften alter Steine studieren, von denen er sich Auskunft für diesen Fall erhoffe. Die Katze indes unterbreitet den Schwalben den rabiaten Vorschlag, den Sperling einfach mit Dreck und Erde im Nest einzumauern. »Die Schwalben fliegen hin und wieder, kleben einen Dreckklumpen nach dem anderen in den Eingang und treiben den sich wütend wehrenden Sperling in das Innere zurück. Bald ist das ganze Loch zugekleistert, und kein Lichtstrahl, kein Lufthauch dringt hinein, aber dennoch wühlt, kratzt, piept und rumort es inwendig noch eine ganze Zeit lang, bis endlich das Geräusch allmählich erstirbt und zuletzt ganz aufhört. Der Spatz erstickt ...«

So beginnt die Autorenschaft eines großartigen Erzählers, dessen Rezeptionsgeschichte, von falschen Freunden befördert und durch den Puderzucker falschen Ruhms süßlich verdorben, mit Klischees wie »gemütvoller Humorist«, »betulicher Realist« oder gar »Gewissen Deutschlands« versiegelt ist. Übrigens hat der Aufsatz Raabes Deutschlehrer August Scholz gefallen, und sein Lob – »... und berechtigt bei fortgesetzter Anstrengung zu den schönsten Hoffnungen für den Verfasser.« – schlug sich fünfzehn Jahre später noch in einer Szene im *Hungerpastor* nieder. – Ach, welche Macht der Literaturunterricht respektive die Hellhörigkeit und Begeisterungsfähigkeit seiner Protagonisten über Lese- und Schreibbiografien hat, bis heute.

Schon vor vierzig Jahren, so hörte ich es kürzlich von Klaus Ramm, schwärmten Autoren – exemplarisch fiel der Name Helmut Heißenbüttel – von der Modernität, auf die man im Werk von Raabe stößt. Vor Sigmund Freud hat Raabe eine literarische Erinnerungstechnik ersonnen und meisterhaft zur Geltung gebracht, etwa in *Die Akten des Vogelsangs*, und simultane Bewußtseinsakte erzählerisch gestaltet, beispielsweise in dem furiosen Fragment *Altershausen*, das erst nach Raabes Tod erschienen ist.

Elemente des Bewußtseinsstromes, bevor dieses Erzählverfahren durch James Joyce berühmt und beinah populär wurde, eine an der musikalischen Komposition orientierte Leitmotivtechnik und die Behandlung des Textes als Partitur – all das findet sich bereits im Werk von Wilhelm Raabe. *Horacker*, die Geschichte des entlaufenen und von dem ältesten Massenmedium der Welt, dem Gerücht, bedrohten Fürsorgezöglings Cord Horacker, er sei ein Mörder, hat Raabe selbst einmal als eine Improvisation über das Wörtchen »man« apostrophiert. Von Arno Schmidt geschätzt und wie später von Arno Schmidt praktiziert, fütterte Raabe seine Texte gern mit teils sehr entlegenen, obskuren Materialien, und ganze Passagen lesen sich wie literarische Geisterbeschwörungen eines notorischen Viellesers und poeta doctus.

Ich zögere nicht, Wilhelm Raabe einen narrativen Feinmechaniker vom Rang Vladimir Nabokovs zu nennen, so raffiniert ticken seine Romane und Erzählungen, die späten zumal, und auch als literarischer Sensualist kann Raabe Nabokov durchaus das Wasser reichen, eingedenk des Diktums von Nabokov, Prosa schreiben heiße, Details zu liebkosen. Zu dieser Modernität rechne ich im Übrigen auch, dass Wilhelm Raabe die Emanzipation des Lesers ins Kalkül zieht und ihn zum Mitarbeiter am Text einsetzt; kein Alleinunterhalter, der seinem Publikum von Zeit zu Zeit gönnerhaft zuzwinkert.

(Die sentimentale Selbstmystifikation des Dichters, die Schicksalspose und die Anbiederung an den Publikumsgeschmack waren Raabe so verhasst wie diejenigen, die er für Repräsentanten dieser Haltung ansah, etwa Theodor Storm, dessen Arbeiten jahrzehntelang Seite an Seite mit den eigenen Texten in »Westermanns Monatsheften« erschienen. Und Raabe wusste genau, was er tat. Eine Anekdote kolportiert es so: Bei einem Spaziergang kommt Familie Raabe an einer stattlichen Villa vorbei. ›So könnten wir auch wohnen, wenn ich es gewollt hätte‹, soll Raabe angesichts der imposanten Architektur gesagt haben, ›Aber ich wollte es nicht.‹)

Das alles mag man um 1970 schon einmal bemerkt haben, aber nach meinem Eindruck hat es sich bis heute nicht so recht herumgesprochen. Auch auf mich hat die Melange aus Vorurteil und Klischee ihre Wirkung lange nicht verfehlt. Ich bin ein durch eigene Lektüre spät bekehrter Raabe-Enthusiast.

Wilhelm Raabe wurde am 8. September 1831 in Eschershausen bei Holzminden im Herzogtum Braunschweig geboren und ist am 15. November 1910 in Braunschweig gestorben, im selben Jahr also wie Lev Tolstoj und Mark Twain. Die Gleichzeitigkeit dieser höchst unterschiedlichen Geister und Erzähltemperamente deutet an, dass die Literatur immer auch als ein Kosmos mit einer Zeitrechnung eigenen Rechts zu verstehen sei, mit der wunderbaren Möglichkeit, den Vorgänger als Zeitgenossen wiederzuentdecken.

In den knapp fünfzig Jahren zwischen 1856 undd 1902 schrieb Wilhelm Raabe nicht weniger als 86 Romane, Erzählungen und Novellen. Zu seinen Lebzeiten erreichte keines seiner Werke eine solche Popularität wie der Erstling *Die Chronik der Sperlingsgasse*, von Raabe selbst später dem ›Jugendquark‹ zugerechnet. Noch an seinem fünfzigsten Geburtstag nahm kaum jemand von dem Autor Wilhelm Raabe Notiz, und er empfand das Schreiben zunehmend als quälende Fron; doch er hatte keine Wahl, denn er musste seine Familie ernähren und hatte nichts anderes gelernt. Prekäre Gesundheitsumstände, etwa ein schlimmes Asthma, dessen nächtlichen Anfälle Raabe peinigten, taten ein übriges zu einer heiklen Verfassung. »Und so ist das, was ihr meine sonnige Heiterkeit nennt, nichts als das Atemschöpfen eines dem Ertrinken Nahen«, notierte der Erzähler einmal erschöpft.

Wilhelm Raabe als Dreißigjähriger (links: Zeichnung von Prof. K. Bauer nach einem Lichtbild) und als Siebzigjähriger (Foto: Archiv).

Als Wilhelm Raabe in den 1890er Jahren erste öffentliche Ehrungen zuteil werden – falsche Freunde; falscher Ruhm! –, da betrachtete er sich schon als ›gestorbenen Schriftsteller‹. 1902 brach Raabe die Arbeit an *Altershausen* ab, pensionierte sich selbst und lebte noch acht Jahre als Schriftsteller a.D. weiter. In einer biographischen Skizze, von Raabe 1906 verfasst, heißt es: »Ende September 1856 erblickte das Buch (*Die Chronik der Sperlingsgasse*, W.H.) durch den Druck das Tageslicht und hilft mir heute noch neben dem *Hungerpastor* im Erdenhaushalt am meisten mit zum Leben. Denn nur für die Schriften meiner ersten Schaffensperiode, die bis zum letzterwähnten Buch reicht, habe ich *Leser* gefunden, für den Rest nur *Liebhaber*, aber mit denen, wie ich meine, freilich das allervornehmste Publikum, was das deutsche Volk gegenwärtig aufzuweisen hat.«

Was den Erzähler Wilhelm Raabe sein Leben lang beschäftigt hat und in unendlich vielen Facetten und Variationen in seinem Werk erscheint, sind, grob zusammengefasst, folgende Stoffe und Motive: der Außenseiter, sein kru-

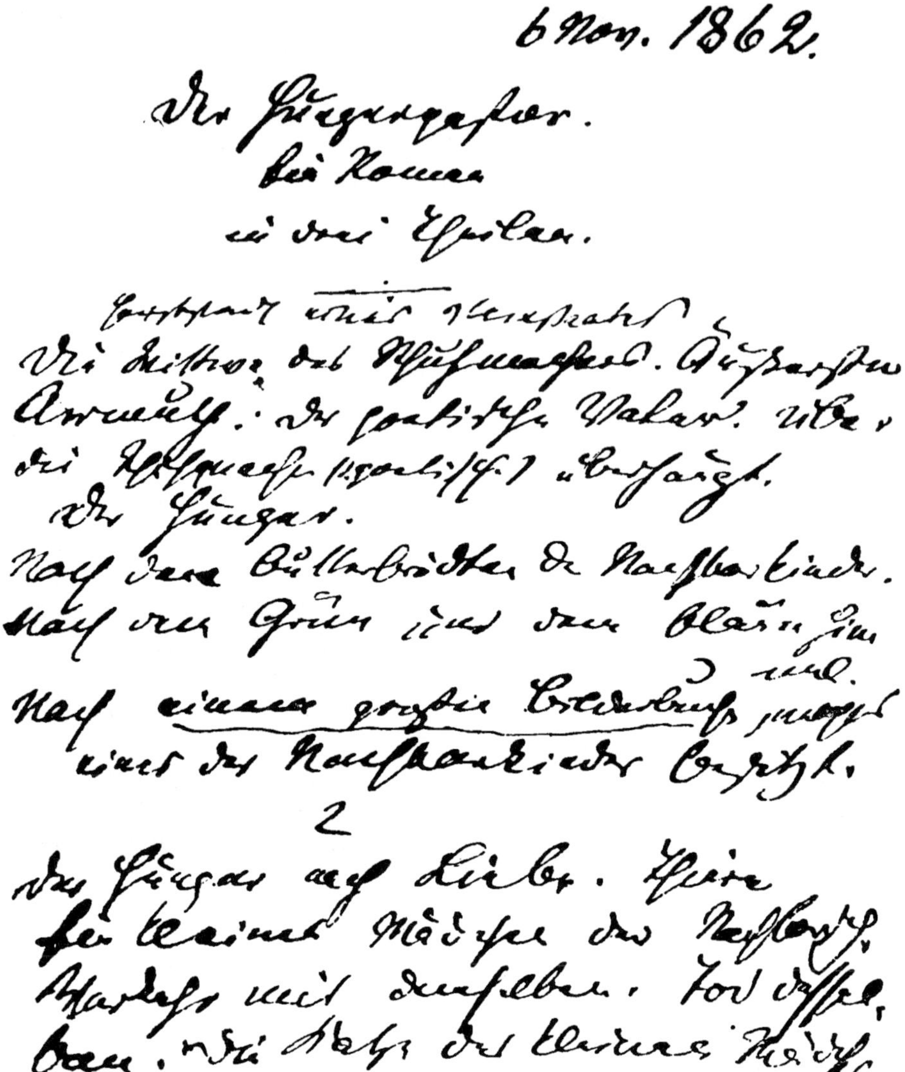
6 Nov. 1862.

Der Hungerpastor.
Ein Roman
in drei Theilen.

Entwurf zum Hungerpastor *in Raabes Notizbuch.*

des Freiheitsbegehren, und wie ihm das Scheitern gelingt oder der Eigensinn glückt; die in einer Biographie verspiegelte Zeit, der Widerschein der Kindheit in der Gegenwart; die Selbstwahrnehmung im pompejanischen Schaufenster: als der, der man gewesen sein wird; der dem Menschengeschlecht innewohnende Zerstörungsfuror, eine Hellsicht in Angelegenheiten, die wir heute ökologisch nennen. Und den Erzählungen und Romanen von Raabe ist ein Anspielungsreichtum eigen, der das Entzücken des Lesers steigert, je genauer er sich mit einem Text befasst.

An einem Beispiel sei wenigstens angedeutet, was ich pauschal behauptet habe: Wilhelm Raabes Roman *Stopfkuchen, Eine See- und Mordgeschichte*, ist 1891 zum ersten Mal erschienen. Eduard, der Erzähler, reist mit dem Schiff von Hamburg nach Südafrika, wo er es zu Wohlstand gebracht hat. Kajütengekritzel, nennt er selbst seine Niederschrift, in der er festhält, was er, zu Besuch in der norddeutschen Kleinstadt, in der er aufgewachsen ist, erlebt und erfahren hat. Gleich nach seiner Ankunft im alten Heimatort ist Eduard zu Ohren gekommen, dass der Landbriefträger Störzer soeben gestorben sei – ein Mann, der im Dienst die Erde mehrfach umrundet hat, ohne je seinen Postdistrikt zu verlassen. Eduard hat ihn als Kind oft begleitet, und Störzer war es, der das Fernweh in dem Jungen geweckt hat. Und Eduard besucht seinen Schulkameraden Heinrich Schaumann alias Stopfkuchen; der Spitzname steht nicht nur für eine enorme Gefräßigkeit und Leibesfülle, sondern auch für die als monströs empfundene Mentalität des notorischen Außenseiters.

Mit querulantisch insistierendem Eigensinn und einer idiotischen Intelligenz hat Stopfkuchen geschafft, was er schon immer wollte: er hat die Rote Schanze erobert. Auf der dem Städtchen vorgelagerten Roten Schanze, dem Fort eines sächsischen Prinzen aus dem Siebenjährigen Krieg, haust Bauer Andreas Quakatz, des Mordes an dem reichen Viehhändler Kienbaum beschuldigt, aber nie überführt, samt Tochter Tine, hinter einer wüsten Hecke und von wilden Hunden bewacht. Da heiratet Stopfkuchen ein.

Der Neubauer, sich philiströs gerierende Ehemann, Privatdedektiv und Hobby-Archäologe Stopfkuchen gibt seine eigene Geschichte und die des offiziell noch ungelösten Kriminalfalls vor seinem Gast Eduard zum Besten, in einer Suada, so ausladend und überbordend wie der durchtrieben Schwadronierende von Gestalt, eine Rhetorik der Selbstverkörperung zelebrierend. Gern quält Stopfkuchen seine Zuhörer, Frau Tine und Besucher Eduard, indem er das Erzähltempo drosselt und abermals abschweift … Ein »Redseliges Bollwerk« – So hat Brigitte Kronauer ihren Aufsatz *Wilhelm Raabe – eine Entdeckung* überschrieben, und der Titel paraphrasiert Stopfkuchen treffend.

So ergibt sich eine intrikate Zeitverschränkung: Während seiner dreißigtägigen Schiffspassage schreibt Eduard nieder, was er während seines Besuches in der Heimatstadt, der gerade einmal zweiunddreißig Stunden währte, erfahren hat, Ereignisse der letzten fünfundzwanzig Jahre betreffend. Doch auch die Geschichte, etwa durch die Spuren des Siebenjährigen Krieges in der Gegenwart, und sogar die Vorgeschichte, in der Gestalt paläontologischer Befunde Stopfkuchens, reden in die Erzählung hinein.

Stopfkuchen: Was für ein monströser, die Gunst des Lesers aufs Spiel setzender Titel! Was für eine Fülle; Stopfkuchen nannte man die Reste eines Kuchenteigs, in den alle übriggebliebenen Backzutaten hineingemengt und mitgebacken wurden. *Stopfkuchen* ist auch die literarische Inszenierung von Raabes eigener Vergangenheit, die Geschichte des störrischen Einzelgängers unter der Hecke, der dürre Raabe und der dicke Stopfkuchen, ein ironisch inversives Selbstporträt. *Stopfkuchen* ist ein Anti-Storm, ein parodistisches Spiel mit *Der Doppelgänger*, der letzten Novelle von Theodor Storm; der von Raabe verachtete Kollege und Rivale war 1888 gestorben.

Gleich zu Beginn des Romans findet sich beiläufig ein Hinweis auf August von Platens Komödie *Die verhängnisvolle Gabel* – eine veritable Publikumsbeschimpfung. Sie zielt auf eine Leserschaft, die nur dem Mittelmäßigen Beifall klatscht und goutiert, was der eigenen »Froschmolluskenbreinatur« verwandt ist. Stopfkuchen, bürgerlich Heinrich Schaumann – und der 1890 in Neapel gestorbene Heinrich Schliemann; die Ausgrabungen eines Lebens. Oder das Sintflutmotiv und andere Anleihen bei Ludwig Tieck – ach, lest doch selbst!

»Mein bestes Werk, denn hier habe ich die menschliche Kanaille am festesten gepackt«, schrieb Wilhelm Raabe über *Stopfkuchen*. Und, in einem Brief an Paul Heyse: »Müßte man nicht in der Tretmühle weiter, so würde dieses Buch mein letztes gewesen sein.«

In Romano Guardinis *Stopfkuchen*-Essay von 1932 – der Beginn einer Neuentdeckung – habe ich die folgende Wendung gefunden: »Eigentlich, wenn man nur je zehn Seiten des Buches zusammennimmt, steckt immer schon das Ganze drin. Und wird doch immer neu aufgehoben, und ist immer etwas anderes.«

Diesem Strukturprinzip der Selbstähnlichkeit, das Guardini im *Stopfkuchen* entdeckt, hat der vor wenigen Wochen gestorbene Mathematiker Benoît B. Mandelbrot einen inzwischen berühmt gewordenen Namen gegeben: Fraktal. Besser lässt sich die Modernität des Erzählers Wilhelm Raabe kaum auf den Begriff bringen.

Die Kunst – wenn sie etwas taugt, und nur dann ist sie Kunst – läuft der Wissenschaft gern ein bißchen voraus.

Liebster Freund, haben Sie auch einmal nackt vor dem furchtbaren Geheimnis des Selbstbewußtseins gestanden? Und wenn – wie verhielten Sie sich dem gegenüber?« – Diese Fragen springen den Leser aus dem Fragment *Altershausen* – abermals so ein unmöglicher Titel, wie *Stopfkuchen* – an. Das Erkenntnisinteresse des Erzählers Wilhelm Raabe zielt auf nichts Geringeres als die Aporien und die Unlösbarkeit unserer menschlichen Existenz. Und dass Gemeinheit und Niedertracht Konstanten dieser Existenz sind, womöglich sogar ein Schöpfungsmakel, daran lässt das Werk von Raabe keinen Zweifel.

Schon auf ein von ihm selbst überliefertes Erlebnis in der Kindheit ging Wilhelm Raabes lebenslänglich gehegter Verdacht zurück, was für eine Macht die Gemeinheit in der Welt sei: »In meinem Elternhause wurde ein zahmer Rabe gehalten, der uns Kinder auf unseren Streifzügen wie ein Hund begleitete, uns in der Schule besuchte usw. Als wir mit unserer Wohnung wechselten, blieb der Rabe an der alten Stätte zurück; er besuchte uns zwar oft, war aber in der neuen

Wohnung nicht zu halten. Da er aber ziemlich verwaiste, so schloß er eine enge Freundschaft mit einem an der Kette liegenden Fuchs des von Campeschen Hauses, mit dem er die Mahlzeiten teilte. Er trieb von Tag zu Tag mehr Unfug, und es wurde deshalb beschlossen, dem Raben den Garaus zu machen; da ihm aber sonst schwer beizukommen war, benutzte der junge von Campe die Gelegenheit ihn abzuschießen, als er gerade bei dem Fuchse zu Gaste war. In dem Augenblick, da der Rabe tödlich getroffen zusammenbrach, stürzte sich der Fuchs über ihn her, um ihn auszuweiden.«

Als viele Jahrzehnte später – die falschen Freunde; der falsche Ruhm – eine Portraitbüste des alten Wilhelm Raabe in Auftrag gegeben wurde, konnte die Familie des Autors nur mit größter Mühe verhindern, dass der so Geehrte einen Satz aus seinem Roman *Schüdderump* in den Sockel gravieren ließ: »Dass die Kanaille Herr ist und bleibt.«

Etwa ein Jahr vor Wilhelm Raabes Tod hat der sechsundvierzig Jahre jüngere Hermann Hesse den greisen und von ihm verehrten Verfasser von *Die Akten des Vogelsangs* und *Pfisters Mühle* in Braunschweig besucht. In einer Portraitskizze heißt es: »... blickte ein altes, faltiges, spöttisch-kluges Gesicht zu mir herab, sehr lieb und freundlich und doch ein Fuchsgesicht, schlau, verschlagen, hintergründig, das greise Gesicht eines Weisen, spöttisch ohne Bosheit, wissend, aber gütig, altersklug, aber eigentlich ohne Alter ...« ◆

Zum Weiterlesen empfohlen:

Wilhelm Raabe: *Altershausen*. Roman. Mit einem Nachwort von Andreas Maier. Insel Verlag, Frankfurt / Main 2010.

Ders.: *Stopfkuchen. Eine See- und Mordgeschichte*. Roman. Mit einem Nachwort von Arno Geiger. Manesse Verlag, München 2010.

Ders.: *Die Akten des Vogelsangs*. Roman. Mit einem Nachwort von Katja Lange-Müller. Insel Verlag, TB, Frankfurt / Main 2010.

Ders.: *Die Chronik der Sperlingsgasse*. Roman. Reclam Verlag, Ditzingen 1997.

Ders.: *Das große Lesebuch*. Hrsg. von Sascha Michel. S. Fischer Verlag, TB, Frankfurt / Main 2010.

Ders.: *Ein Lesebuch*. Hrsg. von Karl Jürgen Ringel, Lambert Schneider, Darmstadt 2010.

Ders.: *Meistererzählungen*. Ausgewählt und mit einem Nachwort von Rüdiger Görner. Manesse Verlag, München 2006.

Ders.: *Sämtliche Werke. Braunschweiger Ausgabe*. Hrsg. von Karl Hoppe, in der Nachf. von Jost Schillemeit. Vandenhoeck & Ruprecht, Göttingen 1966-1994 / 2005.

Werner Fuld: *Wilhelm Raabe. Eine Biographie*. dtv Deutscher Taschenbuch-Verlag, München 2006.

Hubert Winkels (Hrsg.): *Katja Lange-Müller trifft Wilhelm Raabe. Der Wilhelm Raabe – Literaturpreis – das Ereignis und die Folgen*. Wallstein Verlag, Göttingen 2009.

Wilhelm Raabe: *Das zeichnerische Werk*. Hrsg. im Auftrag des Oberbürgermeisters der Stadt Braunschweig von Gabriele Henkel. Georg Olms Verlag, Hildesheim – Zürich – New York 2010.

»Manchmal – und angesichts des verwirrten und verwahrlosenden Laufs der Welt häufiger – greife ich zu Albert Vigoleis Thelen, um mich zu erholen … greife zu diesem scharfsichtigen Welt- und Menschenkenner mit der wilden Phantasie … seinem singulären Werk …« *Gabriele von Arnim*

Albert Vigoleis Thelen. Im April 1983 in Lausanne. Foto: Jürgen Kasten / Thelen-Archiv Jürgen Pütz.

»Nun hoffe ich von Herzen, dass Sie meine Arbeit brauchbar finden …«

Albert Vigoleis Thelen: Briefe aus düsteren Jahren 1929-1948

Seit mit dem *horen*-Band 199/2000 (2. vergriffene Auflage 2001) *Lauter Vigoleisiaden oder Der zweite Blick auf Albert Vigoleis Thelen* erstmals eine größere Auswahl an Briefen dieses in der deutschen Literaturgeschichte einmalig dastehenden Autors abgedruckt wurde, reißt der Ruf nach weiteren Veröffentlichungen nicht ab. Ulrich Faure und Jürgen Pütz sind diesem vielfachen Wunsch nachgekommen: Im Oktober d. J. erschien im DuMont-Buchverlag der von ihnen herausgegebene Thelen-Briefband *Meine Heimat bin ich selbst: Briefe 1929-1953*. Er umfasst die Zeit von Thelens schriftstellerischen Anfängen bis kurz nach dem Erscheinen der *Insel des zweiten Gesichts*.

Wie Thelen versucht hat, zunächst als Übersetzer in der Literaturbranche Fuß zu fassen, lässt sich deutlich an den nun vorliegenden Briefen erkennen. So sehr er als Literaturvermittler (heute würden wir sagen: Agent) dilettierte und die Manuskripte »seiner« Autoren relativ wahllos an Verlage verschickte, so ernsthaft arbeitet er am Wort; seine Briefe an Victor Emanuel van Vriesland zeigen das sehr eindrücklich. Da wir hier einen ganz frühen Einblick in die Werkstatt Thelens erhalten, wurde dieses Konvolut bis zu Thelens Abreise nach Mallorca fast vollständig aufgenommen.

Einige Exilbriefe an die Familie runden die Auswahl ab, sie sprechen eine deutliche Sprache über die antifaschistische Haltung Thelens, der auch nach dem Zweiten Weltkrieg nicht bereit war, in ein »Viertes Deutsches Reich« zurückzukehren, in dem die Altnazis ungehindert ihre Karrieren fortsetzen konnten. Drei Briefe aus der Nachkriegszeit schließen diese kleine Auswahl ab. – Alle Briefe werden hier zum ersten Mal gedruckt.

Alle Briefe dieser – ebenfalls von Ulrich Faure und Jürgen Pütz ausgewählten, bebilderten und kommentierten – Auswahl folgen dem Wortlaut Thelens. Offensichtliche Tippfehler wurden stillschweigend korrigiert. Nicht angetastet wurden hingegen Eigenheiten der Schreibweise, wie zum Beispiel der gelegentliche Gebrauch von »Täge« statt »Tage«.

Von zahlreichen Briefen sind nur unkorrigierte Durchschläge erhalten – eindeutige Tippfehler wurden auch hier korrigiert. Unbekannt muss bleiben, was Thelen nach der Niederschrift handschriftlich dazusetzte. Durchschläge werden dadurch kenntlich, dass sie nicht unterschrieben sind.

Die Handhabung der Rechtschreibung ist bei Thelen zumeist von dem Umstand abhängig, welche Umlaute ihm auf der Schreibmaschine zur Verfügung standen. Erst Ende 1950 hatte Thelen eine Maschine mit dem Buchstaben ß, und dennoch fiel er immer wieder in seine alte Gewohnheit zurück, ss statt ß zu tippen, so dass sich in späteren Briefen oft Mischungen der Schreibweise finden.

Auslassungen sind durch eckige Klammern [...] gekennzeichnet. Handschriftliche Ergänzungen stehen ebenfalls in eckigen Klammern. Kursivierungen geben Unterstreichungen Thelens wieder. Die Kommentare und Anmerkungen beschränken sich auf die nötigsten Angaben.

Nicht alle Anspielungen und Personen in den Briefen haben sich ermitteln lassen. ◆

Peter K. Kirchhof: Porträt Albert Vigoleis Thelen, 2000.

»Die Waschzettel der geschäftstüchtigen Verleger preisen mitunter Bücher an, die sich bei der Lektüre als Ephemeren entpuppen …«

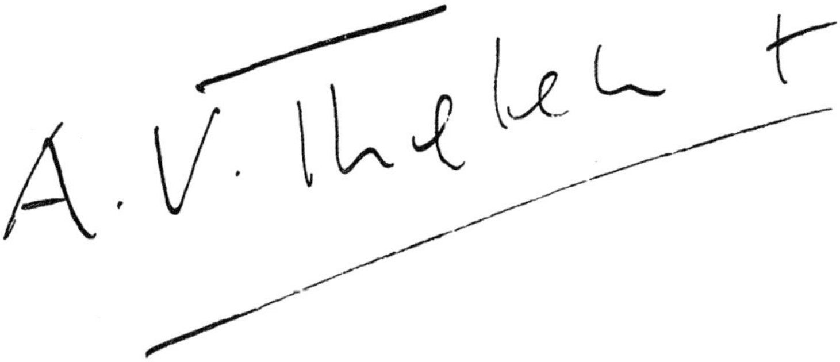

An: **Victor Emanuel van Vriesland /1/, Amsterdam** **Süchteln, 11.12.1929**

Hochverehrter Herr,
in Rücksprache mit dem Verleger Ihres Buches »Der Abschied von der Welt in drei Tagen« /2/ habe ich die Ehre, Ihnen einige Seiten Probeübersetzung zu überreichen. Es ist nicht gut möglich, sich in jedem Fall an den genauen Wortlaut zu halten, aber ich habe mir Mühe gegeben, sinnentstellende Abweichungen zu vermeiden.

In der Hoffnung, Sie insgesamt zufriedenstellen zu können, erwarte ich gern Ihr Urteil und verbleibe hochachtungsvoll

/1/ Victor Emanuel van Vriesland (1892-1974), niederländischer Schriftsteller, Kritiker und Essayist. Am 24.12.1929 schreibt er Thelen, dass es immer sein Wunsch gewesen sei, auf Deutsch zu erscheinen (ein Wunsch, der bis heute nicht erfüllt ist). Da Thelens Probeübersetzung einen ernsthaften Eindruck mache, erlaube er sich, Thelen eine ganze Reihe (nicht erhaltener) kritischer Anmerkungen zu unterbreiten.

/2/ Emanuel Querido (1871-1943). In seinem Verlag erschien 1926 van Vrieslands Debütroman »Het afscheid van de wereld in drie dagen«. Die Übersetzung hat Thelen – wie so vieles – später vernichtet. Vgl.: Hans Ester: »Gespräch mit Albert Vigoleis Thelen«. In: »Albert Vigoleis Thelen«. Hrsg. v. Jattie Enklaar und Hans Ester, Amsterdam 1988, S. 8-18.

An: **Victor Emanuel van Vriesland, Amsterdam** **Süchteln, 29.12.1929**

Sehr geehrter Herr van Vriesland,
für's erste möchte ich Ihnen danken für Ihren freundlichen Brief vom 24. cr /1/. und für die viele Mühe, die Sie meiner Arbeit gewidmet haben. Wenn ich Ihnen fast postwendend antworte, so geschieht es, um Sie Ihrer heimlichen Sorge, ich könne durch Ihre textkritischen Anmerkungen den Mut zur weiteren Arbeit verlieren, zu entheben. – Ich schreibe in meiner Sprache, weil es mir leichter vonstatten geht und weil ich allzusehr die entstellenden Germanismen fürchte, die sich immer noch in meine niederländischen Briefe stehlen. Das möge diese meine Haltung entschuldigen.

Als ich mich anschickte, Ihr Buch ins Deutsche zu übertragen, war ich mir der grossen Schwierigkeiten wohl bewusst. Ja, ich habe manchmal die Arbeit entmutigt eingestellt in dem Glauben, sie nicht leisten zu können. Doch reizte es mich immer wieder neu, auch diese schwerere Aufgabe zu erfüllen. Ich brauche ungefähr das Dreifache der Zeit, die ich bislang für Übertragungen aus Ihrer Sprache aufwandte. Die Schwierigkeiten, die Sie richtig durch die enge Verwandtschaft und Ähnlichkeiten der beiden Sprachen begründen, finde ich bei Ihrem Stil- und Formvermögen noch bedeutend vermehrt. Doch werde ich auf Grund Ihrer Ausführungen über meine Probeseiten das Werk zu Ende führen, zugleich in der Hoffnung, Sie mehr zu befriedigen, als ich es bisher vermochte, – und auch, dass ich Erfolg haben werde bei einem deutschen Verleger /2/.

Inzwischen ist meine Übertragung auf 60 Seiten gediehen; ich werde diese *erste* Niederschrift gerne Ihrer weiteren Durchsicht vorlegen, fürchte nur, Sie allzusehr zu enttäuschen. Doch glaube ich, dass ich die weiteren Seiten mit mehr Erfolg schreiben kann, nun ich Ihre wertvollen Anregungen und Fingerzeige habe. – Die meisten Ihrer vorgeschlagenen Änderungen kann ich anerkennen, andere wieder nicht, da ich sie als Gemeinplätze vermeiden möchte. Und manchmal wich ich lieber ein wenig vom eigentlichen Sinn ab, um eine klanglich reinere Fügung zu verwerten, irgend eine gute Alliteration oder ein lautmalerisches Wortbild. Z.B.: pg. 10, oben: vorne floss filternd das schiefe Licht herunter …, das lautet besser als etwa: siebte sich filternd das schiefe Licht. Wohl könnte man das Verbum nicht reflexiv behandeln, also sagen: siebte filternd das schiefe Licht. Das lautet gut und kommt Ihrer Fügung eben gleich. Doch entbehrt diese Lösung der lautmalerischen Wirkung der Folge von V – f – f.

Oder weiter unten: waar alles hol en dof klonk, wo alles *so* hohl und dumpf klang. Dieses *so* verstärkt bedeutend die Vorstellung, die erzeugt werden soll. In solchen Fällen bin ich oft versucht, auf eigene Faust eine kleine Erweiterung oder Einschränkung zu geben. Weiter bringen Sie, um einiges herauszugreifen, auf pg. 13 in Vorschlag: ihm war, als müsse er *die feinsten Regionen seines Wesens schlummern* lassen. Das ist sehr wohl stilistisch möglich, aber es ist eine verbrauchte Wendung. Wenn ich sage »die klarsten Kammern seiner Seele unerschlossen lassen«, so gehe ich von der Einsicht aus, dass die *feinen Regionen* des *Wesens* in den *klaren Kammern* der *Seele* zu suchen sind. Gewiss, »klare Kammern« der Seele ist nicht alltäglich, aber doch gut zu sagen. Oder: der Himmel strahlt und der Himmel spannt. Dieses »spannen« sagt aus, dass der Himmel masslos glüht und strahlt, denn schon ein ganz leicht bedeckter Himmel kann nie die Vorstellung eines Gespanntseins erwecken. – Das alles erwähne ich, um darzutun, dass es manchmal schwer ist, zwischen mehreren Formulierungen das beste zu treffen. Doch muss ich unumwunden bekennen, dass Ihre Anregungen für meine weiteren Bemühungen ausserordentlich wertvoll und weisend sind. –

Nun habe ich noch eine Bitte an Sie; die gleiche habe ich Ihrem Verleger vorgetragen, doch weiss ich nicht, ob sie Berücksichtigung findet. Wäre es möglich, mir eine Kritk aus massgebender Feder über Ihren Roman zur Verfügung zu stellen? Ich möchte eine solche (etwa aus DE NIEUWE GIDS/3/?) in Übersetzung dem deutschen Verleger einreichen, doch ist dies nicht unbedingt nötig, da letzten Endes die Lesung den Ausschlag gibt. –

Indem ich hoffe, im Verlauf meiner Arbeit alles zu Ihrer Zufriedenheit leisten zu können und mit bestem Dank für Ihre gütige Hilfeleistung verbleibe ich

Ihr aufrichtig ergebener Albert Vigoleis Thelen

/1/ Lat.: currentis, d.h. des laufenden (Monats oder Jahres).

/2/ Das war Thelen nicht vergönnt.

/3/ Die (Zweimonats)-Zeitschrift »De Nieuwe Gids« wurde in 1885 u.a. von Willem Kloos, mit dem Thelen ebenfalls korrespondierte, um als Übersetzer Fuß zu fassen, gegründet. Sie entwickelte sich bald zum führenden literarischen Blatt der Niederlande. Nach dem Tod von Kloos 1938 kam das Blatt in nazistisches Fahrwasser und ging 1943 ruhmlos unter. Vgl.: Albert Vigoleis Thelen: »Meine Heimat bin ich selbst. Briefe 1929-1953«. Köln 2010, S. 16ff.

An: **Victor Emanuel van Vriesland, Amsterdam** **Süchteln, 29.1.1930**

Sehr geehrter Herr van Vriesland,
ich danke Ihnen bestens für die mir zugesandte Kritik und für Ihren liebenswürdigen Brief vom 21 cr. – Ich war in den letzten Wochen mit einer Hörspielarbeit für den Rundfunk /1/ so sehr beschäftigt, dass ich alles andere zurückstellen musste. Sonst hätte ich Ihnen wohl schon die weitere Niederschrift der Übersetzung zugestellt, die bis Seite 73 gediehen ist. Was die Kritik angeht: mir ist mit dieser einen vollauf gedient, zumal sie aus so berufener Feder stammt und – was für mich wichtig ist – so *wesentlich* über Ihre Dichtung aussagt. Dieses, dass Robbers /2/ erkennt, dass das Werk in seinem tiefsten Wesen gleichsam überzeitlich ist, scheint mir bedeutsam für meinen Zweck: eben dem deutschen Verleger den Roman a priori näher zu bringen. Dem deutschen Verleger – ich habe mich orientierend an zwei Häuser gewandt, beide wollen nach Abschluss meiner Arbeit die Niederschrift zur Prüfung ihrem Lectorat vorlegen, da eben nur aus genauer Kenntnis des Gesamtmanuscriptes über die Erfolgsmöglichkeiten des Buches geschlossen werden kann. Die Verlage sind: Hermann Schaffstein in Köln /3/, der seit einigen Jahren Übersetzungen aus dem Russischen und aus der skandinavischen Literatursphäre bringt – und Th. Knaur, Berlin, wo ja die Reihe »Romane der Welt« erscheint, die Thomas Mann ins Leben rief /4/. Ambition dieser Reihe ist,

moderne Weltliteratur dem deutschen Leser zugänglich zu machen. Beide Verleger wollen nun das Buch auf die Erfolgsmöglichkeiten hin sezieren, das heisst also, sie werden festzustellen versuchen, ob an dem Verlagsobjekt etwas zu *verdienen* ist. An diesem Punkt ist schon manche meiner Bemühungen mit Übersetzungen aus dem Holländischen und Französischen gescheitert. Doch vertraue ich der deutschen Innerlichkeit, wenn ich hoffe, dass sie den Wert Ihres Buches erkennen wird, einen Wert, den man gleichsam hinter jenen Dingen zu suchen hat, die das Leben äusserlich sind. Leider – es sei andeutungsweise gesagt – ist der Absatz solcher Bücher nie gross, und jene Werke, die aus amerikanisierter Sensationssphäre stammen, wird man einer Dichtung vorziehen, die uns aus einer, dem Deutschen ja kaum bekannten, Literaturprovinz kommen. Nun ja, an diesen Erwägungen wird meine Arbeit nicht scheitern, ich denke vielmehr, das Manuscript in den nächsten vier Wochen abzuschliessen und den Verlagen einzureichen, sofern ich weiterhin auf Ihre gütige Hilfe rechnen darf, ohne die meine Bemühung wohl Fragment bleiben dürfte. – Nun eine stilkritische Frage: wie soll ich es halten mit der Eindeutschung jener Seiten, wo die juffrouw van middelbaren leeftijd /5/ sich ausführlich über persönlichste Dinge äussert? Ich kann ja für diese Ausführungen nicht einen beliebigen Dialekt wählen, dadurch würde ja die Handlung direkt in diese Sprachprovinz verlegt. Wäre das Schriftdeutsch salopp abzuwandeln? Gerade in diesem Fall möchte ich gerne Ihr Urteil hören. – Inzwischen verbleibe ich mit freundlicher Begrüssung

Ihr aufrichtig ergebener

/1/ Thelen bietet in dieser Zeit sein (nicht erhaltenes) Hörspiel »1914« verschiedenen Rundfunkstationen an.

/2/ Rezensent, Herman Robbers, vgl. Brief vom 11.9.1930.

/3/ Der Hermann Schaffstein Verlag existierte von 1894 bis 1973. Er war – vor dem Zweiten Weltkrieg – einer der literarisch und künstlerisch herausragenden Verlage Deutschlands. Besondere Verdienste erwarb er auf dem Gebiet der Kinder- und Jugendliteratur und förderte avantgardistische Illustratoren.

/4/ Th. Knaur war mit seiner Reihe »Romane der Welt« auf den Massenabsatz in Kaufhäusern spezialisiert. Der Verlag hatte Thomas Mann 1929 das Angebot gemacht, von den »Buddenbrooks« eine Auflage von einer Million Exemplaren gegen ein Voraushonorar von 100.000 Mark zu publizieren. Der Band mit 736 Seiten sollte nur 2,85 Mark kosten. Das Risiko war nicht gering – denn bisher hatte der jährliche Absatz der S. Fischer-Ausgabe kaum je 6.000 Exemplare überstiegen. Samuel Fischer war skeptisch und wurde von Thomas Mann massiv unter Druck gesetzt, diese »Billigausgabe« zu machen. Endlich entschloss sich S. Fischer, unterstützt durch einen Lizenzvertrag mit einer Buchgemeinschaft, zum November 1929, die »Buddenbrooks« in Ganzleinen zum Preis von 2,85 Mark auf den Markt zu werfen: mit 150.000 Exemplaren. Fünf Tage darauf erhielt Thomas Mann für die »Buddenbrooks« den Literaturnobelpreis – der Erfolg war gesichert.

/5/ Van Vriesland äußert in seinem Brief vom 4.2.1930 Zweifel daran, dass es richtig sei, im Deutschen einen lokalen (wie den Berliner) Dialekt zu verwenden, weil der Leser dann glauben müsse, die Handlung spiele in jener Dialekt-Region. Er verweist darauf, dass es in den Niederlanden so etwas wie eine »kleinbürgerliche Sprache« gebe, die lokal völlig unabhängig ist.

An: **Victor Emanuel van Vriesland, Amsterdam** **Süchteln, 26.2.1930**

Sehr geehrter Herr van Vriesland,
ich danke Ihnen für Ihren ausführlichen Brief vom 4. Februar. Wegen vieler Arbeit, nicht zuletzt an der Übersetzung, war es mir nicht möglich, Ihnen früher zu antworten. Dafür kann ich Ihnen nun den zweiten Teil des Buches zur Kenntnisnahme vorlegen. Ich weiss natürlich nicht, ob es mir diesmal gelungen ist, Sie besser als das letzte Mal zufriedenzustellen. Denn da sind einige Stellen, die ich nicht so wortwörtlich übersetzen kann, wie Sinn und Schlussfolgerung es eigentlich vorschreiben. Und auch ganz klare Ausdrücke, die ich sehr wohl verstehe, die aber bei wörtlicher Übersetzung ihren Sinn verlören, habe ich nach meiner eigenen Empfindung wiedergegeben, aber mir ist natürlich klar, dass sich dadurch die Möglichkeit einer Sinnveränderung ergibt. Ich hoffe, dass Sie darin keinen allzu grossen Fehler sehen. – Was die Jungfer in ihrer Lebensmitte angeht: da bin ich noch zu keinem abschliessenden Urteil gekommen. Es ist schwer, da das beste zu finden. Es ginge natürlich, einen Berliner Dialekt zu nehmen, ich müsste dann eine Anmerkung machen und erläutern, wie es ursprünglich gedacht ist. Einige Dialoge habe ich so gut wie möglich sprachlich recht nachlässig behandelt /1/, wodurch der Gesamteindruck nicht gelitten haben dürfte. Aber wenn Sie es wünschen, kann ich das natürlich noch verändern. – Und dann die Stelle, an der es heisst: recapitulatie van sentimenteele complicaties … hoe zeg je dat op z'n hollandsch. Ich habe es auch so übersetzt und das »hollandsch« stehengelassen, sonst hätte ich schreiben müssen: »wie sagt man's nun in der Muttersprache«: Ich meine jedoch, dass es gut ist, den Leser daran zu erinnern, dass er eine Übersetzung aus dem Holländischen vor sich hat.

Wenn ich das Buch fertig übersetzt habe und Sie Ihre Anmerkungen dazu gemacht haben, werde ich es mir noch einmal ohne Zuhilfenahme des Originals vornehmen und es nur nach stilistischen Gesichtspunkten korrigieren. So sollte es möglich sein, eine tadellose Ausgabe zu machen. Es wird dabei nichts verlorengehen von den stilistischen Besonderheiten des Autors – die sind meines Erachtens ein außergewöhnliches Kriterium der Dichtkunst – und es darf keine Eingriffe in die ursprüngliche Sprachgestalt geben. Ich werde das Manuskript vervielfältigen lassen und dann an zehn Verleger schicken /2/. Die beiden, die ich Ihnen nannte und grosse Häuser, die man nicht erst anfragen muss.

Nun hoffe ich von Herzen, dass Sie meine Arbeit brauchbar finden, denn es wäre sehr traurig, wenn all meine Mühe umsonst gewesen sein sollte. Und trotzdem weiss ich, dass man das Recht einer Übersetzung nur jemandem zubilligen kann, der sie auch richtig macht. So bin ich Ihnen für Ihre grosse Mitarbeit zu Dank verpflichtet und verbleibe bis zu Ihrem Brief

hochachtungsvoll

(Das Manuskript folgt per Einschreiben)

/1/ Bezugnehmend auf van Vrieslands Hinweis meint Thelen damit: eher leger in der Sprache, aber dialektal nicht an eine Region gebunden.

/2/ Van Vriesland hatte darum gebeten, die großen deutschen Verlage wie S. Fischer, Rowohlt u.a. anzuschreiben, um eine deutsche Ausgabe anzubieten.

An: **Victor Emanuel van Vriesland, Amsterdam** **Süchteln, 29.4.1930**

Sehr geehrter Herr van Vriesland,
heute erhalten Sie die noch ausständige Berliner Version. Hoffentlich genügt die kleine Probe, ein Bild dieses Idioms zu geben. Es kommt nun ganz auf Sie an, für welchen der beiden Dialekte Sie sich entscheiden wollen und können. Wenn ich einmal meine Meinung sagen darf: der niederrheinische Dialekt kommt dem Zweck dieser Stelle mehr entgegen als der berliner. Nur hat er den Nachteil, weniger populär zu sein. Doch liesse sich das leicht durch eine sehr vereinfachte phonetische Schreibweise ändern; so wie ich es Ihnen geschrieben habe, ist es schwer lesbar, aber die Vokalisierung der Laute lässt sich auch primitiver gestalten, wodurch eben Lesbarkeit und Verständnis erhöht wird, ohne direkt den Wert abzuschwächen. Die schriftliche Fixierung eines Dialektes hat ja immer seine besonderen Schwierigkeiten wegen der Umlaute. –

Nun hätte ich noch eine Bitte an Sie, deren Erfüllung Ihnen nicht viel Mühe machen dürfte. Ich möchte ein neues holländisches Prosabuch übertragen, finde aber nichts Rechtes, was so bedeutend ist, dass es eine deutsche Übersetzung verdient. Meine Belesenheit in der modernen niederländischen Literatur ist nicht allzugross, auch ist es ja für einen Ausländer nie leicht, aus der Vielfalt der literarischen Produkte eines Landes die typischsten und wertvollsten Arbeiten zu entdecken. Die Waschzettel der geschäftstüchtigen Verleger preisen mitunter Bücher als [sic], die sich bei der Lektüre als Ephemeren entpuppen. Deshalb möchte ich Sie bitten, mir einige Werke zu nennen, die auch für uns in Deutschland von Wert sein werden. Da Sie selbst im literarischen Leben stehen und ich Sie aus Ihrem Roman immerhin kenne, gilt mir Ihr Urteil mehr als die Anpreisung des Verlages. Was zur Zeit an Übersetzungen aus dem Niederländischen bei uns verlegt ist, ist meiner Meinung nach nicht sehr bedeutend, es vermag leicht ein ganz falsches Bild Ihrer Landesliteratur zu geben, und es ist nicht zu verwundern, wenn unsere Verleger Holland gegenüber so harthörig sind.

Hoffentlich bereitet Ihnen die Durchsicht der Übersetzung nicht allzuviel Arbeit, doch streichen Sie ruhig an, was Ihnen ungut dünkt, ich weiss, dass dadurch der Wert der Arbeit nur gehoben werden kann.

Ihren weiteren Schritten sehe ich gerne entgegen und verbleibe mit den besten Empfehlungen und Grüssen

Ihr aufrichtig ergebener

An: **Victor Emanuel van Vriesland, Amsterdam** **Süchteln, 4.8.1930**

Sehr geehrter Herr van Vriesland,
beiliegend erhalten Sie die noch fehlenden Dialektseiten zur gefälligen Durchsicht. Einige Stellen, die mir nicht ganz klar waren, habe ich offen gelassen. Sie können mir ja den Sinn angeben, ich ergänze sie dann später. Hoffentlich habe ich die Ausführungen in Ihrem Sinne wiedergegeben. – Nun möchte ich Sie noch bitten, mir folgende Stellen noch einmal zu erklären:

Seite 80 Zeile heisst es »De *maker* was enz.« Ich habe *maker* mit *Verfertiger* (Meister) übersetzt. Sie merken an: Verfasser. Das kann man im Deutschen absolut nicht sagen; ein Verfasser ist immer ein Schriftsteller oder Komponist. Wird nie für bildende Kunst gebraucht. Ich schlage vor: Schöpfer.

Seite 71 Zeile 9f. heisst es »Hij had lak an hun nijdige smoelen«. Da kann man nicht sagen »er hatte Scheisse an ihre böse Mäuler«, wie Sie vorschlagen. Wollen Sie sagen »er empfand Ekel vor ihren bösen Mäulern« oder stärker noch »er schiss auf ihre bösen Mäuler«? Das lässt sich beides rechtfertigen. Oder brauchen Sie lak (laut van Dale /1/) im Sinne von Betrug, Fopperei?

Seite 70 Zeile 4 von unten: *Vreugd*. Ich weiss, dass Sigmund Freud gemeint ist. Da Sie den Namen übersetzten, habe ich ihn stehen gelassen. Wollen Sie damit auf die Wortbedeutung »Freude« anspielen? Dann muss es heissen »Freud'«, sonst natürlich nur »Freud«, ohne Apostroph.

In *allen* anderen Fällen habe ich Ihre Vorschläge und Verbesserungen wörtlich übernehmen können, wenn auch manchmal mit einigem Zögern, da es mitunter sehr gegen den Stilgebrauch ging. Wer oberflächlich liest, wird sich daran stossen, nur bei tieferem Einlesen können auch solche Stellen gutgeheissen werden. – Ich werde nun noch versuchen, die zitierte Bibelstelle im Luthertext zu finden, um in einer Fussnote darauf hinzuweisen. Dadurch wird das Verständnis erhöht. – Hoffentlich bereiten Ihnen meine neuerlichen Fragen nicht allzu grossen Zeitverlust, aber ich möchte keinesfalls auf eigene Faust darüber entscheiden. Wo Sie soviel Mühe auf das Ganze verwandt haben, darf ich wohl hoffen, dass Sie auch diese Kleinigkeit noch erledigen werden.

Indem ich Ihre Entscheidung und Antwort erwarte, bin ich mit sehr verbindlichem Dank und den besten Grüssen

Ihr aufrichtig ergebener

Albert Vigoleis Thelen

/1/ Van Dale: Niederl. Wörterbuch, vergleichbar mit Langenscheidt in Deutschland.

An: **Victor Emanuel van Vriesland, Amsterdam** **Süchteln, 11.9.1930**

Sehr geehrter Herr van Vriesland,
soeben erhalte ich von dem Verlag *R. Piper & Co. München* eine Antwort auf meinen Verlagsvorschlag. Es heisst da: Wir danken Ihnen usw, ... und bitten Sie, uns die Übertragung des Werkes von Victor E. Van Vriesland einzusenden. Wir werden es so schnell als möglich lesen und Ihnen dann wieder schreiben. Es würde uns interessieren, einiges Nähere über die Persönlichkeit des Autors zu erfahren, ebenso darüber, was er etwa ausser dem noch veröffentlicht hat. Vielleicht können Sie uns hierüber einige Angaben machen oder etwa einen entsprechenden Zeitschriftenaufsatz beifügen.

Ich wäre Ihnen nun sehr dankbar, wenn Sie mir bei diesen Informierungen behilflich sein wollten. Einiges über Sie fand ich in der Geschiedenis der Nederlandsche Letterkunde door I. Gresshoff en I. de Vries /1/, dann besitze ich ja die

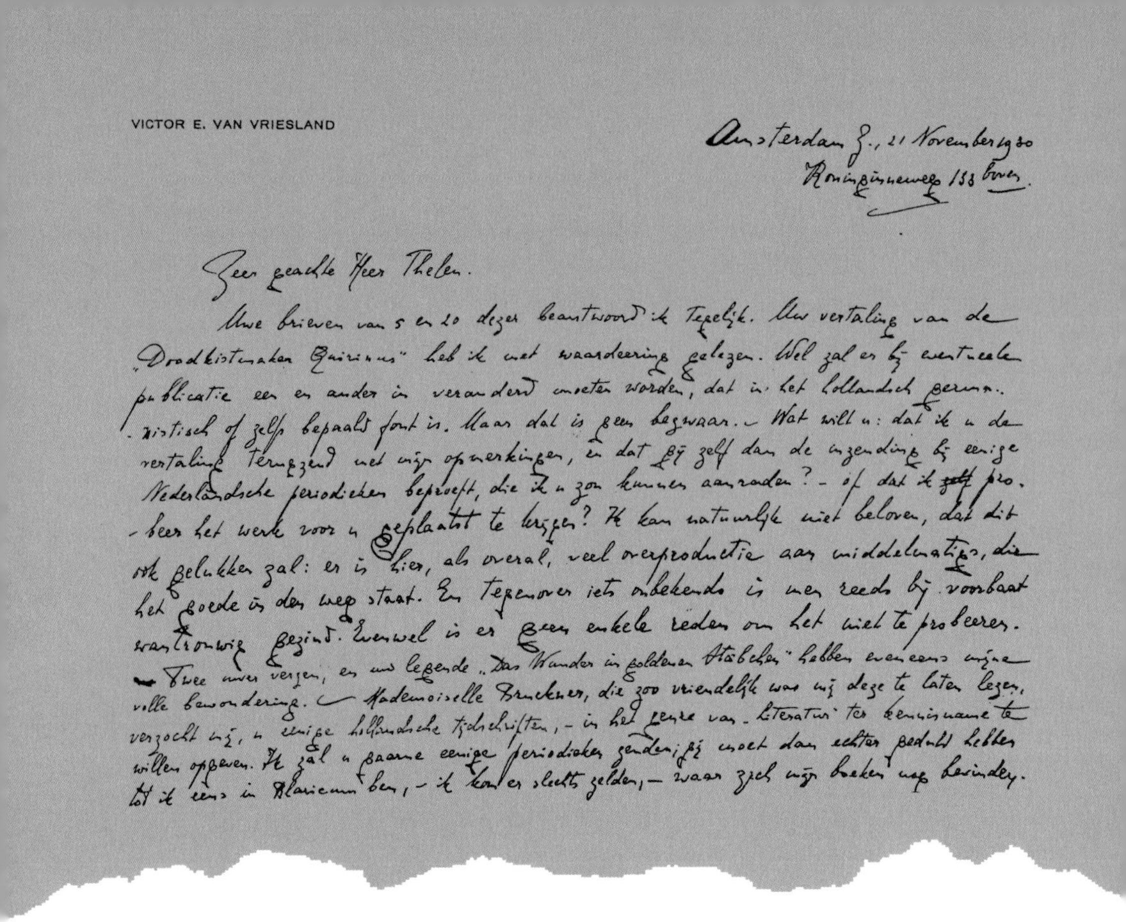
VICTOR E. VAN VRIESLAND

Amsterdam Z., 21 November 1930
Koninginneweg 133 boven.

Zeer geachte Heer Thelen.

Uwe brieven van 5 en 20 dezer beantwoord ik tegelijk. Uw vertaling van de „Doodkistenmaker Quirinus" heb ik met waardeering gelezen. Wel zal er bij eventueele publicatie een en ander in veranderd moeten worden, dat in het hollandsch germanistisch of zelfs bepaald fout is. Maar dat is geen bezwaar. – Wat wilt u: dat ik u de vertaling terugzend met mijn opmerkingen, en dat gij zelf dan de inzending bij eenige Nederlandsche periodieken beproeft, die ik u zou kunnen aanraden? – of dat ik probeer het werk voor u geplaatst te krijgen? Ik kan natuurlijk niet beloven, dat dit ook gelukken zal: er is hier, als overal, veel overproductie aan middelmatigs, die het goede in den weg staat. En tegenover iets onbekends is men reeds bij voorbaat wantrouwig gezind. Evenwel is er geen enkele reden om het niet te probeeren.

– Twee mooie verzen, en uw legende „Das Wunder im goldenen Stäbchen" hebben eveneens mijne volle bewondering. – Mademoiselle Bruckner, die zoo vriendelijk was mij deze te laten lezen, verzocht mij, u eenige hollandsche tijdschriften, – in het genre van „Literatur" ter kennisname te willen opgeven. Ik zal u gaarne eenige periodieken zenden; gij moet dan echter geduld hebben tot ik eens in Blaricum ben, – ik kom er slechts zelden, – waar zich mijn boeken nog bevinden.

Besprechung des Romans von Herman Robbers. Der Band VOORWAARDELIJK UITZICHT /2/ ist ja schon erschienen, aber haben Sie ausserdem noch publiziert, was nicht in der Literaturgeschichte steht? Wichtig ist ja auch Ihre Tätigkeit als Übersetzer, wenigstens nehme ich an, dass das auch den Verleger interessiert. Ist der Cornett /3/ [sic] schon erschienen? – Sobald ich Ihre Antwort habe, werde ich das Manuskript mit den Informationen abschicken. Piper ist ein sehr bekannter und geschätzter Verlag. Er ist berühmt geworden durch die Drucke der Marées-Gesellschaft /4/, dann erscheint da das Werk Dostojewskis in 23 Bänden. Piper sagt[e] einmal, dass er allen geistigen Werten offensteht, deren Eindeutschung ihm nützlich erscheint. – Ihr Buch wäre bei Piper nicht unwürdig untergebracht.

Albert Langen /5/ hat ebenfalls um Zusendung des Manuskriptes gebeten.

Ich hoffe, dass ich Sie nicht allzusehr belästige mit meiner neuerlichen Bitte, aber ich glaubte, Sie als den über Victor E. van Vriesland doch immerhin am besten Orientierten angehen zu müssen. – Ihrer Antwort sehe ich gerne und mit Interesse entgegen. Auch werde ich Sie über alles weitere auf dem Laufenden halten.

Mit den besten Empfehlungen und Grüssen

Ihr sehr ergebener

Albert Vigoleis Thelen

[handschr.: NB. Ich glaube, es wird am besten sein, wenn Sie mir die Kritiken, die Sie in einem früheren Briefe erwähnen, leihweise zuschicken. Ich übersetze sie dann und kann sie auch für andere Verlage immer brauchen.]

/1/ Geschichte der niederländischen Literatur.

/2/ Gedichtband, erschienen 1929 bei Querido.

/3/ Van Vriesland hat »Die Weise von Liebe und Tod des Cornets Christoph Rilke« von Rilke übersetzt, und beide Autoren schreiben »Cornett« meist falsch.

/4/ 1917 gegründet. Mit ihr wird der Bereich Kunstbuch, Mappenwerke und Kunstdrucke zu einem festen Standbein des Piper-Verlags.

/5/ Albert Langen gründete 1894 seinen Verlag in München und rief 1896 die Zeitschrift »Simplizissimus« ins Leben.

An: **Victor Emanuel van Vriesland, Amsterdam** **Süchteln, 20.11.1930**

Sehr geehrter Herr van Vriesland,
gestern erhielt ich den Bescheid von Drei-Masken /1/. Sie schreiben: Wir können uns leider nicht entschliessen, den Roman von Van Vriesland, den Sie uns angeboten haben, zu erwerben, da wir die verlegerischen Aussichten nur sehr gering einschätzen können. Zweifellos aber ist Vriesland eine starke und eigenartige Persönlichkeit, und es wird uns schon interessieren, wenn er einen neuen Roman schreibt, diesen kennenzulernen. –

Ehe ich nun das Manuskript wieder verschicke (Malik, Amalthea, Cassirer, List, Rowohlt oder Rhein-Verlag) /2/ teilen Sie mir vielleicht mit, ob Sie bezüglich Grethlein noch etwas unternommen haben. Wenn Mevr. Verhoeven-Schmitz /3/ ein empfehlendes Wort bei diesem Verlag anbringt, ist es ja immerhin besser. –

Wäre es sehr gegen Ihre Ambition, wenn Ihr Buch etwa in der Reihe »Romane der Welt« bei Knaur erschiene? Diese Reihe wird ediert unter dem Protektorate von Thomas Mann, ich glaube, ich schrieb es Ihnen schon mal, und da erscheint wöchentlich ein Buch. Die Presse hat seinerzeit Th. Mann scharf angegriffen, weil er mit seinem Namen eine solche Massenfabrikation von nicht immer guten Werken förderte, aber Verleger und Mäzen haben unbeirrt ihren Weg fortgesetzt. Soll ich diesem Hause trotzdem eine Copie schicken??? Hoffentlich führen alle diese Bemühungen zum Ziel. Und dann wäre es nicht das erste Mal, dass ein Buch, das von 20 Verlegern mit dem Ausdruck allertiefsten Bedauerns und unter geistigen Abwehrzuckungen abgelehnt wird, beim einundzwanzigsten Verleger mit Erfolg erscheint. – –

Ich erwarte gerne Ihre Stellungnahme zu meinen Fragen und hoffe nur, dass Ihnen nicht allzuviel Zeitverlust daraus erwächst.

Mit freundlicher Begrüssung
Ihr aufrichtig ergebener
Albert Vigoleis Thelen

/1/ Drei Masken wurde 1910 in München als Bühnen- und Musikverlag gegründet. 1912 verlegte Gründer Ludwig Friedmann das Unternehmen nach Berlin.

/2/ Das dürfte die erste Kontaktaufnahme Thelens mit dem Rhein-Verlag, Basel, später Zürich (gegründet 1920 – vor allem bekannt durch die Veröffentlichung von Joyce' »Ulysses« 1927 als »Privatdruck«) gewesen sein. 1942 erscheint in diesem Verlag Thelens erster Gedichtzyklus »Schloss Pascoaes« – der erstaunlicherweise in keiner Verlagsbibliographie auftaucht. Die Verlagsauswahl zeigt, dass sich Thelen wenig um die Programmatik der jeweiligen Häuser geschert hat, Malik zum Beispiel war ein explizit kommunistischer, wenn auch parteiunabhängiger Verlag.

/3/ Maria Verhoeven-Schmitz (1883-1972), niederl. Romanautorin, veröffentlichte bei Grethlein.

An: **Victor Emanuel van Vriesland, Amsterdam** **Süchteln, 15.12.1930**

Sehr geehrter Herr van Vriesland,
haben Sie vielen herzlichen Dank für die Rilke-Übertragung, die Sie so freundlich waren, mir zu schenken. Über die Widmung habe ich mich aufrichtig gefreut, sie ist sehr fein ersonnen! Was die holländische Fassung des Cornets angeht: ich muss Sie loben. Zweimal habe ich die Dichtung durchgelesen, dann habe ich sie mir laut vorgetragen. Sie ist wundervoll, Ihre Übersetzung. Nur muss ich mich beim Lesen des holl. Textes sehr zusammennehmen. Denn seit langem kenne ich den Cornet ganz auswendig, und so gerate ich immer leicht in den deutschen Text zurück und beginne zu stolpern. – Die Ausstattung des Büchleins ist sehr fein, und die Farbenfolge schwarz-weiss-rot ist gewiss kein Zufall! Und noch etwas Interessantes: Der Cornet eröffnete seinerzeit die heute sehr geschätzte Reihe der Insel-Bücherei /1/ Wie ich sehe, hat er sich auch an die Spitze einer holl. Serie gestellt. Zufall??? – –

Die Frist von Ehrler /2/ hab ich gelesen. Stilistisch ist das Buch gut, es klingt manchmal schwach an den Zarathustra an, ich meine nur stilistisch. Aber das Problem ist zu wenig lebendig behandelt. So harmlos friedlich-einsiedlerhaft scheinen mir solche Dinge noch lange nicht vorzugehen. Ich vermisse sehr den Pulsschlag der Erregung. Sonst ist das Buch trotzdem von Wert. –

Nun zum Afscheid: Zwei Verlage (Enoch, Merlin) hatten die Freundlichkeit, sich acht Wochen und mehr gründlich totzuschweigen. Da habe ich beide unter Beifügung von Rückporto um Rückgabe der Manuskripte gebeten. Nur Enoch sind meinem Wunsche nachgekommen. Das Manuskript ist nun wieder frei. Ich will es an Kaiser schicken. Nun raten Sie mir bitte: soll ich ihm mitteilen, dass das Werk schon verschiedentlich abgelehnt wurde? Oder soll ich ihn über diese Bemühungen nicht orientieren? Was ist besser? Schliesslich darf Kaiser /3/ wissen, was Kiepenheuer jedenfalls nicht zu wissen braucht. –

Eine Kopie liegt seit dem 21. XI. bei Rowohlt, eine weitere bei dem noch jungen Transmare-Verlag [handschr.: (Berlin)] Diesen kenne ich erst seit einem halben Jahr, aus Ankündigungen einiger Bücher von Sinclair Lewis. Es scheint ein sehr rühriges Unternehmen zu sein. –

Die Zeitschriften und das Buch werde ich Ihnen durch B. B. /4/ wieder zustellen. Vorläufig aber: besten Dank.

Mit herzlichen Grüssen immer der Ihre

Albert Vigoleis Thelen

/1/ Im Jahre 1912. 1934 wurde das nur 34 Seiten starke Buch im 500. Tausend gedruckt.

/2/ Hans Heinrich Ehrler (1872-1951), Journalist und heimattümelnder Schriftsteller. Als Lyriker wurde er zu Lebzeiten überschätzt und mit Mörike, Rilke oder Novalis verglichen. »Die Frist« erschien 1931 bei Georg Müller.

/3/ Der Dramatiker Georg Kaiser (1878-1945) war Hausautor bei Kiepenheuer. Gustav Kiepenheuer (1880-1949), Verlagsbuchhändler in Weimar, Potsdam und Berlin.

/4/ Beatrice Adele Bruckner (27.10.1901-19.1.1992), Thelens Lebensgefährtin und spätere Frau (Heirat am 6.7.1934 in Barcelona).

An: **Victor Emanuel van Vriesland, Amsterdam** **Süchteln, 4.2.1931**

Sehr geehrter Herr van Vriesland,
vielen Dank für die freundlichen Wünsche und Grüsse, die mir M. B. /1/ übermittelt hat. Ich bin bereits soweit wiederhergestellt, dass ich schon schnell einen Brief diktieren kann. Hoffentlich wird er nicht zu sehr durcheinander, denn mein Verstand arbeitet noch nicht vorschriftsmässig. –

Von Ihren Beziehungen zum Herrn B a u s s /2/ hat mir M. B. Mitteilung gemacht. Hoffentlich gelingt es, durch Vermittlung dieses Herrn unser Manuskript unterzubringen. Ich lege Ihnen einen Zettel bei, auf dem die Namen sämtlicher Verlagshäuser angegeben sind, an die ich mich wegen der Uebertragung gewandt habe. Die zuerst aufgeführten sind solche Verlage, die auf eine blosse Anfrage hin abschlägig geschrieben haben; dann folgen die Häuser, denen das Manuskript vorgelegen hat, zuletzt diejenigen Verlage, bei denen das Manuskript zur Zeit noch liegt /3/. Das wäre wohl das wichtigste, was ich im Augenblick zusammenkriege. Hoffentlich kann ich mit diesen Angaben dienlich sein.

Mit kameradschaftlichem Grusse

Ihr aufrichtig ergebener

Albert Vigoleis Thelen

/1/ Madame Bruckner.

/2/ Nicht ermittelt.

/3/ Thelen listet auf: Zsolnay, Insel, Kurt Wolff, Grethlein, Schaffstein, Langen, Piper, Deutsche Verlagsanstalt, Drei Masken, Propyläen, Merlin, Enoch, Knaur, Rowohlt, Transmare, List, Engelhorn.

An: **Victor Emanuel van Vriesland, Amsterdam**

Palma de Mallorca, 11.2.1933

Lieber Herr van Vriesland: Würden Sie so freundlich sein und mir das Manuskript der Übersetzung (Afscheid) zuschicken. Ich weiss zwar nicht genau, ob Sie eins haben, vermutlich liegt es noch bei dem Verlag, an den Herr Bauss es schicken wollte, oder es ist in Händen der beeldschoene Dame. Ich will es nochmals ganz überarbeiten und an ein Haus schicken, was Meisterwerke der Weltliteratur publiziert /1/. Hoffentlich mache ich Ihnen mit dieser Bitte nicht allzuviel Mühe. – Und sonst?? – Benötigen Sie den Vorabdruck vom »Grabo[c]k« /2/?

In herzlichen Gedanken immer der Ihre: Albert Vigoleis Thelen

/1/ Nicht zu ermitteln, welchen Verlag Thelen meint.

/2/ »Grabock« oder »Grabok« – nie verwirklichtes Romanvorhaben van Vrieslands.

ALBERT VIGOLEIS THELEN

Amsterdam W., Nic.Beets Straat 138

5.Juli 1931

Sehr geehrter Herr van Vriesland,

schneller, als wir, Beatrice B. und ich, eigentlich glaubten und wollten, werden wir dem gastlichen Lande hier den Rücken kehren, um einem südlichen Meere zuzureisen. Einem südlichen Meere : aber es ist nicht nur die spanische Sonne und der Reiz eines neuen und fernen Landes, was uns veranlasst, diesen Schritt zu wagen, der uns ja immer als irgendeine Lösung oder Erlösung vor Augen stand. Ein Radiotelegramm meldet aus Palma die tötliche Erkrankung des jungen Bruckner. Das zwingt uns zum Handeln, und noch diesen Monat, wenn Beatricens Verpflichtungen abgelaufen sind, werden wir fahren. Aber es ist auch möglich, dass wir schon eher, und dann Hals über Kopf, die Koffer packen müssen. Denn auch in Basel steht ein Kran=kenbett, eines Schicksals drohende Verborgenheit, die unsere Ent=schliessungen bestimmt. Vor einigen Tagen meldete Dr. B. die lebens=gefährliche Erkrankung der Mutter. So steht am Ziel der Reise keineswegs die frohe Zuversicht, die uns den Plan vor langem ein=gab. – Und ob wir hoffen dürfen, dass uns der Süden gewährt, was der Norden solange vorenthielt ?

Albert Vigoleis Thelen. 1979 in Lausanne / Schweiz.

Fotos (4): Isolde Ohlbaum.

»... wir essen hier aus holznäpfen. wer nicht an den ›Führer‹ glaubt, soll auch nicht aus kristall essen, heißt es bei euch, und wir gehorchen.«

An: **Julius Thelen** **Palma de Mallorca, 13.5.1935**

lieber brüderlicher volksgenosse und julius, entschuldige gütigst, wenn endesunterzeichneter schreiber dieses dich auf diesem bei fast allen firmen, die was auf sich und ihre erzeugnisse halten, was bei deiner /1/ doch sicherlich auch der fall ist, hochverpönten wege zu erreichen trachtet, unter sorgfältiger umgehung deiner privatanschrift, die, da sie mit der unserer gemeinsamen mutter zusammenfällt und diese von dem inhalt des briefes nicht das geschabte eines grünen käse /2/ erfahren darf, aus eben diesem grunde für heute nicht in frage kommt. nun brauchst du aber keineswegs den brief unter das hauptbuch zu stecken, wenn ein oder mehrere chefs sich deinem arbeitsplatz, der gleichzeitig ein ehrenplatz sein soll oder auch ist, nähern, denn weder habe ich vor, dir staatsfeindliche noch unkeusche eröffnungen zu machen. es handelt sich vielmehr darum, dass ich die unleugbare absicht habe, zu mutters namenstag ein paar bastsandalen zu erwerben und dieselbigen zum heiligen fest als fussgebinde beizusteuern. leider wissen die geschäfte hier aber nicht, welche pantoffelnummer meine mutter hat, und so folge ich dem rat meiner frau, DICH um die auftreibung der gewünschten nummer zu ersuchen. wie du es anstellst, unauffällig zu dieser kenntnis zu gelangen, überlasse ich dir ganz allein. du wirst das schon auf den millimeter genau herausbringen und mir dann postwendend mitteilen. deine uralte und hassenswerte schreibträgheit /3/ in rechnung ziehend, schlage ich vor, dass du die ermittelte nummer einfach auf eine postkarte schreibst oder schreiben lässt und diese karte dann an mich adressierst oder adressieren lässt und das ganze dann in den erstbesten briefkasten wirfst oder werfen lässt. sollte der auftrag nicht prompt erledigt werden, so ist mutter die dumme, und wenn du das auf dein buchhälterisches gewissen nehmen willst, so ist das trotzdem nicht deine sache, sondern ich werde dich dann später vor der ganzen familie und unter zuziehung deiner braut /4/ durch einen w.c. mann schächten lassen.

indem ich dir im voraus für die peinlichste erledigung des auftrages danke und auch grüsse hinzufüge, bekenne ich mich als dein ebenso brüderlicher völkergenosse und

Albert

/1/ Bruder Julius (24.3.1913-8.5.1999). Er war bis zum Kriegsbeginn Buchhalter, nach dem Krieg arbeitete er als Kommunalbeamter des gehobenen Dienstes. Zur Zeit des Briefes war er Buchhalter in der auf Textilwaren spezialisierten Firma Kress mit Sitz in Tönisvorst.

/2/ Eine Formulierung, die die »Insel«-Figur Hauptmann von Martersteig permanent im Munde führt.

/3/ Das Thema wird Thelen und seinen jüngsten Bruder Julius noch Jahrzehnte später in Briefen beschäftigen.

/4/ Luise Reclair (1911-2008), die Thelen fast durchgängig Louise schreibt.

An: **Ludwig Thelen, Krefeld** **Auressio, 22.12.1937**

l.l., soeben habe ich das finis unter die übersetzung eines schwierigen philosophischen werkes über christentum und demokratie gesetzt /1/, etwas in geistigem schweiss gebadet; es war nicht leicht, den letzten dreh zu kriegen. nun krähen die hähne schon, und weihnachten steht beinahe in der tür. aber gottlob, das geschenk für julius ist unterwegs, der alpdruck gewichen. mit einem buch wollten wir ihm nicht zu nahe treten, und doch steht so manches in meiner bücherei, was einem jungen menschen heute fingerzeige geben könnte, wo ihn die trommel umwirbt. aber da kannste nix machen.

ja, schade, dass das tiefe wasser uns auch dieses jahr noch trennt. aber wäre es nur tief, es ist auch schmutzig, und mal um mal hoffen wir, die brücke zu finden. es gibt keine, solange man jenen das wasser nicht abgräbt. feiern wir also das fest des friedens hüben und drüben im gedanken an drüben und hüben. so muss es wohl sein und wir wollen uns darein finden. ihr seid ja nun auch mit den hausnummern nahe beieinander /2/ und werdet unter einem baum die alten weisen singen. hier gebricht es an tannen, darum muss ein kranz aus lorbeer herhalten, in palma war es manchmal die feige oder ein kaktus. die idee ist die gleiche. und nun kann die bescherung eingeläutet werden.

für dich, liebe mutter, haben wir ein foto gemacht, das wird dir mehr sagen als lange briefe oder ein gegenständliches: so also sehen wir heute aus, nicht sehr heruntergekommen, wenn auch ersichtlich, dass es im umkreis von 15 kl. [sic] keinen friseur gibt. wenn der bauer /3/ seine schuldigkeit getan hat, kannst du das bild in die gute stube hängen, neben das von vater, als zweierlei fernsein.

ludwig und martha martha /4/: wir hoffen sehr, dass euch das buch gefällt. wir taten einen griff in jene sparte der sammlung, wo »heroisches« steht, mit dem ich hie und da auch zu tun habe. da du einmal begeistert über jelusich /5/ schriebst, haben wir dieses geschenk riskiert. (ich kann solche bücher, die an sich gut geschrieben sind, aber ohne jede psychologische *verantwortung* und *menschliche gültigkeit*, nicht lesen. d.h. ich muss sie beruflich lesen.)

klupp: /6/ für euer kind haben wir einen maikäfer ersonnen, seht zu, dass es ihn nicht sogleich auffrisst. dauerhaft ist er nicht, denn hier gibts weder filz noch sonstige stoffe, aus denen man spielzeug machen könnte. wenn der käfer die bescherung überdauert, hat er seinen zweck erfüllt.

jupp: als kontroll assistent mit jagdgelüsten und renom[m]ierflinte ein weidmannsbuch. ich habe es mit schönem eindruck gelesen und es ist nur schade, dass der autor am ende glaubt, moralisch werden zu müssen. diese haltung (eine konzession an blut und boden?) passt nicht zum übrigen, der mann ist besser ohne pädagogik. trotz allem ein schönes buch. das lesezeichen stammt von einem gemsbock, dessen arschbacken wir vertilgt haben, im herbst, es war ein bukolisches fressen. wenn du den schmöker aus hast, kannst du das horn abtrennen und als petschaft oder so verwenden. unser freund hat ein zeichen entworfen, j. t. in form eines gemsgehörns, vielleicht hast du verwendung dafür. es nähme sich gut aus in einem solchen griff. da du bald ein wichtiger mann bist, wirst du für ein monogramm verwendung haben. äussere dich mal.

julius: du bist ein schmerzenskind, und dennoch haben wir etwas für dich gefunden. die tellerchen stammen aus dem brucknerschen nachlass, sie sind so wertvoll, dass wir sie nicht behalten wollen in unserem dürftigen exil, sie sind aus kristall und wir essen hier aus holznäpfen. wer nicht an den »Führer« glaubt, soll auch nicht aus kristall essen, heisst es bei euch, und wir gehorchen. die schlipse aber sind nicht nur in der farbe sinnig deinem jetzigen herrentum angepasst. auch die qualität ist so, dass du dich nicht zu schämen brauchst, sie anzulegen. wenn man dich im geschäft nach dem edlen spender fragt, verrate unsere namen nicht, denn wir wollen nicht mit bittbriefen überhäuft werden. gewiss, wohlhabenheit verpflichtet, aber mal muss es genug sein. das wirst du verstehen.

und nun muss ich unterbrechen und zu bett gehen, ich habe heute einen harten tag gehabt, das heisst gestern und heute, denn wenn ich lokführer wäre, müsste ich schon lange eingeheizt haben, um den ersten zug zu starten. wie die zeit vergeht, würde beckers draut sagen, die ich in lustiger erinnerung habe, plus mia und päulken /7/.

fortsetzung am anderen mittag:

auch ich würde euch raten, die krefelderstrasse 27 zu veräussern, verschenkt sie, wenn ihr billiger damit wegkommt. vielleicht macht ihr mal ein verzeichnis, wer für die stiftung in frage kommt. früher hätte man so was der kirche vermachen können, aber die zeiten sind vorbei, wo man ungestraft mit dieser organisation tuchfühlung behalten kann. ihr könnt das haus mir ja vermachen, dann wirds von staatswegen konfisziert, von wegen de[r] staatsfeindlichkeit usw., und ihr seid alle sorgen um das bauwerk los. dies ist vielleicht die beste lösung, die heroischste immerhin.

wie geht es tante trina? /8/ wir haben ihr ein foto geschickt zu die täge, an die ellenstrasse, wo sie trotz erbschleicherei doch sicher noch immer lebt. wenn sie dieser tage zu euch kommt, wir lassen schön grüssen.

dito lennartz lange /9/ könnt ihr grüsse bestellen. am tag, wo euer brief von ihm berichtete, hatte ich gerade einen intensiven traum über ihn gehabt. wenns nicht so weit wäre, hätten wir auch die winterärpel /10/ bei ihm bestellt. jetzt kaufen wir sie stückweise, das ist für ärmere leute immer noch die einzige und beste lösung.

wieso ist jettchen /11/ nicht wohlhabend? sie hat doch in eine reiche familie hineingeheiratet? oder ist vetter jupp nicht mehr im betrieb? dennoch: so viel, um ein Buch zu kaufen, und wenn es nur mein buch ist, wird sie noch haben. auf unserem wirklich kümmerlichen etat stehen monatlich noch bücherposten, vom mund und der kleidung natürlich abgespart. vielleicht kauft sie aber lieber den deutschen paulus, der ja doch noch mal kommt.

die blotschen sind nun ein wichtiges stück meiner garderobe, ich trage sie ausschliesslich, dazu die famosen kniewärmer und seit einigen tagen eine schwere blaue fuhrmannshose aus manchester, deren kauf nötig wurde, da meine haupthose so kaputt war, dass nicht einmal mehr ein löser jud damit hinter seinem kinderwagen hervorzulocken gewesen wäre.

an des bauern adresse geht eine drucksache ab, zwei artikelchen über pascoaes, flüchtig korrigiert, aber doch einen einblick in seine welt vermittelnd. sie bilden den grundstock zu dem buch, an dem ich arbeite.

der erfolg des paulus dauert weiter an. die ztg. widmen dem werk grosse essays und die leistung der übersetzung wird weiterhin gerühmt. ich bin gespannt, wie sich das alles nun finanziell auswirkt. darüber habe ich weiter noch keinen bericht. der verleger arbeitet sehr langsam. – ein zürcher verlag, der das buch im vergangenen jahr wegen mangelnder verkaufschancen abgelehnt hat, prüft erneut /12/, stutzig geworden durch den erfolg in holland. wenns klappt, bin ich saniert. nicht mit wagen wie lennartz paul, aber zweimal die woche fleisch und alle sechs wochen haarschneiden.

zu den fragen des bauers wegen der übersetzung, die garnicht komisch sind, wie er meint, sondern das kernproblem der übersetzerei überhaupt anrühren: natürlich kann eine übersetzung von der geistesrichtung des übers. beeinflusst werden, sowohl unbewusst wie in arglistiger weise. der letztere fall tritt dann ein, wenn der übers. den autor korrigiert, sei es, weil ihm vieles nicht passt, was er sagt, oder in höherem auftrag. zur zeit läuft in holl. ein prozess gegen einen übers. von ruf, der ein berühmtes buch aus dem portugiesischen übertragen hat. das original ist eine katholische sache mit viel unkatholischem beiwerk, intimes über nonnen ect. der übers., gläubiger katholik, hat das alles ausgemerzt, weil es ihm gegen seinen glaubenseifer ging. der autor seit 100 jahren tot. der arglose leser bekommt ein falsches bild vom original; der übers. glaubte ein gutes werk getan zu haben. nun hat ihn ein experte drangekriegt. dieser prozess war auch der grund, warum ich in unserem paulus am schluss eine textverantwortung zugefügt habe: änderungen von der hand des autors in meinem exemplar.

ein anderer fall ist die franz. ausgabe von mein kampf, vom übersetzer in »höherem« auftrag durch ein völkerpolitisches sieb getrieben. alle anpöbeleien an die adresse des »vernegerten frankreich« sind so gemildert oder gestrichen, dass eine an sich seriöse ztg. schreiben konnte: was meckern die leute doch immer gegen das buch, es steht doch nichts böses gegen unsere nation darin! ähnlich geht es mit bibelübersetzungen, die auch nach der überzeugung des bearbeiters ausfallen.

die unbewussten »fälschungen« kommen anders zu stande, sind aber an sich sehr selten. man hat sein eigenes weltbild und legt es in die interpretation hinein, ohne zu wollen. da aber übersetzen eine zeitraubende und anstrengende arbeit ist, kommt es praktisch kaum vor, dass jemand ein werk überträgt, zu dem er kein inneres verhältnis hat, wo autor und übertrager nicht »gleichgestimmte seelen« sind. dieser *ideologische* gleichklang ist voraussetzung für das gelingen jeder übersetzung. ich könnte kein buch von einem faschisten oder kommunisten gut übersetzen, da mich jede art von herdenmentalität (herdenvertierung, wie nietzsche es genannt hat) abstösst und ich also von seite zu seite unter innerem protest schaffen müsste. bei pascoaes ist es die häretisch schöpferische seite seines »katholizismus«, die mich stark gefesselt hat und es mir ermöglicht, diesen dichter adäquat nachzugestalten. wäre es im fall paulus eine ixbeliebige fromme biografie [handschr.: über] diesen mann (à la renan /13/), ich hätte die finger davon gelassen.

wichtig für jede übersetzung ist natürlich dann die »interpretation«. jede geistige manifestation kann »gedeutet« werden, wenn sie nicht absolut eindeutig fixiert ist. der übersetzer ist also in erster hinsicht immer interpret. seine aufgabe wird da erleichtert, wo der autor seine hilfe zur verfügung stellt, wo man ihm sagen kann, sag mal, was hast du dir bei der stelle eigentlich gedacht? ist das ausgeschlossen, dann muss man sich in den autor einarbeiten, sein gesamtwerk kennen lernen, sich intensiv mit seiner ideenwelt beschäftigen. nur so ist es möglich, genau zu übersetzen. handelt es sich um lyrisches, dann muss [handschr.: man] selber so mitschwingen können, um den nagel auf den kopf zu treffen. immer auch muss der ü. zum entsagen bereit sein. denn es gibt fälle, wo man selbst einen gedanken viel besser formulieren könnte, als es der autor getan hat; dann muss man sein eigenes licht hinter den stuhl stellen und aufpassen, keine fremdkörper in das werk einzuschmuggeln, in guter (egoistisch-künstlerischer) absicht. denn schliesslich ist der ü. als solcher schon fremdkörper genug.

ich selbst vermeide auch bei meinen ü. jede realisierende Interpretation, das heisst: wo der autor dunkel ist, halte ich die ü. ebenfalls dunkel, obwohl ichs in der hand hätte, durch einen akzent manchmal eine düstere äusserung aufzulichten. wenn, das mit rücksicht auf den leser, geschehen soll, kann es in [handschr.: einem] kommentar gemacht werden. es gibt natürlich noch eine fülle weiterer fragen in dieser hinsicht, es würde hier zu weit führen, sie zu behandeln. fast immer lässt sich übrigens die parallele mit der musik ziehen, komponist und interpret, nie aber mit malerei, kopieren alter meister ect. das ist ja eine andere art der »über-setzung«.

»weltanschaulich« bin ich für die holl. übersetzung allein verantwortlich, sprachlich mein freund m [arsman], ein, ich kanns wohl sagen, sehr berühmter dichter /14/. (ich schickte euch mal ein artikelchen über ihn). die ü. ist so zustande gekommen: ich habe seiner frau das buch aus dem original direkt auf holl. diktiert, was mir leichter fiel, da ichs ein jahr zuvor ja deutsch geschrieben hatte und also mit dem werk sehr vertraut war. das war im baselland. hier in a[uressio] habe ich den kram abgetippt und der meister selbst hat dann begonnen, in täglichen sitzungen zu vier bis fünf stunden, mit mir die sache sprachlich zu bearbeiten. er kann kein wort portugiesisch, so dass ich immer mit dem original dabei sitzen musste, um abweichungen zu verhüten, die durch das umstilisieren schlecht geratener stellen sich einschlichen. dabei wurde viel tee getrunken, ich gehe nicht zu weit, wenn ich sage, dass auf jeden satz des buches pro übersetzer eine tasse tee entfällt. da die blase dabei streng arbeiten musste und wir nicht alle paar minuten »austreten« konnten, hatten wir pisspötte in die »sala«, das prunkzimmer und laboratorium, gestellt und schlugen dort wechselweise mitten im betrieb unser wasser ab, eine wenig fromme untermalung der partitur paulus.

mit dem *deutschen* paulus hat marsman nichts zu tun, den »ruhm« für diese übersetzung, wenns soweit kommt, werde ich also allein einstreichen. auch das geld.

dem bauer dank für seine stilistischen verbesserungsvorschläge. manches habe ich verwendet, anderes, selbst wo es bei mir nicht einwandfrei lautete, habe ich stehen lassen, es handelt sich dann immer um »rhythmische« lösungen, die dem ablauf des satzes entsprechen. »zerkreissen« stimmt schon, ich habe das wort bilden müssen, um dem original gerecht zu werden. es deutet die durch den gebärschmerz hervorgerufene umformung an /15/.

soweit die übersetzerei. das vorwort zum paulus erscheint im frühjahr in thomas manns zeitschrift /16/, er hat sich sehr günstig darüber geäussert.

ich lege eine skizze für das k.a.-zeichen bei, und bitte um äusserung, ob der bauer sowas verwenden kann. schade nur, dass er keinen jagdverlag hat, es wär das gegebene signé: gemshorn verlag j.t. lest die neuen gemshorn-bücher, festausgaben in gemsleder mit gemshornschliessen!

und nun schluss und weihnachtliche grüsse an euch alle, auch an das neue kind /17/, wenns schon gekommen ist:

[in Sütterlin hinzugesetzt: euer albert, weit und breit genannt: »Wiogo«, oder in Basel: unkele Wiogo]

/1/ Die niederl. Übersetzung des »Paulus« von Teixeira de Pascoaes. Das Buch war zur Zeit, als Thelen den Brief schrieb, bereits im Handel.

/2/ Gemeint ist die St. Töniser Straße in Krefeld. Mutter Johanna Thelen (22.2.1874-16.3.1968) und Ludwig wohnten dort in den Hausnummern 99 (Ludwig) und 143 (die Mutter).

/3/ Bruder Josef (Jupp) (1.7.1902-20.8.1974), arbeitete als Geflügelzüchter.

/4/ Martha Thelen (1.4.1902-24.3.1984, geb. Kremers), Frau von Bruder Ludwig und Schwester von Willy Kremers aus der Süchtelner Stadtverwaltung. Die Vornamenverdopplung ist wohl ein Familienspaß, der auf die berühmte Arie in Flotows Oper »Martha« zurückgeht.

/5/ Mirko Jelusich (1886-1969), Erzähler, Dramatiker, Lyriker, Kritiker. Unterstützte das Naziregime publizistisch. In Österreich stand er nach dem Krieg auf der Liste der gesperrten Autoren und Bücher.

/6/ Nicht ermittelt.

/7/ Nicht ermittelt.

/8/ Katharina (Trina) Wiemes, geb. Scheifes. Schwester von Thelens Mutter Johanna. Umgekommen 1944 bei einem Bombenangriff auf Kempen.

/9/ Bauer in Süchteln.

/10/ Winterärpel: Süchtelner Mundart für Winterkartoffeln.

/11/ Ehefrau von Thelens Vetter Josef.

/12/ Verlag Max Rascher.

/13/ Joseph Ernest Renan (1823-1892), erregte mit »Vie de Jèsus« großes Aufsehen und wurde auf Betreiben der Klerikalen seiner Professur enthoben.

/14/ Hendrik (Henny) Marsman (1899-1940), niederl. Schriftsteller, der bei einer Schiffstorpedierung im Ärmelkanal ertrank. Nur seine Frau Rina Louisa (1892-1953, seit 1929 mit Marsman verheiratet) und acht Matrosen überlebten die Katastrophe. Thelen übersetzte mit Hilfe seines Freundes Marsman Pascoaes ins Niederländische.

/15/ Ganz früher Hinweis darauf, daß Thelen sehr wohl wortschöpferisch tätig war und neue Wörter erfand, was er nach Veröffentlichung der »Insel« immer bestritten hat.

/16/ »Mass und Wert« im Verlag Emil Oprecht (ab September 1937). Zu dieser Veröffentlichung kam es nicht, das wurde Thelen schriftlich wohl vom Redakteur Ferdinand Lion mitgeteilt, der mit Herausgeber Thomas Mann nicht immer harmonierte. Vgl. Thelens Brief an Pascoaes vom 10.12.1937. In: Albert Vigoleis Thelen: »Briefe an Teixeira de Pascoaes«. Hrsg. u. übersetzt v. Ulrich Kunzmann. Weidle Verlag, Bonn 2000, S. 33ff.

/17/ Hanna Thelen (27.12.1937-5.5.2006), Tochter von Ludwig und Martha.

An: **Ludwig Thelen, Krefeld** — **Auressio, 8.7.1938**

l.l., mit gleicher post wieder korrekturen; ich weiss nicht, warum der verleger so lange mit drucken ausgesetzt hatte.

sorgfältig erwäge ich deine bemerkungen; nun habe ich mir eine grosse moderne deutsche grammatik gekauft und kann in zweifelsfällen offiziellen rat einholen. z. b. waage mit 2 a! ein harmonisches ganz*e* sowohl wie ganz*es* richtig. ich brauche gefühlsmässig immer das erstere.

wider den stachel *löcken*: so die bibel immer für »lecken«, bedeutet mit den füssen schlagen und allgemein: sich wehren. kommt aus dem griechischen.

falls du keine zeit hast, die neuen proben gleich zu bearbeiten, schreib mir dann eine karte. *sonst* warte ich mit dem absenden *meiner* korr., bis deine kommt, um fehler noch gleich auszumerzen und nicht erst in der 2. korr. das reizt die drucker! und mir [handschr.: wird's] vom honorar abgezogen.

zur frage visbecker bräutigam: dieser ist für visb. das, was die hühnengräber [sic] für sü.[chteln] sind, nur mit dem unterschied, dass die v. brautleute echt sind, nämlich riesige steinmonolithe von menschlicher gestalt, vom volksmund braut und bräutigam genannt. so ungefähr hab ich sie wenigstens in der erinnerung. vielleicht gibts postkarten mit sie [sic] drauf.

unsere frankreichfahrt ist kaputt gegangen. alles war präpariert, die wohnung gemietet und arbeitsteilung und kombination mit dr. m.[arsman] abgemacht für anfang juni – und wir ohne pässe! einem aufruf der r-regierung folgend, die konsularische anmeldung neuerdings zur *pflicht* erhebt, schickten wir die pässe zur abstempelung ans zuständige konsulat, und bekamen sie nicht zurück ... zwei reklamationen blieben ohne antwort, bis die tragischen hefte nach sieben (!!) wochen wiederkamen – ohne die obligatorische eintragung. dr. m[arsman] war inzwischen natürlich ungeduldig geworden, da er auch andere arbeitsverpflichtungen hat mit seinem eigenen werk; und nun haben wir vorläufig die zusammenarbeit per post arrangiert. nicht das rechte, aber vorderhand können wir *wieder* nicht weg: wir wissen noch nicht, ob wir wieder in die schw.[eiz] reinkönnen, wenn wir vor klärung unserer komplizierten aufenthaltsfrage, die noch schwebt, [handschr.: gehen]. im januar 38 /1/ muss der holl. hieronymus abgeliefert sein, ein riesenwerk, wenn immer was dazwischenkommt, kaum zeitlich möglich. scheisse auf der ganzen linie, die mich verstimmt, da ich mit all diesen pol. komplikationen, deren opfer man wird, nichts zu tun habe. man soll mich arbeiten lassen, ich brauche die ganze besinnung, um mit dem hieronymus fertig zu werden, eine übersetzung, die mich zwingt, nun noch die ganzen schriften dieses kirchenvaters zu studieren und all das verflixte theologische drum und dran. aber: der hieronymus wird dito f a b e l h a f t !!!!

gib mir mal einen tip über die aufnahme des »paulus« im *heutigen* deutschland. in holl. geht der erfolg weiter. *dafür* ist die lebendige kirche, kath. wie reformiert, letztere komischerweise begeisterter, trotzdem der autor und seine grundhaltung kath. ist. dagegen, bitter dagegen die *erstarrte* kirche, die dogmentreter, derjenige teil des beidkonfessionellen klerus, der, um mit pascoaes zu sprechen, »mit der botanisiertrommel auf der suche nach gott ist«. einige theologen sehen im buch *nur* die häresien, die anderen, 90%, die neue sturzflut des paulinischen geistes. und in deutschland????

ja, im werkeifer mit schreiben und büffeln (theologie ohne griechisch zu kennen, eine harte nuss!) vergass ich zu danken für divandecke und heiligenbücher, die *gute* dienste tun. seit einigen wochen ist ein leihverkehr mit der baseler universitätsbibliothek zu stande gekommen. ich erhalte nun die ganze fachliteratur ohne zu grosse kosten. aber einen grossen brockhaus oder herder vermisse ich sehr, vielleicht langts noch mal zu so was. grüsse auch an 143 /2/. was macht die kinderschar? von der neuen wuenes sind mit geliehener kleinkamera innen und aussenfotos gemacht. sehr nett. sobald wir geld frei haben, schicke ich abzüge. – seit wochen werden [sic] ich in träumen aus[s]chliesslich von ohme josef und seiner familie besucht. was bedeutet das? martha martha liess ich einen prospekt schicken. das buch ist sehr wichtig, ernsthaft, anerkannt und ihr solltet es euch zutun. ich glaube, heute ist eine ehe ohne so ein werk nicht mehr denkbar.

grüssend: Albert

/1/ Thelen meint sicher 1939, in diesem Jahr erschien der *Hieronymus* bei Meulenhoff.

/2/ St. Töniserstraße 143 – die Adresse der Mutter.

Thelens Mutter, Johanna Thelen,
geb. Scheifes, 22.2.1874 – 16.3.1968.

Thelens Vater, Louis Thelen,
16.10.1864 – 4.11.1932.

An: **Johanna Thelen, Krefeld** **Auressio, 22.5.1939**

liebe mutter, nun ists mal wie[d]er soweit für einen, deinen namenstag, und wir wünschen dir alles gute und glück und segen und kaffe[e] mit schlagsahne und erdbeertorte und das beiliegende deckchen, dass du es wenigstens verwenden kannst, denn es ist das einzige, was wir dir diesmal stiften können, da unsere kasse immer tiefer rutscht, während es uns aber sonst gut geht, dir hoffentlich auch, und schone dich und lass julius auch was tun, oder braucht er das als ernährer der familie nicht und kriegt dafür sonntags morgens ein stück gebratenes mit sosse fürs butterbrot rein zu tunken?

gerne hätten wir dich für die penkstage /1/ hier gesehen, aber nun scheitert das wiedersehen ja nicht an uns, sondern an den devisen, was mir rein moralisch eine beruhigung ist. verstehen tu ich allerdings nicht, warum ihr sie nicht schon um weihnachten rum angemeldet habt, da kam ja zum ersten mal das reiseprojekt auf. übrigens sagte mir vor ein paar tagen ein stuttgarter (p.g.) bankprokurist, dass es mit der devisenbewilligung nicht so gefährlich sei, wie die kleinen leute annähmen. man müsse nur den »richtigen« weg einschlagen, dann hätte man sie innert weniger tage. doch: ich verstehe nichts davon und weiss ja auch nicht, ob ihr deutsche erster oder zweiter klasse seid.

unsere reisepläne haben sich immer noch nicht kristallisiert. neuerdings hat sich ergeben, dass ich binnen kurzem erst noch nach frankreich muss, um mir dr. m.[arsman] den holl. hieronymus noch mal ganz von vorne an durchzukäuen. gewisse textschwierigkeiten lassen sich nicht mehr durch briefe klären, darum ist persönliche zusammenarbeit nochmals nötig. die vermutliche reiseroute ist aber so: auressio – domodossola – genf – bogève (hier aufenthalt in der blockhütte des dichters m.) – basel (mit station im bruderhölzli und einige wochen arbeit an der uni-bibi) – roermond (mit entsprechenden interviews) – amsterdam (wo wohnung genommen wird beim verleger meulenhoff und letzte hand am hieronymus mit imprimatur) – den haag (station bei freunden) – rotterdam (von wo der äppelkahn nach portugal in see sticht) lissabon (antrittsbesuch bei prof. visconde de lagôa /2/, dessen werk über magalhãis ich deutsch herausgebe) – oporto (und verbleib im hause des staatsmannes dr. angelo cesar /3/, busenfreund von pascoaes und sein zukünftiger biograph, der mir in aller form den dank der portugiesischen regierung für meine bemühungen um das oeuvre des grossen mystikers erstatten will, dann seinen wagen zur verfügung stellt und uns sein land zeigen will und wir noch nicht wissen, wie das alles ohne frack und abendkleid zu geschehen hat, aber wo die not am grössten, da ist gott am nächsten) – amarante, wo die reise zu ende geht, das heisst von da drei km ins land hinaus, wo pascoaes seinen sitz hat, den auf beiliegender, *zurückerbetener* foto ihr sehen könnt, das heisst, nur die auffahrt ist draufgekommen. aber sie genügt, um zu sehen, wie der mystische knabe wohnt.

dies in grossen zügen der plan. aber erstens kommt es anders, zweitens als man dachte, weil man drittens doch kein geld hat. da sitzt der haken, und meine respectiven flüche haben auch devisentechnischen charakter. immerhin, ich *muss* wegen der arbeit hin, und so wird das wie und woher sich schon finden. da wir sowieso von vorschüssen leben, kann noch weiter in die zukunft hinein geschossen werden.

unser konsularischer besuch hat auch wieder unnötiges geld verschlungen, doch war der besuch erforderlich, da die hohen herren uns persönlich beriechen wollten. mit dem heimatschein, das wird kremersch wohl regeln, ich habe den konsul besonders auf die existenz dieses volksgenossen und seine befugnis aufmerksam gemacht. die wollten nämlich alles selber »in die wege leiten«, aber sie haben »schrecklich viel zu tun« und aus erfahrung weiss ich, dass vieles verbummelt wird. darum die bitte an den mann mit dem verlängerten rücken /4/. die eintragung kostet vermutlich eine sperrmark, und ich bitte meine angehörigen, diesen betrag mir gutzuschreiben, wodurch dann meine ehelich angetraute frau aus dem »unmöglichen zustand permanenter heimatlosigkeit« erlöst wird und die stadt an der niers um einen fernbürger reicher. wann nun die passerneuerung erledigt ist, wissen wir nicht. die instanzen sind am rollen, die ahnenpässe haben tiefe eindrücke hinterlassen, weniger tief wirkte meine unterschrift und bebe wurde dennoch mehrmals von der seite angesehen. doch juventus virtus salus, servitus senectus palus, q[u]ies seges arbor auch, alle arisch sind »im brauch«... /5/ sehr kompliziert, mit deutschen pässen in frankreich reinzukommen! wenn die wüssten, wie harmlos ich bin und dass ich buchstäblich nicht bis 100 zählen kann. na, sollen sie.

zweite sendung h.[ieronymus] an l.[udwig] abgegangen. die dritte wird noch auf sich warten lassen, die arbeit geht nur langsam vorwärts. – kaplan dammer /6/ ist auf dem konsulat in lugano nicht bekannt, niemand erinnert sich, einem solchen priester in den akten begegnet zu sein. verschollen?

wir waren noch 8 tage zu gast bei freunden in locarno, eine neue bekanntschaft, die auf »paulus« basiert. sehr nette leute, mit bad und perserteppichen, warmen frühstücken und butler. war jemand bei tante liesken met de liek? /7/ trotz tiefster kasse habe ich ein telegramm schicken müssen, da die anzeige erst am begräbnistag um 12 in unsere hände kam. eine »danksagung« nicht bekommen, hätten uns also auch das telegramm sparen können??? dunkle familie.

so, liebe mutter, dies als gemischter beitrag zur heiligen johanna, möge sie fürbitterin sein am throne des allerhöchsten und dir doch noch devisen verschaffen. dann: eins dritter locarno, die sendung wird dort abgeholt. so nicht, lockt es dich vielleicht, mit in den äppelkahn zu steigen??? oder musst du julius überwachen, damit sich an ihm nicht das wort von beyertz deiduur /8/ erfülle, dass, wenn er von der reise nach hause käme, alle seine kinder wild verheiratet seien, mit entsprechend bevölkerungstechnischen begleiterscheinungen?

wir grüssen dich und dein haus plus kindeskinder und verbleiben mit eingeschlossenen pfingstfröhlichkeitsbezeugungen als eure

Albert und Beatrice

[Handschriftlich am Rand:] Einliegend Briefmarken. Weiss nicht, ob was von Wert dabei ist.

/1/ Süchtelner Mundart: Pfingsttage.

/2/ Port. Schriftsteller, Mitglied der Portugiesischen Akademie der Wissenschaft, hilft Thelen, Pascoaes auf die Nobelpreis-Vorschlagsliste zu bringen. Geboren als João António Mascarenhas Júdice (1898-1957).

/3/ Dr. Ângelo César (1900-1972), Rechtsanwalt, Politiker, Schriftsteller. Enger Freund von Pascoaes. Hat Beziehungen zu hochrangigen Politikern, auch in Nazi-Deutschland.

/4/ Gemeint ist Willy Kremers.

/5/ Lateinischer Merkspruch für das Geschlecht dieser Wörter.

/6/ Aegidius Dammer, Arzt in Süchteln.

/7/ Ehefrau von Buchdrucker Joseph Thelen.

/8/ Theodor Rahnen, Vetter der Mutter.

An: **Familie Thelen, Krefeld** **Pascoaes, 19.11.1940**

L.L., im Namen von Beatrice, wieder bettlägerig seit der Hiobspost /1/ aus Holland, danke ich für die Geburtstagswünsche. Habt Ihr inzwischen empfangen: Brief an Mutter, an Ludwig, Karte an Mutter, 25.9., 17.10., 24.10., [unkenntliches

Wort durch Wehrmachtsstempel] Blumen für Vaters Grab (Eukalyptus und Melanoxylon) am 22.10. Im Brief an Mutter habe ich ausführlich die Unmöglichkeit dargetan, am Familientag teilzunehmen. – Umstehend eine Leseprobe aus einem Band Gedichte, den ich im Frühjahr in Zürich herausgeben will, falls bis dahin die Schweiz noch existiert ... Das Gedicht heisst: Pôrto /2/. Schicke euch zu Weihnachten eine Auswahl an Manuskripten. –

Habt ihr je die Bücher abgeschickt, um die ich gebeten habe?? – Da ich vollkommen um den Ertrag meiner Arbeit gebracht bin, sind wir mittellos und können nicht viel mehr schreiben, das Porto ist hoch. »Sonst" geht es mir gut. Ich räche mich im Gedicht. Ihr werdet sehen. Nach wie vor kalte Füsse. Julius ewig stumm! ...

Wir erwarten in den nächsten Tagen unseren Freund aus Auressio, der in unserem Häuschen lebt; er geht nach Amerika (Schriftsteller) /3/ und bietet uns an, mit zu kommen. Aber was drüben machen? Von Gedichten kann man heute nicht leben. Obwohl, freie Überfahrt ist schon viel.

Herzlichst: A + B

[maschinenschriftlich]

denk dir aller männer hässlichsein
in den pferch der strassen eingepflockt,
und dazwischen wie ein seltner stein
dich das lächeln einer schönen lockt
mit dem dunklen duft von cheramy
und dem gehn, das wie ein palmenwiegen
tropisch in den hüften spielt –
und der nebelregen endet nie,
und die möwen hungerkreischend fliegen
um den turm, der gegen himmel zielt
mit der stunden steinernem visier,
und das pflaster hämmert schwarz-graniten
seiner stufen beinernes brevier –
und dann wirft sich dir im gehen mitten
wie ein fallreep schmal die brücke hin,
und sie schüttert unter deinen schritten
und der fluss sein wasser träge flösst;
bunte barken stakend meerwärts ziehn,
wo die grossen stürme warten
dock an dock gelagert – und gelöst
stehst du an des herzens lände still:
deiner schwermut ruhelose fahrten
fanden nie ein solches wehes ziel.

/1/ Gemeint ist der Tod von Thelens Freund und Pascoaes-Mitübersetzer Hendrik (Henny) Marsman. Vgl. Brief vom 22.12.1937.

/2/ Erst 1989 veröffentlicht.

/3/ Nicht ermittelt.

An: **Johanna Thelen, Krefeld** **Casa das Acacias, 26.10.1942**

alle post bis auf weiteres: casa das acacias, circumvalação
matozinhos / portugal

liebe mutter, diesem brief lege ich einige blätter bei für vaters grab. durch meine krankheit und den damit verbundenen ortwechselorschel bin ich nicht dazu gekommen, zur rechten zeit eine schachtel mit blumen aufzugeben. ich hoffe, dass das symbol, um das es sich ja nur handeln kann, per luftpost noch zeitig eintrifft.

mein zustand hat sich viel gebessert, seit ich hier im hause unserer ärztefreunde bin bei einer normalen ernährung, die sich leider in der weltabgeschiedenheit der travacenischen berge bei allem guten willen meiner mich – am-fressen-halter – nicht durchführen lässt. auch sind unsere freunde auf dem schloss seit einigen wochen total durchgedreht, weil die missernte des diesjährigen weins und die unmöglichkeit weiterhin ihre fuder nach brasilien zu verkaufen, sie an den rand des ruins gebracht hat. in dieser verwirrung mache ich eine etwas traurige figur mit meiner krankheit und den durch sie verursachten unkosten. im augenblick weiss ich nicht, was aus mir werden wird. eben erhalte ich einen brief von p[ascoaes], der mich bittet, nach abschluss der ärztlichen behandlung hier in m[atozinhos] wieder nach travanca zurückzukehren. man hat von einem sanatorium gesprochen, wo eine freistelle für mich offengehalten wird. abwarten. vorläufig hält mich vor allen dingen ein zahnarzt hier noch auf fünf wochen mindestens zurück. bis dahin denke ich auch antwort zu haben auf ein erneutes gesuch an die mächtigen devisenherren, mir meine in jahrelanger arbeit buchstäblich sauer verdienten groschen freizugeben. die aussichten sind allerdings gering. das reich hat andere nöte.

in bälde geht dir ein exemplar meiner schlossgedichte /1/ zu, die inzwischen erschienen sind. es war meine absicht, dir die nummer 1 ehrfurchtsvoll zu widmen, aber durch ein versehen meines verlegers ist das mit 1 numerierte exemplar in leder gebunden worden und an mich geschickt, um es pascoaes zum 65. geburtstag, für den der band ja bestimmt ist, zu überreichen. dies zur erhellung, dass du das zweite exemplar bekommst. nur neun exemplare sind vom verfasser gezeichnet.

[Handschriftlich am Fuß der Seite: 5 getrocknete Blätter]

sollte julius sich ein exemplar sichern wollen, so bitte ich um zeitige mitteilung, oder besser, ihr bestellt es direkt beim verlag.

ludwig wird inzwischen schon mit dem krätzchen /2/ herumspazieren, womit endlich sein alter soldatenwunsch in erfüllung gegangen ist, ob auch später, als er es sich gewiss geträumt hat. martha wird weniger erbaut sein von seiner feldgrauen mission. wie geht es ihr? es würde mich interessieren zu wissen, ob sie schon fieberfrei ist.

der krieg nimmt immer noch seinen schleppenden gang und bietet dem aussenstehenden wenig interessantes. das soll nicht heissen, dass wir etwa glauben, dass er so ganz unblutig verläuft. grosse taten sind allerdings erst im nächsten oder übernächsten jahr zu erwarten. heute mehr denn je sind wir vom siege überzeugt. man muss nur geduld haben ihn abzuwarten und ihr /3/?

dies für heute. alles herzliche und schönste grüsse für alle

Dein Albert + Beatrice

/1/ Thelens erstes eigenes Buch, »Schloss Pascoaes«, vgl. Brief vom 20.11.1930, FN 2.

/2/ Kopfbedeckung der Rekruten, auch »Schiffchen" genannt.

/3/ Auffällig oft steht vor dem Gruß, also an leicht zu findender Stelle, eine solche wohl eindeutig für die Zensur bestimmte Bemerkung, die nichts mit Thelens wahrer Überzeugung zu tun hat.

Rheinvergnügen mit der Familie. V.l.n.r.: Albert Vigoleis Thelen, Vater Louis, Mutter Johanna – und die Brüder Julius, Joseph und Ludwig. © Thelen-Archiv Jürgen Pütz.

Beatrice und Vigoleis Weihnachten 1937 in Auressio / Tessin. © Thelen-Archiv Jürgen Pütz.

Beatrice: *1933, als Hitler an die Macht kam, waren wir ja schon ausgewandert, innerlich, wir sind von Mallorca nicht mehr nach Deutschland zurückgegangen, weil wir ahnten, wohin das führt mit dem Führer. Vigo und ich haben uns danach geweigert, deutsch zu sprechen, aus Protest. Wir konnten beide ja mehrere Sprachen und unterhielten uns eben in holländisch oder englisch, vorwiegend in spanisch, was uns wahrscheinlich das Leben gerettet hat, denn die falangistischen Kommandos suchten fieberhaft nach einem deutschen Ehepaar, oppositionell eingestellt. Wochenlang durchkämmte eine Sondereinheit die Insel, um uns aufzustöbern. Die hatten einen Hinweis aus dem Reich bekommen. Wir waren gottlob kaum verdächtig, aus zwei Gründen: einmal, weil auch im Alltag kein deutsches Wort aus unseren Mündern fiel, und zum zweiten, weil man in Spanien statt des Familiennamens ja Don Vigo und Doña Beatrice sagt. Kein Mensch im Dorf wäre auf die Idee verfallen, daß wir aus Deutschland kommen. Unser Glück! Denn wenn die uns gefunden und festgenommen hätten, wären wir entweder inhaftiert oder aber, schlimmer noch, liquidiert worden.*

Beatrice mit dem Dichter Teixeira de Pascoaes auf dessen Weingut in Portugal, ca. 1943. © Thelen-Archiv Jürgen Pütz.

Beatrice mit Albert Vigoleis Thelen 1950 in Amsterdamer Obhut. © Thelen-Archiv Jürgen Pütz.

»hier sind die lebensverhältnisse ziemlich schwierig, nicht was das essen betrifft, das reicht aus. keine fettlebe natürlich, aber sicher so reichlich wie in der schweiz, was brot betrifft sogar mehr. aber hausrat ist keiner da. wir sind auf der suche nach zwei tassen und einem kochtopf, – ein problem. die vertreter des herrenvolkes haben buchstäblich alles abgeschleppt. wir wollten dies und das aus der schweiz mitnehmen, aber da bestehen sehr strenge ausfuhrbestimmungen. nun versuche ich, eine kiste mit zeug aus portugal kommen zu lassen, eventuell durch vermittlung des portugiesischen konsuls hier in amsterdam, den wir gut kennen. natürlich sind wir aus unserer spanischen zeit an das zigeunern gewohnt …

Albert Vigoleis Thelen (Mitte) 1953 in Amsterdam. Mit G. A. van Oorschot und Peter Diederichs. © Thelen-Archiv Jürgen Pütz.

… sonst sind wir glücklich, wieder in amsterdam zu sein. es ist eine stadt, wo man sich geistig sehr wohl fühlt, und da ich hier einen namen habe bei den dichtern und künstlern, so lebt man sich sehr schnell ein. viele alte freunde haben wir schon wieder getroffen, und auch menschen besucht, die wir überhaupt nicht kannten und für die ich in portugal die verbindung mit ins ausland entwichenen leuten zustande gebracht hatte, vor allem juden. die wenigsten wussten, dass ich nicht einmal holländer war.

hier zuland […] sind die deutschen gehasst wie wohl selten ein volk im verlauf der geschichte von seinem unterdrücker gehasst worden ist. doch das brauche ich euch wohl kaum zu erzählen.«

Albert + Beatrice / An Johanna Thelen / Amsterdam, 19.3.1947.

»Mötterken sei gegrüßt ..., auch die Kinder erhalten ihr teil je nach dem jeweiligen grade ihrer ungezogenheit ...«

An: **Ludwig Thelen, Krefeld** **Amsterdam, 17.6.1947**

adresse nach wie vor meulenhoff . rokin 44 /1/

lieber ludwig, ich bin gestern nochmals im haag gewesen und habe dort mit einem funktionär der military mission gesprochen. die neuen einschränkungen für privatbesuche werden sehr strikt gehandhabt, und da ich trotz meiner politischen vorgeschichte für mich keine ausnahme erwirken will, muss ich den normalen [handschr.: weg] weiter gehen. ich brauche ein von dem in krefeld zuständigen britischen militärarzt beglaubigtes ärztliches zeugnis, dass mutters zustand besorgniserregend ist hinsichtlich ihres hohen alters. leider habe ich den eindruck, dass ihr ein solches attest ohne weiteres bekommt. es wird dann nachher hier geprüft mit den anderen anträgen, die in die tausende gehen, wie ich mich überzeugen konnte.

die frage der dokumentation für staatenlose, die ich langwierig zu lösen [handschr.: zu] sein glaubte, ist dann rasch erledigt [sic]. ich rechne aber nicht mit einer bewilligung für uns beide. die dauer ist auf 14 tage im höchstfalle beschränkt; das essen für diese zeit muss man mitnehmen, keine kleinigkeit bei dem komplizierten rationierungssystem hier zu lande.

in verlegerischen angelegenheiten muss ich demnächst »offiziell« nach deutschland und bekomme dafür andere papiere. aber diese [handschr.: sache] zieht sich immer noch hinaus, da zwei der verleger, die an einem austausch mit deutschen häusern interessiert sind /2/, sich im augenblick noch im ausland befinden. ende dieser woche hätte ich nach der schweiz reisen sollen, aber die leidige passfrage kommt nicht mehr zur zeit in ordnung, so dass meulenhoff selbst fährt. parisunesco hat sich ebenfalls zerschlagen, weil die weltadministration noch immer trocken läuft und auch noch jahre so laufen muss, notgedrungen.

gerne hätte ich beide deutschlandreisen verbunden, aber ich sehe ein, dass ich nicht in den gang der amtlichen maschine eingreifen kann. die amerikaner haben eine anforderung für frankfurt abgelehnt, da ich mich nicht fest binden wollte. inzwischen habe ich definitiv abgesagt, da ich [handschr.: die] position mit meinem gewissen nicht vereinbaren kann /3/.

krefeld, gladbach und visbek hüllen sich in schweigen. vielleicht ist die post verloren gegangen, doch nehme ich viel eher an, dass es sich um das teutonische schweigen handelt, das seit 1933 unseren briefwechsel periodisch unterbricht und denselben, wie ich wohl meinen mag, zuweilen überhaupt in frage gestellt hat. daran sind wir gewohnt, und im grunde genommen hat sich ja das spannungsverhältnis seit diesem jahre des unheils 1933 in nichts geändert. nur habt ihr inzwischen einen und nicht einmal d e n krieg verloren. darin erblicke ich denn auch die tragik des deutschen schicksals und erkenne in dieser blindfleckigkeit eures sehvermögens die vollkommene unmöglichkeit, das herzproblem europas überhaupt zu lösen. und es gehört zur tragik unseres jahrhunderts, dass es gerade nun deutschland sein muss, das ob des übrigens von niemandem angezweifelten elends die welt anklagt, eine welt, der es ein leid zufügen konnte mit kalter berechnung, wie es einzig dasteht in den annalen von hunger und not.

wie ich mutter schrieb, bleiben wir nun definitiv in holland. die portugiesische regierung hat sich geweigert, unsere papiere zu verlängern, sie laufen übermorgen ab. nun kriegen wir demnächst andere, irgendwelche holländische bestätigungen, dass wir die und die sind, dann geboren ect., also die besiegelte permanenz der heimatlosigkeit. mehr wollen wir ja auch nicht. meine ehemaligen landsleute haben mich so gründlich ausgebürgert, dass ich wirklich der vollendete weltbürger geworden bin.

sind je pakete aus der schweiz angekommen? und die zigaretten? oder fallen diese bestätigungen auch unter die schweigepflicht?

dieses für heute. ich rechne damit, dass das attest in 18 tagen hier sein kann. und sonst alles gute und grüsse an euch alle von eurem nach wie vor verlorensten sohn und bruder:

Albert +

/1/ Nach ihrer Übersiedlung aus Portugal fanden die Thelens zunächst Quartier beim Verlegerehepaar Meulenhoff. Meulenhoff veröffentlichte die niederl. Ausgaben von Pascoaes.

/2/ Koloman Kollár (1898-1950) und Wim Salm (1901-1963), Verleger Thelens. Im Salm Verlag verschwendet Thelen in den Nachkriegsjahren viel Energie auf die Gründung einer Verlagszweigstelle und Druckerei namens Corona in Paramaribo (Surinam). Hunderte Briefseiten hat Thelen in Sachen Corona gefüllt, erschienen ist nicht ein einziges Buch. Seinen Verleger Salm traf es härter: Er wurde Opfer nicht allein der Zeitläufte, sondern auch eines betrügerischen Kompagnons. Thelen scheint in Amsterdam als eine Art Geschäftsführer des Verlags fungiert zu haben.

/3/ Nicht klar, worauf Thelen hier anspielt.

An: **Ludwig Thelen, Krefeld** **Amsterdam, 12.7.1947**

l.l., gleichzeitig sind eingetroffen deine briefe vom 27.6. und der vom 7.7. mit dem attest. montag gehe ich nach dem haag und versuche erneut mein glück. da, wie ich euch schrieb, im monat rund 2000 gesuche eingereicht werden und *alle* dringend sind (nicht dringende werden überhaupt nicht in die liste aufgenommen), weiss ich nicht, wie lange es dauert, bis die reihe an mich kommt. ich versuche die genehmigung für uns beide zu erwirken, nur wenn ich sehe, dass dies eine verzögerung bedeutet, komme ich allein. am besten gebe ich keine prognose für den zeitpunkt, da alles sehr problematisch ist. die bestimmungen werden schärfer, nach massgabe der verschlechterung der ernährungslage, und diese hängt ja auf's engste zusammen mit dem zunehmen der sabotage von seiten der deutschen landwirtschaft. wie wir hier die frage der verproviantierung für die reise und dauer des aufenthaltes lösen, weiss ich immer noch nicht. feste produkte sind ja leicht transportabel. kaffee bringe ich natürlich mit, wird aber wenig sein. wir haben 100 gr. pro kopf und monat. ich denke, wir werden hauptsächlich uns auf einen sack kartoffeln beschränken müssen. im letzten monat ist übrigens kein kaffee zur ausgabe gelangt. kakao haben wir noch keinen gesehen, seit wir hier sind. im schwarzen handel ist übrigens alles zu kriegen, aber die preise sind nichts für den beutel eines armen schriftstellers. und ausserdem lehne ich es ab, diese unmenschlichen einrichtungen zu unterstützen. käse 100 gr. pro woche, fleisch 150 dito, damit lässt sich nicht viel reiseproviant für 14 tage zusammenstellen. doch soll daran die sache nicht scheitern. doch wiederhole ich, dass ich von euren rationen nichts annehme. –

es ist bedauerlich, dass die sendungen aus basel nie angekommen sind. ich habe wieder auftrag gegeben, sachen zu schicken, lasse es aber nun fürderhin bleiben. von hier aus kann man nichts schicken. die reise kann nun direkt von amsterdam nach deutschland erfolgen, ich glaube via köln. der umweg über kehl ist aufgehoben. auch gibt es für zivile keine militärpässe mehr, die eine reise in den militärzügen erlauben. ein bekannter, der vor kurzem aus essen zurückkam, erzählte mir, dass man ihm, kaum war er auf deutschem boden, *alles* geklaut hat, während eines künstlich arrangierten gedränges.

selbstverständlich kommen wir zuerst zum deutschen ring. ich fürchte sowieso, dass der shock für mutters herz sehr gross sein wird.

für die kinder wollte ich eine grosse sammlung briefmarken mitbringen, höre aber nun zu meinem erstaunen, dass das nicht geht, da marken als devisenwert betrachtet werden und einer ausfuhrgenehmigung bedürfen. jupp kriegt seine pfeife. was könnte ich mutter mitbringen? irgend eine arznei, die bei euch nicht zu kriegen ist? die auswahl hier ist ja auch beschränkt.

dies in eile und relativ guter gesundheit (etwas temperatur wieder, angeblich vitaminmangel, schon möglich bei der komischen esserei) und alles herzliche.

einliegend zigarettenpapier. ich weiß nicht, ob ich das ausführen darf. ich bringe mehr päckchen mit, wenns erlaubt wird. so long

Euer Albert +

An: **Ludwig Thelen, Krefeld** **Amsterdam, 4.12.1948**

lieber ludwig,
ich wäre dir sehr dankbar, wenn du durch deinen kollegen tapper /1/ für mich eine einladung von der literarischen gesellschaft in krefeld bewirken könntest, derart, dass ich vor dieser gesellschaft gedichte lesen könnte. ich weiss nicht, ob du inzwischen noch mal gelegenheit gehabt hast, mit ihm darüber zu sprechen. sie müssten soviel bezahlen, dass ich die reisekosten damit bestreiten könnte, sagen wir 100 mark. das ist sehr billig!!! aufgrund der einladung bekäme ich dann schon ein visum.

sonst ist hier nicht viel neues passiert. beatrice geht es etwas besser, aber berühmt ist es noch nicht. angesichts der tatsache, dass ihre wiederholten erkrankungen uns in diesem jahr völlig ruiniert haben, habe ich heute für mich eine versicherung abgeschlossen für krankheits- und unglücksfälle. privat, denn die offiziellen versicherungen drücken sich doch, wo sie nur können.

bücher können wieder als drucksache nach d. verschickt werden. so lasse ich denn an euch einige expl. des dunklen wortes abgehen. ich hätte es schon eher getan, habe mich aber sehr über die ausgabe geärgert. sie ist graphisch nicht sehr glücklich, viele expl. sind schief geschnitten, und dann ist es ja so, dass man mit aller sorgfalt die korrekturen liest, und man erhält unter grosser spannung das belegstück, schlägt es auf, und sofort fällt der blick auf einen druckfehler. das ist eine alte tücke, die jeder autor kennt. dann war eine schwierige stelle im text, die ich nicht auflösen konnte, das heisst, ich habe die entsprechung gegeben, aber dabei zugleich gespürt, dass sie nicht gut war. noch bei der dritten korrektur habe ich gegrübelt, um die richtige ausdeutung zu geben, vergeblich nun, beim überlesen der stelle, schoss mir sofort das richtige in den sinn, die einzig mögliche und schöne entsprechung.

nun noch eine bitte: würdest du bitte so lieb sein und die schlossgedichte, exempl. stehlik /2/, an den thomas verlag in kempen /3/ schicken mit einem briefchen, sagend, dass ich den leuten von hier aus schreiben würde? dazu bemerken, dass es sich um den verlagsvorschlag für einen neudruck handelt, den ich nach deutschland vergeben möchte.

heute abend kommt eduardo /4/. er hat leider meinen brief mit eurer adresse nicht mehr bekommen, so dass er von ihr keinen [handschr.: Gebrauch] hat machen können. ich werde mit ihm deinen fall besprechen. es sei denn, dass du nicht mehr ans auswandern denkst. die notlösung einer westlichen blockbildung wird ja rasch deutschland zu einer neuen blüte verhelfen, sei es auch einer scheinblüte, die nur von der aufrüstung lebt.

entbiete martha unsere grüsse. ich schreibe ihr, sobald ich dazu in stimmung bin.

mötterken sei auf das herzlichste gegrüsst; auch die kinder erhalten ihr teil je nach dem jeweiligen grade ihrer ungezogenheit, oder sind sie jetzt braver angesichts der weihnacht? ist jupp schon eingetroffen? teilt mir das eben mit, da ich sonst sein expl. nach visbek schicke.

alles gute und erspriessliche, dein
Albert +

/1/ Ernst Tapper. Krefelder Kunst- und Literaturfreund, Prokurist der Seiden- und Krawattenstoffweberei Krahnen + Gobbers, in der Bruder Ludwig als Textilingenieur beschäftigt war.

/2/ Arnold Stehlik, Kaufmann, Wirtschaftsprüfer und Steuerberater. Sollte für Thelens damaligen Amsterdamer Verleger Wim Salm (1901–1963) deutsche Verlagskontakte herstellen.

/3/ Verlag, der religiöse und literarische Werke, u.a. von Theodor Storm, Rudolf Herzog, Adalbert Stifter, Otto Brües u.a. veröffentlichte.

/4/ Eduardo Alvez da Vega de Oliveira, Arzt und Freund Thelens.

Eine der letzten Aufnahmen von Albert Vigoleis Thelen im März 1989, einen Monat vor seinem Tod. Foto: Leo Fiethen.

»... meine ehemaligen Landsleute haben mich so gründlich ausgebürgert, dass ich wirklich der vollendete weltbürger geworden bin.«

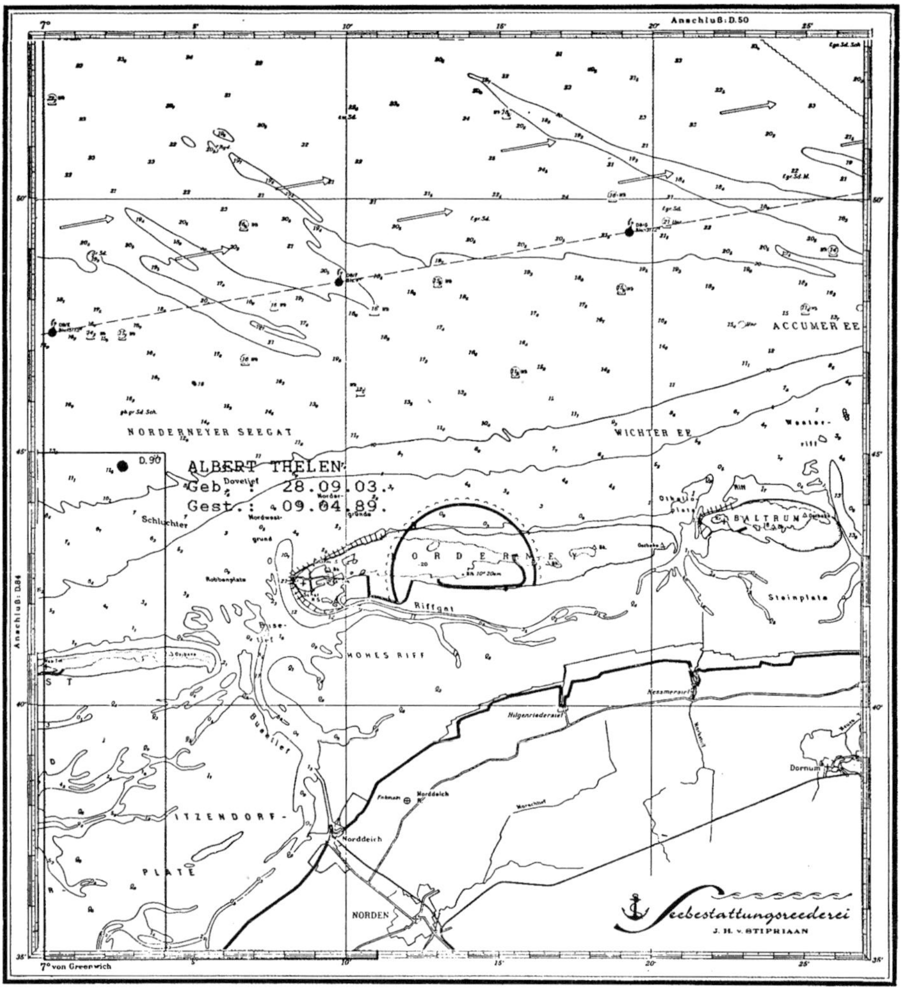

Auszug aus der Seekarte D 87

Am 29.04.89. wurde die Urne mit der Asche des verstorbenen

Herrn ALBERT THELEN

auf hoher See, Position: 53° 45’ Nord 7° 03’ Ost beigesetzt.

Kapitän

Aus: die horen, *Band 199/2000, 2. vergriffene Auflage, Bremerhaven 2001.*

Michael Gormann – Thelen

Neues vom »Prallerzähler«

Eine erste Edition von Briefen des Albert Vigoleis Thelen

Die öffentlichen Jubilationen aus Anlass des 50. Jahrestages des Erscheinens von Günter Grass' *Blechtrommel* 2009 haben einmal mehr vergessen lassen, dass schon 1953 ein sprachlich wie literarisch unvergleichlich bedeutsamerer Roman erschienen war: *Die Insel des zweiten Gesichts*. Bekannt bleibt er bis heute zu wenig. Man braucht aber beide nicht gegeneinander ausspielen, wie es oft geschieht, vielmehr gilt es, sie als Brennpunkte einer Ellipse dessen wahrzunehmen, was der deutschsprachigen Literatur der Nachkriegszeit an Aufstieg, Fall und Nachleben des Nationalsozialismus wahrzunehmen möglich beziehungsweise unmöglich war. Hier die Danziger Perspektive des Zwergen und Blechtrommlers Oskar Matzerath. Dort das »Memorial« eines doppelgängerischen Erwachsenen, nämlich die »angewandten Erinnerungen« des Albert Vigoleis Thelen (1903-1989) und seines literarischen Doppelgängers Vigoleis. Sie waren das literarische Ereignis dieses Jahres 1953.

Bei der geflohenen und verwüsteten Insel handelt es sich um Mallorca, die sich »die Goldene« nennt. Mit der heutigen hat sie nichts mehr zu tun, außer dass ihre Zugrunderichtung unter dem Nationalsozialismus begann, dessen »Kraft durch Freude«-Kreuzfahrten sie entdeckten. Die spätere massenturistische Erschließung Mallorcas folgt jenen Kielwassern. Dies ist kaum mehr bekannt. Auch ein Grund, *Die Insel des zweiten Gesichts* dieses »Prallerzählers« (so Eckhard Henscheid) zu lesen oder für sich als goldene zu entdecken.

Der Erzschelm Vigoleis verdingte sich damals als Turistenführer solcher KdF-Fahrer. Wie dieser als Turisten-»Führer« aus seinem Anti-NS-Herzen keine Mördergrube machte, so dass den KdFlern das Lachen buchstäblich im Halse stecken blieb, bildet einen Höhepunkt dieser angewandten Erinnerungen.

Die goldene Insel war damals eine Einöde, auf die viele Verfolgte vor den heraufziehenden Unzeiten flüchteten. So auch, neben Harry Graf Kessler, dessen Memoiren seit kurzem Furore machten (Thelen fungierte zeitweilig als Sekretär dieses »gewaltigen Philosophen und Erzsäufers«), der französische, kritisch katholische Schriftsteller Georges Bernanos (*Die großen Friedhöfe unter dem Mond*), aber eben auch der niederrheinische, aus Süchteln (heute Viersen eingemeindet) herkünftige Thelen.

Die Enge katholischer Familienverhältnisse (»ich bin für diese Leute, wie 99% auch für euch, nach wie vor die fehlgeburt der familie und so etwas wie ein schwarzer fleck, für den sich bis jetzt noch kein fleckenwasser probat erwiesen hat«), vergebliche Mühen im deutschen Literaturbetrieb als Übersetzer modernster niederländischer Literatur Fuß zu fassen, das überscharfe Lesen der Zeichen der Zeit von NS-Führertum und von diesem betriebenen Völkermord ließen Albert Vigoleis Thelen und seine schweizerische Frau Beatrice über den

Umweg von Amsterdam und der Schweiz Zuflucht auf Mallorca finden. Genau im höchst bescheidenen Zimmer eines, wie sich schnell heraushörte, umtriebigen »Freudenhauses«.

Diese Insel des zweiten Gehörs war gleichzeitig ein »Irrenhaus«. Von dieser Zeit zwischen 1931 bis 1936, als die Frankisten und ihre deutschen NS- und Gestapo-Helfer Mallorca übernahmen, und vor denen die Thelens im allerletzten Augenblick (sie standen schon auf der Liste der zu liquidierenden Personen) die Insel verlassen konnten (viele andere, auch deutsche Juden, nicht), berichten diese »angewandten Erinnerungen«, in denen sich diese zeitgenössischen und kommenden Unzeiten hintergründig und aberwitzig spiegeln und darin auch schon die Wahrnehmungsverweigerung der bundesdeutschen Nachkriegsgesellschaft vorausartikulieren.

Die Insel des zweiten Gesichts. Aus den angewandten Erinnerungen des Vigoleis erschien folgerichtig nicht in einem bundesrepublikanischen Verlag, sondern in einem niederländischen. Erst in allerletzter Minute fand sich ein bundesdeutscher Verlag, der als Lizenzträger ein Geschäftchen witterte. Dass es sich um Weltliteratur handele, das witterte freilich des Verlegers Gattin, Ursula Diederichs, die ihren Gatten dann dazu brachte, die *Insel* zu verlegen. So erschien sie mehr aus Verlegenheit. Der niederländische Verleger, der unerschütterbar hinter seinem Autor stand (ja, diesen 1951 dazu gebracht hatte, nachdem er dessen Erzählungen auf einer Party anhörig geworden war, dieses »Memorial« niederzuschreiben), Geert van Oorschot, veröffentlichte seine niederländische Ausgabe auf – Deutsch. Damals in den Niederlanden ein ebenso ungehöriges wie mutiges Unterfangen!

Die *Insel* erschien am 1. November 1953, kurz zuvor, im Oktober 1953, fand in Bebenhausen bei Tübingen die Herbsttagung der Gruppe 47 statt, zu der Thelen von Hans Werner Richter (»ich möchte der Ludwig Erhard der Literatur werden«!) auf Hinweis eines niederländischen Autoren und Journalisten eingeladen wurde, aus dem Manuskript vorzulesen.

Hans Werner Richter ließ dann sein Urteil in bundesdeutscher Fallbeilverschärfung fallen: »Emigrantendeutsch!« Wenige protestierten, so Joachim Kaiser und Ingeborg Bachmann. Die Thelens und ihr Verleger flohen einmal mehr sofort Deutschland – auf Nimmerwiedersehen. Dieses »ich lebe ›haarscharf‹ am Strick vorbei« wollte man sich nicht noch einmal gefallen lassen! Erst wieder zurück nach Amsterdam, wo sie von 1947 bis 1954 lebten, danach in die Schweiz, oberhalb von Locarno. Bebenhausen bildete in Thelen ein Erschütterungstrauma, in welchem sich das von 1933 und was folgte wiederholte.

Auch davon handelt hellsichtig *Die Insel*. Ein weiteres zweites Gesicht. Und von all diesem handelt die Auswahl von Briefen des Albert Vigoleis Thelen, die gerade unter dem Titel *Meine Heimat bin ich selbst. Briefe 1929 – 1953*, herausgegeben von Ulrich Faure und Jürgen Pütz, im DuMont Buchverlag in Köln erschienen sind. Zwei weitere Bände zu den Zeiten 1954 – 1977 und 1978 – 1989 sollen folgen.

Es handelt sich um eine Auswahl ausschließlich von Thelen geschriebener Briefe. Leider, muss man sagen, aber Thelen soll, so die Herausgeber, »geschätzte 15000 Briefe« geschrieben haben. Solche wurden ausgewählt, die mit der Biographie Thelens, seines Werkes und mit Zeitgeschichte zu tun haben. Auch wenn man bedauert, dass nur eine »repräsentative« Auswahl[1] möglich war (»Wo wäre der Verlag, der eine mindestens zehnbändige Thelen-Briefausgabe riskierte?«), und dass leider keine Briefe an Thelen aufgenommen wurden, sind diese ersten 287 Briefe des Lesens, ja des Vorlesens, wert. Da hochvergnüglich. Vollen politischen, literarischen, verlegerischen und politischen Scharfsinns. Aber auch voller Nachrichten von den erbärmlichen Umständen, unter denen die Thelens – und nicht nur sie! – zu überleben gezwungen wurden.

Dass sie überlebten, dass sie den Sprachstrom des Deutschen – wie viele andere Emigranten, namhafte und namenlose, auch; ganz zu schweigen von den Opfern unerhört – vor dem Nationalsozialismus retteten (er nennt es »verschollenes Sprachgut, das ich mir wieder zu muten erlaube«), dieses begrub man unter jenem unseligen, unvergebbaren »kommunikativen Beschweigen« (Hermann Lübbe unseligen Angedenkens) dessen, was man dann Vergangenheitsbewältigung nennen sollte. Gegen dieses bundesdeutsche Hinterrücksdogma von Geschichtsentsorgung legen Thelens Leben, Werk, Sprache und gerade diese Briefe allerschärfsten Einspruch ein: »24 stunden nach der Machtergreifung erklärten wir dem dritten reich den krieg.«

Diese Briefe sind bewegende Zeugnisse. Der große Sprachmeister Thelen[2] nennt es »Augenzeugenschaftliches«. Diese Briefe bezeugen »nackte Wirklichkeit« und artikulieren sich selbst als eine über die deutsche Misere triumphierende »Phantasiemaschine«.[3] Oder Vigoleis'sch: »… wenn ich sterbe, kriegt jeder frei, so lange er will.« Hoffentlich nicht erst dann werden diese Briefe gelesen. Oder mit den Worten des Briefschreibers: »mein Nachlaß erscheint noch zu meinen Lebzeiten« – »sonst kommen wieder die Lemuren«.

Jeder dieser Briefe ist eine Vivisektion der »interimsperiode[n] innerdeutscher Impossibilität«. Zuerst die wenigen innerdeutschen Briefe bis 1931, dann die wenigen von Mallorca 1931 bis 1936, sodann diejenigen aus dem ersten Exil in der Schweiz und Amsterdam 1936 bis 1939. Es folgen die der »geweisten Flucht« nach Portugal, wo die Thelens auf dem Gut des letzten iberischen Mystikers der »Gottlosigkeit Gottes«, des Teixeira de Pascoaes (1877-1952), eine geschützte Zuflucht (Exil als »Entohnigung«) fanden.

Thelen, den das Werk dieses Mystikers zuerst in einer Buchhandlung in Barcelona (dort heirateten die Thelens) gefunden hatte, übersetzte kongenial einige Werke dieses iberischen Dichters (ein großer Erfolg in den Niederlanden, ein großer Misserfolg in Deutschland), in dem er dessen überragenden Genius anerkannte und dessen Biographie er schreiben wollte. Sieben Jahre währte ihr portugiesisches Exil, aus dem sehr schöne ausführliche und ans Herz gehende Briefe an die Familie in Süchteln (später in Krefeld) und an Freunde gingen.

Allein dieser Briefe wegen, von denen nicht wenige würdig wären, in Walter Benjamins *Deutsche Menschen* aufgenommen zu werden, muss man diese Briefe lesen. Sie als Hörbuch zu Gehör zu bringen, wäre geradezu patriotische Pflicht.

Als sie nach 18 Monaten Kampfes Portugal 1947 verließen, waren sie staatenlos geworden. Exile kumulativ, Fortsetzung ihrer Unzeitgenossenschaft. Sie gingen wieder nach Amsterdam, wo Thelen früh schon Kontakte mit Schriftstellern und

Freundschaften hatte knüpfen können. Bis 1941 überlebte Thelen finanziell, weil er in der Zeitung *Het Vaterland* Besprechungen deutscher Literatur publizieren konnte.

Diese Amsterdamer Jahre – nach Mallorca und nach Portugal – sind der dritte literarische Lebensort. Dort schrieb Thelen *Die Insel des zweiten Gesichts*; dort schrieb er auch 1956 seinen zweiten Roman *Der schwarze Herr Bahßetup*, der in der bundesdeutschen literarischen Szene nur ein peinliches Schweigen hervorzurufen vermochte. Zu unrecht. Aber davon wird man im nächsten Band dieser Briefe hören. 1956 übersiedelten die Thelens nach Locarno in die Schweiz, wo sie in einem Pförtnerhäuschen einer mexikanischen Millionärin Unterschlupf fanden und einmal mehr über-lebten. Auch davon werden spätere Briefe zu berichten wissen. Und die Lauscher an der deutschen Wand, hören ihre eigene …

So zum Beispiel empfinden die Thelens ihre »aktenmäßige repatriierung« am 7. Juni 1951, eine Zwangsmaßnahme (da ungefragt, also verfügt) der Bundesrepublik Deutschland. »Unsere staatenlosigkeit nimmt nun ein ruhmloses ende. Wir werden gegen unseren willen wieder untertanen des deutschen reiches, das sich zwar heute anders nennt, aber doch dasselbe geblieben ist, die aufenthaltsgenehmigung ist nur für drei monate [von den Niederlanden] verlängert worden; bis dahin muß die eingliederung in den deutschen staatsverband erfolgt sein.« Die deutschen wie die niederländischen Behörden sprechen, als sei nichts geschehen: »Die Herrschenden«, so Thelen, »haben beschlossen, dass alle staatenlosen deutscher herkunft wieder ihre frühere [sic!] staatsangehörigkeit annehmen müssen …« Daraufhin lässt Thelen eine schwarz umrandete Visitenkarte drucken, in der Mitte sein Name, darunter »Mussdeutscher aber kein Musterdeutscher«.

Dieser erste Band von Briefen des Albert Vigoleis Thelen endet mit der Publikation der *Insel des zweiten Gesichts*, also mit dem Jahre 1953, und mit der Aufnahme, die dieses Werk in der westdeutschen Öffentlichkeit erfuhr. Thelen, der »Sprachschwelger« (Jürgen Pütz), so hoch bejubelt er auf kurze Zeit wurde, wurde einmal mehr um seine Entlohnung geprellt. Thelen und das Geld. Immer »bettelarm« oder »bankerott auf der ganzen Linie«. Je schöner die Briefe, desto mehr saß »das Messer an der Kehle«.

»Mir geht es leidlich, ich habe viel zu tun, leider nur literarisches, was nichts oder kaum etwas einbringt. Immer wieder ertappe ich mich dabei, lieber ein schuster geworden zu sein, als das undefinierbare, was ich nun bin. Gestern fragte mich der gemüsemann, was ich sei. Er habe von frauen gehört, ich schriebe. Da bleibt mir nur das stottern einem so braven menschen gegenüber, der dann noch in seiner Verblendung glaubt, er sei was minderwertiges, weil er nur grünzeug verkauft. Ich denke das meinige dabei, auch an den grünen zweig, auf den ich doch nicht gekommen bin, auch nicht auf denselben rutsche, wenn zum beispiel meine gedichte herausgegeben werden. Man bleibt der lose vogel, der über den zweigen schwebend singt, eine zweifelhafte figur im bürgerlichen weltganzen und zweifelsohne eine, die man lieber nicht wäre. Man ist sich selbst suspekt.«

So Albert Vigoleis Thelen an Johanna Thelen, seine Mutter, an die er Briefe richtet, in denen sich der ganze Jammer der Zeiten, die einen so jochen, ausspricht.

Mitinbegriffen der Jammer seiner selbst als Narrweiser und »Erzweltschmerzler«. Dies aber in einer Großartigkeit der Sprache, hinter der die Großzügigkeit dieser Briefe, wie sie sich uns schenken, nicht zurückstehen wollen. Und erst recht nicht ihre Herausgeber, denen unser Dank zu gelten hat.[4] ◆

Anmerkungen:

1 Diese Redeweise, eine Übertragung aus der Statistik, ist in der Sache unangebracht. Wenn schon nur eine »Auswahl« möglich ist, sollte aus den von den Herausgebern angegebenen Gründen diese aus beanspruchter Kennerschaft und begründetem Urteil erfolgen. Vielleicht sollte überlegt werden, in den dritten Band dieser Briefausgabe ein Verzeichnis der bislang erhaltenen Briefe Thelens, aber auch derjenigen, die an ihn schrieben, aufgeführt werden. Zumindest der zukünftigen Forschung wäre mit einem solchen öffentlichen Akt sehr geholfen.

2 Eine Studie des Sprachmeisters Thelen, seiner sprachlichen Register, seiner historischen Sprachbestände, seiner Lexik und ihrer Herkünfte aus mehreren Sprachen wäre dringendes Desiderat künftiger Forschung.

3 Für die Herausgeber ist dieses Lexem ein besonderes Zeugnis des Sprachschöpfers Thelen. Aber, wie Thelen in einem der Briefe selbst mitteilt, war er so sprachschöpferisch nicht. Er kannte hingegen sehr viele Traditionen, die heute kaum mehr bekannt sind, weswegen diese Briefe auch ein besonderes literarisches Archiv darstellen. Das Lexem »Phantasiemaschine«, zum Beispiel, ist nicht Thelen zu verdanken, sondern René Fülöp-Miller und seinem bedeutenden, wohl vergessenen, Werk *Die Phantasiemaschine. Eine Saga der Gewinnsucht*. Berlin: Zsolnay Verlag 1931.

4 Was die Kommentierung der Briefe durch die Herausgeber angeht, so wäre für die folgenden Bände zu wünschen, dass die Hinweise auf Autoren und ihre Werke vereinheitlicht werden. So sollte es keine Angaben von Werken ohne Verlagsangabe und Erscheinungsjahr geben. Es ist nicht einzusehen, weshalb es Werke mit solchen genauen Angaben gibt, während sie anderen vorenthalten wird. Auch die Namen der Übersetzer wären zu nennen. Da Thelen die Namen vieler niederländischer Autoren erwähnt, die hierzulande kaum bekannt sind oder waren, wäre es auch wünschenswert gewesen, auf deren Gesammelte Schriften, so es sie gibt, hinzuweisen. Auch lohnte es sich, bei diesen Autoren ein Hauptwerk und seine evtl. Übersetzung ins Deutsche zu nennen. Vor allem ist jedoch nicht annehmbar, dass Arbeiten Thelens zwar nach entlegener Erstveröffentlichung genannt werden, nicht aber ihre spätere Zweitveröffentlichung (z. B. in die horen) oder gar ihre deutschsprachige Erstveröffentlichung.

Albert Vigoleis Thelen: *Meine Heimat bin ich selbst. Briefe 1929–1953*. Hrsg. und mit einem Vorwort von Ulrich Faure und Jürgen Pütz. DuMont Buchverlag, Köln 2010.

WOLS, a.a.O.

Klaus Stiller

Philosophismen

Ablehnung

Abstand zu Dingen, Waren, Objekten,
    Lebewesen, Vorstellungen, Ideen
Abwendung von Seiendem, Existierendem,
    Existentiellem oder Imaginärem
Nichtakzeptanz vorhandener Erscheinungen,
    Zeichen, Symptome, Omina, Menetekel
Nihilierung und Liquidierung virtueller Welten
Vorkehr zur Abwehr virulenter Kontakte
Mitgeteilter Ausdruck des Mißfallens
Zurückweisung möglicher Angebote
Annahmeverweigerung.

Absicht

Vorhaben, Vorsatz, Plan
Bestrebung, Wunsch, Entwurf
Trend, Tendenz, Intention
Anpeilung eines Ziels
Handlungsbereitschaft
Wille zur Tat.

Argwohn

Zweifel an der Redlichkeit Anderer
Verdacht von Nebenabsichten
Unterstellung hinterhältiger Ziele
Feindbildlich ausgelebter Verfolgungswahn
Aberkennung nachbarschaftlicher Ehrlichkeit
Verinnerlichte Menschenscheu.

Buchstaben

In Rinden, Steine, Metall geritzte
  Zeichen für Einzellaute
Abstraktionen verdichteter Sinnbilder
Schriftpartikel
Niedergeschriebene, eingetippte,
  ausgedruckte Lautmale
In Lettern fixierte Sprachteile
Symbolisch aufgeladene Kombinationen aus
  Linien, Rundungen, Strichen und Punkten
Markierungen entstehender Ideen
Begriffsmarken.

Chaos

Urzustand des Seins
Bereich zwischen Nichts und Werden
Mutmaßliches Durcheinander
Vermutete Regellosigkeit
Disziplin des Zufalls
System der Ordnungslosigkeit
Streu beliebiger Einfälle
Wirrnis der Wesen·im Wirrwarr der Welt
Wirrsal der Dinge im Wust der Werte.

Dank

Wahrnehmung erwiesener Aufmerksamkeiten
Anerkennung empfangener Wohltaten
Empathie als Antwort auf Huld
Erwiderung erhaltener Gunst
Gabenwiderhall
Geschenkecho.

Denken

Gegebenheiten abwägen
Möglichkeiten ausloten
Über Irdisches oder Übersinnliches sinnieren

Pläne schmieden
Planungen vorantreiben
Entwürfe entwickeln
Perspektivräume öffnen

Fragen aufwerfen
Antworten suchen

Zweifeln
An den Zweifel glauben
Zweifeln ohne zu verzweifeln.

Fortschritt

Überwindung hemmender Zustände
Ausbruch aus lähmenden Vergangenheiten
Entkräftung ideologischer Starre
Erkenntnis neuer Fakten
Umsetzung reflexiv erzielter Ergebnisse
Aufgabe gestriger Fortschritte.

Geduld

Stille Betrachtung möglicher Geschehnisse
Aufschub aller Eile
Kontemplation unendlicher Räume
Porenöffnung für Fluiden atmosphärischer Strahlkraft
Erhorchung ferner Klopfzeichen, Töne, Klänge, Melodien
    zur Erahnung allumfassender Musik

Erwartung denkbarer Signale
Hastloses Atmen
Wartenkönnen
Ausharren
Langmut.

Lesen

Sammeln von Halmen, Körnern, Früchten
Aufnahme vorhandener Teile
Ergreifen vorliegender Dinge
Keimzellenvorsorge
Horten der Ernte
Zusammenraffen wohl brauchbarer Brocken,
    Schnitze, Fetzen oder gekritzelter Vorgaben

Schriftwahrnehmung
Vertiefung in vorgegebene Aufzeichnungen
Sprung in Texte
Eintauchen in Wortwelten
Taufe durch Ideengüsse.

Porträt Gerhard Falkner. Fotos (3): Ingo Wilhelm / © Künstlerhaus Edenkoben.

Peter Geist

»Lust, Zartheit, Klugheit, Schmerz...«

*Rede zur Verleihung des Peter-Huchel-Preises 2009 an Gerhard Falkner**

Gerhard Falkners Gedichte fassen den Wahnsinn, in dem und mit dem wir leben, in eine Sprache, die uns anfasst, weil sie das Himmlische und das Höllische seelischer Äquivalenzen auf den poetischen Punkt zu bringen vermag. Sie befinden sich damit im Auge des Zyklons, der als Weltkrise selbst jene noch das Fürchten lehrt, die sie heraufbeschworen hatten. Wenn solch anmaßend-despektierliche Zirkelsätze den Auftakt für die Preisung des besten deutschsprachigen Gedichtbandes des Jahres 2008 intonieren, werden sie begründet werden müssen. Deshalb soll auf Vorgeschichten eingegangen werden und Vor-Vorgeschichten, die allesamt sich bündeln in der hier und heute ausgezeichneten Sammlung *Hölderlin Reparatur.*

Sowenig man über dieses Buch sprechen kann, ohne auf Hölderlin einzugehen, sowenig kann man über aktuelle Falkner-Gedichte nachdenken, ohne die sirenischen Stimmen der älteren in die Geschichte einzusenken. Es ist den Gründen nachzuspüren, warum seit Erscheinen seines ersten Gedichtbandes *so beginnen am körper die tage* 1981 die Rezeption des Falknerschen Werkes kontinuierlich nur zwei Amplituden kennt – die begeisterte Aufnahme wie die schroffe Ablehnung, und wie diese seltsame, seinesgleichen suchende Kontinuität mit gesellschaftlichen Verfasstheiten offenbar koinzidiert. Denn die Falknersche Lyrik stach stets traumsicher in die Wundstellen jeweiliger Selbstvergewisserung deutscher Kultur der sublimeren Art, die gewohnt war, politisch zu sortieren oder grob-ästhetisch, und die nun einem Rätsel standhalten sollte.

Es muss ja Gründe geben, dass 2006 ein weitaus jüngerer Lyriker, Steffen Popp, zum Erstlingswerk notierte:

> *Eine Art Efeu, gelangt das Sprechen an dieser Kontur, diesen Linien aus Vergeblichkeit und Schmerzen, zu einer Form; getrieben vom Willen zur Fassung der Situation, zur Behauptung einer eigenen Wirklichkeit, entwirft Falkner seine Gedichte um Momente des Außerordentlichen, Momente des Intensiven, der unverhältnismäßigen Durchdringung oder einfach nur des Gelingens, die es gegen eine in ihren Verhältnissen ruhende Welt zu verwirklichen gilt.*

Mich an meine eigenen starken Glücksgefühle bei der ersten Lektüre des Luchterhand-Bändchens erinnernd, bin ich mir sicher, dass es kein Zufall sein kann, dass diese seltene Art von Nobilität seit einigen Jahren von nachge-

* Gehalten am 4. April 2009 in Staufen im Breisgau.

wachsenen Lyrikern wie Steffen Popp, André Rudolph oder Uwe Tellkamp als beerbbar gilt, angesichts des Endlosgeplappers ringsum.

Gehen wir aber zunächst fast dreißig Jahre zurück: Der Zustand weiter Bezirke der bundesrepublikanischen Lyrik Anfang der achtziger Jahre lässt sich in wenigen Stichworten beschreiben: Es dominierten Befindlichkeitsgeschwurbel, die Wiederentdeckung der Form als Häkelarbeit, Oberflächenbebilderung und Drittaufgüsse der einstmals innovativen »konkreten Poesie«. In diese Landschaft siedelte nun plötzlich eine Dichtung, deren Fahnenworte »Schönheit«, »Erhabenheit«, »Sprachraffinesse« hießen, und als wären solche Entlegenheiten nicht genug, von Anfang an verbunden war mit essayistischer Analyse und Polemik, etwa in Richtung der Brinkmann-Adepten: »Die Warenscheinlichkeit unserer Gesellschaft und die Verschleierung der Herrschaft ist zu infam, als daß sie sich in einem Spot auf Supermärkte ›erkenntlich‹ zeigen würde. (...) Jede Kunst, die meint, es genüge, abzubilden oder zu wiederholen, was oben auf der Hand liegt, übersieht neben ihrer ostentativen Belanglosigkeit auch ihr affirmatives Agens. Die ›ungekünstelte‹ Sprache ist eine beherrschte Sprache.«*

Die Einsicht in die Warenförmigkeit auch der randständigen Lyrikproduktion ermöglichte es Falkner, illusionsloser als viele seiner Kollegen, die Zusammenhänge zwischen Herrschaftsdiskursen und Poesie auszuleuchten. Den Wiedergewinn konzentrierter, erhabener Sprechweisen in der Dichtung begriff er nicht nur als Gegenpol zu den umlaufenden Beliebigkeitsartistiken, sondern als kulturkritischen Widerpart zu diversen Zerstreuungsideologien, die damals frisch in Umlauf gebracht worden waren. Und tatsächlich wurde bald schon die postmoderne Flickwerk-Kultur mit ihrer Feier des Partikulären und Entlegenen gegen die vermeintlich obsoleten Metaerzählungen von Aufklärung und Emanzipation alles durchsickernder Zeitgeist. Er mündete in den Fukujama-Thesen vom »Ende der Geschichte« und der teilweisen Selbstaufgabe widerständigen Denkens in der »Berliner Republik«.

Dialektiker allerdings können komplexe Phänomene komplex in Augenschein nehmen. Gerhard Falkner unternahm in den achtziger Jahren ein einsames Abenteuer, gleichsam als Foucault der deutschen Poesie. Er unterzog die Möglichkeiten poetischen Sprechens einem Härtetest, indem er poststrukturalistische Maxime wie Stimmensplitting, Dekonstruktion, Abkehr vom Individualstil, intertextuelles Verweisspiel in seinem dritten Gedichtband *wemut* anwandte und zugleich überprüfte. Mit Verve entwand Falkner »alte« Grundworte des Poetischen wie »Seele«, »Atem«, »Glanz«, »Asche«, »Blume«, »das Schöne« der Vernutztheit, konfrontierte sie mit den Zeichen einer zunehmend totalitär verwalteten Digitalwelt, band sie in kühne Metaphern, in überraschungsstiftende Vorgänge ein, so dass sie wieder zu Kräften kommen konnten.

Im Langgedicht »ich, bitte antworten!« und mehr noch im Zyklus »materien« stellte Gerhard Falkner seine Abtastversuche der Sprache prozessual aus, operierte in die Wortkörper hinein und ließ im Schriftbild freigestellte semantische Einheiten miteinander reagieren. Wichtiger als diese Einzeloperationen an den

---

* Gerhard Falkner: *so beginnen am körper die tage*. Luchterhand, Darmstadt und Neuwied 1981, S. 73f.

Grenzen des Sagbaren jedoch war die den gesamten Band grundierende Intention, die neu entwickelten Sprechweisen gerade nicht der Verantwortung zur existentiellen Selbstbestimmung zu entwinden. *wemut* eröffnete der deutschsprachigen Lyrik neue Spielfelder und Sagemöglichkeiten. Nicht zufällig knüpft *Hölderlin Reparatur* strukturell und intentional an diesen Band an, der damals dem Lyriker allerdings ein Schlussstein zu sein schien des lyrischen Werkes.

Er kündigte an, mit *wemut* seinen letzten Gedichtband vorgelegt zu haben. Erklärend führte er aus:

> *in den zwanzig Jahren, in denen ich mich fast uneingeschränkt der Dichtung ausgesetzt habe, [wurde] mir immer wahrscheinlicher, daß sie – und zunehmend mehr – die kühnste unter den Künsten ist, über deren extremste Bedingungen, die sie ab einer bestimmten Höhe diktiert, sich Unverfallene wohl schwerlich einen Begriff machen.*

Falkner wäre nicht Falkner, hätte er den vorläufigen Beziehungsabbruch zum literarischen Betrieb nicht genutzt, um diesen, und mehr noch, die Zusammenhänge zwischen Poesie und dem gerade schier endlos siegenden Kapitalismus einer Tiefenanalyse zu unterziehen. Seine 1993 veröffentlichte Schrift *Über den Unwert des Gedichts* ist, das wird im Abstand von 15 Jahren immer mehr klar, den großen Lyrik-Essays des 20. Jahrhunderts, etwa Benns *Probleme der Lyrik* oder Adornos *Lyrik und Gesellschaft* an die Seite zu stellen. Beim Wiederlesen erscheint es fast unglaublich, wie hellsichtig Falkner Anfang der neunziger Jahre eine Kulturkrise diagnostizierte, deren katastrophische Ausmaße heute nur noch von sehr unbeschwerten Gemütern zu leugnen sind.

> *Der Mensch wird vom Markt, von der Information etc. besiedelt. Es soll darauf hinauslaufen, daß man bei ihm, wie beim Schwein, für den Markt gesprochen, keinen Abfall mehr hat. Das gewaltige innere Reich, das als einzige Ressource für die Regungen der Cultur und der humanen Gesamtverfassung gelten muß, wird gegenwärtig in Dimensionen, wie sie für den Regenwald und die Ozonschicht gelten, vernichtet. Von den Inhalten, die verlorengehen, wird ein Begriff abgeleitet, der den leeren, akustischen Erhalt einer Sache sichert, deren sinnfällige Bedeutung endet. Der Inhalt geht gut gefrostet ins Archiv, und die Kommunikation übernimmt davon das Tralala. So erhalten sich Gedicht, Lied, Bild, Schmerz, Jubel, Hoffnung, Erbauung, Anstand, Dignität, Ernst, Gerechtigkeit und die Pudelmütze von allen, die Freiheit, im leeren Sprachgebrauch, ohne daß man ihnen die Möglichkeiten, die sie ansprechen, im Entferntesten noch anmerkte.*

Dem Entleerungssog der »geführten Sprache« arbeitete der Poet entgegen, indem er den in *wemut* kreierten Ansatz zur Vielschichtigkeit weiterentwickelte, Sprechhaltungen immer wieder revidierte und doch unverwechselbar erkennbar blieb – eine singuläre Hochseil-Arbeit abseits von Gruppenbildungen, Zweckbündnissen und anderen Absicherungen. Es ist, mit Peter Huchel gesprochen,

Die Fähigkeit
der Dichterspinnen,
aus eigener Substanz
das dünne Seil zu drehen,
auf dem sie dann geschickt
mit zwei Gesichtern
und einer Feder
durch alle Lüfte balancieren.*

Davon zeugen nicht nur die *Endogenen Gedichte* (2000) und das grandiose Berlin-und-Welt-Poem *gegensprechstadt ground zero* (2006), sondern auch Theaterstücke und zuletzt die zauberhafte Novelle *Bruno* (2008). In die im November 2008 erschienene *Hölderlin Reparatur* sind gewiss auch all diese Tonspuren eingegangen.

Dieser nun ist ein Gedichtband, der es dem Leser nicht leicht zu machen gedenkt: Er fordert den entgegnenden, vergleichenden, eben noch mitdenkenden, gleich darauf möglichst mitswingenden Leser. Es beginnt ja schon beim Titel: Soll allen Ernstes Hölderlin einer Reparatur unterzogen werden? Aber es gibt keinen Bindestrich zwischen den beiden Hauptworten. Also stehen sie nebeneinander und gegenüber, das Signalwort des Sprachhöchsten, was Dichtung in deutscher Sprache überhaupt zu bieten hat, und der Verweis auf mechanisches Geschehen, auf ein Beschädigtes, das wieder repariert werden soll / kann / müsste.

Dieses Beschädigte ist offenbar ein ziemlich komplexer Gegenstand, dessen Teilsysteme im einzelnen zu überprüfen sind, damit ersichtlich wird, warum das Ganze nicht mehr funktioniert. *Hölderlin Reparatur* ist, und hier wird ein weiter Bogen zu *wemut* geschlagen, ein konzeptioneller Gedichtband. Ein solcher Band ist mehr als eine Sammlung von einzelnen Gedichten. Vielmehr hat jeder Einzeltext eine bestimmte Funktion innerhalb der Gruppe, in der er steht; jede der acht Gruppen des Bandes setzt hinsichtlich Formierungsweise, semantischer Konzentration etc. eigene Schwerpunkte und ist gleichzeitig mit den anderen verbunden. Schließlich laufen alle Fäden im Konzept des Bandes zusammen und ineinander.

»Allein sagen sich alle Teile anders, so wie Solostimmen einen anderen Eindruck bewirken als ein Chor«, merkt der Autor zur Komposition des Bandes an. Die grundlegende Idee aber ist die, die Möglichkeiten sublimen Sprechens in einer Zeit beschädigter Sprachwelten – Falkner apostrophiert sie als »Tumult der neuen, fragmentierten und superkurzen Einsatz- und Bereitschaftssprachen« – zu erkunden, und dies unter den Auspizien Hölderlins. Es ist ein experimentelles Unterfangen, wie es Gerhard Falkner auch in einem Appendix definiert: »Eines der Ziele ist die ›Entmaterialisierung‹ des Kunstwerks und die Einbeziehung des Betrachters. Gewohnte Sichtweisen, Begriffe und Zusammenhänge der Welt werden hinterfragt, neue Regeln erfunden. Es wird mit Kontexten, Bedeutungen und Assoziationen gearbeitet.«

---

* Peter Huchel: *Die Gedichte*. Suhrkamp Verlag, Frankfurt am Main 1997, S. 218.

Wohlan, begeben wir uns also auf eine Expedition. Und gleich erscheint ein erstes Hindernis: »Reparaturtexte« ist die erste Abteilung überschrieben, und eingeleitet wird sie mit einem Hölderlin-Zitat aus der Sattlerschen Ausgabe, die modernem Verständnis nach so etwas wie Bandsalat bereit hält: »Ihr scha ik saal losen Gött blühet (er vorbei) und« . Nun muss man wissen, dass die Sattlersche Ausgabe bei Stroemfeld akribisch die Entstehungsgeschichte eines Textes nachzeichnet, die Hölderlinsche Handschrift auch optisch getreu dem Original verortet, jedem Palimpsest genau nachgeht und damit eine verlässliche wissenschaftliche Aufarbeitung befördert.

In den Gedichten der ersten Gruppe montiert Falkner diese Hölderlin-Zitate, oftmals mitsamt der Sattlerschen Fußnoten, in den Gedichttext, solcherart die Hölderlinschen Zeilen als archiviertes Fixum fest-stellend. Das Eingangsgedicht der den Band eröffnenden »Reparaturtexte« beginnt mit einem Zitat aus »Brot und Wein«: »Trunkenheit ists, eigener Art, wenn Himmlische da sind«. Weiter geht es falknerisch: »Aber: Sind (denn) Himmlische da? / Sind Trunkenheit 22, Echo 26, nACHT / nicht Nachhall nur anderer / schadhafter Sprachen, schwärzlicher Sprachen (...)«

Damit ist nicht nur das große Thema des Bandes angeschlagen, sondern auch die Art und Weise der Entgegnung: Weniger das kontrastiv gesetzte Zitat, das mehr quantitativ eine Fallhöhe ausmisst, denn das insistierende Fragen bestimmt den Gestus. Somit tritt die Differenz gegenüber der immer neuen Eröffnung eines Gesprächsraumes zurück, es hallt das Celansche Utopie-Diktum »Wir sind ein Gespräch« in diesen Gedichten zurück.

Diese Distinktion ist nicht ganz unwichtig, weil sie alles andere als modisch ist: Ich erinnere mich, in der DDR-Lyrik der siebziger/achtziger Jahre war es zum Beispiel Usus geworden, Hölderlins »Komm ins Offene, Freund« aus »Gang aufs Land« der Deskription beengter Verhältnisse im ummauerten Land entgegenzusetzen. Dieser einleuchtenden Billigkeit binärer Konstellationen konnten sich nur Erich Arendt und Volker Braun durch Materialausfaltungen wirklich einigermaßen entziehen.

Falkner dagegen ist in Teilen seiner Poetik, in der traumsicheren Beherrschung der Formenklaviatur, in der Auffassung der numinosen Dichterexistenz Hölderlin immer schon so beängstigend nahe gewesen wie kein anderer Lyriker der Gegenwart. Deshalb kann er anders ansetzen. Hierfür ein Beispiel: – Hölderlins alpine Sängerelegie »Heimkunft« endet mit den Versen:

Schweigen müssen wir oft; es fehlen heilige Namen,
    Herzen schlagen und doch bleibet die Rede zurück?
Aber ein Saitenspiel leiht jeder Stunde die Töne,
    Und erfreuet vielleicht Himmlische, welche sich nahn.
Das bereitet und so ist auch beinahe die Sorge
    Schon befriediget, die unter das Freudige kam.
Sorgen, wie diese, muß, gern oder nicht, in der Seele
    Tragen ein Sänger und oft, aber die anderen nicht.

Falkners Gedichte nehmen diesen Ton behutsam auf, sie tragen ihn an einen dritten Ort: den des entgegnenden Gedichts. So hebt sein »Karneval der Sorge« an: »so auch / beinahe die Sorge, bey nahe / ihre krasseste sogar / so auch, ihr Sinn; groß wie Gras / gräselndes (tänzelndes) Gras«. Der erhabene Gedichtgang wird später allerdings durchstört durch moderne Kraftworte, die in dieser Textumgebung als Fremdkörper erscheinen:

...
komplett verplant / das unermesslich traurige
Entzüken ihrer Ungerichtetheit, ihre Gunst
nicht zum Spiele genommen
der Engel Netzwerke
verplempert
(u)nd alles Erhabene nur zur Ergötzung
der Knallköpfe noch /

In der zweiten Gruppe »Reklamationen« werden die veranschlagten Verfahren des Palimpsestes, der Weiterschreibung, der Palinodie, in der die inhaltlichen Mitteilungen eines bereits vorliegenden anderen Gedichts unter genauer Beibehaltung dessen formaler Merkmale in ihr Gegenteil verkehrt werden, auf Gedichte anderer Lyriker ausgeweitet: Texte von Benn, Trakl, Brecht, Goethe, Whitman, Bachmann, Eichendorff, Rilke, Mörike, Bachmann, Klopstock, Novalis, Celan werden so gleichsam perforiert, überschrieben, manchmal parodiert.

Man wird, dies nebenbei, lange suchen müssen nach einem gegenwärtigen Dichter, der ein so intensives Liebes-Verhältnis zur deutschen und internationalen Poesietradition in seinem Werk pflegt. Ein schönes Beispiel, diese Reformulierungen in ein dialogisches Prinzip zu überführen, ist das Gedicht »Tübingen.Julei«, das auf das berühmte Celan-Gedicht »Tübingen, Jänner« aus dem Jahre 1961 rekurriert, das ja wiederum den Tübinger Turmbewohner – »möwenumschwirrt« zitiert.

Celans berühmte Verse an der Grenze des Verstummens noch einmal zur Erinnerung:

Zur Blindheit über-
redete Augen.
Ihre – »ein
Rätsel ist Rein-
entsprungenes« –, ihre
Erinnerung an
schwimmende Hölderlintürme, möwen-
umschwirrt.

Besuche ertrunkener Schreiner bei
diesen
tauchenden Worten:

Käme,
käme ein Mensch,
käme ein Mensch zur Welt, heute, mit
dem Lichtbart der
Patriarchen: er dürfte,
spräch er von dieser
Zeit, er
dürfte
nur lallen und lallen,
immer-, immer-
zuzu.

(»Pallaksch. Pallaksch.«)*

Und hier nun einige Verse der Falknerschen Beerbung:

Am Himmel die kreisenden Hölderlinkräne –
ihre gelben Schwenkarme, die singen beim Drehen,
stocken.
Das zugrundegesamstagte Superego, der Matriarch
Tritt ans Fenster
(sagt er was, oder sagt er nichts?)

Falkner transponiert die Sprachverzweiflung Celans ins unbedingt Zeitgenössische, und das heißt: Nicht nur keine Entwarnung an der Problemfront zugeschütteter Sprache des ganz Eigenen, sondern Hypostasierung »im Bann sich verschlimmernder Umstände«, welche die Aufgipfelung des Poetischen und Auslöschung des Individuellen engführen. Denn das Gedicht endet:

Am Ende bleibt nicht einmal der eigene Name.
Dafür schockieren immer kühnere Wendungen das Papier.
Manches gibt ähnliches wieder,
aber vieles geht in der Verwechslung verloren …

Engführungen sind Kulminationsmomente, die wieder in Weitungen führen. Die aber sind in heutiger Zeit nicht mit avantgardistischen Untertunnelungen oder einsamen Übergipfelungen zu haben, sondern in »Netzwerkumgebungen«,

*Paul Celan: *Gedichte I*. Bibliothek Suhrkamp, Frankfurt am Main 1975, S. 226.

die die dritte Gedichtgruppe ausstellt: Diese Gedichte strecken ihre Fühler intertextuell in alle Richtungen aus, um das Eigene zu bestärken. Es ist ein wenig wie in der *Unendlichen Geschichte* von Michael Ende, der Light-Version vom Verlust des Poetischen in einer utilitarismusverkommenen Welt: Nachdem das Poetische bis auf Restbestände zerstört worden ist, müssen neue Benennungen gefunden werden, um es zu retten:

etwas, wofür ich kein Wort weiß
liegt vor mir, eingewickelt in sich selbst
wie Schnee, der im Schnee steckt
oder Gras, gehüllt in Gras
etwas sehr Einhelliges, in sich
Gefestigtes, das jedem Versuch
Es zu benennen, widersteht
...

Oh ja, es sind solche Concetti, die lebenerweckend sind. Gerhard Falkner, sowieso vertraut mit noch den entlegendsten Wucherungen der Weltpoesie, belehnt vollendet poetische Figurationen des Paradoxen, die in der deutschen Lyrik wenig gepflegt werden, dafür aber zum Beispiel bei Luis Cernuda.

Fest vertaut mit solchen Seilen führt Falkner nun einen Konsistenzgewinn vor, der in der Zartheit eines Erblühens mündet, denn »Es erwachen die Segel / erst leise, als müssten sie reifen / um weiß zu werden / an den Stängeln der Masten«. Es rührt die ungeschützte eigene Stimme an »Weißes Fleisch«, wie die vierte Gruppe, für mich das Zentrum des Gedichtbandes, übertitelt ist. Und dann beginnen Gedichte am Körper der Tage so: »*Sie schläft und das ist alles*. Sie liegt da / wie ein weißer Schal. Ihr Herz, das sieht jeder, / es kentert. Sie hat keinen Bruder, / der ihr sagt: deine Haut ist wie ein / schwebender Spiegel.«

Hier entfalten sich, elegant und prachtvoll, Anmut, Magie, ja auch Humor (»Hohe Minne«) zu einem beglaubigten Pathos: »Ausgeklammerte Kühnheit und ausgeklammerte Seeligkeit einfach / aus den Klammern befreit«. Doch die durchbrochenen Epiphanien sind erarbeitet, und sie wurden bezahlt:

Fünf vierzeilige Sommer leuchtete dieses große
hochgeschaukelte Leben, eine sapphische Strophe
mit kochenden Hebungen
Es kostete im Vorverkauf, dieses Leben
Das hochgeschaukelte, auch dieser Hebungen halber
Jahre der Melancholie

Nach den weißen Klimax-Gedichten placiert Falkner in einer fünften Gruppe »47 Sätze gegen die Unruhe« Aphorismen, poetologische Reflexionen, bonmotdurchsetzte Gedankengänge, Kalauer und Rätselhaftes. Das ist so ungewöhlich nicht in Gedichtbänden dieses Lyrikers. Hier jedoch haben diese

Denk-Gänge wesentlich die Funktion, Übergänge wie Abbreviaturen zwischen Poesie und Denken einerseits transparent zu machen, andererseits auf Verflüssigungen beider Weisen von Welt-und Sprachaneignung im Gedicht selbst hinzulenken, zu den abschließenden »Materialschlachten« wie zu den anderen Netzwerkverdichtungen. Denn in den Gedichten wird sowohl reflexiv wie bildhaft aufgeführt, was im Prosasatz nur stringent sein will: »Dichtung ist eine Sprachbarriere. Sobald man sie überwindet befindet man sich zwar in höheren Regionen aber mit besonders eindrucksvollen Ausblicken in besonders grausige Abgründe.«

Abgründe dieser Art öffnen die sich anschließenden »Nichtverständigungstexte«, die ihren Reiz nicht etwa aus einer besonders dunklen Hermetik ziehen, sondern daraus, dass Sprachwelten miteinander kollidieren. Falkner führt uns sechs Zusammenstöße zwischen religiöser Anrufung etwa im Kirchenlied, verballhornten Gedichtzitaten samt Anspielungen (Rilke und Theo Sommer in »Herr Sommer, es ist Zeit«) und – jetzt wird es pikant – Texten der Kommunikationstheorie vor. Gerade deren pseudologische, pseudophilosophische Semantik aber bereitet die Grundlage dafür, dass die sechs Texte den Aberwitz des Un-Sinns produzieren.

Die Schlussgruppe »Material (schlachten)«, lies: Materialschlacht im Plural wie auch: »(das) Material / schlachten«, gipfelt das Vor-Gebildete zu einer unübersichtlichen Sprachgebirgslandschaft. Verabschiedet wird die lineare Schreibweise zugunsten eines verästelten Geflechts von Sprachbiotopen, die synaptisch miteinander verbunden sind. Das Miteinander und Gegeneinander von Zitaten, Gedichteinfällen, die sich längst im Band entfalteten, politisch-philosophischen Notaten, geschichtlichen Verweisen, Werbeschnipseln etc. offenbaren die »tosende Werkstatt« des Dichters, lassen den Leser erahnen, wie aus dem chaotischen Neuronengewitter von Wahrnehmung, Erinnerung, Kunstgedächtnis, philosophischer Reflexion Strukturierungen hervorgehen, die den Satz in den Gedankengang, den Vers ins Gedicht und beide in die Netzwerke heutiger Verbundenheiten befördern. – Wahrlich ein furioses Finale!

Es geht nicht anders: Man muss diesen Gedichtband kreuz und quer, vorwärts und rückwärts lesen, um in den Genuss dieser Poesie-Kicks zu gelangen. Das alles ist pure Absicht, und der Dichter weiß, dass die Gewohnheiten der Internetkultur dieser zuspielen. *Hölderlin Reparatur* ist übervoll an Lust, Zartheit, Klugheit, Schmerz, dem jungen user zugeeignet wie dem Liebhaber raffinierter Klassik – auf alle Fälle aber haben wir es mit einer »Expedition in die Exorbitanz« (Burger) zu tun, der schwerlich Gleichwertiges an die Seite gestellt werden kann.

Meine sehr verehrten Damen und Herren! »Was bleibet aber, stiften die Dichter«, lautet der berühmte Schlussvers von Hölderlins »Andenken«. In einer Zeit, in der nichts mehr bleibt, wie es war, der unsren also, sagt der Dichter Falkner: »Wir aber, die Dichter / wir gehen stiften. Wir /zwitschern zwischen den / Dingen, als Nichtse, als Geduld / proben Gottes«.

Möge der *Peter-Huchel-Preis* Gerhard Falkner zu neuen Zwitschermaschinen inspirieren, und Ihnen danke ich für Aufmerksamkeit und Geduld. ◆

Gerhard Falkner

Ist es einfach, ist es schwierig?

*Dankrede**

Meine Damen und Herren, sehr verehrte Gäste und Ehrengäste!

Bei der *Hölderlin Reparatur* handelt es sich eher um ein kompliziertes Buch. Man darf bei einem solchen Thema aber sicher sagen, das liegt auch in der Natur der Sache.

Zur Natur der Sache gehört im vorliegenden Falle nicht nur ihr Hauptdarsteller, der Dichter Hölderlin, ein seinszerklüfteter und bodenloser Mensch par excellénce, sondern auch die ganz besondere Zeit, in der er steht und aus der er hervorgeht. Es sich mit Hölderlin leicht machen zu wollen, wäre gar nicht so leicht, es sei denn, man möchte es sich unbedingt mit ihm, also dem, wofür er steht, (und seiner durchaus wehrhaften Gemeinde) verscherzen.

Er, Hölderlin, ist ein unter Kulturschutz stehendes, erhabenes deutsches Rätsel, das kühn im Gedicht gestellt wird und vom Leben nicht nur nicht gelöst, sondern sogar noch verdunkelt.

Sein berühmtes: *ein Rätsel ist Reinentsprungenes*, klingt fast wie eine Randbemerkung zur eigenen Biographie.

Selten hat eine Sprache eine so auf die Dichtung zugespitzte (und bis ins eigene Zerbrechen hinein diese Sprache bedrängende) Persönlichkeit hervorgebracht, und das zum Zeitpunkt einer phänomenalen und (schließlich sogar) weltbewegenden geistigen Akkumulation in Deutschland.

Der junge Dichter sah sich umgeben und geschätzt von Gehirntieren, um einen Ausdruck Arno Schmidts zu gebrauchen, die immerhin einem Goethe oder Hegel in Augenhöhe begegneten, und über ihm erstrahlte der selbst erkorene Stern, Friedrich Schiller, dessen Hymnen für ihn, wenn nicht gar zum Maß aller Dinge, so doch zum Maß allen Dichtens wurden.

Diese Zeit hatte in ihren besten Vertretern das Glück, genau zu wissen, was sie konnte und wovon sie redete, was dazu führte, dass die Dichtung ihre große formale Sicherheit nie verkrampft unter Beweis stellen musste und trotz einer meisterhaft geschulterten Antike mit Leichtigkeit die eigene Zeit erfasste.

Wer den hohen Ansprüchen nicht genügte, wurde mit den Xenien gepeitscht, und nur selten traf es die Falschen.

Als ich die Nachricht über den *Peter-Huchel-Preis* für die *Hölderlin Reparatur* erhielt, habe ich mich nicht nur sehr gefreut, ich staunte auch über eine damit verbundene Koinzidenz, denn mir fiel ein, dass einer meiner ersten veröffentlich-

---

* Anlässlich der Verleihung des Peter-Huchel-Preises 2009 am 4. April 2009 in Staufen im Breisgau.

ten Texte überhaupt ein Zeitungsartikel war über Peter Huchel und dass mein erster Gedichtband *so beginnen am körper die tage*, der ein paar Jahre später erschien, mit einem Satz Hölderlins eröffnete.

Ich befand mich also, ganz am Anfang bereits, innerhalb der Koordinaten, die sich heute wiederholen und ich denke das ist, nach einer aufregenden Reise durch inzwischen ziemlich viele Koordinatensysteme, eine günstige Gelegenheit, um über ein paar grundsätzliche Bedingungen nachzudenken, die für das Gedicht gelten und die ihm einerseits noch immer seinen hohen Rang zuweisen und andererseits immer mehr Boden entziehen, also Leser, Hörer, Betroffene, Begeisterte, mit anderen Worten: Mitwirkende.

Die Dichtung ist ein Mittel, die Kunst der Wirklichkeit so in die Höhe zu treiben, dass man sich in ihr als einen ihrer Darsteller erkennt. Sie dient der inneren Seins-Verdeutlichung des Menschen, der Individualitätssicherung, der Subjekterkennung. Das verschaffte ihr die inkommensurable Hochschätzung aller Zeiten, die sich ihrer zu diesem Zwecke zu bedienen wussten, aber sie ist lebensnotwendig von Bedingungen abhängig, die heute stark bedroht sind.

Eine dieser Bedingungen besteht in einer veränderten Auffassung und Funktion von Sprache, die dermaßen der Zwangsernüchterung für Kommunikationsaufgaben ausgesetzt ist, dass sie von ihrer phänomenalen Reichhaltigkeit kaum noch einen Eindruck zu vermitteln vermag.

Die Reduktion der Kommunikation ist aber eine der poetischen Reduktion entgegen gesetzte. Das macht sie, diese Sprache, vergleichbar mit dem Beispiel einer allumfassenden und omnipotenten Natur, die sich verkrochen hat in einer radikalen Monokultur von Ertrag und Zweckhaftigkeit.

Zum anderen ist es das schwindende, und nicht nur quantitativ schwindende Verhältnis von Leser zu Autor. Der Leser ist die Beute des Autors. Ohne diese Beute ist er nicht überlebensfähig.

In der Lyrik jedoch ereignet sich das Phänomen, dass in zunehmendem Maße die Dichter die Beute der anderen Dichter sind, und zwar ohne die sinnvolle Folge, sich dadurch zu dezimieren.

Die Dichter sind ihre eigenen Leser, ihr eigenes Publikum, sie erhalten sich gegenseitig am Leben, sie betreiben ihre und ihrer Arbeit Abkoppelung, von draußen kommt meist bloß Staunen oder Kopfschütteln, peinliches Befremden oder schiere, erlöste Teilnahmslosigkeit.

Lediglich die Lustigen finden in dieser nach Lustigkeit hungrigen Beliebigkeitsgesellschaft zahlreicheres Gehör, besitzen dafür aber auch etwa die Halbwertzeit von Kabarettisten und Volksschauspielern.

Warum ist das so? – Warum verweigern so viele einer Sache ihre Aufmerksamkeit, die durch alle kulturellen Jahrhunderte und von den Besten immer zum Größten gezählt wurde, was der Mensch hervorzubringen vermag, die Musik und die Poesie. Es gibt zahllose Gründe, ich kann nur ein paar wenige nennen.

Einer dieser Gründe ist: Gedichte gelten für viele als schwierig. – Das könnte man wohl so stehen lassen, ohne auf großen Einspruch zu stoßen. – Warum sie so vielen schwierig erscheinen und was daraus folgt, darüber gibt es aber kaum überzeugende Auskünfte.

Daher zunächst einmal die grundsätzliche Frage: was ist einfach, was ist schwierig. Die Antwort lautet nämlich keineswegs, einfach ist, was ich verstehe, schwierig ist, was ich nicht verstehe. Jedenfalls nicht auf unser Thema bezogen, denn es kann ja, noch dazu in einer Problemlösungsgesellschaft, als schwierig nicht gelten, was man gar nicht erst versucht, zu verstehen.

Wenn man die zugrunde liegende Haltung also etwas genauer unter die Lupe nimmt, *dann ist schwierig im Allgemeinen etwas*, dem ich die Bedeutung beimesse, mich im Maße meiner Möglichkeiten darauf einzulassen, um herauszufinden, ob oder bis zu welchem Grade ich die Schwierigkeit löse – und offensichtlich wird dem Gedicht diese Bedeutung nicht beigemessen.

Bei der vorsortierenden Entscheidung, ob ich mich auf etwas einlasse oder nicht, tritt das Lust / Unlust-Schema in sein Recht, das in unserer Gesellschaft weitestgehend erfolgsabzielend im materiellen Sinne eingesetzt wird. Niemand schreckt vor einer schwierigen Aufgabe zurück, die sich ihm in dieser von seinem Willen gebrochenen Schneise stellt, in der Belohnung durch den Erfolg auf ihn wartet.

In unserem Falle wird gefragt, lohnt es sich, auf etwas, das ich nicht (auf Anhieb) verstehe, um der Sache selbst willen Zeit aufzuwenden?

Aus dieser Sicht wird das Schwierige dann einfach zu etwas, dem ich keine verhältnismäßige Aufmerksamkeit zubilligen will und das ich somit als schwierig stehen lasse, ohne mich an seiner Herausforderung zu messen.

Einfach hingegen ist etwas, dem ich eine Forderung nach weiterführender Beschäftigung nicht einräumen muss, das also quasi selbstevident ist oder zu sein hat (wie etwa das schöne Wetter oder etwas, das sich zeigt, grüßt und weitergeht), das sich aber gerade auf Grund dieser Eigenschaft auch selbst entwertet.

Das devaluierende Moment des Einfachen ist unübersehbar.

Dieser Konstruktion zufolge ergibt sich die paradoxe Zwickmühle: Gedichte, die ich nicht verstehe, sind mir die Zeit nicht wert, die ich damit vertun müsste, um näher an ihren Sinn, und damit an ihre Glücksausschüttung, heran zu kommen und Gedichte, die ich verstehe, sind, weil sie einfach sind, oft auch so banal, dass ich sowieso keine weitere Zeit darauf zu verschwenden brauche.

Die so Argumentierenden ahnen natürlich nicht, dass sie (sogar in beiden Fällen) diese Zeit unter Umständen aber nicht nur auf dieses kleine Ungetüm mit Zeilenbruch und Grammatikerschütterung aufwenden würden, sondern auf ihre Selbstwahrnehmung und Selbstanreicherung, denn das Gedicht zeigt, mehr als jede andere literarische Gattung, nicht nur sich selbst, sondern über sich hinaus auch den sich im Gedicht lesenden, mithin einen, vom dem dieser Lesende, bevor er sich dort gelesen hat, bisher gar wusste, dass es ihn gibt.

Die nächste Frage wäre dann: wann ist im Gedicht das Einfache dem Schwierigen vorzuziehen *und warum* beziehungsweise wann ist es umgekehrt und warum. Einer der mühsamsten Sätze, gegen die man als Dichter immer wieder anzurennen hat, ist der Satz: ich verstehe das nicht. Er wird gerne auch angewendet in der leicht dramatisierten Form, ich verstehe das *einfach* nicht!

Bereits 1991 habe ich in meiner Poetik: *Über den Unwert des Gedichts* geschrieben: »Sind Gedichte unverständlich, so ist der, der sie nicht versteht, der Grund für ihre Unverständlichkeit!« – Anders ausgedrückt, jemand, der sich dem Gedicht nicht zutraut, findet sich darin auch nicht wieder. Er erkennt sich in dieser besonderen Sprache nicht, wenn er sie nicht der eigenen Mitsprache unterwirft.

Das Komplizierte ist nämlich, wenn wir es denn auf einen Punkt bringen wollen, weiter nichts als die Schönheit des Komplexen, das Einfache hingegen die Erhabenheit dessen, was aus dem Komplexen als Essentielles sich herausgelöst hat und seither als verlässlich gilt.

Werner Heisenberg hat 1925, also mitten in der Sturm- und Drangzeit der Atomphysik, als er auf Helgoland nach einer Masse von in diesem Falle nun wirklich sehr schwierigen mathematischen Gleichungen und Ungleichungen im Vorhof der Unschärferelation anlangte, geschrieben: *Ich hatte das Gefühl, durch die Oberfläche der atomaren Erscheinungen hindurch auf einen tief darunter liegenden Grund von merkwürdiger innerer Schönheit zu blicken.* – Er wurde zeitlebens nicht müde, darauf hinzuweisen, dass nach Überwindung des Schwierigen irgendwann das überwältigend Einfache aufscheint, das ihm gesetzmäßig zu Grunde liegt.

Genau das ist es, womit auch das schwierige Gedicht oder das Gedicht überhaupt aufwarten kann, wenn man die Befestigungen zum Schutze seines verletzlichen Innenraums und mithin Innenspiels durchbrochen hat. Dazu muss man das heute eh schwächelnde Weltbild der gesicherten Information, an welches das Gedicht sowieso nur bedingt gebunden ist, im gegebenen Fall auch hinter sich lassen können.

Das alles soll nun aber keineswegs heißen, dass ein Gedicht sein Ziel nur erreicht, wenn es von einem seligen Aufatmen nach geleisteter Arbeit gekrönt wird, oder, in die Sprache der Fitnesswelt übersetzt, begleitet wird von einem Wonnegefühl nach dem Workout, – ganz und gar nicht.

Heißenbergs Unschärferelation, oder Unbestimmtheitsrelation, wie er selbst vorzog, sie zu nennen, hat ja schließlich auch nicht Galileos Fallgesetze außer Kraft gesetzt. So kann es für das durchschlagende Gedicht durchaus auch ein in der Gegend von Ilmenau in Thüringen mit einem Stift auf die Holzplanken einer Berghütte geschriebenes: *Über allen Gipfeln ist Ruh* sein, das die maximale poetische Leistung erzielt.

Also die unverhüllte, reine Feststellung von etwas Berührendem, mit dem bloßen Auge Beobachtbaren, nur sich selbst Bedeutendem, also Eindeutigem.

Das Einfache besitzt einen hohen Grad von Eindringlichkeit, den sich das geglückte schlichte Gedicht zu Nutzen macht, um eine große Wucht zu entfalten. Hölderlin hat das meisterhaft beherrscht, Goethe sowieso, neben das rechtmäßig Schwierige nämlich das erhebend Leichte zu stellen, ein jüngeres Beispiel wäre Gottfried Benn, der mühelos neben dem opulenten Reizvokabular seiner Zeit, dem Gammastrahlen-Lamm, in die glasklaren Wasser der Poesie tauchte und genau so gut schreiben konnte: *Ich ging den kleinen Weg, den oft begangenen / und diesen Abend war er seltsam klar!*

Diese abgründigen Feldwege, über denen die wunderbare Sonne des »Vertrauten« scheint, ist ja auch Peter Huchel gegangen.

Hier ist die Sprache im eigenen Haus.

Erlauben Sie mir daher an dieser Stelle den kleinen Seitensprung auf ein Beispiel, das zeigt, wie stark das Hermetische oft mit dem einfachen Bild verquickt ist und wie sehr ein solches Bild zur gleichen Zeit durch die verschiedensten Köpfe schwirrt. Das Beispiel ist die Gegenüberstellung einer Stelle aus Huchels Gedicht »Thrakien«, wo es heißt: *Hebe den Stein nicht auf / Den Speicher der Stille / Unter ihm / Verschläft der Tausendfüßler / Die Zeit* mit der berühmten Stelle Celans: *Welchen der Steine du hebst - / du entblößt / die des Schutzes der Steine bedürfen.*

Egal, welche dieser beiden Zeilen man als die Eine setzt, die Andere ist jedenfalls nie etwas anderes als dasselbe in Grün!

Es gibt also durchaus Stellen, wo das Schwierige mit dem Einfachen sich überschneidet. Aber so, wie das Schwierige im vorkommenden Falle notwendig, so muss das Einfache aufrichtig sein, denn sowohl die Vorspiegelung von vertrackter Dickbrettbohrerei, die Spekulation aufs Aberrative und eine reinerdings riskante Nomenklatur als Selbstzweck auf der einen, als auch die Neusortierung von Plattitüden auf der anderen Seite verprellen den Geist des Poetischen vollständig, nachhaltig und endgültig.

Das Einfache wartet, wie sich aus alledem ergibt, mit einer anderen Qualität der Befriedigung auf als das schwierige oder hermetische Gedicht. Das einfache Gedicht stillt einfach den uralten Hunger nach ihm. Keine Ferne macht es schwierig, bescheinigt ihm die *selige Sehnsucht*. Beim hermetischen Gedicht kommt zum Genuss der schrittweisen Enthüllung seines Sinns während des Lesens die Überraschung über das gerade gelesene und die Neugier auf das nächste Wort, rhythmisch gepuffert von der Gesamtheit ineinander klingender sprachlicher Eigenschaften.

Das Moment der Überraschung, weil es an die seinsverdeutlichende Qualität der Neugierde anknüpft, ist eines der wesentlichsten Stilmittel der Moderne und der Dichter, der auf die Sprache verpflichtet ist, sieht sich in seine Wirkungsmacht und Anziehungskraft geworfen, denn er ist nun mal ein Spielball der Wörter.

Wenn also das Gedicht einfach ist, gibt es gar nicht so viel dazu zu sagen, weil es sich an seiner eigenen Evidenz erweist.

Ist das Gedicht aber schwierig, dann wird's schwierig, denn dann wird eine Bewertung fällig, ob das zwingend ist, die dem einzelnen bis vor noch gar nicht langer Zeit weitgehend durch einen Bildungskonsens abgenommen wurde, der heute nicht mehr gegeben ist.

Ein scholastischer Disput war schwierig, eine Aussage, wann die Apfelblüte stattfand oder wer zu welchem Anlass welches Hemd anhatte, nicht.

Der Wert einer Schwierigkeit liegt also gemeinhin in seiner Angemessenheit, denn alle Schwierigkeit verfehlt sich notwendig am Unangemessenen.

Wilhelm Busch bringt das auf den Punkt, wenn er sagt: »Die Schwierigkeit ist immer klein, man muss nur nicht verhindert sein.«

Gibt es dann das objektiv Schwierige überhaupt, oder ist das Schwierige einfach immer nur das Äquivalent eines sich unaufhörlich im Gange befindlichen Lösungsversuchs auf den jeweiligen Ebenen?

Lässt sich eine Schwierigkeit denken, die nicht absurd ist und doch in sich selbst ungelöst verharrt?

Was ist denn schwierig. – Nehmen wir als ein Beispiel, mit dem viele sicher einverstanden sein werden, die Philosophie Hegels, also Hölderlins Freund und Zeitgenossen.

Als Anfang des 19. Jahrhunderts,, dem Jahrhundert der Bildung, die *Phänomenologie des Geistes* erschien, war es selbst für den engsten Kreis der hoch gebildeten Umgebung in Weimar und Jena, also Goethe, Knebel, den genialen Schelling und viele andere, fast unmöglich, diese Schrift zu durchdringen. Ein halbes Jahrhundert später aber wird Hegel, auch durch die wachsende Vermittlung von Marx und Engels, der meistdiskutierte und meistgelesene Denker überhaupt.

Das liegt nun aber weder daran, dass die Schriften einfacher, noch daran, dass die späteren Generationen klüger geworden wären, sondern die Auffassung des Werks, gleichsam ihr Zeiger, ist einfach auf seinen Platz in der Zeit gerückt.

Lü Buwei, der große chinesische Weise aus der Zeit der Streitenden Reiche hatte schon erkannt: Die Schwierigkeit einer Sache beruht nicht auf ihrer Größe, sondern darauf, die Zeit zu erkennen.

Bei Hölderlin hat dieses: die Zeit erkennen oder von der Zeit erkannt werden noch eine ganze Weile länger gedauert als bei Hegel.

Schwierig ist also etwas, wofür eine Zeit noch nicht reif ist, deshalb ist es auch das schlimmste Schicksal eines Philosophen oder eines Dichters, seiner Zeit voraus zu sein.

Es gibt natürlich bei Hegel jede Menge anderer Gründe für die Schwierigkeit, darunter einige, die durchaus auch auf das Gedicht zutreffen können. Beim Philosophen der Phänomenologie liegen sie zum einen an der inhärenten Kompliziertheit von Logik und Erkenntniskritik, zum anderen in der von ihm entwickelten systematischen Methode.

Auf gerade diese Weise kann aber auch ein Gedicht schwierig sein, wenn es sich etwa in einer neuen Methode an einen Gegenstand wendet, für den die Sprache und das Bewusstsein noch keine Formen der Geläufigkeit bereit stellt, zum anderen, wenn es die komplizierte Komplexität heutiger Lebenserfahrung in starker Reduktion und Abstraktion abbildet, zum Beispiel durch Fragmentierung von Sprache, Mischung unterschiedlicher Informationsebenen oder semantischen Manipulationen. Auch beim Gedicht können also die Schwierigkeiten entweder vom Gegenstand selbst, von der Methode, oder von beiden ausgehen.

Wir wollen aber diese uferlosen Zusammenhänge nicht noch weiter vertiefen, die das Gedicht durch sein vorsätzliches und zeitbedingtes »Schwieriger werden« einer größeren Öffentlichkeit und breiteren Aufmerksamkeit berauben, sondern in aller Knappheit noch ein paar andere Phänomene zur Sprache bringen, die sich einer breiteren Akzeptanz in den Weg stellen und seine Jahrtausende währende Kraft gefährden.

Zuerst einmal droht dem (angewandten und flexiven) Gedicht die Gefahr aus einer stark diskursgesteuerten Richtung, welche die seit Beginn der Moderne permanent scheiternde und stets in der Publikumsbelustigung endende Entgegenständlichung des Gedichts immer noch als *dernier cri* vertritt und voranzutreiben versucht. Es handelt sich um Scheinavantgarden, die im postindustriellen Zeitalter noch nicht angekommen sind, *um Handwerker*, möchte man mit Hölderlin sagen, *aber keine Menschen*.

Es ist ein durch Vitalitätsneid und akademischen Rabulismus geprägtes Lager, das sich autoerotisch an einer ächzenden Artifizialität abarbeitet und seinen Mitgliedern die leere Gemütlichkeit ausgeträumter Avantgarden als Aura in Aussicht stellt. Diese Richtung hat sich immer ihren entsprechenden Einfluss verschafft durch ihre Bündnispolitik, sie wird von strohtrockenen Akademikern umwimmelt und unterliegt einer Dynamik der eingeschworenen Kreise.

Es wird dort unentwegt von Prosodie und Lexemen geraunt und geklopstockelt, ohne sich einen Moment eingedenk zu werden, dass diese einem Gedicht, das zählt, etwa so selbstverständlich zugrunde liegen wie der Boden den Füßen.

Es handelt sich bei den Zielen dieser Gruppierung um eine Strategie der künstlichen Verschwierigung von Poesie zum Zwecke der Delektierung einer eingeschworenen Gemeinde.

Bei den Zünften, die auch dachten, Gedichte ließen sich schustern, schmieden oder nach poetischen Regeln fabrizieren, kam auf die Unmenge, die in vollkommener Belanglosigkeit daran arbeiteten, nur ein Einziger, der die Ausnahme bildete, Hans Sachs. Damit können wir es hinsichtlich dieses Phänomens auch belassen.

Erheblich komplizierter und, wie ich denke, auch weittragender verhält es sich mit einem anderen Phänomen, das dem Gedicht erheblichen Boden entzogen haben könnte, wenn die jetzt davon profitierende Generation abtritt, beziehungsweise abgesetzt wird.

Einer der jüngeren Dichter aus der Generation, die in dem Band *Lyrik von Jetzt* ihren großen Auftritt feierte, sagte mir, als mein Gedichtband *Gegensprechstadt* erschien, *Es ist total merkwürdig, im Moment reden alle nur über dein Buch, normalerweise reden wir nur über uns!* (O-Ton) – So sehr dies auch als ein Kompliment gemeint gewesen sein mag, so sehr hat es mich bei genauerem Hinsehen entsetzt, denn es verbarg sich darin eine Antwort auf viele Beobachtungen, die ich mir bisher gab oder geben wollte.

Diese Generation, von der ich spreche, und von der im Gegensatz zum vorherigen Beispiel auch ziemlich viel Bemerkenswertes und Aufregendes kommt, wie ich seit *Lyrik von Jetzt 1* nicht müde wurde, zu wiederholen, vollzieht gerade einen Schritt, der einen nie da gewesenen Bruch mit der literarischen Tradition bedeutet. Sie verabschiedet sich gleichzeitig von den Quellen wie von den Mündungen. Sie verewigt das Wasser, in das sie steigt, als stehendes Jetzt und besingt diesen Schritt aus der geschichtslosen Perspektive von: me, *myself and I.* Sie stellt sich in den eigenen Seinsmoment, ahistorisch nach hinten und utopielos nach vorne.

Beobachtbar war das bereits an vielen Vorzeichen, die möglicherweise in dem Titel *Lyrik von Jetzt* sogar ihren Niederschlag fanden. Dieses: *normalerweise reden wir nur über uns* führte mich auf das Phänomen der Verjetztzeitlichung und den immer wieder in den Blick rückenden Begriff der Selbstreferentialität, und in der Definition der letzteren findet sich tatsächlich ein Schlüssel.

Diese Generation, von der ich rede, hat sich lesend gebildet in den 80er Jahren und ist schreibend zum Durchbruch gekommen in den 90er Jahren, also in den beiden Jahrzehnten, in denen die Kommunikation durch Internet und das Telefon in allen seinen Diensten sich verunendlichfachte. Es entstand dadurch eine hochkomplexe Situation, die den Sprung in die Selbstorganisation leisten konnte.

Betrachten wir einen Augenblick die Definitionsmerkmale von Selbstreferentialität, so werden wir darin alle Strukturmerkmale der jüngsten Lyrikgeneration finden.

Für die jüngste Lyrikgeneration gilt: wir sind alle extrem gut vernetzt: Als Definitionsmerkmal für die Selbstreferentialität gilt:

A Komplexität: Systeme sind komplex, wenn ihre Teile durch wechselseitige, sich permanent ändernde Beziehungen miteinander vernetzt sind.

Für die jüngste Lyrikgeneration gilt: normalerweise reden wir nur über uns; Als Definitionsmerkmal für die SR gilt:

B Selbstreferenz: Selbstorganisierende Systeme sind selbstreferentiell und weisen eine operationale Geschlossenheit auf.

Für die jüngste Lyrikgeneration gilt: wir sind alle gute Freunde, mein Kritiker ist mein Freund, mein Rivale ist mein Freund, mein Verleger ist mein Freund, mein Leser ist mein Freund: – Als Definitionsmerkmal der SR gilt:

C Redundanz: In selbstorganisierenden Systemen erfolgt keine prinzipielle Trennung zwischen organisierenden, gestaltenden oder lenkenden Teilen. Alle Teile des Systems stellen potentielle Gestalter dar.

Für die jüngste Lyrikgeneration gilt: für uns ist es nicht wichtig, was vor uns geschrieben wurde oder nach uns geschrieben wird, für uns ist wichtig, was von uns geschrieben wird, und ob es wichtig ist, ist gar nicht wichtig. Als Definitionsmerkmal der SR gilt:

D Autonomie: Selbstorganisierende Systeme sind autonom, wenn die Beziehungen und Interaktionen, die das System als Einheit definieren, nur durch das System selbst bestimmt werden.

Wir haben es somit zu tun mit einer Gruppe, die sich selbst betreibt, mithin einer zum Ganzen verabsolutierten Szene. Der Teil als das Ganze also, die einschlägige Falle des Spezialistentums. Der nicht im System integrierte Leser, der durch sein eigenes Netzwerk ausgelastete Nichtliterat, wird in die Distanz des unzulänglich Informierten verschoben.

Trotz dieser erheblichen Problematik trägt diese Szene aber dazu bei, dass in der Lyrik, besonders auch in der deutschen, mithin das vielleicht Spannendste passiert, was die Literatur, vielleicht sogar die Kunst im Allgemeinen, im Moment überhaupt zu bieten hat.

Die Schwierigkeiten aber bleiben trotzdem bestehen. – Die definitiv ernsteste Bedrohung für das Gedicht kann ich nur in ein paar eigentlich unverantwortlich groben Strichen skizzieren, denn sie bedürfte der Ausführlichkeit einer umfangreichen und systematischen Analyse.

Es handelt sich um das Versiegen des Inneren Monologs. Auch dies ist die Folge der Hyperkommunikation, die mit ihren amnesischen Strategien die letzten Ruhezonen des Ichs beseitigt. Diese Entwicklung liegt im Interesse des Marktes, welcher zunehmend die inneren Ressourcen dem intelligenten Zugriff überantwortet. Die Erschließung der intimen, diskreten und empathischen Räume ist weitgehend abgeschlossen und ihre Ausbeutung in vollem Gange. Es gibt heute kaum noch irgendjemand, der allen ernstes behaupten kann, dass er weiß, wo ihm der Kopf steht.

*

Meine Damen und Herren. – Mein von mir hoch verehrter Namenskollege, der amerikanische Schriftsteller William Faulkner, dem durch ein blankes Versehen ein U in den Namen geschmuggelt wurde, mit dem er sich schließlich, aus phonetischen Gründen, einverstanden erklärte, sagte in seiner Rede anlässlich der Entgegennahme des Nobelpreises: *Ich lehne das Ende der Menschheit ab!*

Mit dem Anlass lässt sich hier zwar nicht ganz konkurrieren, aber ich möchte mir trotzdem erlauben, mich wenigstens in die Diktion des großen Autors zu stellen, wenn ich schließe mit den Worten: *Ich lehne das Ende der Dichtung ab!* ◆

Gerhard Falkner im April 2009 im Künstlerhaus Edenkoben.

Gerhard Falkner

Schmerzkopfen in Kiev

Vermessen von Distanzen

Ich bin da. Ich erlebe, während ich erlebe,
was ich erlebe, dass ich erlebe:

WIE mein Schritt auf die Straße
Betretenheit auslöst, WIE das Pflaster
sich windet, *tak*? WIE Leute
die heute die Straße entlang gehen,
ihren Tritt in Gang bringen, *tschut'-tschut'*
WIE der Gang *die durch Träume*
gemilderten Menschen vorwärts treibt, WIE
die Bewegung die Verbindung
zur glücklichen Luft freischaltet, *tak*?
WIE links und rechts der Straße
die Sätze rauschen
die Katzen aus alten Matratzen
kriechen und Hunde Stunde um Stunde
mit geschlossenen Augen ihr
Hundeleben riechen, WIE die Grammatik
der Schlafzimmer ihren Sinn einbüßt
weil *der gebührenpflichtige Geliebte*
(auf immer)
die Türe hinter sich zuzieht

WIE oft braucht es, um über sich
WIE über einen Schmerz hinwegzukommen
ein Vielfaches an Sprache
WIE oft braucht es
Kondensatoren hinter den Ohren
frischen Alarm
oder einfach stabile regionale Festnetze
seht doch, WIE durch die geöffneten Fenster
die Seele in sinnlosen Seufzern verpufft
zerrieben zwischen Halswirbeln
Klingkopfschwingen, Herzklopfen
Schmerzkopfen

TON

die Ferne ist dem Ungewissen zum
verwechseln ähnlich, es gleicht: *das Wunderbare*
dem Gefundenwerden, der Fremde ist
vom Fremden nicht zu unterscheiden
ein Big Mac ist (schließlich) WIE der andere
ZWISCHEN DER WAHRHEIT GIBT ES KEINEN UNTERSCHIED
sogar die wütend blühende blaue Aster
die leise bebend sich dem Herbst entgegenstellt
ist ganz WIE ihre wilde Schwester, blau –
von hartem Wuchs und fest entschlossen
sich auf eine Differenz nicht einzulassen
jeder ist nur für sich ein Einheimischer
(allein Liebespaare sind zweiheimisch
damit sie sich mischen können, *tak*?)
Ansonsten beginnt das Exil vor der Haustür
Ein falsches Wort genügt!
(und man ist draußen)

Ich bin ein Mann und nicht umgekehrt, (*tak*?)
Ich trage die Heimat WIE ein Handtuch
über den Schultern, falls ich
verloren gehe.
Der Name ist eingestickt. Als Monogramm.
Der Platz auf dem Handtuch
genügt für die Heimat, *tschut'-tschut'*?
Ich könnte auch auf der eigenen Hand
Platz nehmen, ohne Tuch, und hätte noch Heimat genug!
Dass ich keine Zeit habe für die Zeit
liegt aber nicht an der Zeit
Dass ich keinen Raum für den Raum
liegt auch nicht am Raum –
Der Traum vom öffentlichen Raum
ist gepflastert mit den winzigen Modulen
fluktuierender Freiheit, mit überschüssiger
Freude, politischen Wirkstoffen und den
in Javaskript erstellten Leuchtkäfern
der Nacht und des stillen Vergnügens.
Oh diese stillen Vergnügen und nicht umgekehrt!
Oh dieser braunen Erde schönstes Abverlangen.

TON

Nehmen Sie Kiev zum Beispiel:
Es ist einfach anders, *tak*?
Obwohl es natürlich nicht einfach ist,
denn es ist nicht natürlich!
Es ist künstlich, wie jede Stadt.
(Mit künstlichem Licht und drei Generationen
von künstlicher Intelligenz.)
Nicht jede Stadt ist schöner als künstlich.
Kiev ist schöner als künstlich.
Wer Geld hat will es zeigen.
Wer oben wohnen kann will oben wohnen.
Die **EJACULATIO PRAECOX** ist aber kein geeigneter Vorschuss
auf eine mittelfristige Finanzplanung.
Rohstoffe brauchen Energie.
Ohne Poesie kollabieren die Märkte.
Noch Jahre nach dem Dot.com-crash
mangelte es mir an Mitteln
die Philosophie, die Diktatur des Hohen Tons
und das Nachtleben
unter einen Hut zu bringen

Von meiner Zunge zum Pflaster
sind es 1 METER 59, *tak*?
Von meinem Herzen zur Andreaskirche (Andrijivs'ka Tsverkva)
sind es 24 Meter 36
Etwa 1600 Meter sind es bis zum Dnjepr –
dem schönsten Dnjepr aller Dnjepr
Zwischen der Haustür von Sidorenko
und dem Fernseher von Petrenko
liegen nicht Welten sondern 7 Meter 10
(der Abstand von Klitschko beim Gong in die 4. Runde
zum Sessel von Petrenko beträgt 2 Meter 14)
Alle Dinge existieren nur durch ihre Entfernung zueinander
NUR DURCH DISTANZEN WERDEN DINGE WAHR.
Vom Theater Koleso zur bunten Mauer
mit den Wyschywanka misst mein Laser Distanzmesser
23 Komma sieben/eins/zwo Meter
(die Berge des Herzens sind natürlich bedeutend höher –
aber das ist auch bloß wieder so eine elende
intertextuelle Anspielung!)
16 Meter weiter oben, die Bühne steht bereits, eröffnet heute,
am 1. Oktober
das Festival: *Spielnase / Nasenspiele*!

TON

WENN im Herbst die schweren, glühenden Kürbisse
der Ukraine in die Stadt gebracht werden um die
Obststände der Märkte zu beleuchten oder die
paradiesischen Tomaten mit ihrem betäubenden Rot
auf den Theken der Supermärkte
die Narkose des Herbstes einleiten, WENN die
psychedelischen Nebelscheinwerfer sich auf die Augen
der Vorstädte richten, die Pullover länger, die Legierungen
härter und die Mäntel dicker werden
endet die Zeit, wo den jungen Frauen, WENN sie sich bücken
die bonbonfarbenen Stringtangas
aus dem tief sitzenden Hosenbund blitzen, *tschut'-tschut'*
und man sich abends die Dialoge Platons **WIE EISBEUTEL**
auf das erhitzte Gemüt legt / um einschlafen zu können

WENN draußen gesprochen wird, auf der Straße
verbinden sich die **Gerüche** der Küche
mit den **Gerüchen** der Bäume und Plätze
mit den **Gerüchen** der Frauen, Betten und Tennisplätze
mit den **Gerüchen** der Künste und der Gerüchte
und den **Geräuschen** der Geräusche
mit den **Geräuschen**
die Geräusche in den **Gerüchen**
knistern mit ihren Einkaufstütentüten, alles knistert
die Plätze platzen aus allen Nähten
die Läden aus allen Regalen
die Systeme aus allen Netzwerken
Man muss, wenn man sich in Luft auflösen will
nur nach draußen gehen: die Öffentlichkeit ist das
letzte private Versteck *tak*? Man darf nur nicht
vor den Schaufenstern von Prada und Vuitton
stehen bleiben, (Prada, sage ich, nicht Prawda!)
auch nicht vor der Nationalbank
erst recht nicht vor den Flagshipstores
von Adidas und Apple
man muss zu den Virtuosen des Atemholens
und des Luftschöpfens vordringen
zu den Wasserträgern, Würgeengeln, Web-Designern
Man braucht kein Passwort,
kein Schibboleth, um verloren zu gehen
es ist: *so einfach, wie Tokio mit dem Nokia zu erreichen*

man muss, will man sich wirklich wollen
die gelben Kokosteppiche in den Dielen
der türkischen Einwanderer bis zum Kaukasus gehen
um endlich, an den fremden Grenzen
auf die eigenen zu stoßen

TON

Dnjepr! Dnjepr!
Sidorenko! Petrenko! Klitschko, Petrenko, Koleso
Wyschywanka! Komma! tak? Komma: Tschut'-tschut'? tak!
Die Sonne ist ein verbrühtes Brötchen
über den glimmenden Giebeln von Kiev!
Wie Speere fliegen ihre Strahlen
hinaus in die ananasgelben Ebenen (**DER UKRAINISCHEN HERBSTE**)
als trügen sie Post für die Steppe!
Es gibt, wenn es ZEIT wird in Kiev,
eine Hochsprache und eine Tiefsprache, *tak*?
Mit der Hochsprache werden Brücken gebaut
Bürotürme und Einkaufscenter
mit der Tiefsprache Kanäle, Metros,
Untergrundbetriebe
Auch die Hölle der finsteren Antriebe –
der inneren Abgründe
fußt auf der Tiefsprache, *tschut'-tschut'*,
die Schattenreiche, bewacht von den schwarzen
Drachen von Porsche und Lexus
in denen schlurfend die Ananke
die Stellplätze in den Tiefgaragen
Die Ölquellen der Korruption.
Es wird Zeit. Die Abstände zwischen allen Dingen
betragen nur noch wenige Millimeter.
Dann verwischen sich die Unterschiede!

Und auch vom Himmel kommt kein Segen mehr
Vom Himmel gehen
die heruntergeladenen Klingeltöne
direkt aufs Handy!

TON

Porträt Gerhard Falkner. Foto: Paul van Schie / © Künstlerhaus Edenkoben.

Anmerkung zu »Schmerzkopfen in Kiev«

Das Gedicht »Schmerzkopfen« wurde innerhalb von drei Tagen in Kiev für das Festival *Spielstraße – Straßenspiele* geschrieben, das unter dem Thema »Öffentlicher Raum und sein Wandel nach der Wende« auf dem berühmten Andreassteig stattfand, einer alten, denkwürdigen Pflasterstraße, die aus dem ehemaligen Stadtkern heraus und hinauf zur großartigen St. Andreaskirche führt. Es handelte sich bei dieser Veranstaltung um ein Exzellenzprojekt des Goethe Instituts.

Da der Öffentliche Raum (für mich) eher ein Phänomen der Kommunikation darstellt, denn ein solches des materiellen Ortes habe ich meinen Text zwar deutlich lokalisiert, das Gedicht aber in ein kommunizierendes Verhältnis gesetzt mit seinen »Ansprechpartnern«, nämlich den anonymen Konstrukteuren des Öffentlichen Raums, also den Leuten, die seine Wirkung und Energie in täglicher Wiederholung bestreiten und in Gang halten.

Dabei ging es darum, über verschiedene Ebenen der Kommunikation Verstehen und Nicht-Verstehen um die Achse eines Gedichts zu demonstrieren. Die einen verstehen das Gedicht nicht, obwohl sie die Sprache verstehen, die anderen, weil sie die Sprache nicht verstehen. Einmal liegt der Grund an der Komplexität der Sprache, ihrer korrumpierenden Bildlichkeit, ihrer andersartigen Anwendung, auf der anderen Seite in der Fremdheit, Unverständlichkeit und tatsächlichen Andersartigkeit.

Dazwischen sollte es Durchlassventile gaben: tak, tschut'-tschut', oder, auf der anderen Seite, ganz einfache, wie dicke Holzscheite im Feuer liegende deutsche Sätze. Zu diesem Zwecke habe ich neben der Arbeit am eigenen Text Interviews aufgenommen mit Personen, die kein Deutsch verstanden, vorwiegend Frauen, und habe sie mit Gesten animiert, oder ermuntert, mir auf meine in Deutsch gestellten Fragen Auskunft zu geben.

Die Fragen waren etwa: Entschuldigung, können Sie mich verstehen, obwohl Sie kein Deutsch sprechen? Wollen Sie es nicht vielleicht einfach mal versuchen? Wir sprechen doch alle die gleichen Buchstaben! Ich kann Sie ja auch nicht verstehen und rede mit Ihnen. Wohnen Sie auch in einem dieser schönen Häuser? und dergleichen.

Wie erwartet gerieten die Antworten zu einer Mischung aus Verwirrung, Ablehnung, Gelächter, Hilflosigkeit, Gegenfragen, auch kleine Aufschreie waren darunter, gespickt jedenfalls mit vielen Njets.

Ich hatte nun auf der einen Seite einen hochgradig mit Bedeutung geladenen Text und auf der anderen spontane Aussagen der Hilflosigkeit, der Amüsiertheit, der Notwehr.

Mein Gedicht »Schmerzkopfen«, das absichtlich weiträumig und komplex sein sollte, pendelnd zwischen einer Poesie des unmittelbar Einleuchtenden und einer sperrigen Metaphorik, die sowohl das Erleiden der Antwortlosigkeit reflektieren sollte, wie auch die ganze Potentialität des Ansprechbaren widerspiegeln, habe ich skandiert mit den Wörtern *tak* und *tschut'-tschut'*. Beide haben die Funktion eines Passwortes, um sich in die jeweils andere Kommunikationsebene einzuloggen.

Tak, (was etwa: *ja, nicht wahr, okay* bedeutet) taktet in auffälliger Weise die wörtliche Rede und rhythmisiert sie, was ich mir für mein Anliegen zunutze gemacht habe, *tschut'-tschut'*, (*ein bisschen*) zwitschert dann immer wieder mal dazwischen.

Aus den Interviews wurde ein Loop geschnitten, der während der Lesung von »Schmerzkopfen« immer dort, wo Ton steht, eingeblendet wurde. Angestrebt war ein Auspendeln von Verstehen und Nicht-Verstehen, wie es im Öffentlichen Raum ununterbrochen verhandelt wird. Während der Aufführung brach es dann auch äußerst wirkungsvoll die hermetische Kruste des Gedichts.

Eine weitere Verknüpfung mit der Struktur des Öffentlichen Raums sollte darin liegen, ins sozusagen künstliche Gedicht ein räumliches Gitter zu legen, eine fingierte aber glaubwürdig klingende Topographie. Zu diesem Zwecke lies ich mir einen Laser Distanzmesser besorgen, mit dem ich auf dem Andreassteig die genauen Distanzen zwischen Klingelschildern vermessen wollte, was mir ein Netzwerk oder Koordinatensystem echter Namen und echter Entfernungen zur Verfügung gestellt hätte, über dem ich poetische Kommunikation hätte entstehen lassen können.

Dies scheiterte jedoch an der Tatsache, dass es auf dem Andreassteig keine Klingelschilder gibt und sich auch kein Hinweis findet auf die Namen der Hausbewohner.

Noch ein Wort zum Titel »*Schmerzkopfen*«. – Es ist nicht einfach, ein längeres Gedicht in drei Tagen zu schreiben. Oft brauche ich für so etwas drei Monate oder länger. Ich musste mich also *mit allen Mitteln* unter Druck setzen, was den erholsamen Schlaf nicht eben begünstigte. Nach der zweiten Nacht bat ich im Goethe Institut um eine Aspirin.

Eine Angestellte gab mir aus ihrer Handtasche eine kleine weiße, namenlose Tablette. Als ich ihr sagte: das ist aber keine Aspirin, antwortete sie: Nein, aber ist auch gut gegen *Schmerzkopfen*. Ich ging sofort ins Hotel zurück und änderte meinen Arbeitstitel.

Für mich ist *Schmerzkopfen* nicht nur ein Versprecher, ein Lapsus im Kommunikationssystem, es klingt auch wie ein vertracktes, aus dem Takt geratenes Herzklopfen, anknüpfend an das immer wieder eingestreute: tak?, es hätte entstanden sein können durch einen Schüttelreim, und es schien mir ein günstiges sperriges Wort für ein nervöses Abtasten des Öffentlichen Raums.

Der öffentlich Raum

Der Öffentliche Raum ist nicht einfach der freie Platz zwischen einem Konglomerat von Häusern, sondern eine Rubrik des Bewusstseins. Er hat als Platz, Straße, Park oder dergleichen eine ganze Reihe von Perzeptionskontrollen zu durchlaufen, bevor er als solcher erlebt wird. Dass der Öffentliche Raum als Öffentlicher Raum erlebt wird, ist seine Voraussetzung.

Mehr denn seine »Hardware«, also das Material in seiner gesamten Vielgestaltigkeit, in der die urbane Struktur sich abbildet, ist er ein Phänomen der Kommunikation.

Ein nicht kommunizierter Öffentlicher Raum existiert nicht, da mögen noch so viele Häuser um ihn herumstehen und noch so viele Menschen in ihm herumlaufen.

Der Öffentliche Raum, so wie er kommuniziert wird, bestimmt im Grunde genommen den Kurswert einer Stadt.

Etwas altmodisch ausgedrückt könnte man auch sagen, er ist die »Ausstrahlung«, die eine Stadt besitzt.

Ein unendlich großes Konzert von Stimmen und Gegenstimmen arbeitet ununterbrochen an der Bewertung des Öffentlichen Raums, und zwar sowohl im kleinen Maßstab der privaten und lokalen Intervention als auch im großen Stil der internationalen Begegnung und Durchdringung.

Der vitale Öffentliche Raum wird meist erzeugt oder geschaffen von jugendlichen Kräften am Rande der Konventionalitäten und der städtischen Konfektion. Er ist sowohl die Bühne für Zeitgeist und Mode, wie auch die für Arbeit, Wohnraum, Kontinuität, Wohlstand, Konsum etc.

Der künstlerische Typus ist die wichtigste Größe in jenem Stimmungsbarometer, nach dem die internationale Attraktivität einer Stadt sich ausrichtet.

Er allein schafft es, dass die Berliner Kastanienallee heute stärker weltweit kommuniziert wird als die New Yorker 5th Avenue.

Die Bauwerke und die Gebäude sind lediglich die Kulisse, durch die der Mensch ins Private verschwindet, die Infrastruktur weiter nichts als der verwirklichte Plan, die Menschen potentiell in Bewegung zu halten.

In bestehende, gut funktionierende Öffentliche Räume einzugreifen, die sich nach den Gesetzen der Hochkomplexität selbst organisiert haben, ist nicht sinnvoll.

Der Leitsatz der IT Branche: *never change a running system* gilt auch hier! ◆

Berlin Nov. 10

Foto: Ingo Wilhelm / © Künstlerhaus Edenkoben.

Porträt Barbara Köhler. Fotos (2): Isolde Ohlbaum.

Cornelia Jentzsch

Ich bin nicht Schrödingers Nichte, weil Wittgensteins Katze mich kennt – *oder* Vom Freiraum der Gleichzeitigkeit

Notizen zu Barbara Köhlers Poesie

Ihrem ersten Gedichtband *Deutsches Roulette* stellt Barbara Köhler drei Zitate voran. Eines davon stammt aus den *Nachtwachen* von Bonaventura, es heißt: »Ich möchte gern mich auf einen Augenblick mit mir selbst unterreden, um zu erfahren, ob ich selbst liebe, oder nur mein Name Ophelia – und ob die Liebe selbst etwas ist, oder nur ein Name.« – Sieht man einmal davon ab, dass Bonaventura eigentlich Ernst August Friedrich Klingemann heißt, da dieser in einer Notiz, seine Veröffentlichungen aufzählend, handschriftlich vermerkte »Nachtwachen. Penig. Dienemann. 1804« – und sieht man auch davon einmal ab, dass zufällig oder nicht in dieser sächsischen Stadt Penig – Penig bei Amerika (wie ein kleines Dörfchen nahebei heißt) – auch die Dichterin Barbara Köhler aufwuchs, so kann man doch keinesfalls übersehen, dass hier, unter dem reizenden Kleid der Liebe versteckt, die Frage nach der Macht der Namen, also der Sprache gestellt wird. Ein Thema, so wenig aus der Welt zu schaffen wie ein Widergänger, besonders für Dichter und Dichterinnen und ganz besonders für eine wie Barbara Köhler.

Wenn Poeten mit Worten schöpfen und mit ihnen nicht nur *be*zeugen, sondern Welten *er*zeugen können, was sind dann: Worte. Was ist die Sprache, wenn sie Macht ausüben kann. Kann die Sprache Macht ausüben, oder sind es nicht viel eher diejenigen, die sie benutzen. Schläft deren Bewusstsein bisweilen oder unterliegen sie gar einem zeitweiligen Sprachdelirium, sind ergo nicht auf der Höhe ihrer eigenen Worte?

»Die Sprache ist die Strafe. In sie müssen alle Dinge eingehen und in ihr müssen sie wieder vergehen nach ihrer Schuld und dem Ausmaß ihrer Schuld« lässt Barbara Köhler die Dichterin Ingeborg Bachmann im dritten dem *Deutschen Roulette* vorangestellten Zitat auf Bonaventuras Frage antworten.

Zwei unterschiedliche Sprachpositionen, welche Bonaventura und Bachmann einnehmen. Die eine geschrieben unmittelbar nach der verstärkten Zentrierung Europas auf die Vernunft, die andere im historisch ernüchterten 20. Jahrhundert, in dem man nach zwei Kriegen definitiv nicht mehr an den regulierenden Sinn eines Schöpfers glauben kann, an die Vernunft des Menschen aber auch nicht unbedingt.

Beide Positionen stellen zwar nicht Anfang und Ende eines generellen Sprechens, aber doch zwei deutlich unterschiedliche Markierungen dar. Berührt

Bonaventuras Aussage noch das Problem des Nominalismus, die Frage nach der göttlichen oder menschlichen Herkunft der Allgemeinbegriffe, so schwingen in Ingeborg Bachmanns Worten der sprachphilosophische Skeptizismus des 20. Jahrhunderts wie auch Wittgenstein berühmtes Fazit: »Wovon man nicht sprechen kann, darüber muß man schweigen« mit.

Auf diese Frage nach der Mächtigkeit von Sprache oder ihrem anmaßenden Gestus antwortet in ihrem Werk die Dichterin Barbara Köhler. Es ist das zentrale Thema ihrer Dichtung, es kennzeichnet die Methoden ihrer sprachlichen Verhandlungen mit uns, den Lesern. Seit ihren ersten veröffentlichten Gedichten (erschienen zwei Jahre nach dem innerdeutschen Einsturz von Mauer und Utopien, 1991, im Band mit dem schönen, bezeichnenden Titel *Deutsches Roulette*) ist klar, dieser Dichterin geht es nicht um das Entwerfen poetischer Stimmungen, sondern sie schaut knallhart der Sprache ins Getriebe. Wovon zeugt, was *er*zeugt Sprache in einer Gesellschaft?

Zu den literarischen Methoden Barbara Köhlers gehört, dass sie nicht einen sprachlichen Momentanzustand zu Beginn des 21. Jahrhunderts beschreibt, sondern dass sie der Sprache gewissermaßen selbst diese Arbeit verantwortet. Und dafür in diesem Freiraum, der keinesfalls einer der Untätigkeit ist, die Chance nutzt, um genau hinzusehen und hinzuhören was passiert und sich offenbart.

Ihrem zweiten – 1995 veröffentlichten – Gedichtband gab Barbara Köhler den Titel *Blue Box*. Einerseits verweist sie damit auf die im Film verwendete Bluescreen-Technik, bei der eine oder mehrere Personen vor einem blauen Schirm aufgenommen werden. Da die blaue Farbe am seltensten auf der menschlichen Körperoberfläche vorkommt, gelingt es Computern relativ leicht, die Personen aus dem Bild herauszurechnen und später vor einem anderen, ausgewechselten Hintergrund wieder dazuzurechnen. Auf diese Weise können Bilder manipuliert und Scheinrealitäten hergestellt werden.

Andererseits bezeichnet Blue Box einen Trick, den man beim sogenannten Phreaking, dem Manipulieren von Telefonverbindungen benutzt. Phreaking setzt sich zusammen aus englisch *phone*: Telefon und *freak*: vernarrter Typ, ist also ein klassisches Kofferwort, ein amalgamiertes oder kontaminiertes Kunstwort. Vermittels dieser sogenannten Blue Box, einer elektronischen Schaltung welche einen speziellen Ton in einer bestimmten Frequenz erzeugt und damit Vermittlungsstellen freischaltet, können diese Telefon-Hacker kostenfrei telefonieren.

Die »Blue Box« Barbara Köhlers verweist einerseits auf die technisch gestützte moderne Kommunikation, andererseits aber auch auf die dadurch möglich gewordenen Täuschungen, Manipulationen, Ablenkungen oder Überlagerungen. In diesem Band, auf Seite 44, findet sich folgende Zustandsbeschreibung:

IN DER TOTEN ZEIT in der tot-
geschlagenenindervertriebenen
in der Zeit die das Leben kostet
die vergangen ist nicht erspart
bleibt geplante Freizeit begrenzt

eine Weile die nicht langt gilt
als Fortschritt aus dem Kreislauf
der Zeiger ins digitale sind die
Stunden gezählt läuft der Laden
der Countdown in Echtzeit.

In diesen Versen laufen beim Lesen die Assoziationen wie auf einem zweiten Band permanent mit, fast jedes Wort lässt mehrdeutige Richtungen des Denkens zu. Durch dieses Mehr an Deutungen scheinen die Zeilen fortlaufend ineinander geschachtelt verbunden, als würde eine Zeile zwei enthalten, was die Sätze besonders gehaltvoll macht.

Tote Zeit heißt jene, in der wenig oder gar nichts passiert, die also im herkömmlichen Sinn nicht genutzt ist. Die englische Sprache hat dafür den begriff *time loss; loss* kann man mit Minus, Verlust, Schaden, Schwund, Einbuße, Minderung, Rückgang, Ausfall oder gar Abhandenkommen übersetzen. Alles keine der Zeit zuzuordnenden Eigenschaften, weder im Deutschen noch im Englischen, denn Zeit läuft unabhängig von unserem Zutun oder Nicht-tun ab, Sekunde für Sekunde, weltweit.

Alle hier zugeordneten Adjektive weisen also auf rein subjektive Empfindungen, die nur ein Signal sind für unseren Umgang mit uns selbst in diesem Moment oder diesem Abschnitt auf der Zeitskala. Von den Situationsbeschreibungen, die die deutsche Sprache für einen möglichen Zeitumgang bereithält, zählt Barbara Köhler in diesem Gedicht typische auf. Erschreckend, dass sie fast durchweg negativ unterlegt sind.

Ist jedem klar, welche Brutalität in dem Wort *Zeit totschlagen* liegt? Und wenn wie in diesen Versen der *Zeitvertreib* zur *vertriebenen* Zeit ausgeschrieben wird, schimmert deutsche Geschichte hinter diesen fadenscheinigen Worten durch. Die Zeit des Totschlagens und des Vertreibens liegt noch nicht lange (noch lange nicht) zurück. Ebenso provoziert der kleine Verdreher von *das kostet Lebenszeit* zu *Zeit, die das Leben kostet* die Frage: ist nicht das Leben selbst die Zeit? Es läuft von der Geburt unaufhaltsam bis zum Tod. Wie also kann man dann das Leben mit dem Leben aufrechnen. Und was heißt überhaupt *kosten, ersparen, aufrechnen* – ist man wirklich nur noch in der Lage, unter rein ökonomischen Maßstäben wahrzunehmen.

Unter diesen Gesichtspunkten bekommt das ein wenig später auftauchende Wort *Fortschritt* eine völlig neue Klarheit, denn unwillkürlich drängt sich beim Lesen ein sekundenkurzes verräterisches Zögern zwischen dem Fort und dem Schritt.

Es scheint, als hätten wir die Zeit zum Gegner und begriffen sie nicht als Teil unseres Selbst, der von uns nicht abzusehen ist. Barbara Köhler zeigt auf ein gestörtes Verhältnis, welches sie uns nicht nur als sprachliches Symptom, sondern als gesellschaftliches Phänomen nahe bringt. Oder besser, sie zeigt punktgenau auf dieses Phänomen, für den ungesagten Rest sind wir hoffentlich wach genug, ihn eigenständig zu erschließen. Bleibt uns wirklich nichts erspart? Doch, denn Barbara Köhler stiehlt uns beim Lesen dieses Gedichts keine Zeit, sondern schenkt uns eine solche.

Nach zehn langen Jahren einer intensiven Beschäftigung mit dem antiken Stoff, inklusive dem Erlernen der altgriechischen Sprache, damit sie das Original mit seinen überaus reichen Anspielungen und Ironien – die in den Übersetzungen leider teilweise verschwinden – studieren konnte, erschienen 2007 Barbara Köhlers Gesänge *Niemands Frau*. Das klassische antike Versepos Homers, die *Odyssee*, wird von Barbara Köhler in die weibliche Erinnerungsperspektive hinübergespiegelt. Nicht der Mann berichtet von der wirren Heimfahrt nach dem Trojanischen Krieg, sondern es ist das feminine Prinzip, das hier erzählt, kommentiert, richtigstellt: Vor allem Odysseus Weib Penelope, aber auch die Göttin Kirke, die Nymphe Kalypso, selbst die Meeresungeheuer Skylla und Charybdis – sie alle bekunden ihre Version, konterkarieren das männliche Sprechen.

Die Frau von *Niemandem* kann der Logik zufolge ebenfalls nur eine *Niemand* sein, sie gibt es also wortwörtlich nicht. *Niemand*, das ist jedoch ebenso die Übersetzung des griechischen Namens *Outis* – *Odysseus*. Dennoch gibt es seine – Odysseus' – Frau auch in dieser Übersetzung nicht, denn sie spielt im Gefüge männlicher Macht eine nebensächliche oder gar keine Rolle, sie besitzt keine Stimme und führt keine Rede.

Nach Homers Version sitzt Penelope zehn Jahre treu zu Hause und wartet auf ihren Gatten, sie wehrt alle Freier ab in der Hoffnung auf Odysseus' Rückkehr. Warten, also: stillhalten, dulden, sich aus der ganzen Geschichte heraushalten, die seine ist.

»penelope wartet worauf wartet« heißt es im sechsten Text des Buches mit der Überschrift GEWEBEPROBE : PENELOPE:

> …
> penelope verwebt & trennt auf
> hat zeit gewinnt sie und gibt
> sie nimmt sie sich wartet sie
> nicht auf etwas trennt sie es
> ist verwobene zeit getrenntes
> eine verbindlichkeit zwischen
> ihnen & ihr allein ein gewebe
> schleier durchschaubare ist
> sie frei könnt er freier sein
> …

Doch wenn man hinter den Stoff schaut, kommt Unerwartetes zutage. Penelope webt nicht zufällig. Sie steht damit in der Tradition der drei Moiren Klotho, Lachesis und Atropos, die der Menschen Schicksalsfäden jeweils spinnen, zuteilen und abschneiden. Denn auch Penelope hält hier Schicksalsfäden in der Hand, ihre Erzählfäden. Sie verwebt und trennt auf, sie verbindet etwas und entscheidet über dessen Trennung. Sie hat Zeit, weil sie sich diese ungefragt nimmt. Penelope besitzt, besetzt sie im Warten, sie ist Herrin über die lange Zeit und gewinnt ebenso Zeit und solcherart einen Vorsprung vor Odysseus. Sie wartet im doppelten Sinn des Wortes: sie verharrt zwar wartend in der Zeit, aber sie pflegt und hütet – wartet – sie auch gleichzeitig.

In seinem Buch *Kunst des Handelns* (1988, Merve) beschreibt der französische Theologe und Philosoph Michel de Certeau solcherart Möglichkeiten von passivem Widerstand und Selbstbehauptung. Er beschreibt, wie sich das Konsumverhalten, das ja immer ein nachgeordnetes und passives ist, in ein geheimes und unsichtbares Aktivverhalten, zu einer anderen Art von Produktion umformulieren lässt. Seit Jahrhunderten werden erfolgreich und weltweit im Alltäglichen verankerte Kunstfertigkeiten, operative Strategien und Taktiken dafür genutzt.

Zur Tätigkeit des Webens gehört das Schiffchen, jenes Holzstück, das den Schussfaden durch die Kettfäden zieht und damit erst das Gewebe entstehen lässt. So, wie zu Penelope am Webstuhl Odysseus auf seinem Schiff gehört und beide erst zusammen den Stoff der homerschen Geschichte bilden, »eine Verbindlichkeit zwischen ihnen«. Geschichte, Historie, das sind jeweils viele einzelne miteinander verwobene Lebensfäden und Zeitstränge. Doch andererseits »trennt sie es ist verwobene zeit getrenntes«. Zwischen den schicksalsverknüpften Eheleuten liegt ein Trennendes aus gesellschaftlichen wie sprachlichen Normen.

In den Krieg zieht er, am Webstuhl verhaftet bleibt sie. Die »Verbindlichkeit zwischen ihnen & ihr allein« bedeutet, dass die Mehrzahl Mann in den Krieg ziehen darf, die Einzahl Frau bleibt allein zurück, so will es die Norm, die Textur antiker Verbindlichkeiten. Würde der Schleier vom Gesicht dieser Geschichte, der gesellschaftlichen Fehlgewichtung zwischen Mann und Frau genommen, »ein gewebe schleier durchschaubare ist sie frei könnt er freier sein«, nicht nur einer ihrer Freier, sondern ein freier Mann in der Begegnung mit ihr.

Wenn die homerischen Helden das Trojanische Schlachtgetümmel verlassen, »eine horde helden die KriegerSchlägerMörderVergewaltiger«, dann »kommen sie aus zehn jahren krieg aus angst«. Sie kommen verstümmelt aus dem Krieg wie aus ihrer Angst, sie kommen aber auch aus einem Krieg, den sie aus Angst begonnen hatten, Verlierer in der Geschichte genannt zu werden. Verstümmelt und versehrt sind die Helden nicht nur am Körper, sondern auch an der Sprache, sie sprechen eine verstümmelte kriegerische Sprache, in der die Zivilisation verstummt.

Kirke lässt in dem ihr zugeordneten Kapitel des Buches die sich im Krieg wie »vieh tiere schweine« benehmenden Männer – als Notprogramm und zur innerlichen Reinigung – zu Säuen werden mit dem Spruch:

> …
> sauwohl sollt ihr euch fühln bei Kirke
> entlassen aus der sprache der furcht aus
> reden fragen & verantworten dem spiel in
> dem ein leben an einem komma hängt …
> …
> Es
> wird für euch gesorgt gedacht gesprochen
> was ihr getan habt der geringsten meiner
> schwestern das habt ihr mir getan & euch
> werd ich's zeigen wie wer zur sau gemacht

wird wisst ihr doch jungs: lasst sie raus!
Hier könnt ihr euch vergessen & die zehn
Jahre zum punkt geschrumpft …
…
das ist
DAS GLÜCK – die reine gegenwart im dreck!

Odysseus und seine Mannschaft werden aus der Sprache in die Wildnis entlassen, ent-verantwortet, ent-zivilisiert, sie werden gereinigt im Dreck. Die »reine gegenwart« bedeutet: ohne Zukunft oder Vision und Vergangenheit oder Geschichte zu sein.

Eine andere Möglichkeit der Reinigung wäre die Liebe. »Was ihr getan habt der geringsten meiner schwestern …« erinnert nicht von ungefähr an den biblischen Spruch der Nächstenliebe. »Sprache und Zeichen sind nicht so unschuldig, wie sie erscheinen, und die Gewalt ist nicht sprachlos. Wörter und Zeichen sind nicht nur Abwesenheit von Gewalt, sie ermöglichen sie auch. Die Gewalt kommt nämlich ohne Sprache nicht zustande … Eine unendliche Kette von sprachlichen und semiotischen Handlungen war nötig, um die Taten des 11. September zu organisieren.« – Das diagnostiziert der Sprachwissenschaftler Jürgen Trabant in seinem Buch *Was ist Sprache*?

Barbara Köhler vertritt nicht in erster Linie eine feministische Sicht, auch wenn man ihr das oft unterstellt. Was sie viel mehr interessiert ist eher jener Zustand, den Gert Neumann in seinem Buch *Die Schuld der Worte* beschreibt: »… wie mögen wir ausgesehen haben … welch ein Gesicht hat uns schuldig gemacht oder waren wir schuldig … wie wir sannen … oder trugen wir doch nicht nur ein Gesicht in einem Zusammenhang, den wir nicht kannten und den wir aber nötig hätten kennen müssen …«

Der Dichterin geht es um eine generelle Kommunikation zwischen den Menschen, um einen gegenseitigen Austausch von Wissen und Ahnungen, um das Durchspielen von Möglichkeiten. Sie möchte wissen und erproben, »wie sich eine Syntax herstellen lässt, die erlaubt, von Differenz zu sprechen, als etwas Nicht-Ausschließendes«, wie sie in einem Interview sagte.

Naturwissenschaften, Sprachwissenschaften und Philosophie haben Barbara Köhler schon immer interessiert. Seit der Quantenphysik werden »komplexe Vorgänge beschreibbar, aber auch weniger greifbar«, Analogien zur menschlichen Situation im 21. Jahrhundert schlechthin liegen nahe. Die Linearität des Denkens wie vieler alltäglicher Abläufe wird aufgelöst zugunsten eines produktiven Nebeneinanders, die Überlagerung von Informationen fordert eine andere Reaktionsweise als noch zu Homers Zeiten. Differenzen sind insofern die Regel geworden und nicht die Ausnahme. Sie als etwas Produktives zu begreifen, erfordert ein Umdenken.

Klassisches Beispiel hierfür ist das Gedankenexperiment des österreichischen Physikers und Erfinders der Quantenmechanik, Erwin Schrödinger, mit einer Katze in einer Black Box (Blue …). Eine theoretische Standardanordnung, die sich in Anklängen immer wieder auch durch Barbara Köhlers Texte zieht. Mit dieser Katze befinden sich zugleich ein instabiler Atomkern, Geigerzähler und Gift in dem geschlossenen Kasten. Zerfällt der Kern, löst er eine Kettenreaktion aus, die schließlich die Katze durch das Gift tötet.

Wann und ob er aber zerfällt, ist ungewiss. Der Beobachter ist von außen nicht informiert über den momentanen Zustand. Will er ihn überprüfen und öffnet den Kasten, löste er die bis dahin nur wahrscheinliche Kettenreaktion nunmehr mit Sicherheit aus und tötet nicht nur die Katze, sondern auch die bis dahin existierende Wahrscheinlichkeit, den dank der Quantenmechanik entdeckten normalen Zustand aller Dinge. Er tritt quasi aus der Wirklichkeit heraus in das Experiment, das dadurch aber keins mehr ist.

Eine vertrackte, unauflösbare Gleichzeitigkeit ist die tatsächliche Norm allen Daseins und das derzeitig gültige Modell des Universums, in dem der Mensch ähnlich Schrödingers Katze gefangen sitzt.

Diese generöse Versuchsanordnung zoomt Barbara Köhler nun zurück in einen übersichtlichen Mikrokosmos: »Und was ganz simpel ist … was passiert eigentlich, wenn ich als Frau ›ich‹ sage, was für mich absolut keine Privatnummer ist. Was passiert, unter anderem: Was passiert strukturell, und was passiert mit mir, und was passiert mit mir als Leserin zum Beispiel oder als Schreiberin.«

Die überlagerten Gleichzeitigkeiten der Situationen Frau, Ich, Autorin sind nicht zugunsten eines einzigen Partikels aufzulösen, aber in ihrer Differenz spannend. Und kommt die Differenz Mann noch hinzu, siehe *Niemands Frau*, dann wird die Spannung nahezu unerträglich und explosiv.

Stoff genug also für eine Dichterin. Oder wie es Gert Neumann an anderer Stelle im gleichen Buch formuliert: »Ach, wie sonderbar das schon ist: welche geringen Veränderungen nötig sind, um mit den täglich benutzten Sätzen und Wörtern einen ganz und gar anderen Sinn zu erreichen: eben schien es noch, als wären sie unveränderbare Werte, die, wie man sie auch immer arithmisch verwendet, zu den immer gleichen Ergebnissen führten! Nun aber führen sie uns sonderbar hinaus!«

Dieser Satz Gert Neumanns, obwohl aus anderen Zusammenhängen kommend, beschreibt sehr genau noch einmal Barbara Köhlers Methode. Sie versuche, sagt die Autorin, »schon eine Art von Subversion dieser syntaktischen Struktur bei ihrer scheinbaren Beibehaltung. Es gibt immer wieder in den Gedichten Stellen, wo Wörter nicht nur mit mehreren Bedeutungen, sondern auch als verschiedene Wortarten verwendet werden, so dass ein Wort zum Beispiel gleichzeitig als Prädikat und Substantiv im Kontext gelesen werden kann. Und dadurch wird der Kontext eigentlich immer eher angetäuscht.« – Aus winzigen Verrückungen, veränderten Satzstellungen, konsequenter Kleinschreibung offenbaren sich plötzlich bis dahin nicht gesehene demaskierende wie blitzartig aufhellende Zusammenhänge.

So gesehen interessiert Barbara Köhler weniger die im Feminismus ausgetragene Kontroverse (oder gar frontale Kriegsstellung) Mann gegen Frau und umgekehrt. Sie fragt eher, welche Rolle die Sprache in diesem aufgeheizten Raum zwischen ihm und ihr spielt, wo sie gefährlich hochglüht oder herunterkühlt.

Denn beide Geschlechter sind betroffen von den Konsequenzen aus dieser Auseinandersetzung, beide stehen mitten im aufgeladenen Spannungsfeld und keiner, auch wenn es so scheint, befindet sich ausschließlich am Rand. Auch wenn die Sprache hier zum vermeintlich festgelegten status quo beigetragen hat, ist sieser Status ja gerade deshalb nicht naturgegeben, sondern sprachgestützt, also auflösbar oder zu verändern. Sofern wir uns dessen überhaupt bewusst sind, und genau deshalb schreibt Barbara Köhler. Ihre Texte wollen »weniger Recht haben als Link sein«. Sie versteht sich als Teil eines sozialen Diskurses, in dem Verantwortlichkeit, Würde und ethische Normen noch immer eine tragende Rolle spielen. »Und das ist eigentlich etwas Wunderbares, Besonderes. So eine Ahnung von Lebensform. Eine Art von Miteinander.«

Seinen berühmten sprachphilosophischen Exkurs *Tractatus logico-philosopicus* beginnt Ludwig Wittgenstein, mit dem sich Barbara Köhler anhaltend im geistigen Diskurs befindet, mit dem Satz: »Die Welt ist alles, was der Fall ist.« – Der Fall bezeichnet hier Angelegenheit, Tatsachen und Kernpunkt all dessen, was die Welt ausmacht. Diese Welt wird durch den beweglichen Stand der Dinge, nicht durch die Dinge selbst, gebildet. Sie ist jener ungeheure Fall an sich. Den Barbara Köhler untersucht und bei dem sie zu folgendem logischen Schluss kommt: »Wenn Ich sich nicht mehr von Selbst versteht, nicht mehr im Einklang steht mit dem Selben, dem als Normalität, als Identität bis zur Bewusstlosigkeit Gewussten, Gelerntem, Eingefleischten, wenn das nicht mehr stimmt, wenn es einer leiblichen Differenz verfällt, dann ist Ich der Fall, dann geht es zu Grunde; was Füße hat, kann Boden gewinnen, was Hände hat, Halt finden und/oder begreifen. Ein tritt das andere.«

Wittgensteins Weltsicht wandelt sich Barbara Köhler auf ihre Art und Weise an, sie ist in gedanklicher Hinsicht seine nahe Verwandte, seine jüngere und weibliche Nichte. Doch, und hier scheint wieder das in allen Büchern Barbara Köhlers relevante Thema auf, die Nichte ist auch die weibliche Form des Nichts, eine regelrecht ver-nichte-te sprachliche Existenz des Weiblichen. Barbara Köhlers oft zitiertes Paradebeispiel für eine kleine sprachliche Operation mit großer Narbe ist die Verwendung des Personalpronomens SIE. Dieses Wort gilt sowohl der einzelnen Frau als auch zugleich der Mehrzahl – aller Frauen oder aller Männer oder aller gemeinsam. ER dagegen darf seine Einzahl, seine Individualität, für sich behalten.

AUFGABE

Die Ordnung der Sätze
Hat Zukunft: sie wird
Gewesen sein Üben Sie
Die Möglichkeiten der
Ersten Person Einzahl
Als wäre das nur eine
Frage der Grammatik &
Würde ein Konjunktiv.

»Es ist eine Hauptquelle unseres Unverständnisses, daß wir den Gebrauch unserer Wörter nicht übersehen« schreibt Ludwig Wittgensteins in seiner Spätphilosophie. Zwischen dem »Ich bin der ich bin« – jenem Namen, den sich Gott JAHWE gibt und mit dem er jeglicher sprachlichen Zuordnungs- und Einordnungsversuchung entgehen will – und dem diesbezüglichen, nicht ganz ironiefreien Satz »Ich bin ich weil mein kleiner Hund mich kennt« von Gertrude Stein (deren Werk *tender buttons* Barbara Köhler kongenial mit der deutschen Sprache vernäht hat: *zarte knöpft*) liegen Welten und die Geschichte des Abendlandes.

»Seit dem Sündenfall, d.h. von Anfang an«, schreibt der Sprachwissenschaftler Jürgen Trabant in seiner schon erwähnten Untersuchung *Was ist Sprache*? »sind überall, wo der Mensch handelt, auch seine Sprache und seine Zeichen präsent. Tatsächlich spricht die Geschichte.«

Poesie aber hinterfragt diese Geschichte. Sie stellt in diesem erdumspannenden Biotop, in dem wir reden und handeln, den »Regenwald des sozialen Lebens« dar. »Gewiß leben wir auch ohne Poesie noch für eine gewisse Zeit weiter, doch dann geht uns die gesellschaftliche Luft zum Atmen aus, das gesellschaftliche Trinkwasser, die gesellschaftliche Nahrung wird fehlen, und wir werden als Menschen zugrundegehen.«

Wie meint Barbara Köhler so weise in *Wittgensteins Nichte*? – »ALS OPFER ZÄHLE ICH NICHT.« ◆

Zum Weiterlesen empfohlen:

Barbara Köhler: *Deutsches Roulette*. Gedichte. edition suhrkamp, Suhrkamp Verlag, Frankfurt / Main 1991.

Dies.: *Blue Box*. Gedichte. Suhrkamp Verlag, Frankfurt / Main 1995.

Dies.: *Wittgensteins Nichte*. Vermischte Schriften Mixed Media. edition suhrkamp, Suhrkamp Verlag, Frankfurt / Main 1999.

Dies.: *Niemands Frau*. Gesänge. Suhrkamp Verlag, Frankfurt / Main 2007.

Georgina Paul und Helmut Schmitz: *Entgegenkommen. Dialoques with Barbara Köhler*. Rodopi, Amsterdam 2000.

Gertrude Stein: *Tender Buttons / zarte knöpft*. Deutsch von Barbara Köhler. Suhrkamp Verlag, Frankfurt / Main 2004.

Jürgen Trabant: *Was ist Sprache?* Verlag C. H. Beck, München 2008.

Gert Neumann: *Die Schuld der Worte*. Collection S. Fischer, Frankfurt / Main 1979.

Hasso Krull

»Bin ich jetzt verwandelt? Nein …«

Zwölf Gedichte

Der Weg hat Löcher. Die Erde hat Löcher.
Ich geh meines Wegs und bemerke: die Stiefel haben Löcher.
Da gucken die Socken raus, die haben Löcher,
ich seh und weiß es, denn mein Schädel hat Löcher.

Wenn Regen aufs Wasser fällt, hat das Wasser Löcher.
Die Tropfen prasseln, ich höre es, denn meine Ohren haben Löcher:
ich bleib stehen und atme, denn meine Nase hat Löcher,
ich gehe weiter und denke. Ja, meine Gedanken haben Löcher.

Meine Wörter haben Löcher. Laotse meinte, das wichtigste
sei Leere – aber sag, mein Freund,
wozu Leere, wenn da nicht die ganze Zeit
Loch an Loch ist? Große Löcher. Kleine Löcher.

Das Sein besteht aus Löchern. Geburt und Tod sind Löcher.
Die Schwarzen Löcher im Weltraum – vielleicht kommt man da raus,
irgendwohin, wo vielleicht Löcher anderer Art sind.
Auswege sind Löcher. Mund, Herz, Gedärm – Löcher.

Foto: Ingo Wilhelm.

In der Quelle schwimmt Blütenstaub und Grassamen.
Eine reine Quelle. Strecke ich die Hand mit der Kanne aus,
bemerke ich, dass auch eine Schnecke auf dem Wasser treibt,
und ein roter Frosch wartet auf dem Stein, zur Flucht bereit.

Eine reine Quelle. Ich sehe, wie dick die Algen auf dem Grund sind,
sie schweben um die Steine wie ein weicher Teppich,
mit mächtigen Streifen. Unterdessen beschließt der Frosch
ins Wasser zu springen, er macht ein paar kräftige Züge

und klettert zur anderen Seite heraus. Mich haben jetzt die Mücken
entdeckt, ich muss mich sputen, fische mit der Kanne
auch die Schnecke heraus, fülle rasch die Eimer, ein paar grüne
Läuse und eine Spinne baden im klaren Wasser.

Das Quellwasser ist rein, es ist das Wasser aus einem Traum.
Aus dem Erdentraum, klar und sehr alt. Ich eile
den Hang hinauf wie eine Waage mit zwei Schalen, dann
nehme ich einen Schluck aus dem Glas, habe Grassamen im Mund.

*

»Aua!« »Oh Verzeihung.«
»Aua! Oh Verzeihung.« »Aua!«
»Oh Verzeihung.« »Warum?«
»Oh Verzeihung, weil ich dich gebissen habe.«

»Aua, oh Verzeihung!« »Aua!«
»Oh Verzeihung! Aua!«
»Oh Verzeihung, weil ich dich gebissen habe,
als du aua gesagt hast.«

»Oh Verzeihung.« »Warum?« »Oh Verzeihung.«
»Oh Verzeihung, aua!« »Warum?«
»Oh Verzeihung, weil ich aua gesagt habe,
als du mich gebissen hast.«

»Aua!« »Oh!« »Verzeihung!« »Aua!«
»Warum?« »Verzeihung, aua!« »Oh Verzeihung,
weil ich um Verzeihung gebeten habe,
als du aua gesagt hast.«

Alle Menschen sind schwanger, sagte Diotima,
schwanger an Leib und schwanger an Seele,
o wie sie aus Leibeskräften gebären wollen.
Eine Lust ist das Gebären. Die Geburt ist eine Lust.

So sprach Diotima zu Sokrates. Sokrates erzählte es weiter
auf dem Gastmahl des Agathon, das hörte
der junge Aristodemos und erzählte es später
dem Apollodoros weiter, der es seinen Freunden erzählte.

Der kleine Platon spielte draußen mit Käfern.
Wo kommen all die Käfer her, dachte er,
nicht etwa aus einem ganz großen Käfer
oben im Himmel? Den wir nicht sehen?

Am Abend hatte Mama ihn im Hause schlafen gelegt.
Bei Agathon begann das Gastmahl der Päderasten,
und als keiner mehr saufen konnte, begannen die Gespräche:
Reden wir von der Liebe heute. Reden wir von der Lust.

*

Gleich jetzt, gleich jetzt will ich mich verwandeln
in einen ganz andern. Geht das? Weiß nicht. Ich
höre den Schneesturm heulen, ein Zug rüttelt an den Sachen
auf dem Tisch, dann ist er weg. Bin ich jetzt

verwandelt? Nein. Wohl nicht. Ich mache
das Fenster auf, es schneit herein, das ist
eine Wandlung, ich trinke ein Glas Orangensaft
mit Grapefruitkernextrakt

und werde im Gesicht fleckig, rotfleckig.
Ist das die Verwandlung? Ich schaue in den Spiegel,
wahrhaftig, jetzt sehe ich ganz anders aus.
Ein anderer Mensch. So einer will ich nicht sein.

Ich will mich verwandeln. Gleich, gleich jetzt, jetzt gleich
ein ganz andrer sein. Der Schneesturm
legt sich. Kein Auto fährt. Ob ich
mich verwandelt habe? Weiß nicht. Wohl kaum.

Sieh dir den an. Warum ist der so traurig?
Ist was passiert? Weiß nicht. Vielleicht.
Doch, vielleicht. Vielleicht ist doch was passiert.
Aber vielleicht auch nicht. Vielleicht ist er gar nicht traurig.

Vielleicht war das gestern. Aber vielleicht auch nicht.
Vielleicht doch. Vielleicht vor paar Tagen.
Vielleicht auch überhaupt nicht. Vielleicht doch einmal.
Wurde mächtig gesoffen. Vielleicht mehr als nötig.

Vielleicht weniger. Du hättest mehr saufen sollen.
Da war doch ein See? Warum hast du den See nicht ausgesoffen?
Aber vielleicht war da gar kein See. Sondern ein Fluss.
Oder sogar das Meer. Vielleicht war da gar kein Wasser.

Vielleicht war da ein Mädchen. Vielleicht ein zweites.
Ist was passiert? Weiß nicht. Vielleicht.
Vielleicht auch nicht. Es wurde nur mächtig gesoffen.
Aber vielleicht auch nicht. Vielleicht war da gar kein Wasser.

*

Ein leeres griechisches Restaurant. Leute gehen vorüber,
Deutsche, Schwaben und wer auch immer,
Musik spielt hier keine.
Das Restaurant heißt MYTHOS.

Der Grieche bringt das Essen. In dünne Scheiben
geschnittenes Fleisch, knuspriges Schweinefleisch,
Salat und roten Reis. Ich schaue aus dem Fenster,
esse, werfe einen Blick auf den Teller und

sehe plötzlich: griechische Buchstaben.
Gyros. Poleites. Mesogaios. Helos.
Auf jedem Stück Fleisch steht ein Name.
Natürlich, das sind doch die Männer des Odysseus,

die Kirke in Schweine verwandelte. Jetzt
also sind ihre Leiber bei mir angekommen.
Der Grieche kommt, lächelt, gießt
mit der Gießkanne die Orchideen, PHALAENOPSIS. MYTHOS.

Vater, siehst du nicht, dass ich verbrenne?
So sprach der kleine Junge zu Freud.
Der aber war schon eingenickt. Die Kerze
in der Hand, der Kopf auf die Brust gesunken, so

schlummerte er und hatte einen Traum: er war noch
ein kleiner Junge, lief auf der Bordsteinkante entlang,
die Sonne brannte heiß, und von oben kam ein
Adler und hackte ihm die Augen aus.

Wie soll ich jetzt Traumbilder sehen, dachte Freud,
wenn ich keine Augen mehr habe; wie
falle ich nicht von der Bordsteinkante? Bei diesem
Gedanken wacht Freud auf.

Über ihn beugt sich ein kleiner Junge,
in der Hand die Totenkerze, und sagt:
Es war einmal ein Mann, der hat noch nie
einen Traum gehabt.

*

Tschung-tse ruft die Schmetterlinge an sein Sterbebett.
Sie kommen wirklich. Obwohl es heller Tag ist,
kommen auch die nächtlichen, die Spanner,
selbst die dumpf brummenden Schwärmer

schwirren um den Meister. Der spricht:
»Heute nacht träumte mir, dass ich
der Schmetterlinge Lehrer war. Ich unterrichtete sie alle,
die großen und die kleinen, die hellen und die dunklen,

die bunten und selbst die haarigen. Mein Unterricht
zeigte Wirkung. Sie erwachten. Die Schmetterlinge
erwachten und sahen, dass sie Schmetterlinge waren ...«
Aber schon ist es Nacht geworden.

O dieses Geflatter um die Lampe herum,
die hellen Flügel in der Milch. Der funkelnde Flügelstaub
auf dem abgenutzten Tisch, menschliche Stimmen, Augen,
das prasselnde Feuer der Vorfahren.

Es graut schon. Schon graut es.
An den Bäumen erscheinen Äste. An den Ästen erscheinen Blätter.
Auf den Blättern erscheint Farbe. In der Farbe erscheint ein Ton.
Im Ton erscheint Tiefe. In der Tiefe Milde.

Auf dem Fußboden erscheint ein Teppich. Auf dem Teppich erscheinen Pantoffeln.
Auf dem Tisch erscheint ein Glas. Im Glas erscheint Wasser.
An der Wand erscheint die Tapete. Auf der Tapete erscheint ein Muster.
Im Regal erscheinen Bücher. In den Büchern erscheinen Schriften.

Auf dem Kissen erscheinen Haare. In den Haaren erscheint ein Gesicht.
Im Gesicht erscheinen Augen. An den Augen erscheinen Lider.
An den Lidern erscheinen Wimpern. In den Wimpern erscheint ein Zucken.
Im Zucken erscheint ein Bildschirm. Auf dem Bildschirm erscheinen Träume.

Die Träume bewegen die Netzhaut auf dem Bildschirm.
Du bewegst deine Ellenbogen. Ich berühre dich.
Du drehst dich auf die andere Seite. Unter der Decke bildet sich Wärme.
In der Wärme erscheint ein Traum. Im Traum erscheint die Sonne.

*

Die Nacht ist voller Löcher. Sie flimmern,
blinken, leuchten, die Fenster in der Nacht
und die Fenster am Himmel, die Fenster des Seins
und die Fenster nicht notwendigen Seins.

Wir stehen auf der Treppe und rauchen.
Die Glutpunkte sind Fenster in Bewegung,
Löcher in Bewegung, Feuer ohne Flamme
und wir müssen hier auf der Treppe stehen.

Die Laternen an der Treppe. Fensterscheiben in der Nacht.
Bilder, wo du nackt am Strand liegst
wie eine im Sandlicht glitzernde Eidechse:
jedes Sandkorn ein funkelndes Fenster.

Jedes Fenster ein Loch. Jedes Loch ein Fenster,
wer auf die Welt kommen will, der krieche heraus
aus dem Menschenfenster, dem Daseinsfenster
unter die Fenster von Sonne und Mond.

Ruhig rauscht das Meer, als flösse ein Fluss,
es ist kein Fluss, es ist das Meer, Wolken fließen
über den Wald, über die Heide, fließen wie ein Fluss,
aber sie haben ein Loch, die Wolken haben ein Loch

darin sind die weißen Blüten der Heiderose zu sehen,
nein, nicht zu sehen, jetzt lüge ich, aber trotzdem
blüht die Heiderose, die Wolken fließen
und lügen mit mir, so dass die Erde schwarz wird,

das Gras grün, die Lilien gelb,
die Päonien rot, so lügen die Wolken,
und somit ist die Kunst des Lügens nicht dahin,
im Gegenteil, sie hat nie dagewesene Dimensionen erreicht,

sie hat das Meer zum Rauschen gebracht, die Vögel zum Singen,
die roten Päonien zum Blühen, ruhig rauscht das Meer
und es ist kein Fluss, der Fluss ist hoch oben in den Wolken,
und die Wolken lügen wie gedruckt, aber sie haben ein Loch.

Aus dem Estnischen von Irja Grönholm und Gisbert Jänicke

Michael Hametner

Die Welt des KrauseZwieback in Wort und Wort

Kein Vergleich möglich. Mit nichts und niemand. – KrauseZwieback hieß am Anfang natürlich nur Krause, war Sohn eines Fotografen mit Ladengeschäft in Leipzig, erst Student, dann Absolvent der Leipziger Hochschule für Grafik und Buchkunst und vor allem Zeichner, Zeichner von Cartoons. Aber bei dieser Profession, die er mit schnellem Strich sicher beherrschte (einige Jahrgänge erfreute er die Dok- und Animationsfilmer auf Leipzigs Festival am Morgen mit nächtlichen Zeichnungen in der Festivalzeitung), blieb er nicht lange. Es zog ihn Mitte der siebziger Jahre auf die Bühne.

Mag sein, es war zuerst die improvisierte Bühne des legendären Keller-Hochschulfaschings der HGB. So trat er auf: im Kostüm des großen Zauberers mit seiner Wortakrobatik, genannt KABASURDES ABRETT, als Wort und als Technik gemixt aus absurdem Kabarett: Nonsensmoderationen, Doppelconférencen als Solo, in denen er den Gescheiten und den Dummen zu einer Bühnenfigur verschmolz.

Der Gescheite in ihm holte aus allen Himmelsrichtungen des Lebens die dümmsten Wörter und der Dumme in ihm mischte sie gescheit zu beredtem Nonsens.

Mag sein, dass so der Anfang seiner Kunst aussah, ein Beginnen, das keinesfalls vorbeisehen lässt am Ursprungsgehege DDR, wo der Witz auf der Bühne mindestens genehmigungspflichtig war.

Mag sein, dass die Herkunft DDR seine Kunst am Anfang sogar mitgeformt hat: mit Nonsens die öffentliche Rechthaberei unterlaufen oder einfach dem Ernst aus dem Weg gehen, um ihn (um so sicherer) zu treffen: *Da soll einer sagen man habe sich verlaufen//wo man ja gar nicht weiß//wo man ist* oder *Der Gehenkte ist nicht unabhängig* oder *Er übergab sich vor den Behörden*. Klassiker aus KrauseZwieback-schen Vorwende-Programmen, die sein Stammpublikum bis heute erinnert und als tief eingeprägte Merksätze repetieren kann.

*

Schon zu dieser Zeit war er unvergleichlich. KrauseZwieback wurde, was er ist. Blieb sich treu, weil er sich beständig wandelte. Als Eleve ein Spät-Expressionist, Dadaist, etwas Schwitters, etwas Karl Valentin, viel KrauseZwieback – heute Schreib-Erfinder, Schauspieler, Tänzer, Performer, Geräuschemacher, Regisseur seiner poetischen Welt-Geschichten. Je mehr er auf der kleinen 4x4 Meter großen Bühne sicher Fuß gefasst hatte, desto mehr begann er für seine Wort-Spiel-Kunst die Möglichkeiten des Theaters zu entdecken (schließlich brach er auf vom Schauspielhaus in Leipzig zum Berliner Ensemble in Berlin und in andere Häuser).

Als er die artistischen Wortdrehereien überschritten hatte, entdeckte er, dass hinter dem Foyer ein weiterer Raum lag: das Theater, die Welt für seine melancholisch-romantischen Traum-Geschichten. Die Bühne als Raum, *wo die Geschichten landen, die das Leben schreibt*: wo graue Menschen sitzen, denen irgendwann einmal alles zu bunt geworden ist, wo eine Bar einlädt und es Wein gibt, der Punkte im Körper verbindet, die sonst nichts miteinander zu tun haben.

Vorbei war es mit der Wort-Spiel-Verdreh-Sucht (die bereits Kunst genug war und ausgereicht hätte, ihn bis heute Jahr für Jahr über die Kleinkunstbühnen in Deutschland zu treiben, des wiedervereinigten Deutschlands, das ihn als Heldenstadt-Leipziger 1991 mit dem Deutschen Kleinkunstpreis samt anständigem Preisgeld begrüßte). Anstelle des Ausbaus seines Bühnenfachs: Wortartist brach er auf in seine Welt: machte sich auf die *Suche nach den idealen Landschaften* und behauptete nicht nur, sondern zeigte spielend, wie er sie sich dachte: *Der Horizont ist eine Kugel* (Titel eines Buches von Krause-Zwieback).

*

Man muss sich das vermutlich so vorstellen: Irgendwann drückten ihn seine artistischen Wortspiele gegen die Wand. Da hätte alles vorbei sein können, aber er entdeckte im Rücken die geheime, verborgene Tür. Er öffnete sie und verschwand vor den Augen des Publikums von gestern in seine Welt: mit seinen Helden. Aus Worten und Wortgeschichten des großen Zauberers entstanden Figuren: der Barmann, der ein Lockbuch führt, der einsame Detektiv mit seinem Büro auf dem Brückenkopf, der Pilot, der Dampferkapitän, der Koch, der Taucher, der Arzt, der Stabhochspringer.

Diese Figuren durchschreiten seine Welt: *Keiner beobachtete ihn. Diesen Zustand fühlte er wohl. Er sah durch die Zeitlupe. Einsamkeit ist ein leiser Wind … Nur nachts fühlte sie sich wohl. Seine Seele lauerte entspannt. Die Augen funkelten unter Umständen. Eines Tages kam eine Frau herein.* – Diese Frau ist die Film- und Theaterschauspielerin Corinna Harfurch, seit Jahren Spiel- und Denkpartnerin in KrauseZwiebacks Welt. 2010 mit ihm unterwegs in der Doppelwelt Marcel Proust-KrauseZwieback.

*

Was es hier als exclusives Leseangebot gibt: SIMS GEHT VOR ist ein echter KrauseZwieback: eines seiner Weltszenarien, Traumweltszenarien, wo ein SIMS fliegen kann: erst ohne alles, dann mit einer aus Rhabarberblättern geflochtenen Matte. Der kleine Mann zeigt es den großen Realisten, die immer wissen, was geht und was nicht geht und wozu der Mensch in der Lage ist und wozu nicht: zum Fliegen nicht, und wenn es ihnen dennoch vorgeführt wird, dann werden sie das Erlebte als unwirklich herunterspielen und sagen: dass der Mensch zu so etwas eigentlich nicht in der Lage sei.

Er zeigt dieser Menschenmehrheit, *dass der Glaube Berge versetzen kann oder um im Bild zu bleiben: Mit dem Glauben kann man hochgehn.*

Seine Welt besteht aus Wüsten für die Zweifler und Höhlen für den Träumer, der einer Frau mit dem Mund und den langen Haaren begegnet und mit ihr ein Café im Erdgeschoss einrichtet und ein Haus baut und Kinder hat und vor dem Haus ein Blütenmeer. – Und Hausvater SIMS kann sich jederzeit aus dem 4. Stock aufschwingen, bis er rittlings auf dem Dachfirst sitzt. – So spielen Kinder und Poeten.

KinderSpielTraumWelten gegen die eindimensionale Welt derer, die wissen, wies geht – und doch nicht von der Stelle kommen. Gegen sie gesprochen: als poetische Anarchie. Vom Urheber zu sich selbst gesprochen: als Spielanleitungen für das Leben in idealen Landschaften. Wer die Eindimensionalität verwirft, braucht die Mehrdimensionalität. KrauseZwieback macht es so: zuerst wird der Bühnenraum erfunden, danach mit Licht belebt, mit Bewegung ausgeschritten, mit Musik erfüllt, vom Zeichner entdeckt und vom Darsteller beseelt. Ob bei ihm am Anfang wirklich das Wort steht? Wer weiß. Vielleicht das Bild, der Klang, der Raum, die Zeichnung, vielleicht der wortlose Traum. Seine Kunst zielt auf nichts Geringes: auf die Neu-Erfindung der Welt im Gesamtkunstwerk. – Wie anfangs geschrieben: Kein Vergleich möglich. Mit nichts und niemand. ◆

Wolfgang Krause Zwieback

DIMS GEHT VOR

Flaches Land. Weitgedehnte Ebene.
Ringsum gewaltige Gebirgsketten. In der Ferne.
In der Mitte. Ein Baum.
Ein bemooster Parkplatz.
Flüchtige Schatten abgefahrner Limousinen.
Und. Ein altes Haus. Mehrstöckig.
Auf dem Dach ein quietschender Wetterhahn.
Das Haus gerade mal 2 Fenster breit.
4 Stockwerke hoch. Unten das Schaufenster.
Vom Dunklen Café.
Hinter der spiegelnden Scheibe.
Eine Frau mit geküsstem Mund.
Einsam.
Vor ihr eine Tasse Kaffee. Beide rauchen.

Ein Papagei imitiert Wetterhähne.
Das Pendel der Uhr zäh. Die Kühltruhe startet.
Auf dem Platz vor dem Haus
eine diskutierende Gruppe von gut 20 Männern,
wild gestikulierend. Einzelne Worte im
Stimmengewirr:
Nachschub...
Restposten... Aberglaube....
Himmel.. Freiheit..
Abgrund.. Nussschale. Aufbruch...
Kindergeld... Durst..
Ein transparentes Spruchband:
JAHRESTAGUNG NEUE WEGE ÜBERGEHN.
Auf einmal..
Verstummen. Innehalten. Stille. . .
Nur der Wetterhahn,
Alle Augen wandten sich dem Haus zu. Es knarrte.
Wanderten hoch zum 4. Stock.
Auf dem Fenstersims stand ein Mann mit
Hut und weitem Mantel. Mit geküsstem Mund.
Seine Augen verloren in der Ferne. HALT!
Schob ein Bein vor. HALT!
Jetzt verstummten auch die Gedanken.. .. .
Der erste Schritt. . Und. . Er lief los.
Erst zögerlich. Dann ausschreitend.
In bleibender Höhe. Lief einfach immer weiter.
Nach...
vielleicht 150.. Metern flog der Hut weg.
Er stürzte in die
Das konnte nicht gut gehn. Tiefe.
Langsam nahm die Gruppe wieder die Gespräche auf.
Stark in der Gemeinschaft. Die Zeigefinger
erhoben.
Bildeten sich eine Meinung.
Dass der Mensch zu so etwas eigentlich
nicht in der Lage sei.
Er solle sich hüten. Und doch. Lagen sie falsch.
Denn sie wussten offenbar zu wenig. Und
dass der Glaube Berge versetzen kann. Oder
um im Bild zu bleiben. Mit dem Glauben kann man
hochgehn.

Dann gingen sie zufrieden auseinander.
Als Zeugen. Hatten neue Nahrung für ihre Gespräche.
Auf der Ebene gab es noch mehr.
. . . . Gut 200 Meter entfernt.
Ein Hochspringer.
Trainierte Stabhochsprung ... 50 Meter Anlauf.
Volles Programm. Höchstgeschwindigkeit
Stab in den Kasten. Hochschwingen,
Und im Handstand auf dem Stab verweilen .....
Der Kellner Albert genoss die Aussicht.
Lief zur Absturzstelle von Sims. Sie gaben sich die Hand.
Sims wollte es erneut versuchen. Er glaube dran.
Erzählte von seinen Plänen. Dann gingen beide
ins Café. Dort mittlerweile 2 Frauen
mit geküsstem Mund.
Beide rauchten.
Ach. Das Spiegelbild.
Albert bediente.

Sims verschwand.

Nach dem Tag der Tagung
traf sich die Gruppe fast täglich
auf dem Platz vor dem Haus. Die Erinnerung
an das Ereignis verblasste. wurde aber durch immer
kühnere Geschichten. unsterblich..
Eines Tages stand Sims, wieder oben im Fenster.
Mit Hut und weitem Mantel. Ungeküsste Lippen.
Albert dicht hinter ihm.
Sims schob ein Bein vor.
Alles verstummte.
Und Sims lief los. Stille zum Schneiden.
Er lief nicht,
Er tanzte. Schwang sich
von Punkt zu Punkt.
Balancierte
Als gäbe es da einen
unbegreifbaren Halt. Immer entschlossner.
In gleichbleibender Höhe. Bald war er ausser Sichtweite.

Ungläubiges Staunen. Nach und nach wurde das Ganze
als unwirklich heruntergespielt. Aber nur zwei.. drei
aus der Gruppe. Versuchten das gleich weiterzuentwickeln.
Der Rest blieb beim Schweigen.

Nach mehreren Stunden kam SIMS am Gebirge an.
In seiner Höhe traf er auf eine Höhle.
Er war wie Blei.
Als er eintrat. Ein paar letzte taube Schritte.
Die Höhle verschluckte ihn.
Jahrhunderte alte
Finsternis. SIMS versank.
Wurde zu einem ganz jungen Stein.
Im Traum fanden die Gedanken HALT.

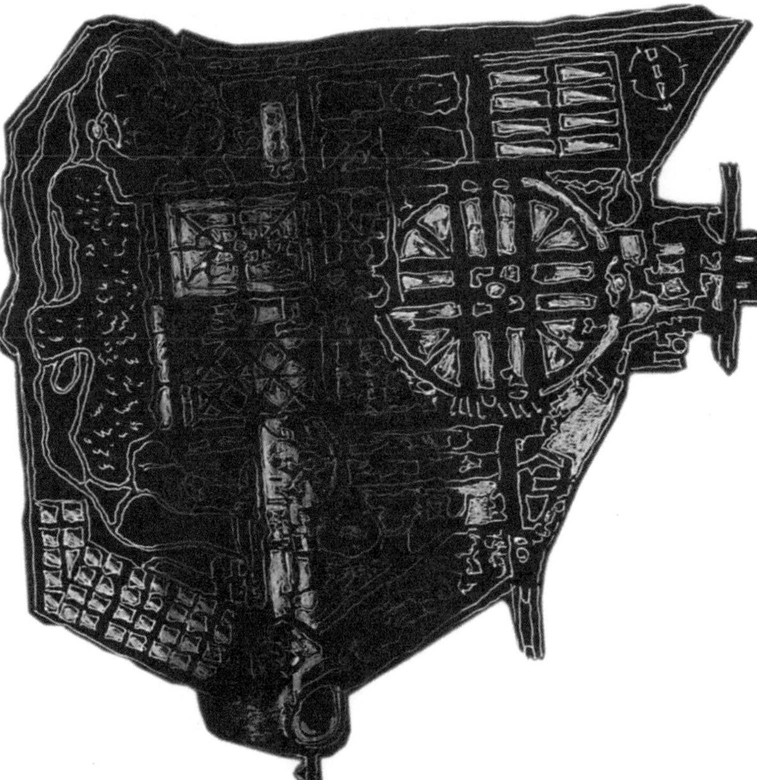

In der Höhle wohnte noch ein weisser Affe.
Der gerade seinen Lieblingstraum träumte.
Er sass befriedigt auf einem Bananenhaufen,
Als er nach Tagen aufwachte... war er zunächst
Scheu.
Sprang aber plötzlich
auf den Brustkorb des Schlafenden.
Wo er wie wild herumtrommpelte. Ihm mit
dem Schwanz den Hals pinselte.
Ihm ins Gesicht pinkelte,
Und den Traum durcheinanderwirbelte
Durcheinander Stürzte.
Während Sims im Cabriolet mit 100 Sachen
und Rosen zu seiner Geliebten ins Caféhaus fuhr,
Aber dadurch erst einmal abbog in eine
Autowaschanlage.
Und allmählich zu Schaum wurde.
Unzählige Limousinen passierten ihn.
Seine Augen brannten.
Reste des Traums zerstoben in der Dunkelheit.
Sims fand sich wieder... ... Wusste ..
~~Wusst~~e nicht wo er war, ...
Traf einen Lichtstrahl. Trat in den
Höhlenausgang.
Wieviel Zeit war vergangen, Drei Tage Bart.
Wie zurückkommen..
Steil fiel der Berg unter seinen Füssen ab.

Die Höhle hinter sich. Berge von Stein,
Ein paar Tropfen Salzwasser,
Nie... Sollte er jemals hier wegkommen.
Wenn er von zu Hause wegging. Konnte er das,
Vom 4. Stock loslaufen. Aber hier..
Adler setzte sich neben ihn. Im Schnabel
weisses Affenfell.
Wenn er nur früher gekommen wäre.
Die Waschanlage eine Tortur.
In den Krallen eine Nachricht.
Kellner Albert ist
gegangen.. ...
Ihr Mund sei jetzt so ungeküsst.
Wie... kam.. er hin.?!
Adler stiess mit dem Kopf an die dicke
Manteltasche.
Sims erinnerte sich an ein
Bündel Rhabarber,
In seinem Zustand durfte er das nicht essen.
Aber die Blätter.. Oh, JAA.
Also fing er an. Die Blätter zu flechten.
Knüpfte einen Teppich. aus den Rhabarberblättern.
Wartete auf Wind. Aufwind.
Und als er
kam...
Schob er den Teppich aus der Höhle.
Er konnte ihn kaum noch halten..
Sprang drauf.
Und ab ging die
Post.
Nach einigen Turbulenzen
bekam er Fahrt.

Lange dauerte es.
Das Haus kam auf ihn zu. Die Höhe war nicht
zu halten. Stand jetzt im 3. Stock. am
vergitterten Fenster.
Drin im 4. Stock die Frau mit dem ungeküssten
Mund. Aber der Wind reichte nicht.
Er sank hinunter. Die Frau liess ihr Haar herunter.
Aber er war zu schwach. Und selbst wenn.
Es wäre das Gitter dazwischen.
War das überhaupt noch sein Fenster im 4. Stock.?!

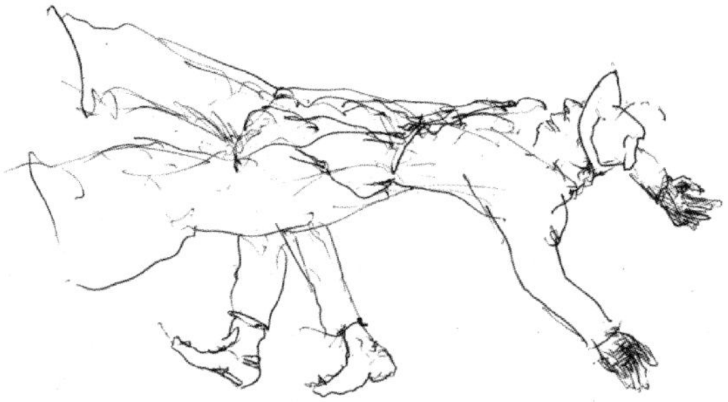

Ein schmaler Holzsteg auf Holzpfeilern führte
vom Sims hinaus auf die Ebene.
Die Gruppe sass da oben. Nur die Geschicktesten
balancierten aufrecht ein paar Meter.
Die andern unruhig oben kletterten die Leiter
runter auf den Platz. Kletterten wieder hoch...
Sims glaubte .. ein neuer Traum.
Das geschäftige Treiben. Eine unendliche Brücke
versperrte komplett die Sicht ins Land.
Sie nannten sie Brücke der Einsicht.
Das Haus wirkte jetzt wie ein Brückenkopf.
In geringer Entfernung wurden ebensolche
einzelnen Häuser gebaut. Aus denen im 4. Stock
ein schmaler Holzweg führte. Die Ebene füllte
sich. Mit undurchdringlichen Holzkonstruktionen.

~~Aber~~ die Höhle blieb unentdeckt. Nur Sims wußte
davon. Er ging ins Café. Niemand. Kein Kellner.
Kein Wirt. Es rauschte. Die Kühltruhe...
Oh. NEIN.. Die Frau mit dem Mund. Seine Frau...
Rauchte vor ihm. Unwiderstehlich. Die langen Haare.
Verschwanden im Treppenhaus. Sie fand sich
wieder... Er fand sich schon wieder. Sie entdeckten
sich neu. Geküsste Münder. Für immer.

Bauten sich in der Nähe ein schmales Haus.
2 Fenster breit. 4 Stockwerke hoch. Mit einer
rasselnden Wetterhenne auf dem Dach.
Es war das einzige Haus ohne Holzweg aus dem
4. Stock. Die Leute schüttelten die Köpfe.
Und manchmal fiel ein Kopf aus dem Gewinde.
Aber auch Sims schüttelte nun den Kopf. Spürte seins.
Sims und die Frau eröffneten ein Café im
Erdgeschoss. Sie hatte kaum noch ungeküsste
Stellen. An den Wänden Bilder von der Seefahrt.
Ihr Bruder Käptn Grinnt fuhr zur See,
Kam aber nie dort an, Ging mit der Zeit. Wie
der Papagei.. Konnte Sägen und Hammernageln.
Manchmal noch spät am Abend. Unverschämt.
Vor dem Haus ein Blütenmeer. Krähen und Adler.
Dazwischen die Kleinsten. Die Kinder. Liegen
auf dem Kreuz. Jauchzen und hampeln...
Toben und Starten...

Sims aus dem 4. Stock.
Schwingt sich hoch. Sitzt rittlings
auf dem Dachfürst. Scheint zu reiten.
Das Haus bewegt sich

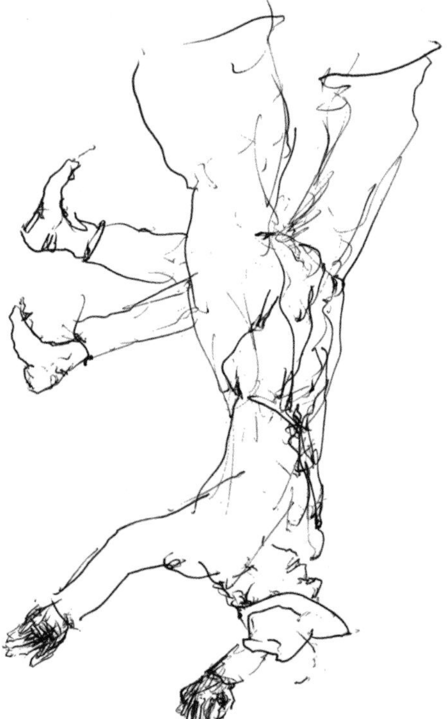

ES EREIGNET SICH 0810 Zw

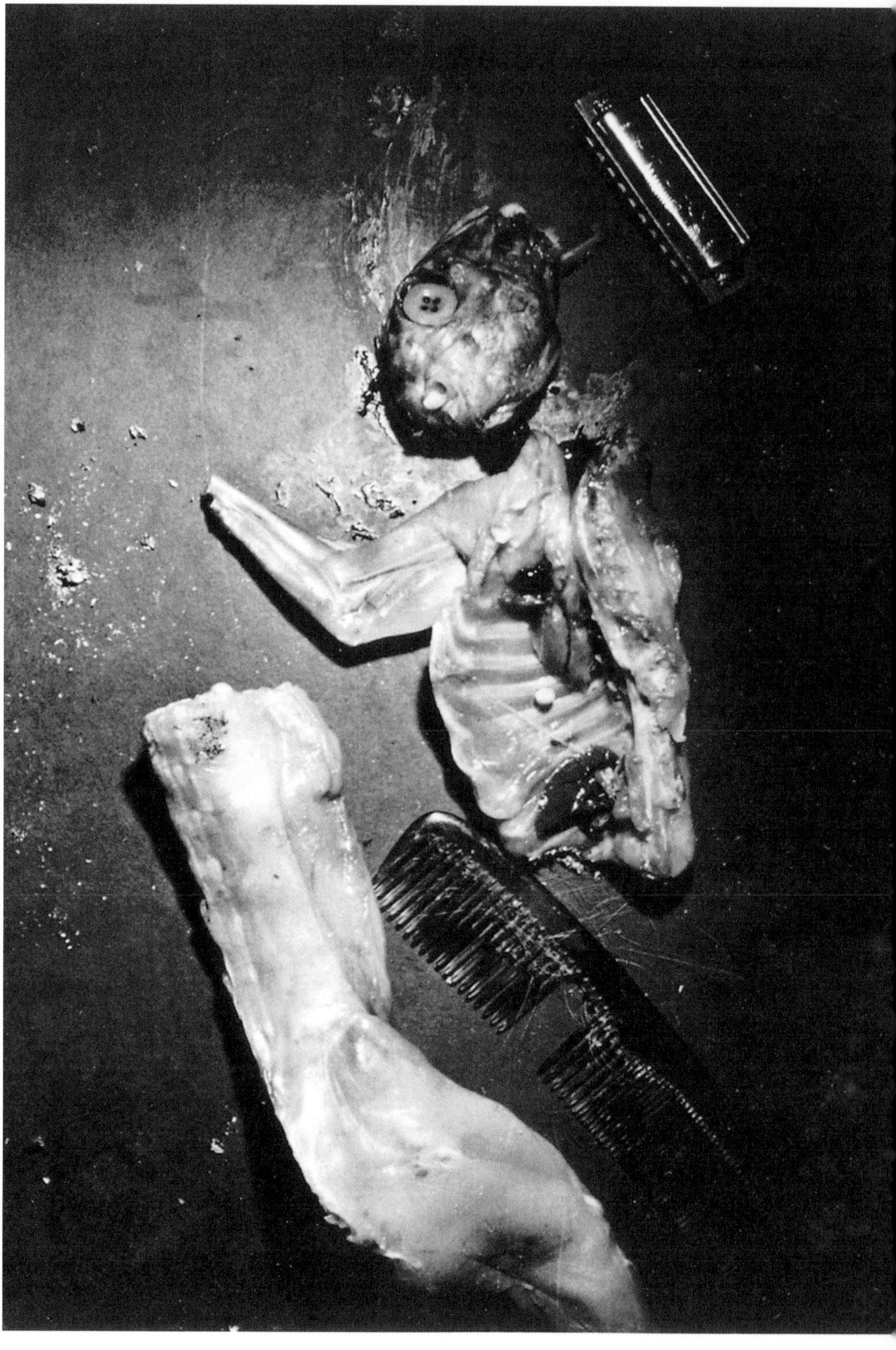

WOLS, a.a.O.

Klaus Stiller

»Das Unermessliche vermessen …«

Sechs Gedichte

Morgenstund', Abendstund'

Der Träumer träumt
Die Eichel bäumt
Das Eiweiß schäumt
Der Reiter zäumt

Die Muschel lockt
Der Rocker rockt
Der Blocker blockt
Der Zocker zockt

Der Tor verschmäht
Der Gockel kräht
Die Zeit verweht
Der Zeiger geht

Der Läufer läuft
Der Sammler häuft
Der Säufer säuft
Die Nase träuft

Ein Leuchtturm blinkt
Ein Mädchen winkt
Ein Schiff versinkt
Ein Mann ertrinkt

Der Bauer sät
Der Schnitter mäht
Die Zeit vergeht
Der Zeiger steht.

Vor dem Sturm

Das Ticken eines Morgenweckers
Das Moped eines Pizzabäckers
Das Zischen nasser Autoreifen
beim Queren frischer Zebrastreifen
Das Rauschen ferner Nahverkehre
in Zugkraft aller Erdenschwere
und aufgestauter Samensaft
in übernaher Nachbarschaft –

Tönt so die Ruhe vor dem Sturm?
fragt sich der tumbe Tatzelwurm.

Unmögliche Möglichkeiten

Das Unteilbare geteilt
Das Unheilbare geheilt
Das Unermessliche vermessen
Das Unvergessliche vergessen
Das Unaufweichbare erweicht
Das Unerreichbare erreicht
Das Unerfragbare erfragt
Das Unsagbare gesagt.

Sechzehn Stunden

Am Morgen zur Unzeit aufgewacht
Den halben Vormittag geblödelt
Den ganzen Nachmittag vertrödelt
Den Abend in müder Gesellschaft verbracht
Neu auferstanden nach Mitternacht.

Anstöße, Abstöße

Anstöße, Abstöße
Gelbe und rote Karten
Stürmst du nach vorn
schnappt dich die Abseitsfalle
im Nu
Eckbälle, Kopfbälle
Weite Befreiungsschläge
Taktische Fouls
Plötzliche Platzverweise
für nichts

Freistöße, Strafstöße
Hüt dich vor Beinverletzung
Rund ist der Ball
Erst mit dem Abpfiff
endet das Spiel.

Bis spät in die Nacht

Bis spät in die Nacht Lektüre
Von Sätzen sinnlich berauscht
Wohin auch das Wort dich verführe
wird diebisch der Sprache entlauscht

Verwegene Liebesschwüre
lustluftig aufgebauscht
Verschlungene Nabelschnüre
im Silbensalat vertauscht.

WOLS, a.a.O.

Götz Wienold

Rotlauf

Die dicke Elfriede brachte den Aschkasten aus dem Küchenofen zur Aschengrube. Der Behälter war gleich neben der Hundehütte, dahinter die Haselnußbüsche. Um die Asche in das Schüttloch hineinzuschütten, musste Elfriede um Burga, die ihren Haufen säugte, herum. Der Junge hinterher. Gleich schob sie den Verschluss wieder fest in die Fassung. Er wartete, dass es quietschte. Rot und rostig der Kasten, die Bemalung an dem Ziegelbau abblätternd, das Gemauerte drunter rot gebacken, alles Aschenfarbe. Einmal im Jahr wurde die Asche abgeholt, einmal im Jahr die Jauche. Von der stank es dann auf den Feldern ringsum. »Jauche stinkt, Aschenfrau«, sagte er. »Du stinkst, Gregor«, sagte sie.

Burga hatte geworfen. Die Hundel hingen an den schwarzen Zitzen im rosa bräunlichen Bauchfell. Burga fläzte sich breit vor der Hundehütte, und Elfriede machte einen Bogen um das Hundegefläze. »Sonne genug für alle, denkt die Burga«, schimpfte Elfriede, die lieber gerade auf die Grube zugestampft wäre. Der Wind pustete ihr rotbraun ins Gesicht, aufs Kleid. Jeden Tag die Asche ausschütten gehen, den Kasten in den trocken gewordenen, eingerissenen Lederhandschuhen tragen, die gegen die Hände rieben. Der Junge musste aufpassen, dass sie ihn nicht umriss, wenn sie sich umdrehte. »Warum rückst du mir auch immer so dicht auf den Leib!«

Der Junge hockte sich zu Burga, wollte den Bauch, an dem die Hundel saugten, streicheln. Das würde Burga jetzt sicher nicht mögen; bevor die Hundel gekommen waren, hatte sie nichts dagegen, wenn sie ihn auch nicht überall hinfassen ließ, wo er gern hingefasst hätte. Nicht einmal den Schwanz ließ sie ihn anheben. Hatte einmal ihr direkt hinten drunter hinfassen probiert, wo die Kacke rauskam, da war sie sehr böse, hatte ihn umgestoßen, wild angekläfft, dass er geweint hatte. »Warum hast du geweint?« »Ich hab gar nicht geweint. Das ist vom kalten Wind.« »Klar hast du geweint. Weil die Burga dich angekläfft hat, hast du geweint.« Die dicke Elfriede oder die Mutter durften ihm dahinfassen, wenn sie ihn in der Wanne sauber schrubbten, er der Burga nicht! »Ich hab nicht geweint!«

Er schaute zu, wie Burga Kacke ausquetschte. »Warum ist die Kacke bei Burga so hart, dass sie immer so quetscht?« »Hast dus dumm in deinem Deez. Das ist eben so.« »Aber so harte Kacke, und sie quetscht immer so.« »Quetschst du nicht auch manchmal, und sage ich dir nicht, quetsch nicht so, das schadet dem Kopf.« Dabei sagte Elfriede nicht Deez wie sonst. »Davon bekommst du Schwellungen von geplatzten Adern auf dem Kopf, und wenn das aufbricht, wird es ganz schlimm.« »Sagen Sie dem Jungen nicht solche Sachen! Das stimmt doch gar nicht, Aneurysmen vom harten Stuhlgang!« »Ich erzähle nur, was andere mir erzählen. Aber Sie und Ihr Mann sind natürlich hier die Ärzte.« »Was sind An …, Anu …, Mutti?« »Das brauchst du wirklich noch nicht zu wissen.«

Gregor zupfte am Gras, das, wo er gerade hingepisst hatte, unter dem Schnee hervorkroch. »Box dir den Deez!«, sagte die dicke Elfriede und ging ihm mit der Faust an den Schädel. »Warum nennst du den Kopf immer den Deez, dicke

Elfriede?« »Bist selber dick.« Marlene aus Mattuschs grauem Haus, war neulich ganz schnell dick geworden, feste dick am Bauch, der Bauch stieß ganz nach vorne. Dann hatte sie ein Kind. So war die Sache mit Knut von den Hobracks rausgekommen. Marlene war fünfzehn, ein Jahr älter als Knut. »Selber schuld ist sie«, sagte Elfriede, »wenn sie ihn ranlässt. Er sieht mit Vierzehn schon so gut aus, wie wird das erst werden?« Die dicke Elfriede war anders dick als Marlene. Sie war immer schon so dick und rundherum. Deshalb bekam die dicke Elfriede kein Kind davon. »Wenn du schon hier ins Gras seichst, statt an einen Baum zu gehen, dann geh nicht gleich auch noch mit den Fingern rein. Bah!«

Das Gras war grün unterm Schnee. Warum war das Gras grün unterm Schnee, wenn alle Blätter braun wurden und abfielen? Magst kein grünes Gras, dicke Elfriede! Die Gänse würden bestimmt davon fressen. Aber die Gänse waren jetzt nicht da. Zwei waren geschlachtet und gerupft worden, und die noch nicht so fetten waren im Gatter im Stall neben den Hühnern. Gregor würde die Gänse rauslassen, über den Schnee treiben und ihnen zeigen, wo sie ganz grünes Gras finden konnten! Wenn auf der Wiese die Bettücher zum Trocknen ausgespannt hingen und man dahinter ihn vom Haus nicht sehen konnte, scheuchte der Junge die Gänse durch die Wäsche. »Fliegt, fliegt!«, rief Gregor, »fliegt weg!«, aber sie konnten nur mal die Flügel auf- und runterklappen. Manchmal musste Elfriede dann die Laken noch einmal waschen und wusste nicht, wie das gekommen war.

Aschenfarbe, die Farbe der Aschengrube und des Aschkastens, Pissfarbe im Topf und im Schnee, die graue Farbe der schmutzigen Federn unten am Bauch der Gänse, die graue Farbe der Bretterwände der Mattuschs, durch die die Maserung hervorstach. »Hast du die Gänse rausgelassen?« Gregor schüttelte den Kopf. »Mein Auge sieht in dein Auge, Junge!« Da nickte er, und der Vater befahl die Hosen runter und gab es ihm mit dem roten Gummischlauch auf den Nackten.

»Vati, was ist Rotlauf?« »Du hast Rotlauf vom Schlauch mit dem dus bekommen hast.« »Aber die Schweine.« »Wie kommst du auf Rotlauf?« »Beim Bauer Boschek haben die Schweine Rotlauf.« »Du hast doch nicht beim Bauer Boschek die Schweine angefasst?« »Nein. Ich war gar nicht dort.« »Und woher weißt dus dann?« »Ich war nicht drin, nicht im Stall drin. Sie lassen niemanden rein.« »Nachher fasst du unsere Schweine hier an.« »Ich wollte nur die Ferkel quieken hören. Beim Bauer Boschek.« »Bei uns gehst du von jetzt an nichts quieken hören.« »Ich gehe nicht in den Schweinestall.« »Junge, Rotlauf ist sehr ansteckend. Wenn eins es bekommt, bekommen es alle.« »Ich mag Schweine gar nicht.« »Du tummelst dich nur in ihrem Mist, damit du sie streicheln kannst.« »Bekommen Menschen auch Rotlauf?« »Und wie!« »Schweine sind so schön rosa nackt, anders als Hunde oder Gänse.« »Du gehst nicht mehr hin, beim Boschek nicht und bei uns nicht!«

Der Junge malte etwas Graues. »Was ist das?« »Die Bretter von Mattuschs Haus.« »Und das Braune daneben?« »Das ist der Schrank in unserer Küche.« »Warum malst du unsern Schrank neben Mattuschs Haus?« »Die Farben passen zusammen.« Mit einem roten Stift malte er in den Schrank hinein. »Jetzt sieht es eher aus wie unser Schrank in der Küche.« »Ich war ja noch nicht fertig!« Der Junge malte. Wenn er gemalt hatte, waren da nur Flecke, und die Mutter oder die dicke Elfriede fragten, was er gemalt habe. Er sagte es und nahm sich in acht, nicht zu sagen, dass der braune Schrank aussah wie der in Mattuschs' Küche.

Grau waren auch die schmuddeligen langen Unterhosen, die Herr Schmidt anzog. Herrn Schmidts Hausschuhe waren auch grau, anders grau und hinten runtergetreten und vorne abgestoßen. Herr Georg Schmidt in den langen Schmuddelunterhosen, die der Junge still anstaunte, so sah er den Vater nie, sagte: »Ausdauer. Ausdauer zählt.« Herr Georg Schmidt schaffte in der Schubkarre mit den vielen Blötschen ausgebleichtes Stroh heran. Er schippte Burgas altes, aufgerissenes und mit Kot und Schmutz voll geschmiertes Stroh zur Seite, reinigte die Hütte noch ein wenig mit einem Feger, dann stopfte er neues, brüchiges Stroh mit der Mistgabel in die Hundehütte.

Die Mistgabel hatte fünf lange, dicke gebogene Zinken, und der Junge fürchtete sich, von ihnen gestochen zu werden. Burga genoss vor der Hütte mit ihrer Mannschaft wie immer die Sonne. Gregor kauerte sich in die Öffnung und duckte den Nacken zum Hundelager hinein. Herr Georg Schmidt sagte zum Jungen: »Ausdauer. Ausdauer zählt.« Der Junge bestaunte seine bekleckssten Gummistiefel. »Was hast du heute gemalt?«, fragte Herr Georg Schmidt. Der Junge hatte auf braunes Packpapier, das die Mutter zerknüllt und das er glatt gestrichen hatte, zwei zinnoberrote Stümpfe gemalt. Er hatte die Schnäbel der beiden Gänse gemalt, die geschlachtet worden waren.

Hundekackefarben schwarze Männchen, hundezitzenspitzenfarben schwarze Punkte in einem breiten, rosa Flecken, schweinestallweißkalkfarben um alles herum malte der Junge. Der Vater fragte, was er gemalt. Der Junge sagte es. Der Vater gab ihm ein paar Backpfeifen. »Du bist immer noch dasselbe Schwein.« »Warum hat Burgas Kacke die gleiche Farbe wie die Spitzen ihrer Zitzen?« »Was du fragst! Wer so was fragt, wird ganz dumm im Kopf.« »Ochse, Esel und Schwein, das sollst du nicht sein!«, sagte die Mutter und schnitt und bürstete ihm die Nägel. »Wenn du nicht selbst deinen Schmutz wegmachen lernst, kannst du weder krähen noch ein Ei legen«, sagte sie. »Und erst ausbrüten!«, der Vater. »Ich habe geträumt, ein schwarzer Hund sprang an mir hoch und blieb aufrecht stehen. Wie ein Mensch.« »War es die Burga?« »Nein, es war ein anderer Hund.« »Welcher dann?« Der Junge wusste es nicht. Burga war nur oben schwarz, und der war es über und über. »Der Hund war ganz schwarz und zottig. Schäferhunde sind nicht zottig. In den Vorderpfoten hielt der Hund einen Stock und schwang ihn über meinen Kopf.« »Was du träumst.« »Ich habe auch geträumt, dass mir ein Hamster hinterher lief.« »Jetzt ist aber genug geträumt«, sagte der Vater und holte mit der Hand aus. Gregor war aber schnell weggelaufen, und dem Vater war es nicht so ernst, sonst hätte er ihn sich wieder herangeholt.

Grau gemasert Mattuschs Bretterwände, Hobracks Haus ist ocker verputzt fast wie die Farbe eines Hamsters, wo der Junge wohnt, ist der Putz blassgrün, von den Jahren schon etwas ausgedünnt, nicht wie Gras, das Grün vom Putz war wie von Weizenäpfeln oder von unreifen Haselnüssen. Der Fleck vom Schrank sah aus wie Marlenes Kleid, das rotbraun war. »Rehfarben«, hatte Marlene gesagt, »wie die Rehe im Wald.« Rehe hatte Gregor nur ein-, zweimal im Wald gesehen, und das nur von weitem, aber er glaubte ihr es. Er sagte zur Mutter nicht, das sei rehfarben. Er sagte: »Küchenschrankrotbraun«. Dann sagte er aber doch: »Rehbraun.« »Was hat denn unser Schrank mit den Rehen?« Der Junge zeigte auf sein Gemaltes: »Das ist der Schrank. Das sind auch die Rehe.«

Die Hundehütte hatte viel Platz. Zwei erwachsene Hunde konnten sich strecken und rollen, und noch immer könnte eine drin ihren Wurf nähren. Und so viel Stroh! Großzügig hatte Herr Georg Schmidt Stroh angefahren und hineingestopft. Der Junge kroch zu Burga und ihrem Jungvolk hinein und streckte sich hinter ihrem Rücken aufs Lager. Das Stroh raschelte. Es piekste ihn. Die Hundejugend hielt sich dicht an dicht vor Burgas Bauch und träumte. Burga träumte vielleicht auch, jedenfalls ließ sie Gregor sich herandrängen und ihr über den Rücken auf die Zitzen schauen. Er streichelte Burga über das Fell, aber nicht bis zum Bauch hinunter, wo das rauhe Haar aufhörte. Noch nie war es so angenehm mit Burga gewesen.

Rufe draußen. »Jetzt hat auch eins bei Ihnen Rotlauf!«, schrie Herr Georg Schmidt. Durcheinander der Vater, die dicke Elfriede, die Mutter, Herr Schmidt, alle schrien, und auch noch Knut, den die Eltern sonst doch gar nicht hereinließen. Die hatten doch gar keine Schweine bei Hobracks. »Wenn eins es hat, haben es gleich alle«, der Knut! »Richtig, Knut, Rotlauf ist sehr ansteckend«, der Vater. Herr Georg Schmidt schrie von hinten: »Alle haben schon hohes Fieber«, und Elfriede: »Ich geh da nicht mehr rein. Unten am Bauch sind sie ganz rot, und die Ohren und der Hals!« Die Mutter fing an zu weinen: »Wo ist der Junge? Wo ist Gregor bloß?« »Der wars, der hats vom Boschek mitgebracht!« »Da müsste er es aber auch haben«, sagte Herr Schmidt. »Haben Sie vielleicht Recht mit«, der Vater, »wenns beim Menschen auch nicht so schlimm abläuft. Ich hab ihm extra gesagt, er wird schwer krank davon. Tödlich.« Die Mutter weinte noch lauter: »Wenn der Junge jetzt auch Rotlauf bekommt und stirbt!« »Es geht rum im Dorf«, sagte Herr Schmidt. »Die Bauern sperren die Ställe zu«, Knut. »Man muss desinfizieren«, der Arzt im Vater. »Wird man viel neues Stroh brauchen«, Herr Schmidt.

»Der Junge wars, der hats eingeschleppt!«, schrie nun der Vater ganz laut. Ein schwerer Schatten erschien vor der Hütte, stämmige Beine, dicke Strümpfe. Das Gesicht der dicken Elfriede beugte sich herein, ihr Arm streckte sich aus und fischte sich den Jungen. Sie wich zurück. »Bah! Voller Kacke, dieser Dreck, du Schwein, du …!« Stroh und Hundescheiße im Haar, bekackte Halme auf dem Pullover, der Hose, den Strümpfen. »Wie du wieder aussiehst, beim Hund und bei den Schweinen!« »Ich war da nicht. Ich bin doch gar nicht rot!« »Zur Vorsicht werde ich dich verhauen«, sagte der Vater. Und Gregor wurde gestäupt. Zwei Tage später waren alle Schweine tot.

*

Der Junge hatte von Röslers, wo es zwei Mädchen mit rosa Kleidchen und Schleifchen gab, ein rotes Buch mitgebracht. »Hat Pfarrer Rösler dir das geschenkt?« »Nein.« Der Junge hatte es einfach mitgenommen. »Du gehst sofort und gibst es zurück!« »Die lesen das nicht.« »Und du kannst noch gar nicht lesen.« »Wenn ich es lesen kann, werde ich es lesen.« Wie kannst du wissen, dass du es dann lesen willst?« Gregor sagte: »Es ist so schön rot.« Er sagte nicht, dass die Röslermädchen es mit ihren Händen gestreichelt hatten. Die Mutter nahm es ihm weg, und die dicke Elfriede ging mit dem Jungen es zurückgeben. Er bekam einen dicken Kopf und lief rot an, als er sagen musste: »Ich bitte um Entschuldigung.« Er wiederholte noch einmal: »Ich bitte um Entschuldigung«, weil die Mutter es ihm so fest eingetrichtert hatte. »Behalt es ruhig!«, sagte Frau Rösler, »wir lesen es doch nicht mehr.«

Jürgen Theobaldy

Drei Männer

Metropole

Als er an diesem Nachmittag vor dem kleinen orientalischen Restaurant aufkreuzte, wo im Sommer die Stühle und Tische auch draußen auf dem Trottoir stehen, schien er, direkt von der Straße herkommend und auf eine Lücke zwischen den abgestellten Autos zustrebend, von einem schweren körperlichen Gebrechen gezeichnet. Mit seinen steifen, ruckhaft stolzierenden Schritten und zugleich derart schwankend, dass er den jeweils angehobenen Fuß kaum mehr bis zurück auf den Asphalt zu schaffen schien, drohte er jeden Augenblick zu stürzen, was zumindest mich, der ich ihn vielleicht als erster erblickt hatte, in Spannung versetzte. Nur sein helles, frisch gebügeltes Hemd und die sauberen Hosen, eben Sonntagshosen, das glatt rasierte, unverletzte Gesicht ließen darauf schließen, dass er, womöglich an einer krankhaften Störung seines Gleichgewichtssinns leidend, gewohnt war, sich auf eine dermaßen auffällige und gefährdete Weise ohne Begleitung außer Haus zu bewegen. Allerdings schien ihn niemand der wenigen Gäste auf dem Kiez zu kennen; er war eindeutig kein Stammgast hier, wo sich in der Ferienzeit hauptsächlich diejenigen einfanden, die irgendwo in den augenblicklich ruhigen Seitenstraßen unweit des Charlottenburger Schlosses ihre Wohnung hatten, und so schien er, von allen zum ersten Mal wahrgenommen, doch wie aus dem Nichts, eben irgendwo her aus den Tiefen der großen Stadt aufgetaucht zu sein: ein verlorener, von drohendem Unheil umwölkter Prophet schwieriger Künftigkeiten oder, sollte es ihm gelingen, die Kante des Bürgersteigs heil zu überwinden, ein lästiger Schwätzer, von jedem Gast am eigenen Tisch höchstens geduldet, gar wenn man von einer so hübsch herausgeputzten Frau ausgezeichnet wurde, wie sie mit ihrem Begleiter vor mir turtelte, der ich vor einer weit geöffneten Fensterfront als einziger im Innern des Lokals saß.

Der zirka 60-jährige, sicher frühinvalide Mann stakste nun tatsächlich, wankend und schwankend, die Beine kaum kontrolliert ausfahrend auf das Trottoir hinauf, hielt vor dem ersten Tisch inne und setzte zu einer Ansprache an, aus der nur das Wort Ewigkeit zu mir herüberwehte, von seiner rauh verschwommenen Stimme direkt schauerlich unterlegt und doch auch etwas dümmlich betont, als sei der Mann von der eigenen Wortwahl, obschon er sich als Abgesandter jener Totalität begriff, schier überwältigt. Dem Gast mit der hübschen Frau, auf den er dabei herabschaute, war er vielleicht gerade darum besonders unangenehm, und die forschen Gesten, mit denen dieser Gast den Ungebetenen vor ihm da in der späten Sonne wegzuscheuchen suchte, verrieten mir, dass er im Beisein der Geliebten nicht willens war, aus dieser Sache auch nur einen Funken Humor zu schlagen.

Nun trug der Wirt ein tropfendes Glas Bier, unter das er einen Bierdeckel hielt, hinaus, und der Neue übersah großmütig die unwilligen Gesten des vor ihm Sitzenden und stakste hinterher, zu einem Tisch weiter seitlich, wo er aus meinem Blickfeld geriet. Das Schlimmste schien überstanden zu sein, zumindest vorerst, weshalb ich mich wieder meinen würzigen Vorspeisen hingab – bis auf einmal eine Welle besonderer Aufmerksamkeit die draußen Sitzenden durchlief, und tatsächlich, da trat derjenige, den ich halbwegs in Sicherheit oder besser entschärft zu sein glaubte, mir erneut vor Augen. Das Blut, das ihm von den Lippen quoll, verschob sein Gesicht zu einer grellen Fratze, ein Eindruck, der sich noch steigerte, als der Mann die unflätigsten Wörter über sämtliche Gäste ergoss, aus einem höhnisch roten Mund, den anstelle der beiden Vorderzähne Blut und Sabber füllten. Dieses Gemisch troff ihm auf das Hemd, was er, in seiner Erregung vom eigenen Wortschwall mitgenommen, nicht wahrnahm, indes der wiederum vor ihm sitzende und ihn schon vor Minuten so unwirsch abwimmelnde Gast von seiner Freundin fast handgreiflich zurückgehalten werden musste: derart erbost war er trotz der bemitleidenswerten Wunde dieses Störenfrieds, der endgültig das Opfer eines müden, nutzlos vertanen Sonntags geworden war.

Schnell flogen die Kommentare der Gäste von Tisch zu Tisch, die sich, wie in solchen Fällen häufig, einander widersprachen. Der Kerl sei zum Weitergehen gedrängt und dabei versehentlich umgeschubst worden, nein, er sei, so unsicher auf den Beinen wie er war, von selbst auf das Pflaster geschlagen, nein, er selber sei handgreiflich geworden und dann auf diese etwas überzogene Weise durch einen Stoß vor die Brust zur Räson gebracht worden, und währenddessen hatte der Wirt sein mobiles Telefon schon wieder weggesteckt, und da fuhr auch überraschend schnell ein Krankenwagen vor, wohl weil das nächste Spital nur zwei Ecken weiter lag, ohne Blaulicht, ohne Sirene direkt dezent, und ein junger, weiß gekleideter Sanitäter glitt vom Beifahrersitz.

Als er den Verletzten zur mannshoch offenen Wagentür geleitete, bemerkte er dessen Schwanken, fasste ihn, der sich dies gefallen ließ, fester am Arm und hievte ihn in das Innere, wo der Mann sich umwandte, auf einer Bank etwas erhöht zum Sitzen kam, den Arm hob und mit der Geste eines Oberbefehlshabers uns Zurückgelassene segnete oder verwünschte, bevor sein Helfer von innen die Schiebetür schloss. Jetzt eilte ein umsichtiger, im Lokal offenbar bekannter Gast herbei und reichte auf einer Papierserviette die verlorenen Zähne dem Fahrer hinein, der das weiße Papier auf dem Sitz neben ihm halbwegs sorgsam ablegte, ehe er den Zündschlüssel umdrehte und ähnlich zügig und lautlos, wie er gekommen war, davonfuhr.

Hauptsaison

Die Sonne stand noch immer hoch, und das riesige Rathaus warf einen schmalen Schatten aus einem gesegneteren Jahrhundert auf den Platz davor, der weit und leer im glühenden Licht dalag. Wer dennoch dort verweilen wollte, wo man durch den bloßen Anblick der Fassade eines vergangenen Reichtums teilhaftig war, hatte sich zum Imbissstand gegenüber zurückgezogen, dessen Dach die paar Tische und Stühle davor sonst an vielen Tagen vor Schauern von der nahen Nordsee her schützte und nun die Gäste mit seinem kühlenden Schatten beschirmte. Ein vereinzeltes Paar saß darunter, den ausgebreiteten Stadtplan vor sich, außerdem eine Frau allein am äußersten Tisch, wo sie mit einem zierlichen, langstieligen Löffel ihr Eis aus einem riesigen Becher löffelte, und ihr näherte sich dieser Kerl, groß gewachsen, die schwarzen Klamotten abgerissen und staubig, der Bart struppig und offenbar Wochen alt, und gewiss hatte er auch schon länger weder geduscht noch sich gekämmt.

Kaum begann er nach einer ausnehmend höflichen Verbeugung auf die Frau einzureden und betont gewunden um ein kleines Almosen zu bitten, als auch schon die Frau, die eben noch hinter dem Fenster ihrer Imbissbude für das Paar ein Mineralwasser und ein Bier in Plastikbecher gefüllt und zwei Bratwürste mit Senf verziert hatte, sich vor ihm aufbaute und entschlossen schimpfend, für keinen Widerspruch empfänglich, ihn davonwies. War es ihr Hinweis auf das private Eigentum an diesem Boden, war es ihr geradliniger, von der Körperkraft und dem grobschlächtigen Äußeren ihres Gegenübers unbeeindruckter Auftritt, ihre kerzengerade aufgerichtete Gestalt im firmeneigenen Schützenkleid oder war es ihr glattes, auch einem ausgestoßenen oder sonst an den Rand gedrängten Kerl Achtung einflößendes ergrautes Haar? Jedenfalls drehte sich der Mann, wenngleich lauthals maulend, was er tue, sei keine Belästigung, ohne weiteren Widerstand als einigen wegwerfenden Gebärden ab und war alsbald hinter dem runden Zeitungskiosk, einem Pendant zur ebenso runden Imbissbude, verschwunden.

Eine Stunde später sah ich ihn gegenüber dem Rathaus, das nun einen längeren Schatten warf, auf der anderen Straßenseite, wo er vor der gläsernen Front eines Kaufhauses wie betäubt mitten auf dem sonnigen Bürgersteig lag, den Kopf unter einer vollgepackten, aus dem nahen Bahnhof entwendeten Gepäckkarre und insoweit im Schatten. Um den Hals hatte er eine bunte, wo auch immer aufgegabelte Girlande geschlungen, die sich mit seinen Atemzügen hob und senkte und so dem stutzenden, die Aktenmappe fester fassenden, wohl von der nahen Börse kommenden Herrn zeigte, dass dieser Schnarchsack da am späten Nachmittag keiner Hilfe bedurfte.

Kleine Stadt

An der letzten Station der Reise angelangt, gewahrte ich beim Abschiedstrunk mit einem nie aufgegebenen Freund aus studentischen Tagen auf dem Platz vor dem Bahnhof einen schlanken, smart aussehenden Mann mittleren Alters, bei dem ich zweimal hinschauen musste, um erste Anzeichen eines Niedergangs zu erkennen, den Fleck auf der grünen, fein geschnittenen Hose, die Fransen, wo die Hosenbeine über die Slipper hingen und an den Fersen auf dem Boden schleiften. Das schwarze Hemd verbarg nicht einmal einen Ansatz von Bierbauch, nur der Dreitagebart mochte sich wie die langen Hosenbeine nicht der derzeitigen Mode verdanken, sondern einer tatsächlichen Vernachlässigung oder auch Lebensumständen, die eine ausreichende Pflege des Äußeren stark erschwerten. Diesen Eindruck ergänzte die kleine Plastiktüte in seiner Hand, die nur ein schmales Ding von der Größe einer Brieftasche oder eines Flachmanns zu enthalten schien, dazu das Getue des Mannes, der am Rand des Straßencafés bei den äußersten, dort verweilenden Gästen offenkundig darauf aus war, eine Zigarette zu ergattern. Freilich machte er es derart aufdringlich, dass eine allein sitzende Frau ein paar Tische weiter ins Innere wechselte, an zwei Bahnpolizisten vorbei, die eben ihre Blicke über die Gäste und den gesamten, drüben von zahllosen Fahrrädern vollgestellten Vorplatz gleiten ließen und dann doch in die Gaststätte eintraten. Ich blieb dennoch bei meiner Vermutung, sie könnten wegen jenes Mannes gerufen worden sein, der sich endlich mit einer Zigarette zwischen den Fingern auf einen Block aus Stein hockte und den arg verwahrlosten Mann mit einer Flasche Bier neben ihm um Feuer anging.

Trotzdem hatten die beiden Ordnungshüter, die eben wieder aus dem Lokal heraustraten und nun zielstrebig zu diesen beiden Gestalten vorstießen, einzig den Zigarettenschnorrer im Visier. Als sie ihn ansprachen, sprang er sofort auf, und nach einem kurzen Austausch von Worten, Fragen oder Befehlen, während dem er mit dem Schuh die halb gerauchte Zigarette ausdrückte, griff er in die Plastiktüte und wickelte sorgfältig aus zirka fünf Lagen Zeitungspapier einen dunkelblauen Pass hervor, um ihn mit einer eher unschlüssigen Geste einem der Bahnpolizisten zu überreichen. Während dieser mit massiver Gebärde darin zu blättern begann, faltete er die Plastiktüte zusammen, schob sie in die Hosentasche zurück, straffte sich, legte die Hände an die Hosennaht und harrte so, stramm wie ein gerade ausgemusterter Soldat, der Dinge, die da kommen sollten, und es waren offenbar keine guten. Denn der Bahnpolizist, immer im Gespräch mit seinem Kollegen, schien gar nicht aufhören zu wollen, sich mit dem Pass zu beschäftigen, als müsse er nur lange genug darin blättern und er würde den Makel an diesem amtlichen Stück Papier, ob gefälscht oder nicht, schon aufspüren. Endlich griff er nach seinem Funkgerät, wo er es schon dabei hatte, gab wohl eine Anfrage durch und die Daten dazu, er nutzte den Pass als Unterlage, um sich mit zielstrebiger Miene etwas zu notieren, was übrigens außer mir niemand zu beobachten schien, auch mein alter Freund Gustav nicht, der es sich nicht nehmen ließ, die zwei Biere zu übernehmen, aber dann fehlte ihm doch eine Münze, um den Betrag abzurunden, und so legte ich sie der jungen, schwach geschminkten Kellnerin auf die Hand und blickte wieder nach drüben.

Jetzt wurde offenkundig, dass der Pass nicht genügend Schutz bot und der Mann, weiter starr und steif dastehend, immer tiefer unter die Herrschaft der beiden Ordnungshüter geriet, und während ich noch wünschte, diese Wichtigtuer möchten ihm endlich sein Papier zurückgeben und ihn mit dem kleinen Schrecknis dieser Kontrolle am helllichten Tag laufen lassen, geschah das Gegenteil, behielt der eine amtlich Oberbefugte den Pass und gab dem Deliquenten damit ein Zeichen, sodass dieser gleichsam seinem eigenen Ausweis hinterher gehen musste, als die beiden Uniformierten mit ihm am seitlichen Eingang des Bahnhofs vorbei in Richtung Polizeiwache davonzogen.

Ich hingegen musste mich zum Bahnsteig aufmachen, wohin mein Freund mich begleitete, zumal ich so bald nicht mehr in diese Stadt käme, die anrührend heimelig zu beiden Ufern des Neckars angesiedelt ist, verbunden mit einer berühmten, gelegentlich zerstörten, öfter noch besungenen Brücke aus rotem Sandstein, und unter ihr treibt der Fluss, in dem ich vor über 50 Jahren schwimmen lernte, worin aber heute niemand mehr schwimmt. Er kommt da um eine Biegung aus dem Tal heraus, das er in die milde geneigten, im Hochsommer üppig bewaldeten Hänge gegraben hat, und fließt hinaus in die diesige, vom Smog verhangene Ebene, die der Zug, den ich erwartete, nun durchquert haben musste.

Vor der Siesta

Wie ich stadtauswärts nach einem leichten Mittagessen mit Tintenfisch und etwas Weißwein, der mir allerdings die Glieder beschwert, auf dem Fahrrad kurz nach dem einschlägig bekannten, rosa verputzten Haus, wo um diese Zeit weder zahlende noch bloß gucken wollende Kunden verkehren, um die Ecke biege, gewahre ich eine ältere Frau links am Straßenrand in schwarzen, fast formlosen Hosen, einer flauschigen wollenen Weste, ungefähr bordeauxrot, mit einer golden eingefassten Brille, wie Rentnerinnen sie bevorzugen, um einen späten Glanz in ihr Gesicht zu zaubern, die gekräuselten, schier farblosen Haarsträhnen aufgeworfen im leichten Wind, wohl auf ihren Mann mit dem Auto wartend und deshalb so weit vorne stehend, bis ich bemerke, dass die Frau mit beiden Händen über ihren Brüsten kreist, die eher klein erscheinen, zumal die Frau um die Hüften fülliger als weiter oben ist, und da kommt ihr tatsächlich ein Mann entgegen, jünger als ich, trotz der frühsommerlichen Wärme im Mantel, und passiert sie milde, wenn nicht höhnisch lächelnd, während die Frau kaum Zeit findet, ihrer Enttäuschung nachzuspüren, weil sie nun mich entdeckt, auf dem Fahrrad aus ihrem Rücken herausgleitend, und sie sofort etwas zu sagen scheint, ein unverständliches Wort oder eine Folge kurzer Wörter, überraschend leise zu mir her gerufen, fast flehentlich und von verstörendem Kleinmut, indes ich an ihr vorbei und davon radle, auf die Eisenbahnbrücke zu, hinter der sich die Felder und Gärten öffnen und im feinen Dunst die Bergkette jenseits der weiten, vom Rhein durchzogenen Ebene schimmert.

Nacherzählt

Wenn es dich am Abend in eine Spelunke verschlägt, wo der Rauch gegen die Decke drückt und sich den Männern am Tresen die Haare stellen, sobald sie einander mustern, und wenn es dir gelingt, ihren abschätzigen Gebärden, die dazu auffordern, den Moment der Wahrheit einzuläuten wie die letzte Runde, nach der es nur einen Sieger geben wird, ebenso standzuhalten wie dem Anblick des stilleren, lebensphilosophisch angereicherten, an einem der hinteren Tische für sich mit seinem Messer spielenden Gast, dann bist du dazu auserkoren, diese Geschichte anzuhören, die das Leben dessen, der sie erzählt, dorthin geführt hat, wo er sitzt und wo er dich, davon ausgehend, dass du auch das nächste Glas übernimmst, zu seinem Zuhörer bestimmt hat.

Dabei ist ihm nicht darum zu tun, vor dir ein Geheimnis zu lüften, das er nicht länger für sich behalten kann, nein, es ist das Vertrauen in eine Geschichte, das er bei dir voraussetzt, seine Geschichte, wie sie draußen in einer der ferneren, den Bergen zu gelegenen Provinzen beginnt, irgendwo dort zwischen ein paar stehen gelassenen, höchstens zweistöckigen Häusern mit weiten Räumen dazwischen, die in die staubige Hochebene hinausweisen, durch die Hitze auf die Ölfelder zu, und wo man herumsitzt, die zackige Silhouette der Berge vor Augen oder im Rücken, manchmal selbst für ein Würfel- oder ein Kartenspiel zu träge, und die Scheinchen für einen hohen Einsatz fehlen ohnehin. Man sitzt herum und wartet auf nichts und wieder nichts, bis eine Limousine in den Ort einfährt, dort abbremst, wo die meisten Männer zu sehen sind, vor der Veranda der einzigen Kneipe, ein Macker in besseren Kleidern aussteigt und mit barscher Stimme fragt, ob er hier Männer vor sich habe, ja?, also Männer, die zupacken können und denen man auch einen gefährlichen Job anvertrauen könne, selbstverständlich nicht gegen ein paar Münzen für die Westentasche, da sei Gott vor oder der Teufel; wer seinen Teil gut mache, ins Gesicht gesagt: wer diesen Auftrag überlebe, der hat für den Rest seines Daseins ausgesorgt und sollte er so alt werden wie Methusalems Esel, von dem diese Männer freilich nie gehört oder gar gelesen hatten und von dem auch derjenige, der ihn ins Spiel brachte, nicht wusste, wie alt dieses Viech überhaupt geworden war, sei's drum, Schwamm drüber, noch einen Tequilla, und wahrscheinlich kennst du sein Alter ebenfalls nicht.

Letztlich habe es, neben den üblichen Ängsten seiner Geliebten, nur ein einziges Problem gegeben, hörst du deinen abgerissenen Helden, den die anderen am Tresen zu achten scheinen, sagen: Dort draußen hat man nicht die Lastwagen, die dafür gebaut oder dazu umgerüstet seien, um eine Ladung mit einem hoch empfindlichen Sprengstoff, der bei der kleinsten Erschütterung in die Luft fliegen konnte, hinauf in die Berge zu fahren, wo das Feuer auf dem Hochplateau, entflammt an einer leck gewordenen, vielleicht von Nomaden beschädigten, wahrscheinlicher aber von Saboteuren aufgehackten Ölleitung und nun vom endlos fließenden Öl gespeist, nicht anders zu löschen war, als dass man die Flammen durch eine kräftige Explosion ausblies und so den täglichen, ja stündlichen Verlust für die Gesellschaft abstellte; denn gegen diese Minuszahl seien die Kosten für die dreifache Anfahrt verwegener, Tod und Teufel nicht achtender Glücksritter dem Unternehmen ein Butterbrot wert, und deshalb sei es keine Frage gewesen, nicht nur ein, sondern gleich drei solcher Lastwagen hochzuschicken.

Auch wenn alle drei Fahrer am Ziel ihr Köfferchen voll Banknoten verlangten und nicht bloß der erste? Die Antwort machte allen klar, dass der Einsatzleiter nicht davon ausging, er müsse dort oben den dreifachen Lohn bereithalten.

Nun denn, sei's drum, die erste, urplötzlich aufwallende Rauchsäule noch in der Ebene zeigte dem Erzähler an, wo der Ungeduldigste unter ihnen, praktisch ohne sterbliche Überreste aus dem Wettlauf ausgeschieden war. Eine erstaunlich tiefe, schwarz ausgebrannte Mulde und darum herum verstreut glühende und schmauchende Teile waren der letzte Gruß des zweiten Fahrers, Gottseidank noch am Fuß der Berge, so dass ich ganz langsam, langsam wie eine Schnecke darum herumkurven konnte, ohne die eigene Karre durchzuschütteln.

Kurzum, ich blieb die ganze Fahrt im zweiten Gang, ich hielt das durch, ohne zu rucken, ohne einmal voll auf der Bremse zu stehen, und als ich oben die Ladung übergeben hatte und mir den Lohn meiner Angst aushändigen ließ, zitterte mir die Hand so sehr, dass ich die Quittung nur mit drei Kreuzen unterschreiben konnte, aber ein Bankkonto hatte ich sowieso nicht anzugeben, und meinen Hinweis auf das Pech der zwei anderen Fahrer nahm der Kerl mit der Pinke mit dem Gleichmut desjenigen hin, dessen Voraussagen sich noch stets bestätigt hatten.

Das nächste Glas geht wieder auf dich, auch der Teller mit der Handvoll Tapas, den der Wirt ungefragt dazu stellt.

Auf der Rückfahrt dann war ich ausgelassen wie nie zuvor in meinem Leben; in so einer Stimmung mussten die Menschen am Jüngsten Tag sein, wenn sie aus ihren Gräbern stiegen und ihnen die Engel auf die Schultern schlugen, weil sie nun selbst den Tod überstanden hatten, so und nicht anders. Befreit von der Ladung hinten war ich von den Toten auferstanden, ich trommelte wie wild auf das Armaturenbrett, wo das Geld im Handschuhfach, bis zum Platzen gefüllt, steckte, ich brüllte sämtliche Lieder mit, wie sie aus dem Autoradio kamen, ich raste der Ebene entgegen, steuerte den leeren, auf einmal federleichten Wagen im Dreivierteltakt die Serpentinen hinunter, fuhr in Schlangenlinien, wo die kaum befestigte Straße geradeaus ging, tja, und noch eine Schleife nach links und noch eine Schleife nach rechts und dann passierte es so plötzlich, dass ich gar nicht zu bremsen versuchte, sondern sofort nach dem Türgriff langte, ein sekundenschneller Entschluss, der mir wenigstens das Leben gerettet hat. Während ich mich aus der Tür warf und mich auf dem steinigen Boden noch zwei Mal überschlug, hörte ich mit, wie der Lastwagen den Abhang hinabdonnerte, nicht allzu tief zwar, ich hätte hinterhersteigen können, um die Kohle zu retten, aber als ich zum Rand der Straße stolperte, schlugen aus dem umgekippten Wagen im Geröll unten schon lichterloh die Flammen, und den Gestank nach brennendem Lack und Gummi rieche ich heute noch.

In der Ebene dann hat mich nach zwei Tagen ein Autofahrer aufgelesen. Wie gesagt, ich bin ein Mann rascher Entschlüsse, ich hatte auch keine Minute gebraucht, um mich für diesen Job zu melden, der für meine Partner oder Rivalen der letzte gewesen war. Und so habe ich aufgehorcht, als mein Fahrer, kaum dass ich mich etwas steif vom Gehen auf den Sitz neben ihm gezwängt hatte, für seinen Auftrag ein anderes Ziel nannte als jene Handvoll Bruchbuden, wo ich noch die Miete für mein Zimmer schuldig war, obschon ich zwischendurch den ganzen Ort hätte kaufen können und eine Villa am Meer mit einer entlaufenen Opernsängerin und zwei Dienern dazu. In Wahrheit aber dürfte sich mein Pech dort schon herumgesprochen haben, das dröhnende Gelächter all der Kumpel, als sie von diesem Flop erfuhren, glaubte ich direkt zu hören, während ich neben meinem Fahrer die paar Häuser unweit der Kreuzung hinter mir ließ.

Nicht der Rede wert schien ihm das Geschick seiner Geliebten zu sein oder er tat es ab, weil er darüber nichts mehr erfahren hatte und weil er wusste, dass nach dieser Höllenfahrt zwischen ihnen nichts mehr so gewesen wäre wie vorher, als sie einander so etwas wie die letzte Hoffnung gewesen waren, ohne sich dies einzugestehen, ineinander verklammert auf ihrer schäbigen Bettstatt. Um seinen Tod hätte sie ihn womöglich ein Leben lang beweint, um diese haarsträubende Weise, mit dem ihm seine Belohnung, kaum gewonnen, schon zerronnen war, bloß einen Nachmittag lang. Wie gern hättest du gehört, dass die Frau, unter Tränen zuerst, gelacht und gelacht hätte, nachdem er zu Fuß, mit dem angeschmorten Lenkrad in der Hand und in zerrissenen Klamotten, ärmer als vorher zurückgekehrt wäre, ihr die ganze Chose erzählt hätte: ein fröhliches, sich über jede Unbill erhebendes silberhelles Lachen, mit dem alles, alles gut gewesen wäre. Schließlich schreiben nicht die Haudegen, nicht die Abenteurer die Geschichten zu Ende, das Ende der Geschichte schreibst du – und nun los damit.

Strafe muss nicht sein

Mit einem Amt betraut und erst mit einem besonders angesehenen wie dem Sitz in einem streng vertraulichen Untersuchungsausschuss, kann ein Mensch wie Xaver G. über sich hinauswachsen, insofern ihm dieses Amt den Boden bereitet, auf dem er seinen Überzeugungen endlich folgt, wo er lange nur tatenlos die Ansichten anderer Kollegen und Konkurrenten über Erfolg und Kränkung hat bestehen lassen. Eine Leidenschaft zur Wahrheit samt einem Gespür für das Ehrbare bestimmter Handlungen und das Unlautere gewisser anderer wird in ihm entfacht und vielleicht bis zum Ende seines Lebens in ihm brennen. Denn ein solches Amt ist eben größer und gewichtiger als der Einzelne, der darin aufgeht, aber ohne diesen Einzelnen, diesen scheinbar austauschbaren Nutznießer staatlich gewährter Begünstigungen, ist dieses Amt dennoch nichts. Es trägt sich nicht selbst, es verblasst zum Messingschild auf der Tür, zum Eintrag in das Telefonbuch, zum Vermerk auf der Visitenkarte und dergleichen Äußerlichkeiten, die den Eingeweihten freilich tiefer beeindrucken, als er vor Freunden und Fremden einräumen mag.

Deshalb sagt sich Xaver G., muss man das Amt vor demjenigen schützen, der sich größer fühlt als es, den es lockt, das zu missbrauchen, was ihm erst die Achtung seiner Mitbürger schenkt, die er sich zwar erarbeitet haben mag, von der er jedoch meint, das Amt schulde sie ihm. Gerade er, Gerold Stebler, Minister des Innern, wische die Unbill wie Staub vom Ärmel, wenn an einem Freitagabend ein Trupp Ordnungshüter in grauen kugelsicheren Westen, die Schnellfeuerwaffe im Anschlag, in einen vollen Bankschalterraum eindringen muss, weil zwei heimatlose Trunkenbolde, die es auf der Suche nach dem nächsten Bier dorthin verschlagen hat, abzuführen sind oder weil ein widerspenstiger Ladendieb, der sich im Kaufhaus »Globus« auf der Toilette verschanzt hat, dort herauszuholen und zu bändigen ist, ohne dass ein Sachschaden entsteht. Ihm, Stebler höchstselbst, sei es auch unbenommen, den findigen, von hoher Stelle eingesetzten Bundesanwalt Werner Brombacher dazu zu nötigen, seine oberste Funktion niederzulegen, also den höchsten, einem Anwalt erreichbaren Posten vorzeitig abzutreten und sich zudem über die Motive für diesen überraschenden Schritt öffentlich auszuschweigen.

Eben wegen dieses rätselhaften Schritts gräbt sich Xaver G. ganze Abende lang in die Akten ein, verbringt seine Tage vor dem Bildschirm, um den Lichtstrahl seiner Erkundungen in die Dämmerung zu richten, in der dieser Fall hinter schweren Türen und herabgelassenen Jalousien vor sich hin schwelt, ehe er zu einem jener Fälle wird, wie ihn dann, kaum an den Tag gezerrt, ruhmsüchtige Mitarbeiter der Medien im Wettstreit mit einer schamlos hetzenden Billigpresse von allen Seiten beleuchten. Also trifft sich Xaver G. mit dem bedrängten Anwalt Brombacher, dessen Einvernahme im Untersuchungsausschuss nichts Verwertbares ergeben hatte, in einem Lokal außerhalb der Stadt, das die tonangebenden Feinschmecker meiden und wo sie zunächst über das künstliche toskanische Ambiente spötteln, in dem sogar das Feuer im Kamin echt aussehen soll. Ab jetzt kommt Xaver G. für sämtliche Kosten auf, die sein Vorgehen mit sich bringt, ein scheinbar eigenmächtiges Vorgehen, das er selber jedoch, ganz im Dienste seines Amtes, der Suche nach der Wahrheit gewidmet hat. Xaver G. zielt auf keinen Kuhhandel ab, im Gegenteil, sogar wenn er jenseits des Dienstwegs in den Besitz eines alles entscheidenden Dokuments gelangen sollte, würde er damit nur im Ausschuss durchdrücken, dass man die Nachforschungen zu einem würdigen Ende führte. Man habe an das Tor geklopft, sagt er dort, man verlasse das Haus nicht, ehe man auch im Keller, wo das Grundwasser die Akten- und die Weinregale umspüle, den dunklen Bräu abgepumpt habe. Brombacher sei verwundbar gewesen, er habe sich umstrittener Mittel bedient und sich deshalb davor gehütet, die massiven Anstrengungen, mit denen Minister Stebler ihn zum Rücktritt drängte, seinerseits der hohen Stelle zu melden.

Das brisante, von Xaver G. geförderte Eingeständnis, Brombacher habe, freilich in bester Absicht, äußerst heikle Kontakte mit dem international organisierten Verbrechertum aufgenommen und sich mit Leuten getroffen, nach denen gefahndet werde, nötigte den Ausschuss dazu, eine weitere Sitzung anzuberaumen. Dort konnte dann Xaver G. belegen, dass Brombacher mit Hilfe solcher, auf zwielichtige Art erhaltenen Tipps einen Ring von Drogenhändlern zu sprengen gedachte, einen recht verzweigten Clan, der seine Verbindungen bis auf Ministerebene ausgedehnt habe. In nächtelanger Anspannung wälzt Xaver G. jetzt die angesammelten Unterlagen um und wieder um, spannt die fähigsten Suchmaschinen ein und scheut selbst den Weg zu anderen Ämtern nicht, teils im eigenen Wagen, teils zu Fuß ins Innere des Regierungspalastes, teils virtuell im vernetzten Räderwerk der Bürokratie, bis er auf etwas stößt, das ihm weiterhilft: Der als wackerer Geschäftsmann getarnte Chef jenes mit Drogen in großem Stil handelnden Clans suchte regelmäßig die *Credit Veltwil* auf, modisch kurz *CVe*, eine private, unter dem Druck der großen Geldinstitute ins Straucheln geratene Bank – und ihren Geschäftsführer hatte unser umtriebiger Minister Stebler schon mehrmals auf sein Landgut eingeladen. Dort waren die beiden Herren gewiss nicht deshalb zu Duzfreunden geworden, um etwas intimer über Chancen und Risiken der einheimischen Wasserkraft, gespeist aus den Bergen mit ihren Quellen, als künftiger Energieträgerin zu sinnieren …

Unser selbsternannter Agent Xaver G. gab ein erstes Interview in der Tagespresse, bestach in einer Talk-Show mit seinem Faktenwissen das ausgewählte Publikum, er legte neue Dokumente offen, und der Ausschuss verschloss sich ihm nicht. Augenscheinlich hatte Minister Stebler seine Vollmachten überschritten, wie es in einem Entwurf zur Mitteilung an die Medien hieß; Stebler hatte in seinem Vorgehen gegen Brombacher hinterrücks gehandelt und die hohe Stelle, letztlich seine Kollegen Minister, nie von seinen Manövern wissen lassen.

In einer allerletzten Sitzung wurde der Geschäftsführer jener, sich eben wieder knapp aus ihrer Schieflage aufrichtenden *CVe* mit Sitz in der Hauptstadt vorgeladen. Und Xaver G., nun angesehener Vorkämpfer für den sauberen Umgang der Ministerien mit ihren Untergebenen, fasste dessen persönlichen Mitarbeiter ins Auge, während dieser schweigsame, um Unauffälligkeit bemühte Herr verschlungene Finanzverbindungen auf einer eigens beschafften Leinwand präsentierte, ehe er dem Reglement gemäß vor der eigentlichen Befragung seines Chefs den Computer abstellte und den Raum verließ.

Mit diesem arglos sich gebenden Mitarbeiter hatte Xaver G., wie es ihn siedend heiß überlief, schon einmal verhandelt, vor Jahren, so lange, bis dieser sich, unter einem anderen Namen!, bei *Mensana*, der Versicherung für seelisch Gefährdete, bereit fand, die von Xaver G. erheblich aufgestockte Anzahl Versicherter, die vor der Zeit aus dem Berufsleben ausgeschieden war, mit den entsprechenden Daten und Gebrechen zu versehen – sodass Xaver G. damals für *Mensana* staatliche Zuwendungen beanspruchen konnte, um sie dann auf ein eigenes, dem Bankgeheimnis unterstelltes Konto abzuzweigen. Vor diesem Umstand trat die Frage nach dem Grund für den Namenswechsel zurück, ob jener Mitarbeiter den Namen seiner zweiten Frau übernommen oder gar, nach der heute geltenden Gesetzgebung möglich, den Namen seiner von ihm geschiedenen ersten Frau beibehalten hatte oder nicht. Die gezinkten Posten waren zwar eher der Vollständigkeit halber unter den vielfältigen Kosten in den Darlegungen aufgetaucht und schienen im Ausschuss keinen Argwohn zu erwecken, aber sie machten Xaver G., eben noch Befürworter einer weiteren, nun allerletzten Sitzung, schlagartig bewusst, dass nicht nur ein Arm aus der Geschäftsleitung der *CVe* bis zu Minister Stebler reichte, sondern ein zweiter Arm dieses krakenförmigen Instituts, verkörpert in einem fleißigen Kader auf mittlerer Ebene, nach ihm, dem bis dahin so entschiedenen wie lauteren Untersuchenden selber greifen konnte, ihn gar schon ergriffen hatte …

Also stimmte auch Xaver G. nach der letztlich wenig ergiebigen, nichts wirklich Heikles zu Tage fördernden Anhörung des Bankdirektors mit der großen Mehrheit des Ausschusses für das Ende der Untersuchung, was er, zumal diese Abstimmung geheim war und blieb, dem Anwalt Brombacher beim letzten Abendessen vor der Stadt so nicht mitzuteilen brauchte. Stattdessen ließ Xaver G. schon vor dem Dessert und danach bei sich mehrenden Gläsern Grappa durchblicken, eine streng vertrauliche Angelegenheit aus einer Zeit lange vor seinem Amtsantritt im Ausschuss, der sich nun, weil Auftrag erledigt, aufgelöst hatte, gebe Stebler einen Anspruch auch auf ihn, dem er, Xaver G., sich kaum widersetzen könnte, ohne die eigene Existenz zu gefährden.

Werner Brombacher wäre nicht der talentierte Bundesanwalt gewesen, als der er zu Fall gekommen war, um rasch zu verstehen, dass seine Hoffnung auf eine Rückkehr in die frühere Funktion endgültig zerstoben war. Wie zur Steigerung seiner Karriere empfahl ihm Xaver G. bei der Suche nach einem neuen Betätigungsfeld von der juristischen Beratung privater Banken abzusehen oder falls nicht, mehr als wählerisch dabei vorzugehen, er, Xaver G., könne ihn vor manchem, nur scheinbar ehrwürdigen Institut warnen. Außerdem habe Brombacher zwar durch die Machenschaften des Ministers den höchsten, einem Anwalt erreichbaren Posten verloren, sein guter Ruf jedoch bestünde fort – zumal letztes Wochenende beim Einsatz der Polizei gegen die üblichen Schläger rund um eine Kirmes aus einer Schnellfeuerwaffe geschossen worden sei, was angeblich niemand befohlen habe, was aber trotzdem oder eben deshalb Minister Stebler in die nächste Verlegenheit bringe und die ihm hartnäckig nachgesagten Unsauberkeiten mehre. Und das ließen sie, W. Brombacher und Xaver G., vorderhand besser so stehen, als dass sie Ungereimtheiten zu brandmarken oder den ganzen Vorfall gar eigenmächtig aufzuklären suchten, wo doch demjenigen, aus dessen Waffe der Schuss abgegeben worden sei, ohnehin ein Strafverfahren und Versetzung, wenn nicht Ausschluss aus dem Dienst drohe.

Ralf Thenior

es geht weiter

er sagt was sie tut so als
hörte sie zu und erwidert nein
nein so ist es nicht aber das
sage ich doch grade sagt er daß
du das nicht so sehen kannst du
mußt immerhin bedenken sie ist
schon woanders ohne Zweifel mein
Lieber aber das eine er läßt es
vorbeigehn sammelt sich für den
nächsten Ausfall und sie setzt
nach das kannst du mir glauben
und fängt noch mal von vorne an
er greift sich ans Haupt das gibt
es doch nicht wenn er nix mehr
hören will dann läuft da nix mehr
und sie drauf doch doch es geht
weiter sie reden ja noch

(1984)

Derek Mahon

»Eis im Mare Imbrium«

Sechs Gedichte

Glengormley

Der Wunder sind viele. Der Wunder größtes aber ist der Mensch,
Der den Terrier gezähmt, die Hecke gestutzt
Und das Prinzip der Gießkanne erfasst hat.
Wäscheklammern sprenkeln die Fensterbank,
Und die Langschiffe liegen im Klee; Wäscheseile
schütteln weißes Linnen über den Kreide-Thanen aus.

Vor Ungeheuern sind wir jetzt sicher, und die Riesen,
Die sich Soden klaubten, zwölf mal sechs Meilen groß,
Und sie ins Meer warfen, wo sie zu Inseln wurden,
Ängstigen uns nicht mehr. Die Stecken und
Steine, die früher Knochen brachen, können
Einer Generation, so charmant und vernünftig, nicht schaden.

Jetzt tun nur Worte uns weh. Kein Heiliger, kein Held,
Der nächtens von Verschwörermeeren landet,
Bringt der neuen Zeit gefährliche Gaben –
Ihre traurigen Namen leben in Geschichtsbüchern fort.
Die Unversöhnten in ihrem metapysischen Schmerz
Baumeln im morgengrauen Regen von den Laternen;

Und vieles stirbt mit ihnen. Lieber preise ich
Eine weltliche Zeit unter weltlichem Himmel –
Die terrierzähmenden, gartenbewässernden Tage,
Die jene Helden sich dachten, als sie sich kämpften
Durch den Henkerstrick ihres endlichen Seins. Auch ich
Lebe hier, aus Not, wenn nicht aus freien Stücken.

Tractatus

für Aidan und Alannah

»Die Welt ist alles, was der Fall ist«,
Von der Fliege, die im Kohlenhaus verzagt,
Bis zur Geflügelten Nike von Samothrake.
Gebt Schuld, gebt Lob dem ungelenken Gott,
Der schamhaft Sein uraltes Antlitz verbirgt;
Dessen Licht hinterm Wolkenschleier ruht.

Die Welt ist aber noch so vieles mehr –
Alles, was der Fall ist in der Phantasie.
Laut Tacitus konnten Seefahrer *hören*,
Wie die Sonne im westlichen Meer versank;
Wer wollte das titanische Tosen bezweifeln,
Die Dampfsäule an seinem vermuteten Rand?

Die Amsel

Eines Morgens im Monat Juni
Kam ich gerad aus dieser Tür
Und fand mich in einem Garten wieder,
Einem Heiligtum aus Licht und Luft,
Von den Hesperiden herverpflanzt,
Nirgendwo Maschinenlärm,
Als aus einem Brombeerstrauch
Eine versteckte Amsel schlug,
Mit ihrem zagen, beständigen Lied
Die Stille der Meere durchbrach.

Gefängnisjournal

Seit etlichen Tagen stehe ich unter
Hausarrest. Mein Tisch ist für die leere
Flasche zur Sonnenuhr geworden.
In weisem Verzicht
Sind Geliebte und Freund gegangen.

Im Fenster gegenüber
Sitzt jeden Nachmittag eine alte Dame
Und spricht mit keinem. Ich rufe.

Entweder ist sie taub, oder
Sie hat ihre Gründe.

Ich habe Bücher, Proviant und fließend Wasser,
Einen kleinen Herd. Es würde nichts machen,
Wenn nachts die Autos lautlos führen
Und von den Häusern weiter unten
Weder Licht noch Gelächter käme.

Es dauert länger als fast alles sonst –
Aber ich weiß, wenn es vorbei ist
Und zurückkommen Freund und Geliebte,
Werde ich's vergessen wie eine Kinderkrankheit
Oder eine schlaflose Nachtüberfahrt.

Das Schneefest

für Louis Asekoff

Bashō, der
In die Stadt Nagoya reist,
Ist zu einem Schneefest geladen.

Man hört das Klirren von Porzellan
Hört Tee in Porzellan;
Man wird vorgestellt.

Dann drängen
Alle zum Fenster,
Den fallenden Schnee zu betrachten.

Schnee fällt auf Nagoya
Und weiter südlich
Auf die Ziegel Kyōtos;

Östlich davon, hinter Irago,
Fällt er
Wie Laub aufs kalte Meer.

Anderswo verbrennen sie
Hexen und Ketzer
Auf brodelnden Plätzen,

Tausende sind seit dem Morgenrot
Im Dienste barbarischer
Könige gestorben;

Doch in den Häusern Nagoyas,
Auf den Hügeln von Ise
Herrscht Schweigen.

Forschung

Eine echte Muschel
wie ein Menschenkopf auf der Seite,
angespült und abgelegt von den Gezeiten,
eine magische Skulptur, vollkommene Willkür,
liegt wie aus der Umlaufbahn gestürzt.
Oh, sie werden Forschung

betreiben, um Eis
im Mare Imbrium zu finden,
erstes fragwürdiges Zucken von Schlamm und Pflanzen,
Anzeichen von Leben auf anderen Planeten,
Flüstern eines unfertigen Geistes
und flackernder Hirne.

Unterdes auf Erden
Schlamm, Pflanzen, Freude, Schmerz
und sogar wirkliches Leben, das man bewältigen muss;
Jahreszeiten für dies und jenes, die Werke und Tage
vieler Mäuse und Menschen,
wie Hesiod sagt.

Am besten übergeht man
»den großen Ozean der Wahrheit«,
die unentdeckten Meere des Weltraums
und erforscht diese echte unbeseelte Muschel am Strand
mit ihrem polierten archaischen Antlitz
und ihrer Aura des Mythos.

Aus dem Englischen von Margitt Lehbert und Hans-Christian Oeser

Anne Dorn

»Hinter der Stirn«

Fünf Gedichte

Stürmisch vorweg

Die graue, sorgsam verwahrte Masse
am oberen Ende des Ichs,
Substanz voller Geheimnis
und ungeahnter Fähigkeit,
aufzuerstehn –
wählerisch festigt sie mir
was ihr offen lag eh es geschah:
Vorweg schon eingeschwenkt
auf die Bahn dessen, was kommt,
gabelt das Hirn in den Schober.
Und wie viel mag es sein, was
links und rechts davon in den Bach fiel?
Hinter der Stirn soll es sein, was
– wie man gemessen hat –
weit vorwegläuft, hinter der Stirn
haust elementarer Leichtsinn.
Kopfüber-kopfunter, Erklärungen
hinken, stolpern dem Akt hinterher.
Schmiege ich mich doch gleich
in die Kurven der Straßen!
Vielleicht – schwingt hinter der Stirn nur ein Ton?
Kein Wort – und der Anfang war die Musik?
Mit der Stirn das Netz der Spinne zerreissen
jenseits von Furcht und Ekel oder
zum ersten Mal wirklich
ein drittes Auge gebären inmitten der Stirn:
Vorgewölbt, offen –
Sternblume. Hannebachit.

Bis dann, bei Vollmond

Zuerst die Pferde: Schön im Gegenlicht
die fliegenden Mähnen, und wild
von den Hinterbacken aufgesterzt
die wehenden Schweife.
Tänzelnde, hämmernde Läufe.
Männer in ihren Sätteln – leicht wie Engel.
Indianer – immer schon dagewesen
mit dem Geruch gelöschter Feuer
und einem Vogel, der tot vom Baum fällt,
gerade bei Ankunft der wild entschlossenen
Gegenspieler.

Hoch aufgerichtet die Felsen,
Schicht für Schicht abgeschmeckt
mit Schweiß und Blut.
Vieles Unsichtbare, zum Beispiel das Gras:
Dürftiger, haariger geht es nicht.
So viele Rinder – wovon nur werden sie satt?
Immer Kojoten. Immer ein Säufer. Immer einer,
der herzzerreißend die Mundharmonika bläst.
Immer nur eine Frau für all die Männer.
Große Orgien des Wartens, und immer der eine
Ungeduldige, der die Handlung vom Zaun bricht,
dem gerade von schwebenden Wolken hingerissenen
Zuschauer in die Träume fährt – und
mit dem Messer dem Opfer direkt an die Kehle.
Tabak: Die letzten Krümel aus diesen
speckigen Beuteln in offene Hände …

Ich sehe die deinen, wie sie auf Suche
nach Zündhölzern, – nein, einem Feuerzeug, –
Brust- und Gesäßtaschen abtasten.
Ich sehe den Ledergürtel in deinen Jeans,
seine blank gegriffene Schnalle,
deinen Sattelknopf sozusagen.
Immer hast du die Hemdsärmel aufgekrempelt,
prunkst mit deiner leicht, gesalzenen Haut.
Einmal habe ich dir eine Weste genäht.
Jetzt, wo du wie Lee Marvin unter der Erde liegst,
zwingt mich mitunter der Zufall, die Schranktür
zu öffnen. Deine Weste führt mir dann wieder
deinen vornübergeneigten Körper vor. Dein Dafürhalten,
dass Gerechtigkeit immer ungerecht ausgeteilt ist.

Ich bin die verlassene Braut, kaufe mir selber
mitunter kleine, niedliche Schachteln, die so aussehen,
als wäre da etwas drin. Und einen Whisky!
Ich bin gerade noch nutze, dem Arzt, der die Kugel
aus diesen Leibern holt, das Handtuch zu reichen.
Ich sitze im Nachthemd vor der Glotze,
um diese alten Filme wiederzusehn.
Stets nach Mitternacht. Die nie betretene Heimat
derer, die träumen.
Die den Tod missachten.

Hallo, Reiter! Deinen Schimmel
nehme ich noch, wenn er schon lahmt!

Einkehr

Klopfen am Tor: Ein verlorener Sohn?
eine verlorene Tochter?
Ach, nur ganz klein, ein Däumling,
mit Hut in der Hand …

Kein Bär kam, kein Riese, kein Drache.
Auch nicht Frau Holle, die
allesamt ohne zu fragen ihren Fuß
in den Türspalt zwängen.

Däumeling kam, steht auf der Schwelle,
gefasst auf den Windstoß– und dann den
Türknall. Gefasst aber auch auf die ihm
entgegengestreckten Hände:

Die greifen nach seiner Stille, angeln
nach seinem Geruch, der Erregung
verspricht. Sie gieren nach ihrem Anteil
an der von ihm vollbrachten Entfremdung.

Babelturm, jüngstes Modell

Nicht recht zu wissen
wohin mit sich selbst,
am besten verschwinden,
ganz kurz nur, aufrecht
in einem Loch in der Erde
als Pfahlwurzel sozusagen.
Graben also, graben im Sand,
der alles mit Mühe Erreichte
hinterrücks wieder zurieselt.
Graben im moorigen Norden,
wo das mählich steigende Wasser
jedes Gefühl aus den Füßen
und staksigen Beinen nimmt.
Im gebirgigen Süden graben,
bestaunt von Mönchsgrasmücke und
Stieglitz, die Mitleid empfinden,
weil der Hang einen felsigen Gürtel
unter dem Wiesenhemd trägt.
Hacke, Spaten und Schaufel
ertauben, verlieren den Biss.

Geht der Wind über den Berg,
kämmt das Gras, kämmt er auch
einen Haarschopf. Daneben
aufschießend, niedersinkend
zwei seltne Gewächse, Arme,
fleischfarben der Grube entsprossen
wenn sie Gestein
in die benachbarten Büsche schleudern.
EnrUich Geschrei. Oder Gesang?
Der Entschluss ist gefasst,
dem Erdloch ganz kommentarlos
einen Baum, einen Kirschbaum
einzuverleiben! Wie lustvoll
der Setzling die Wurzeln ausfächert,
der Grube, dem schwarzen Loch,
das zarte Gespinnst übergibt.

Einer hat sich die Hände gewaschen,
Berge von Büchern getürmt,
seine Gedankengänge
in altes Wissen zu graben,
aufrecht, dass oft der Schlaf
nur an ihm vorbeigeht. Sich steigernd,
machtvoll, von seinen Füssen her,
die sich des Dunkels der Erde erinnern,
hält ihn die Sehnsucht wach
endlich zu finden, – vielmehr
gefunden zu werden, wenn sie ihn rufen
und suchen, den unersetzbaren,
einzig besten Geliebten
unter dem Kirschbaum.

Neujahrsnacht

Ihr Sonnen, Monde und Sterne,
verzeiht mir heute mein Denken
ins neue Jahrtausend hinein.
Ihr schwingt und tanzt da oben,
trippelt auf einer Stelle
oder taucht unter –
ich weiß nicht, wann und wieso.
Ihr Unberechenbaren, nur wir hier
rechnen und zählen. Rechnen mit euch,
zählen auf Hilfe des Himmels.
Es gilt nun, die vielen Jahre
mit einer Zwei am Anfang,
zu meistern.
Munterkeit mimend,
ganz wie Gesinde es tut,
trete ich vor, schau aufwärts.
Raketen züngeln ins Dunkel,
recken sich auf, statt meiner.
Ich ziehe die Mütze und grüße.
Bis dann!

Johano Strasser

Eine Art Unfall

Dass du nicht wenigstens mal kurz hineingegangen bist!

Sie sitzt sehr aufrecht, schaut über das Lenkrad hinweg auf die Autobahn.

Ich? Wo? fragt er.

Na, in das Haus, wo du als Kind gewohnt hast.

Wozu? Die Leute, die da jetzt wohnen, kenne ich nicht. Was sollte ich dort?

Ich an deiner Stelle wäre hineingegangen, sagt sie.

Sie an seiner Stelle! Aber sie ist nicht an seiner Stelle. Sie ist weit weg, kann sich gar nicht vorstellen, wie das wäre: an seiner Stelle.

Euer Papa möchte sich mal das Dorf ansehen, wo er als Kind gewohnt hat, hatte sie gesagt.

Und sie? Was möchte sie? Sie ordnet sich seinen Wünschen unter, geduldig, verständnisvoll.

Ich verstehe, dass das für dich wichtig ist.

Für *ihn* ist es wichtig. Was für *sie* wichtig ist, sagt sie nicht.

Das Dorf. Als sie an den ersten Häusern vorüberfuhren, war ihm sofort klar, dass er ihr das nie würde erklären können, was er hier suchte und warum es gerade jetzt sein musste. Sie waren früher schon oft auf der Autobahn hier vorübergefahren, ohne dass er je auf den Gedanken gekommen war, sich das Dorf anzusehen.

Ich will den Kindern mal zeigen, wo ich als Kind gewohnt habe, sagte er.

Jan zumindest scheint interessiert zu sein.

Ist es hier, Papa?

Noch nicht. Noch ein kleines Stück.

Sie fahren langsam die leere Dorfstraße entlang. Eine Abzweigung, zwei einander gegenüberliegende Gasthöfe, eine Kurve, noch eine.

Da ist es.

Wo?

Das da vorn an der Ecke.

Da hast du gewohnt?

Ja, da hat er gewohnt. Sie sagt nichts, aber er sieht ihrem Gesicht an, was sie denkt: Schäbig, denkt sie. Schäbig und ohne Charakter.

Das Fachwerk unter bröckelndem Putz verborgen, Fensterbreschen mit viel zu großen metallgerahmten Scheiben, die Westseite mit Eternitplatten verkleidet. Die beiden alten Linden, die früher davor standen, hätten den tristen Eindruck auch kaum wettgemacht. Sie hat Recht: schäbig und nichtssagend wie tausend andere Häuser auch.

Naja, sagt er. Jetzt habt ihr es gesehen. Jetzt fahren wir wieder.

Es ist schon spät und sie haben noch einen weiten Weg vor sich. Außerdem gibt es ja wirklich nichts zu sehen. Aber nun protestiert Jan, und Maria stimmt ein: Aussteigen! Aussteigen! Sie wollen sich unbedingt das Haus aus der Nähe anschauen.

Na, du bist gut!, sagt sie. Erst machst du die Kinder neugierig, und dann willst du gleich wieder weiterfahren.

Also aussteigen. Sie stehen am Straßenrand, sie mit Maria auf dem Arm, Jan neben ihm, Hand in Hand mit dem Vater. Das Haus, der sandige Platz daneben. Alles wie früher. Bis auf die Linden.

Hier, sagt er, haben wir als Kinder immer gespielt.

Fußball, sagt Jan.

Ja, Fußball und Schlagball und Völkerball und Pinn ...

Pinn? Was ist Pinn, Papa?“

Pinn ist ein Spiel.

Wie geht Pinn, Papa?

Pinn. Ja, wie soll man das erklären?

Hast du ein Taschenmesser? fragt er den Jungen.

Ein Taschenmesser! Auch ohne hinzusehen, merkt er, wie sich ihr ganzer Körper spannt.

Also fragen kannst du! Woher soll der Junge ein Taschenmesser haben. Hast du ihm eins geschenkt?

Ihre Stimme. Sie ist auf einmal richtig heiser. Du lieber Himmel! Was hat er denn gesagt? Zu seiner Zeit hatten Jungen in Jans Alter ein Taschenmesser. Oder bildet er sich das nur ein? Mit einem Taschenmesser könnte er einen Stock von der Haselnussstaude dort drüben abschneiden, einen Pinn schnitzen und Jan zeigen, wie man Pinn spielt: Abschlag aus dem Kreis, Pinn hochnehmen, Doppelschlag ... Gleich morgen wird er ihm ein Taschenmesser kaufen, das wird er dann am Nachmittag vorbeibringen, wenn Jan aus dem Kindergarten heimkommt, oder am Abend, bevor er ins Bett geht.

Ja, also Pinn ...

Aus den Augenwinkeln wirft er einen Blick zu ihr hinüber. Von ihr, das ist klar, ist keine Hilfe zu erwarten.

Weißt du was? sagt er. Ich erkläre es dir nachher, wenn wir weiterfahren. Das ist ein bisschen kompliziert, weißt du? Ich will nur noch schnell einen Blick auf den Hof werfen.

Sie gehen an der linken Seite des Hauses entlang, um die Ecke. Der Hof. Wie ein Hof halt so aussieht. Der Göpel fehlt. Irgendwo hier war früher der Göpel. Das Pony mit den Augenblenden, das immer im Kreis herumging, mit hängendem Kopf immer im Kreis herum. Für einen Augenblick sieht er es ganz deutlich vor sich. Elende, immer währende Ausweglosigkeit.

Als sie zurückkehren, sitzen die anderen schon im Auto und warten. Er öffnet die hintere Tür, lässt Jan auf die Sitzbank klettern, schnallt ihn an, taucht wieder auf, wirft die Tür zu, will die Vordertür öffnen, um sich ans Steuer zu setzen, öffnet sie auch einen Spalt weit –, da sieht er den Radfahrer.

Was ist? Steigst du nicht ein?

Das Knirschen der Kette, wenn der Mann das Pedal nach unten tritt. Das rechte Pedal. Das linke Bein bleibt gestreckt, steif, unbewegt. Vorn am Lenker hängt der Krückstock. Ein großer, schwerer Mann, dunkelblaue Joppe, blaue Arbeitshose, die Skippermütze tief ins Gesicht gezogen. Jetzt schaut er herüber, schaut und radelt mit knirschender Kette vorbei. Bevor er hinter der Kurve verschwindet, dreht er sich noch einmal um.

»Was sagst du?«

Er ist eingestiegen, hat den Motor angelassen, greift nach dem Gurt, um sich anzuschnallen.

Jetzt sollten wir aber langsam weiterfahren, sagt sie. Meinst du nicht?

Ja, natürlich, sagt er. Aber dann zögert er, weil ihm plötzlich noch etwas eingefallen ist.

Nur noch kurz zur alten Schule, sagt er. Liegt auf dem Weg. Eine Minute.

Wenden und wieder die Dorfstraße entlang, dorthin, wo der Radfahrer verschwunden ist. Das linke Bein, denkt er. Es war das linke Bein. Müßte jetzt auch Ende Vierzig sein. Luke Kalmau ... Dem Alter nach könnte er es gewesen sein.

Wie geht Pinn, Papa?

Gleich, mein Junge. Ich will nur mal schnell etwas anschauen. Bleibt sitzen. Bin gleich wieder da.

Das alte Schulhaus ist jetzt das Heimatmuseum. Daneben das Haus mit dem Walmdach, dort wohnten die Kalmaus. Er geht zur Tür, sieht das Namensschild neben der Klingel: Kalmau! Wohnt also tatsächlich immer noch hier. Und dort an der Wand steht auch sein Fahrrad. Ob Luke ihn erkannt hat? Nach all den Jahren?

Als er sich umwendet, um zum Auto zurückzukehren, hat er den Eindruck, dass er beobachtet wird. Die Gardine am Fenster unten, hat sie sich bewegt?

Vielleicht steht er da drinnen am Fenster und schaut ihm nach, denkt sich sein Teil, ist vielleicht ganz froh, dass er wieder geht und ihm so die Peinlichkeit des Wiedersehens erspart.

Ach ja. Also Pinn ... Also zunächst brauchst du mal ein Taschenmesser.

Sie hat eine Art, vor sich hinzuschauen, die ihn ganz nervös macht. Diese zur Schau gestellte geduldige Teilnahmslosigkeit hat ihn immer schon geärgert. Dabei entgeht ihr in Wirklichkeit nichts. Alles registriert sie, wartet nur darauf, ihm eins auswischen zu können.

Mit dem Taschenmesser, sagt er, schneidet man sich einen Stock, etwa einen Meter lang. So dick wie ein Besenstiel etwa, nur nicht so lang. Und dann schnitzt man sich einen Pinn. Das ist ein rundes Stück Holz von etwa zehn Zentimeter Länge, das an beiden Enden angespitzt ist. Sieht aus wie ein dicker Bleistift mit zwei Spitzen. Jetzt zeichnet man in den Sand einen Kreis von etwa einem Meter Durchmesser.

Durchmesser! sagt sie. Wie soll der Junge denn das verstehen?

Er versteht mich ganz gut. Nicht wahr, du verstehst, was ich meine? Man zeichnet einen Kreis, in dem du und ich bequem nebeneinander stehen können.

In diesen Kreis stellt sich nun der eine Spieler, während der andere in zehn bis fünfzehn Metern Abstand steht und wartet. Ach ja, das habe ich vergessen: es können immer nur zwei Personen spielen. So, und jetzt kommt's. Der, der im Kreis steht, schlägt den Pinn mit dem Stock so weit in die Richtung des anderen, wie er kann. Der andere ...

Welcher andere? fragt Jan.

Na, der, der als zweiter mitspielt, der in zehn, fünfzehn oder auch zwanzig Metern Entfernung steht, je nachdem, wie weit der erste den Pinn vermutlich schlagen wird. Der versucht also den Pinn zu fangen.

Fahr doch mal rüber auf die rechte Seite! sagt sie. Da will dich einer schon die ganze Zeit überholen.

Als ob er das nicht selber sieht! Was muss der denn hier überholen? Aber bitte, soll er doch gegen einen Baum rasen. ROW. Natürlich, ein Einheimischer. Das sind immer die Allerschlimmsten, denken, weil sie hier jeden Tag ein paar Mal entlang fahren ...

Also der andere ... sagt er. Wenn der den Pinn fängt, macht er an der Stelle, wo er ihn gefangen hat, einen Strich, nimmt Anlauf und macht drei Sprünge auf den Kreis zu. Von dort versucht er den Pinn dann in den Kreis zu werfen. Gelingt ihm das *nicht* ...

Meinst du nicht, dass du den Jungen überforderst? Das begreift doch kein Mensch mehr, was du da erklärst.

Sie schaut nicht zu ihm rüber, spricht einfach in die Luft.

Willst du es ihm erklären? Mach doch aus dem Jungen nicht immer einen Idioten. Er versteht ganz gut, was ich sage. Außerdem kaufe ich ihm morgen ein Taschenmesser und dann zeige ich ihm, wie es geht.

Na, das möchte ich mal sehen, dass du dir Zeit nimmst für den Jungen.

Schweigen. Beide schauen nach vorn auf die Straße.

Ist das wahr, Papa? Kriege ich ein Taschenmesser?

Ja, bekommst du. Also pass auf! Wenn der andere, der, der nicht den Pinn abgeschlagen hat, wenn der jetzt den Kreis *nicht* trifft, wenn der Pinn also irgendwo neben dem Kreis liegen bleibt, dann kann der Aufschlagende Punkte machen. Mit dem Ende des Stockes tippt er auf eine der Spitzen des Pinns, so dass der hochhüpft, und schlägt ihn dann so weit vom Kreis weg, wie er kann. Das darf er dreimal machen. Dann wird die Entfernung zum Kreis gemessen: jeder Meter ein Punkt. Ach ja, und dann gibt es noch den Doppelschlag. Ein Doppelschlag zählt zwanzig Punkte, ein dreifacher dreißig und so weiter. Wenn der eine seine Punkte gemacht hat, werden sie aufgeschrieben und der andere kommt mit Abschlagen dran. Immer abwechselnd ...

Die Kinder sind eingeschlafen. Die Autobahn kaum befahren. Hinter ihnen geht rot und orange die Sonne unter. Luke Kalmau war der beste Pinnspieler von allen.

Auch beim Schlagball und Völkerball war er der beste. Und beim Fasseloh war er überhaupt nicht zu kriegen, konnte Haken schlagen wie ein Hase. Vielleicht hätte er doch klingeln sollen, nur kurz Guten Tag sagen. Natürlich hatte Luke ihn erkannt. Sonst hätte er sich nicht umgedreht, als er auf dem Fahrrad vorüber fuhr.

Soll ich mal ein Stück fahren? fragt sie.

Früher fuhr meistens sie, wenn sie zusammen unterwegs waren. Seine Art zu fahren, macht sie nervös. Sagt sie jedenfalls. Bitte, soll sie fahren. Ihm ist es egal.

Okay, sagt er. Er fährt auf den Rastplatz, steigt aus, vertritt sich die Beine.

Die Kinder sind gottseidank nicht aufgewacht. Es wird langsam dunkel, feine Nebelschleier senken sich auf das Wiesengrün. Wenn man sich das vorstellt, denkt er: wo der doch immer zur See wollte, Weltreisen, Abenteuer. Und jetzt hockt er immer noch in diesem Nest.

Dass du nicht wenigstens mal kurz hineingegangen bist, sagt sie.

Ich? Wo?

Na, in das Haus, wo du als Kind gewohnt hast.

Wozu? sagt er. Die Leute, die da jetzt wohnen, kenne ich nicht. Was sollte ich dort?

Ich an deiner Stelle wäre hineingegangen, sagt sie.

Sie an seiner Stelle! Na, das hätte er sehen mögen! Hallo, Luke! Erkennst du mich noch? Was Luke wohl gesagt hätte? Gleich nach dem Abitur waren sie abgehauen, Sigi, Olli, Detlev. Er auch. Hamburg, München, Berlin. Sigi ging später in die Schweiz. Nur Luke blieb im Dorf. Er, der sich immer am weitesten fortgeträumt hatte.

Es war ein Unfall. Sigi hatte den Bunker entdeckt. Hatte einen komischen Nachnamen der Sigi: *Meergans*. Er hatte den Bunker entdeckt. Der Beton fast ganz mit Brombeergesträuch überwachsen, die Eisentür verrostet, ließ sich kaum öffnen. Alle fünf mussten sie ziehen, damit sie aufging. Drinnen kistenweise Gewehrmunition, Flakmunition, Stangenpulver, Blättchenpulver, abgepackt in kleinen Leinensäckchen. Als sie am Abend heimgingen, tarnten sie den Eingang mit Laub und Zweigen, und Luke ließ alle schwören, kein Wort davon verlauten zu lassen. Vor allem den Eltern gegenüber nicht.

Luke Kalmau, Sigi Meergans, Detlev Rockenfeld, Olli Baynczyk und er. Flüchtlingskinder. Unzertrennlich waren sie, spielten immer zusammen. Die Bauern wollten damals mit den Flüchtlingen nichts zu tun haben. Später änderte sich das. Obwohl: richtig heimisch wurden die Flüchtlinge nie im Dorf. Sind ja bald auch alle wieder fortgezogen. Bis auf Luke.

Er sitzt da mit geschlossenen Augen, schläft aber nicht. Dieser Unfall damals … Sie standen oben auf der Schotterstraße, als es passierte. Plötzlich flog der halbe Bunker in die Luft. Ein dumpfes Krachen, unter ihren Füßen zitterte der Boden. Dann kam schwarzer Qualm aus der Bunkertür, und sie hörten Luke schreien.

Aber sie konnten nicht zu ihm hinein, weil ein Teil der Decke heruntergekommen war. Also liefen sie ins Dorf, um Hilfe zu holen. Mehrere Stunden dauerte es, bis ihn die Feuerwehr unter dem Beton hervorgeholt hatten. Der Arzt fuhr ihn gleich ins Krankenhaus nach Rotenburg.

Habt noch Schwein gehabt, sagte Sigis Vater. Der Luke hätte genauso gut tot sein können.

Später als Luke aus dem Krankenhaus gekommen war, spielten sie nachmittags immer auf dem Schulhof. Lukes Mutter stopfte ihm dann zwei Kissen in den Rücken, und er saß hinter dem Fenster und sah ihnen zu. Bevor sie heimgingen, stellten sie sich immer vor seinem Fenster auf und blieben eine Weile so stehen, damit er sich ihre Gesichter einprägen konnte bis zum nächsten Tag. Dann musste Luke noch einmal ins Krankenhaus, und als er wiederkam, hatte er ein Holzbein und zwei Krücken. Vielleicht hätte Luke auch mit seinem Holzbein Schlagball oder Pinn spielen können. Aber er wollte nicht. Er stand nur immer am Rand und sah ihnen zu.

Schläfst du? fragt sie.

Nein, sagt er.

Was hätten wir denn tun sollen, denkt er. Wir konnten ihm sein Bein doch auch nicht wiedergeben. Wir waren Kinder, wir hatten doch gar keine Ahnung, was da alles passieren konnte. Der Bunker war unsere Räuberhöhle und Luke unser Räuberhauptmann, weil er der Stärkste und der Mutigste war. Er war es, der das Streichholz an die Pulverstange hielt, wenn wir schon alle platt auf dem Bauch, Hände über dem Kopf, hinter der Böschung lagen. Erst kurz bevor es krachte, schwang er sich neben uns, schrie: Unten bleiben! Dann kam die Explosion und wir hörten das Geschoss davonheulen.

Flakgeschosshülsen mit Blättchenpulver gefüllt, mit einem Stein fest ineinander geschlagen. Das eine Ende wird in die Erde gesteckt. Durch ein Loch, das man mit einem Nagel in die untere Hülse schlägt, steckt man eine Pulverstange. Streichholz dran und: wamm! Es war Ollis Idee, aber nur Luke traute sich, das Streichholz daran zu halten.

An dem Tag, als der Unfall passierte, regnete es, und sie saßen im Bunker und wussten nicht, was sie mit sich anfangen sollten. Luke war hinten in dem kleinen Nebenraum, wo es einen Tisch gab und ein Regal und einen Schrank. Er kramte in Papieren herum, die er dort gefunden hatte. Die anderen saßen vorn an der Tür. Sie spielten mit dem Stangenpulver. Sigi zündete eine Stange mit dem Streichholz an, hielt sie in der Hand, bis die zischende Flamme sich seinen Fingern nähert, und warf sie dann zur Tür hinaus ins nasse Gras.

Los, jetzt du! sagte er.

Ich?

Hast du Angst?

Er hielt die Pulverstange zwischen Daumen und Zeigefinger, sah, wie Sigi das Streichholz daran hielt, wie die Flamme gelb aufzischte.

Angst? Ich?

Zischend kroch die Flamme auf seine Finger zu.

Schmeiß sie weg! rief Sigi. Aber er stand nur da, grinste ihn an. Er hatte keine Angst, er nicht.

Plötzlich ein stechender Schmerz, er schrie, schlug um sich.

Bist du verrückt? schrie Sigi. Alle schauten auf die zischende, glühende Pulverstange, die oben auf den Leinensäckchen lag.

Bloß weg hier!

Olli war der erste, der nach draußen lief. Oder Detlev. Alle rannten sie zur Tür hinaus, durch das nasse Gras bis zur Schotterstraße. Dort blieben sie stehen, horchten. Nichts. Vollkommene Stille. Plötzlich müssen sie lachen, können gar nicht mehr aufhören zu lachen, stehen da, lachen, halten sich den Bauch, Tränen in den Augen. Dann kracht es. Zuerst einige kleinere Explosionen, dann ein dumpfer Schlag, der die Erde zittern lässt. Als es wieder still ist, quillt schwarzer Rauch aus der Bunkertür und sie hören Luke schreien.

Wir sind bald da, sagt sie.

Er schreckt hoch, starrt sie einen Augenblick an, als wäre sie eine Fremde.

Soll ich dich absetzen oder kommst du noch mit? Sie wendet den Kopf, sieht ihn an. Zum ersten Mal. Er sieht müde aus. Müde und bedrückt.

Was ist? Ist was? fragt sie.

Nein, nein, sagt er. Natürlich bringe ich die Kinder noch mit ins Bett. Und dann auf einmal: Dieser Radfahrer, weißt du, der mit dem Holzbein …

Welcher Radfahrer?

Als wir uns das Haus ansahen und Maria und du schon wieder im Auto saßt, da kam er vorbei. Hast du ihn nicht gesehen?

Nein. Was ist mit ihm?

Er war der beste Pinnspieler im Dorf. Luke Kalmau. Wir waren Freunde. Richtig geschwärmt habe ich damals für ihn. Nach der Schule wollte er zur See fahren, eine Weltreise machen, Abenteuer erleben. Und nun wohnt er immer noch dort. Ist das nicht schrecklich?

Du meinst, dass er unglücklich ist? fragt sie.

Na, hör mal! sagt er. In einem solchen Nest! Wo er doch immer wegwollte!

Sie lächelt. Warum lächelt sie jetzt? Ganz deutlich sieht er im Lichtschein eines entgegenkommenden Autos ihr Gesicht. Alle Härte ist daraus verschwunden. Ein feines, fast unmerkliches Lächeln. Ganz nach innen gewandt. Natürlich ist es nicht das Dorf. Unglücklich kann man überall sein. Vielleicht sollte ich ihr erzählen, denkt er, dass auch ich unglücklich bin, dass ich eigentlich gar nicht weggehen wollte damals, dass mir nur plötzlich alles so ausweglos erschien, sie, die Kinder und ich. Eigentlich, denkt er, wollte ich es gar nicht. Es geschah gegen meinen Willen. Erst als ich schon gegangen war, begriff ich, was sich zwischen uns zugetragen hatte: eine unaufhaltsame Entwicklung, ohne Täter, ohne Schuld. Eine Art Unfall.

Johano Strasser

Hamburger Simulation

Druck & Verlag Publizität
Vormals Voltaire etc. pp.
Roß und Reiter in alle Richtungen
Jetzt gehn wir die Wörter mal der Reihe nach durch:
Hautkrebs (halbfett)
Pazifismus (dito)
Kilometerpauschale (nach Seite eins)
Landtagsdiätenerhöhungsbeschluß
Zwischen den Zeilen tanzen die Mücken
So tot ist die Gegend hier gar nicht Wer
Sich die Mühe macht hinzuhören
Kann sich nicht täuschen:
Der Webstuhl der Zeit

Damen und Herren: Die Demokratie
Fährt auf vier Rädern und hat einen Stander
Das zu bezeugen ist unser aller
Chronistenpflicht
Die Wirtschaft Der Wohlstand Und alles
Was recht ist
In unsrer Bescheidenheit lassen wir uns
von niemand (halbfett)
Übertreffen

Ludwig Lugmeier

»Mach was draus«, dachte ich mir …

Lugmeiers Katze (Porträt: Markus Epha): »… eine launische Königin, die von ihrem Hausrecht Gebrauch macht – und uns abrichtet, ihr Stoffmäuse zu werfen.«

Porträt mit Katze

Auf der Fensterbank eine Dose mit Ölsardinen, auf der drei Köche mit fliegenden Schürzen zu sehen sind, eine vertrocknete Rose, die aus einem Geburtstagsstrauß stammt, ein staubiger Kaktus, ein Rehbockschädel, gelb und verwittert. Über dem Schreibtisch eine Lithographie mit einer Kranken, auf der ein Herr mit Zylinder durch einen Schlüsselring späht. Auf dem Bücherregal neben halbleerer

Cognacflasche Petris Fremdwörterbuch, der große Kulturplan, Romane, Kinderbücher, Biografien, Lexika, ein hölzerner mexikanischer Engel, der die linke Hand als Teleskop benützt, um aus dem Fenster zu sehen, hinter dem ein kahler Ahornbaum steht, sowie ein Mietshaus, über dessen Giebel die Sonne empor steigt, um bald wieder hinter dem Dach zu verschwinden, doch jetzt Zimmer und Interieur in goldenes Licht taucht. Neben der Cognacflasche Aquarellbilder: eine Taube, eine Seiltänzerin, ein Drache, vor dem, durch einen kaum wahrnehmbaren Luftzug, Spinnfäden wehen.

Zur Kranken zurück. Sie ist nackt, liegt auf einer Trage mit Pferdebeinen, wird von Dämonen umlagert, und einer hält ihr den Mund zu, damit sie nicht stöhnt oder spricht. Über dem Sofa aufgehängt ein Holzschnitt (Ausstellungsplakat, Max Ernst, Köln, 1964) das einen mit Anzug bekleideten Bürger zeigt, der einen Habichtskopf trägt und vor dem die Phantasmagorie einer unbekleideten Frau schwebt. Sie hat ihm das Gesicht zugewandt, ihm, der sie mit dem Fuß auf sein Messer gespießt hat, aus Versehen vielleicht, weil es sich auf der Jagd so ergab, – wenn du davor stehst, bist du im Fokus des Raubvogelblicks. Auf dem Sofa die Katze. Sie ist schwarz und hat Sonne im Fell, ihre Pupillen sind zu Schlitzen verengt, sie sieht rätselhaft aus, rätselhaft wie auf einmal das Zimmer, in dem der Fotograf mit der Kamera tastet, über die Fensterbank, über die vertrocknete Rose, den verwitterten Schädel, den mexikanischen Engel, die Lithografie mit der Kranken, die Aquarelle, die Bücher, zur Katze mit den schmalen Pupillen, zum Bildnis des Jägers.

Ich sage: Sein Blick fokussiert.

Ich behaupte: Die Jagd ist eine ethnologische Konstante.

Ich erzähle mit meinen Bildern Geschichten, erwidert der Fotograf.

Während er nach den Geschichten sucht, die sich im Zimmer befinden, halte ich meine Katze.

Zwischen Emden und Bremen

Würde mir jemand ein Zugtickett schenken, ich nähm es nicht an. Schenken Sie es einem andern, würde ich sagen. Ich habe noch an meiner letzte Zugfahrt zu tragen. Dabei liegt die Reise dreieinhalb Jahre zurück. Sie führte von Emden nach Bremen, und ich döste dabei oder blätterte im Katalog meiner Branche. Hinter dem Fenster wischte die Landschaft vorüber, so dass ich mich fragte, ob sie eine Einbildung sei. Als ich mit dem Fuß an einen weichen Gegenstand stieß, der sich unter der Sitzbank befand. Vielleicht ein Polster, auf den Boden gerutscht. So etwas ging mir jedenfalls durch den Kopf, ein halbbewusster Gedanke – bis ich Gurgelgeräusche vernahm. Kurz darauf breitete sich eine Blutlache aus. Unterm Sitz lag eine Tote. In ihrem Rücken steckte ein Dolch.

Ich bin Handelsvertreter für Damenunterbekleidung. In meinem Musterkoffer befanden sich Korsagen, Miederhöschen und Strümpfe, wie sie meine Kundinnen wünschen, um den Herrn zu gefallen, feinste Brüsseler Spitze, auch gewisse Apparaturen, doch ich will nicht ins Detail gehen. Diskretion ist das Markenzeichen meines Gewerbes.

Also eine Tote. Gemeuchelt mit einem Dolch. Da flogen vor dem Fenster Wälder und Felder vorbei und ich saß, ja, ich ritt auf einer Toten durch diese Landschaft und war in Gefahr, verhaftet zu werden. Wer würde mir glauben, ich hätte nichts mit der Toten zu tun? Die Beamten der Mordkommission müssten sich das Grinsen verbeißen. Der Staatsanwalt würde lautschallend lachen. Sehen sie nur ihre Schuhe! Blutbesudeltes Hemd! Gesicht und Hände verschmiert! Haben Sie sich beim Rasieren geschnitten? Natürlich würde der Schaffner beschwören, er habe vor der Abfahrt unter die Sitze geschaut und keine Tote bemerkt.

Zum Glück hatte er schon das Billett kontrolliert. Doch aus dem Abteil nebenan waren Stimmen zu hören und auf dem Gang standen Eltern mit Kindern. Was würden sie denken, wenn ich in ein andres Coupé wechselte, noch dazu mit diesem gewaltigen Koffer? Dafür braucht man doch einen Grund.

Ich zog also die Vorhänge zu, damit niemand ins Abteil sehen konnte, und schob, so gut es nur ging, die Tote unter die Bank. In meiner Verzweiflung nahm ich ein Negligé aus dem Koffer und tunkte das Blut auf. Kaum war ich fertig, rollte die Tote unter den Sitzen hervor. Sie schien sich zu weigern, den Tod anzuerkennen, schnappte nach Luft und drängte ins Leben zurück. Dabei quoll ihr die Zunge heraus und eines der gebrochenen Augen fokussierte sich wieder. Schließlich seufzte sie und beschuldigte mich, ich hätte ihr das Leben geraubt. Zugleich forderte sie meine Hilfe. Es war völlig absurd. Weshalb sollte ich helfen, wenn ich sie hatte umbringen wollen? Doch was blieb mir anderes übrig?

»Halt die Schnauze, du Hure!«, sagte ich und zog ihr den Dolch aus dem Rücken. Ich wischte ihr mit meinem teuren Batisttaschentuch das Blut von den Lippen und plazierte sie auf den Sitz gegenüber. Doch sie gab keine Ruhe, verlangte Coca Cola und Kekse und drohte, den Schaffner zu rufen. Sie zog die Gardine zurück und schreckte mit blutleerem Grinsen die Kinder. Ich habe als Handelsvertreter schon vieles erlebt, doch diese Begegnung … Da stecke ich, um endlich in Ruhe gelassen zu werden, dieser Leiche einen Keks in den Mund, und was ist der Dank? Beißt mich in die Hand! Beißt mich in die Hand, hängt dran wie eine Ratte, lässt nicht mehr los, lässt einfach nicht los, und ich, ich schleudere sie im Abteil hin und her, stöhne und schrei, zieh die Notbremse, reiß den Koffer herunter, zerr das verkommene Stück auf den Gang, vorbei an entsetzten Eltern und brüllenden Kindern, vorbei am hilflosen Schaffner, hinaus aus dem Zug, schlepp sie hinter mir her durch Moor und Gestrüpp, durch Wälder und Felder, durch diese verwischte, verschwommene Landschaft zwischen Emden und Bremen, und stopfe sie endlich in diesen Koffer, in dem ich sie seither herumtragen muss.

Gelbe Lichter

Der Sessel, eine Art Liege, war so konstruiert, dass ich mich angenehm zurücklehnen konnte. Natürlich wusste ich, der Hypnotiseur würde gleich beginnen und der Sessel ihn dabei unterstützen.

»Sind Sie mit dem Sessel zufrieden?« fragte der Hypnotiseur.

»Ja«, antwortete ich.

»Lehnen Sie sich zurück. Wenn wir Erfolg haben wollen, dürfen Sie keinen Widerstand leisten.«

Er hatte ein Bein übers andre geschlagen, sah mir in die Augen und beugte den Oberkörper ein wenig nach vorn. Daran, wie er die Vokale dehnte, beinahe als unterdrückte er bei jedem ein Gähnen, erkannte ich, dass er mich bereits zu hypnotisieren begann. Die kleine Unsicherheit, die ich verspürte, denn wie sollte ich wissen, wohin er mich führte, schwand mit jedem weiteren Satz. Und dass auf seinen Schultern ein Löwenkopf ruhte, bestärkte mein Vertrauen in ihn.

Sie (oder sagte er Du, ich glaube, er duzte mich schon) Du hast eine Eintrittskarte gelöst und gehst durch den Zoo. Du gehst ruhig und gemütlich. Das Leben währt lang, und Du hast unendlich viel Zeit. Unendlich viel Zeit. Viele Jahre liegen vor dir, viele Jahre, denn du bist noch jung und das Wetter ist schön. Die Sonne scheint auf Bären und Büffel, auf Antilopen und Zebras, auf Eulen und Affen, und die Wolken am Himmel werden weiterziehen und verschwinden. Es ist so schön durch den Zoo zu spazieren und die Tiere zu sehen. Sie sind ganz bei sich. Sie grasen und schlafen. In ihren Körpern wohnt Ruhe. Tiefe Ruhe. Mitternächtliche Ruhe.

»Ja«, hauchte ich und versuchte ihm in die Augen zu sehen.

Doch da blickte er schon an mir vorbei. Es war, als nähme er mich nicht mehr wahr. Er starrte in eine andere Richtung. Es war, als gäb es mich nicht. Und dabei hatte ich ihm nichts getan? Ich stand doch im Zoo, mit den Armen auf die Brüstung gestützt, und sah über den Wassergraben hinweg zu ihm hinüber. War ich ihm nicht mehr wichtig? Hatte er mich vergessen? Er musste doch wissen, musste mit Sicherheit wissen, dass ich da stand, denn als in hundert Schritten Entfernung ein Vogel aufflog, bewegte er mit kurzem Ruck seinen Schädel und verfolgte den Flug. Wie sollte er da mich nicht bemerken?

Minutenlang standen wir so, unbeweglich, ich meine Augen in seine Mähne verkrallt, er die seinen in die Ferne gerichtet, vielleicht auf die Wolken am Himmel, die zu dunklen Bäuchen anwuchsen und die Sonne verschluckten.

Ich bin doch ein Tier wie er selbst, dachte ich, und da, als hätte er meinen Gedanken gelesen, wandte er mir den Blick zu. Gelbe Lichter voll Hass. Sie drangen mir hinter die Augen und riefen eine Schwere hervor, eine Mattigkeit wie bei einem geschlagenen Tier.

Als ich zurück ging, schleppte ich mich als Sack durch den Zoo. Zugleich begann es zu regnen, nieslig und fein. Der Regen durchdrang meine Kleider, und meine Beine wurden so schwer, als trüge ich Schuhe aus Blei, so dass ich mich schließlich auf eine Bank setzen musste.

»Natürlich bist Du auch ein Tier«, sagte der Hypnotiseur. »Also geh zurück zum Gehege! Kletter über die Brüstung! Schwimm durch den Graben! Der Löwe wartet auf Dich. Er ist einer wie Du.«

Und da ging ich zum Gehege zurück, kletterte über die Brüstung, schwamm durch den Graben, trat dem Löwen entgegen, seinen Lichtern voll Hass, seinen Zähnen, mit denen er mich zerfleischte, und als ich erwachte, leckte ich mir das Blut von den Tatzen.

Ein Ziehen zwischen den Schultern, ein unbestimmbarer Schmerz. Immer öfter. Vielleicht das Alter. Ich war neunundsechzig. In Japan hatte es eine Frau auf einhundertundvierzig Jahre gebracht. Verglichen mit ihr, stand ich noch in der ersten Hälfte des Lebens. Mein Hausarzt diagnostizierte eine leichte Rückgratverkrümmung und verordnete Krankengymnastik. Das Ergebnis: der Schmerz wurde schlimmer und ich immer krummer. Zuletzt schlurfte ich, als hätte ich die Hosenträger an den Schuhen befestigt.

Mit schmerzverzerrtem Gesicht holte ich Brötchen. Mit schmerzverzerrtem Gesicht stieg ich die Treppe hinauf. Manchmal winselte ich wie ein Hund. Mein Appetit kam abhanden. Ich wurde dünner und dünner. Dabei hatte ich früher einen Schmerbauch gehabt. Was waren das noch für Zeiten gewesen! Und jetzt die Schadenfreude in den Gesichtern. Übler noch: Mitleid! Widerwärtige Bereitschaft zu helfen.

Die Menschen warten doch nur darauf, helfen zu können. Sie lassen keine Gelegenheit aus. Je gebeugter man geht, desto unverfrorener machen sie von deiner angeschlagenen Gesundheit Gebrauch. Der eine hilft dir auf den Gehsteig, der andere reißt dir die Tür auf. Sie genießen es richtig und straffen die Schultern. Es kommt einem jegliche Würde abhanden. Zuletzt fühlt man sich wie ein Tier. Wie ein Schwein. Wie ein Hund. Ist dies die Bestimmung des Menschen?

Gut, ich bin degeneriert. Ich bin ein Opfer der Evolution. Meine zu kurz geratenen Vorderbeine sind der beste Beweis. Vom Fell meiner Vorfahren sind nur auf dem Kopf, unter den Achseln und an der Scham dürftige Reste geblieben. Daran lässt sich nichts ändern. Mach das beste daraus! Das dachte ich mir und ging instinktiv in die Knie, beugte probeweise den Rumpf – es fehlte nicht viel bis zum Boden – und begann auf allen Vieren zu kriechen. Und sieh einer an: der Schmerz war verschwunden. Wie weggeblasen.

Mir wurde klar: Ich hätte mich weiland nicht aufrichten sollen. Ich hätte in meiner Kindheit zurück bleiben müssen, mit allen Vieren am Boden. Ja, ich hätte kein Mensch werden dürfen. Der aufrechte Gang dient nur einer hybriden Verblendung. Im Verlauf einer Woche lernte ich auf allen Vieren zu gehen. In der folgenden Woche sprang ich schon über Polsterstühle und Sofa und tobte in der Wohnung herum. Ich zerfetzte mit meinen Zähnen Gardinen und Teppich, bellte und kläffte vor Freude und war zufrieden mit mir. Wenn ich durch den Park galoppierte, wichen die Menschen zur Seite.

»Mama«, rief einmal ein Junge, »sieh nur diesen Hund! Er sieht aus wie ein Mensch.«

»Kind«, klärte seine Mutter ihn auf, »solche Promenadenmischungen kommen durch Vermendelung unterschiedlicher Rassen zustande.«

Ein typisches Beispiel für die Ignoranz und Dummheit des Menschen.

Frau Wirsing, ein verschlagenes Weib, dem die Frömmigkeit aus den Unaussprechlichen stinkt, sollte sich beim Hausbesitzer beschweren. Als dieser in meine Wohnung zu dringen versuchte, kam es zum Eklat – mit dem Ergebnis, dass er mit zerfetzten Hosenbeinen abziehen musste. Ha, die entsetzten Blicke der Wirsing! Welche Genugtuung ich dabei empfand!

Es ist schon erstaunlich, was für einen Respekt man als Promenandenmischung erfährt. Auf den Straßen treten die Menschen zur Seite. Zeigt man die Zähne, tritt nackte Angst in die Gesichter. Pisst man an Laternen und Bäume, wagt es niemand, einen zu hindern. Ich hätte schon früher drauf kommen sollen. Was für ein erbärmliches Wesen war ich doch gewesen. Auf unsicheren Beinen bin ich durchs Leben gewandert. Meine Arme haben an den Flanken gebaumelt und mit meiner Fistelstimme hätte ich die Königin der Nacht singen können. Jetzt belle ich tief aus der Brust, und wenn mich bei Gedanken an früher die Wut überkommt, zieh ich die Lefzen hoch und fletsche die Zähne.

Dann wirft mir die Fleischerin Wurstreste hin.

Michael Schulte

Die Wandlung – Ein Bericht

Es ist zu spät, ich kann mich nicht mehr tätowieren lassen. Nur bei drei Freundinnen hatte es zu diesem Thema Diskussionen gegeben, bei den Ehefrauen nie. Meine erste Freundin, sie hieß Christiane, hatte vorgeschlagen, wir sollten unsere Handgelenke zum Zeichen ewiger Liebe mit einem Herz inklusive gegenseitigem Namenszug verzieren. So rein hypothetisch, sagte ich, nur mal angenommen, es wird doch nichts aus der ewigen Liebe, und wir trennen uns nach ein paar Jahren oder Jahrzehnten, und du angelst dir einen anderen, dann wird der, jedes Mal, wenn er dein rechtes Handgelenk sieht … Christiane ließ mich nicht ausreden, machte einen Mordszirkus, spräche ich jetzt schon von Trennung, da wäre es wohl besser, die Beziehung gleich in die Tonne zu werfen. So habe ich das doch nicht gemeint, sagte ich, ich könnte auch einen tödlichen Autounfall haben, und dann säße sie da mit ihrer Tätowierung. Erstens hast du keinen Führerschein, erwiderte sie und fing zu heulen an. Und zweitens?, fragte ich leise, meinen Arm um sie legend. Wenn schon ein Autounfall, flüsterte sie, dann möchte ich mit dir zusammen sterben. Das rührte mich so sehr, dass ich um ein Haar in die Tätowierung eingewilligt hätte, doch gottlob gab es in Göttingen kein entsprechendes Studio.

In Frankfurt war das anders. Anja, meiner zweiten Freundin, erzählte ich von meiner ersten Freundin und ihrer Anregung, das Bündnis mit einer Hautgravur zu festigen. Das ist eine klasse Idee, rief Anja, und war Feuer und Flamme. Ich machte nicht erneut den Fehler, auf die Möglichkeit eines prämortalen Endes unserer Verbindung hinzuweisen. Anja kam anderntags mit einem Katalog zu mir, einem Katalog, den sie bei einem Tätowiersalon in der Kaiserstraße ausgeliehen hatte. Nun hatte ich leichtes Spiel, ich lehnte jedes Motiv, das ihr gefiel, als geschmacklos ab. Was schlägst du denn vor?, wollte sie wissen. Ich wies auf einen Dreimaster, ein Piratenschiff mit Totenköpfen, Kanonen und hohem Wellengang. Zu meinem Entsetzen war Anja begeistert. Aber leider hätte dieses Kunstwerk für jeden viertausend Mark gekostet, was unsere finanziellen Möglichkeiten sprengte. Ich werde uns das zur silbernen Hochzeit schenken, sagte ich. War das ein Heiratsantrag?, fragte Anja. Noch nicht, sagte ich. Bei meiner dritten Freundin war ich es, der eine Doppeltätowierung wollte. Es war der bequemste Weg, Dagmar loszuwerden. Ich habe mir das gemerkt für künftige Trennungen, es gibt keinen Streit, keine Dramen, eine schöne Zeit geht zu Ende, nur weil die Partnerin sich nicht tätowieren lassen möchte, man geht noch einmal essen in ein hübsches Restaurant und beschließt, gute Freunde zu bleiben.

Wer lässt sich tätowieren? Knastbrüder und Matrosen, zuweilen auch Kraftsportler. Als ich die ersten langen Hosen bekam, und später noch, war es mein Traum, zur See zu fahren. Mein Lieblingsbuch war *Der rote Freibeuter* von James Fenimore Cooper. Aber ich wollte nicht Pirat werden, sondern Kapitän. Für einen Kapitän kommt eine Tätowierung nicht in Frage. Nehmen wir an, er verliebt sich während einer Weltreise in eine britische Gräfin und lädt diese zum Dinner in seine Kajüte, und die Gräfin bemerkt beim Verzehr ihrer Geleeforelle, dass der Unterarm ihres Gastgebers mit einer tätowierten Meerjungrau dekoriert ist, dann hilft die geistreichste, die charmanteste Konversation nichts mehr, niemals würde die Aristokratin sich einem Mann mit solch ordinärer Beschmückung hingeben. Man muss sich früh entscheiden: ein Leben in Mehrbettkajüten zwischen unrasierten, schnarchenden, nach Rum stinkenden Burschen oder die höhere Laufbahn. Ich habe beide Alternativen in den Wind geschlagen, als mir klar wurde, dass auf einem Schiff, so der so, die Arbeitskollegen ausschließlich Männer wären, wo ich doch Frauen viel lieber mochte. Britische Gräfinnen gibt es nicht nur auf Passagierdampfern.

Mit zwölf Jahren war ich erstmals in eine Adelige verliebt gewesen. Die Gräfin Thun wohnte im Zimmer neben uns im *Haus Savoy* in München. Sie war gut dreißig Jahre älter als ich, was meiner flammenden Leidenschaft keinen Abbruch tat. Nachts im Bett träumte ich vorm Einschlafen davon, wie sie mit mir zu ihrem Schloss flieht, fort von meiner ewig schimpfenden Mutter und der ewig nölenden Schwester. Einmal hat sie mir einen Schokoladenosterhasen, eingehüllt in rotes Glanzpapier, geschenkt. Ich habe ihn erst nach dem Abitur in den Abfalleimer geworfen, vermutlich war der Hase inzwischen total verschimmelt, doch der Frau von Thun bewahre ich noch heute ein zärtliches Andenken. Meine zweite Gräfin war eine Gisela aus Heidelberg, die ich mittels einer Heiratsannonce kontaktiert hatte, ich weiß nicht mehr, ob es ihre oder meine Annonce gewesen war, jedenfalls, kaum eine Viertelstunde nach der Begrüßung lagen wir wollüstig in ihrem

Bett, dann notierten wir unsere Telefonnummern, tauschten die Zettelchen und haben uns noch öfter gesehen und uns nach einer Weile aus den Augen verloren. Lange dauerte es bis zur dritten Gräfin, dass heißt, sie war lediglich Baronin, aber immerhin. Ich habe sie ebenfalls aus den Augen verloren, obwohl wir nie offiziell Schluss gemacht, obwohl wir nie einen größeren Streit gehabt hatten, unsere Beziehung ist einfach verkleckert, verlöscht. Möglicherweise war der eigentliche Grund, dass ich nicht nach München ziehen und sie um jeden Preis in München bleiben wollte, wo sie sich einen Platz im kulturellen Leben der Stadt erobert hatte, wurde sie doch zu jeder Vernissage eingeladen, war sie doch Vorsitzende eines Literaturzirkels, der bei seinen wöchentlichen Zusammenkünften Klassiker und Neuerscheinungen analysierte, ganz zu schweigen von den Ausstellungen in ihrer Villa, den Präsentationen sündhaft teurer Schals aus Pashminawolle, gesellschaftlichen Ereignissen, exklusiv für die feineren Kreise der bayrischen Metropole bestimmt. Selbst wenn ich in der Nähe gewohnt hätte, eine Einladung wäre nie in meinem Briefkasten gelandet, da ich damals kaum das Geld hatte, mir ein Paar Socken im Sonderangebot bei Woolworth zu kaufen.

Heute glaube ich, dass es weniger meine Abneigung gegen München war, die eine dauerhafte Einlassung mit der Baronin verhinderte, sondern ihr Ferienhaus am Rande des Tauernmassivs. Einmal hatte mir die Baronin erzählt, ihr Traumberuf sei schon immer Bergführerin gewesen. Angenommen, dachte ich, die Baronin verkauft ihr Domizil in München, zieht ganz aufs Land, wird Bergführerin und zwingt mich, eine alpine Umschulung zu machen, um sie und ihre Kundschaft professionell auf die Gipfel begleiten zu können, würden meine schlimmsten Befürchtungen Wirklichkeit werden – ein Leben auf dem Lande, noch dazu im Gebirge und jedes Wochenende inmitten eines Pulks knorriger Touristen mit ihren Wanderstäben. Andererseits, die gute Luft hätte meiner Gesundheit, durch jahrelangen Besuch verräucherter Kneipen bereits angegriffen, sicher wohlgetan. Auf jeden Fall hätte ich mir das Rauchen abgewöhnen müssen. Ein Bergführerinnenassistent, der qualmt, das macht einen miserablen Eindruck, zumal wenn er schon beim Anstieg nach dreißig Metern keuchend und hustend zurückbleibt.

Es muss keine Gräfin oder Baronin sein, man kann auch mit einer Bürgerlichen glücklich werden; doch ich bin mein Lebtag nicht mit jemandem glücklich oder unglücklich geworden, bin bis zum heutigen Tag unverheiratet, eventuell lag es daran, dass ich keinem ordentlichen Beruf, keiner geregelten Tätigkeit nachgegangen war, ich hatte keinen Beruf, sondern Jobs. Frauen mögen keine Männer ohne gesichertes Einkommen. Mal war ich freischaffender Journalist, habe Buchkritiken und Reisefeuilletons geschrieben, mal war ich Lektor in einem Kleinverlag für Frauenlyrik und alternative Kochkunst, auch als Reiseleiter und Vortragskünstler habe ich mein Brot verdient, vor allem bei Frauenclubs in den USA waren meine Lichtbildervorträge über Asien und Bayern sehr beliebt. Wenn das Bild von Neuschwanstein auf der Leinwand auftauchte, gerieten die Damen in Verzückung, strampelten vor Freude und verlangten nach genaueren Informationen über den Märchenkönig. Ich stellte die Diashow *Mad King Ludwig* zusammen und bereiste damit fast alle Staaten dieser erstaunlichen Nation. Einmal hat mich eine Lockenwicklerlady hinterher zu sich nach Hause eingeladen und wollte wissen, ob ich den König persönlich gekannt hatte, worauf ich ihr erzählte, wie ich nächtelang mit Seiner Majestät im Spiegelsaal auf- und abgewandert bin, seinen Monologen gelauscht habe, nur unterbrochen von der Aufgabe, ab und zu eine neue Platte mit Wagnermusik aufzulegen.

Vielleicht hätte ich diese charmante Dame heiraten, ermorden und beerben sollen, um endlich ein Leben in finanzieller Unabhängigkeit führen zu können, doch Kriminalität liegt mir nicht, ich bin von Geburt an ehrlich gewesen, habe nur gelegentlich in Supermärkten geklaut oder ein paar ungedeckte Schecks in Umlauf gebracht, wenn es gar nicht mehr anders ging. Und versuchte man, mich zu überreden, Drogen oder Diamanten nach Europa zu schmuggeln, habe ich konsequent abgelehnt, nein, habe ich gesagt, mit mir läuft so etwas nicht, sucht euch einen anderen. Sei kein Frosch, haben die Gangster geantwortet, es kann nichts passieren, du hast den Vorteil, gleichzeitig seriös und vertrottelt auszusehen, kein Zollbeamter wird dich kontrollieren. Ich bin hart geblieben, habe mit lässiger Geste abgewinkt.

Irgendwie bin ich über die Runden gekommen, habe die Jahre hinter mich gebracht, ohne Schaden zu nehmen, ohne jemandem Schaden zuzufügen. Nur meine Gesundheit macht mir ein wenig zu schaffen, ganz normal in meinem Alter, wie mir die Ärzte versichern. Sehe ich mir die anderen Patienten im Wartezimmer an, röchelnde, ausgemergelte Gestalten, hohlwangig und mit erloschenem Blick, wie sie auf *Das Goldene Blatt* oder ein anderes Magazin sabbern, das sie zu lesen versuchen, wie sie ihre nässenden Wunden kratzen und sich, von ihren Söhnen gestützt, in den Ordinationsraum schleppen, so bin ich im Vergleich zu ihnen glänzend dran, stehe ich noch in voller Blüte. Lediglich mein Rücken bereitet mir Sorgen. Die Wirbelsäule ist krumm und wird jeden Tag krummer, das heißt, ich laufe bedächtig und vornüber gebeugt, von Schmerzen gepeinigt zu Aldi oder in meine Stammkneipe, kaum in der Lage, den Kopf zu heben, um die Auslagen in den Schaufenstern zu betrachten, dafür aber den Müll auf dem Bürgersteig erforschend, die Fastfood- und Frittenbehältnisse, die leeren Zigarettenschachteln, die ausgespuckten Kaugummis, die weggeworfenen Zeitungen und Reklamezettel, die Hundescheiße und abgenagten Eistüten. Das Bier lasse ich mir vom Getränkemarkt anliefern, da ich kaum noch fähig bin, die Kästen in meine Wohnung zu schleppen. Dann ist es doch aus, hat mein mit ähnlichen Problemen kämpfender Freund Burkhard gesagt, wenn man nicht mal mehr sein Bier die Treppen hoch tragen kann; nein, habe ich ihn beruhigt, es ist aus, wenn man es nicht mehr trinken kann.

Meine Physiotherapeutin hat mir tägliche Übungen empfohlen, also lege ich mich zwischen Zähneputzen und Frühstück auf den Wohnzimmerteppich und mache brav die Übungen, aber der Rücken bleibt schief und krumm. Ich beschwere mich bei der Physiotherapeutin, sie ist um eine Antwort nicht verlegen. Alles käme noch viel schlimmer, meint sie, würde ich die Übungen abbrechen, fortschreitend schiefer und krummer, bald werde ich dann auf allen Vieren laufen. Vorerst bin ich nur ein stark geneigter Zweibeiner mit wachsend neumondförmiger Wirbelsäule, über kurz oder lang werden meine Hände nach Schimpansenart auf dem Boden schleifen. Ich muss ein jämmerliches Bild abgeben, wie ich so dahinschlurfe, doch ich genier mich nicht, ergötze mich vielmehr an den vielen Alten, die nur unter Beistand einer Gehhilfe einen Fuß vor den anderen zu setzen vermögen. Kann ich

Ihnen helfen?, frage ich manchmal, um ihnen und mir zu demonstrieren, dass ich nach wie vor in erfreulich rüstiger Verfassung bin.

Von meinen Besuchen des Supermarkts kehre ich erschöpft zurück, ordne die Viktualien in den Kühlschrank und die Speisekammer, worauf ich mich aufs Bett lege, das Bett mit der ergonomischen Qualitätsmatratze, einer Empfehlung der Physiotherapeutin. Ich schalte den Fernseher an und folge einer der Frühabendserien, meistens *Lenßen und Partner*. Am Anfang sitzt immer eine Frau bei Herrn Rechtsanwalt Lenßen in der Kanzlei und schildert ihren traurigen Fall, wobei sie dermaßen heult, dass man kein Wort versteht. Herr Lenßen, der sich öfter die Haare waschen sollte, schickt seine Ermittler los, um die Verdachtsperson zu beobachten. Gottlob wohnt die Verdachtsperson stets im Parterre, so dass die Ermittler sie durch ein Fenster beobachten und ihre Schlüsse ziehen können. Ich schätze schlechte Filme. Wenn ich wieder ein wenig mehr auf dem Konto habe, lege ich mir alle fünf Jerry-Cotton-Filme mit George Nader in der Hauptrolle zu. Vorläufig fehlt mir das Geld, da ich einen DVD-Recorder für gehobene Ansprüche erworben habe und außerstande bin, DVDs zu kaufen. Ich werde mir eine hübsche Sammlung aufbauen, alles von Laurel & Hardy, alles von Buster Keaton und Charly Chaplin, jede Menge Western, als erstes die mit Randolph Scott, der noch edler als Gary Cooper ist – diese eindrucksvollen Szenen, wenn er seinem Gegenüber in die Augen blickt und mit leiser Stimme spricht: Hat er das gesagt? Lass mich das machen, du hast Frau und Kind zu Hause. Die meisten Westernhelden kämpfen nur für sich, nur Randolph Scott erledigt den Scheißdreck der anderen gleich mit, alles in einem Aufwasch.

So jemanden bräuchte ich, um meiner Hauswirtin mal Bescheid zu stoßen, dieser Frau Wirsing, einer ekelerregenden Vettel, die mich dauernd im Treppenhaus abfängt und etwas zu meckern hat, über den ständig wechselnden, nächtlichen Damenbesuch Beschwerde führt, dies sei ein anständiges Haus. Was geht Sie mein Damenbesuch an?, brülle ich. Vielleicht sollten Sie mal Herrenbesuch empfangen, aber wer will schon einen Aasgeier wie Sie vögeln! Frau Wirsing läuft violett an. Morgen haben Sie die fristlose Kündigung im Briefkasten, keucht sie. Und übermorgen haben Sie Post von meinem Anwalt, gebe ich zurück, dem gefürchteten Dr. Randolph Scott, der wird Ihnen schon zeigen, wo die Kirche im Dorf steht. Mir soll es nur recht sein, wenn sie mir kündigt, ich will sowieso ausziehen und muss mich dann nicht um irgendwelche Fristen kümmern. Ich kann ausziehen, sobald ich etwas Geeignetes gefunden habe, aber diesmal keine Bleibe mit dem Eigentümer im selben Gebäude, nur etwas mit einer Hausverwaltung, am besten in Uruguay.

Es ist soweit.

Ich kann mich tatsächlich nur noch auf allen Vieren fortbewegen. Den Einkaufsbeutel trage ich zwischen den Zähnen. Zu meinem Erstaunen erwecke ich kaum Aufmerksamkeit. Die Leute scheinen den Anblick eines Mannes, der auf Knien und Handflächen an den Häusern entlang zottelt für nicht weiter beachtenswert zu halten. Nicht einmal verstohlene Blicke aus den Augenwinkeln sind mir bislang aufgefallen. Im Supermarkt angekommen, ziehe ich mich am Griff des Einkaufswagens hoch, werfe den Pfandeuro ein, gehe die Regale entlang und fülle den Wagen mit allem, was ich brauche. Lediglich der Heimweg bereitet mir Schwierigkeiten, der schwere, mit Waren gefüllte Beutel zerrt an meinem Kiefer. Ich muss mir einen Rucksack kaufen.

Auch ein Mann, der auf allen Vieren geht, kann noch gut aussehen, über eine erotische Ausstrahlung verfügen. Gewahre ich von Ferne eine Frau, die meine Neugier weckt, kann ich ihr leider nicht mehr, wie früher, begehrlich in die Augen spähen, stattdessen schnuppere ich, sobald wir auf gleicher Höhe sind, an ihrer mir näheren Wade. Es ist erstaunlich, dass manche Damen sogar an den Beinen nach Parfum riechen. Das war mir früher nie aufgefallen. Was mir jedoch auffällt, ist die deutliche Verbesserung meines Geruchsinns, gleichzeitig stören mich keine Gerüche mehr, die ich früher als Gestank empfunden habe, ja Gestank scheint völlig von der Erdoberfläche verschwunden zu sein, es gibt nur noch Düfte und Gerüche. Irgendwann hatte ich beim Friseur in einer Illustrierten gelesen, die Natur schenke dem Menschen bei manchen Leiden zum Ausgleich die Verstärkung anderer Körperfunktionen, in meinem Fall die Eskalation des Geruchsinnes – offenbar auch des Haarwuchses.

Seit einiger Zeit bemerke ich an meinen Armen und Beinen, desgleichen auf Brust und Rücken einen Zuwachs der Behaarung. Erst war's ein sanfter Flaum, der bald an Dichte zunahm, dann wurde aus dem Flaum, es dauerte nur wenige Wochen, ein dichter Pelzbesatz, blond und ziemlich borstig. Diese Metamorphose meines Äußeren vermag ich mit der üblichen Kleidung zu bedecken, doch der Bewuchs an den Ohren und auf der Stirn ist nur schwer zu verbergen. Es hat wenig Sinn, das unansehnliche Gestrüpp abzurasieren, es wuchert binnen weniger Tage, ja gelegentlich Stunden, aufs neue, sprießt fröhlicher als zuvor. Und mein Haaransatz nimmt einen bedenklichen Weg in Richtung Nasenbein. Erfreulich ist hingegen, dass meine Glatze fast völlig unter der neuen Mähne, unter einem kecken Schopf verschwindet.

Täusche ich mich oder empfinde ich tatsächlich zunehmend Sympathie für Hunde? Ich hatte diese Köter, diese jeden Winkel der Stadt vollkackenden, diese ewig kläffenden, sabbernden Flohbeutel nie gemocht. Eine Wandlung, eine Gefühlswandlung geht in mir vor. Auch Spatzen und Mäuse hinterlassen ihre Haufen, wo es ihnen beliebt und sondern akustische Signale ab, ohne dass wir Anstoß daran nähmen, dabei können sie nicht halb so treuherzig dreinblicken. Hunde. Wenn sie das Rennen bei der Evolution gemacht hätten, würden heute Pudel und Bobtails ihre Menschen Gassi führen, und auf chinesischen Märkten säßen schlitzäugige Möpse und verkauften Menschenfleisch.

Im Moment muss ich meine Gedanken über die Evolution einstellen, ich bin genötigt, mich um eine Mahlzeit zu kümmern. Bislang war das Aufgabe meiner Lebensgefährtinnen gewesen, zuletzt der guten Silke aus Kreuzberg. Aber die hat mich gestern verlassen.

Sie war eine Virtuosin in Sachen Maniküre und Pediküre. Kürzlich hat sie sich geweigert, meine Fuß- und Fingernägel zu feilen. Es sei unmöglich, sagte sie, unter und zwischen all diesem Fell ihr Instrumentarium wirksam einzusetzen. Darüber gerieten wir in Streit, sie hat ihre Koffer gepackt und ist ausgezogen. Ich werde das Gefühl nicht los, dass die Zehennägel nicht der eigentliche Grund waren. Ehe sie die Schlüssel auf den Nachttisch legte und die Wohnungstür hinter sich schloss, hatte sie mir allerdings, das muss ich ihr zugute halten, noch ein letztes Mal etwas zu essen bereitet, Trockenfutter mit rohem Pansen. Ich weiß nicht, warum sie den übel riechenden Fraß nicht auf einem Teller, sondern in einem Blechnapf neben der Spüle serviert hat. Gewöhnlich pflegten wir unsere Mahlzeiten im Esszimmer einzunehmen.

Das Zeug revoltierte im Gedärm, ich legte mich aufs Bett. Es dauerte eine Weile, ehe ich bemerkte, dass nicht mein Magen knurrte, sondern ich; eine Reaktion auf seltsame Geräusche im Treppenhaus. Erst dachte ich, Silke kehrt zurück, sie war es nicht, ihren Schritt, ihre klackenden Absätze kannte ich. Es war ein Fremder, vielleicht ein Einbrecher. Neuerdings wird häufiger tagsüber als nachts eingebrochen. Solange ich in der Wohnung bin, soll kein Spitzbube eine Chance haben. Heimlich hoffte ich, dass jemand, ausgerüstet mit Dietrich und Strumpfmaske, einzudringen versucht, das Handwerk werd ich ihm legen, zerfleischen werde ich ihn, damit mein Frauchen, ich meine, damit meine Freundin merkt, wie gut ich aufpasse, wie zuverlässig ich bin.

Ich muss lange geschlafen haben, da es bereits dunkel war, als ich aufwachte. Hinter dem rechten Ohr verspürte ich einen starken Juckreiz, und erst später wurde mir bewusst, dass ich mich mit dem Fuß gekratzt hatte. Warum mit dem Fuß und nicht mit der Hand? Ich betrachtete den Fuß. Die Zehennägel sahen ein wenig anders aus – dicker, schmaler, zur Spitze hin gebogen. Nun sollten sie eigentlich ohne Mühe zu kürzen sein, doch hatte ich jedes Interesse an einer Pediküre verloren.

* * *

Ludwig Lugmeier

Lieber Michael,
grad Deine ersten Seiten gelesen. Prima! Da hab ich Dir also die Augen geöffnet für Deine Metamorphose.
Wollte die »Animation« ja in die Schublade legen, damit sie nach meinem Tod ein literarisch gebildeter Nachlassverwalter oder Möbelschlepper entdeckt, zungeschnalzend – Wat ham wa denn da? Ob det wat is? – und mir zum ewigen Leben verhilft. Dann hat mich mein alter Freund und Kollege geritten. Schnell noch nen Text an die Lesung geklebt, und während Du überlegst, um wen oder was es sich handelt, hau ich durch die Hintertür ab. Der Weg der Selbsterkenntnis ist ein seltsamer Weg, und was dabei raus kommt, schnüffelt im Rinnstein herum. Dabei finde ich Hunde unappetitlich – außer sie sind auf koreanische Art zubereitet.

Mein Vorschlag, Du solltest einen Neuköllner Roman schreiben, ist doch mit dem Hund schon am Laufen. Wie ich aus gewissen Anzeichen seh, wird er sich zu einem anarchistischen Köter entwickeln. Was sich dann in Neukölln für Einsätze bieten! Bullen und Miethaie beißen, das Tempelhofer Flugfeld verscheißen, die neuen Mieter verjagen. Wenn er nicht kläfft, darf er im »Froschkönig« Stummfilm gucken.

Am Mittwoch zeig ich »Seventh Heaven« von Borzage. Schade, dass du nicht da bist.

Dein Ludwig

Jürgen Theobaldy

Im Gerede

Und angeregt am selben Tisch,
vom Fernsehn wie geschaffen:
hier sitzen sie sich gegenüber
und räkeln sich und reden.

Die Modefarben ziehen hin,
die Schlachtbeschreibungen;
von neuem kehrt der Sommer wieder
und leert und füllt das Studio.

Sie treten ein und setzen sich,
sie räkeln sich und reden,
sie reden neu von neuen Räumen,
wo Gesten Wörter werden

und doch als Gesten wiederkehren,
wie Wörter Räume schaffen,
und bleiben doch in ihrem Studio
und räkeln sich und reden

und reden sich und räkeln
und lang sich räkelnd reden sie
und reden lächelnd, räkeln sich
und lächeln, reden, räkeln, reden.

(1983)

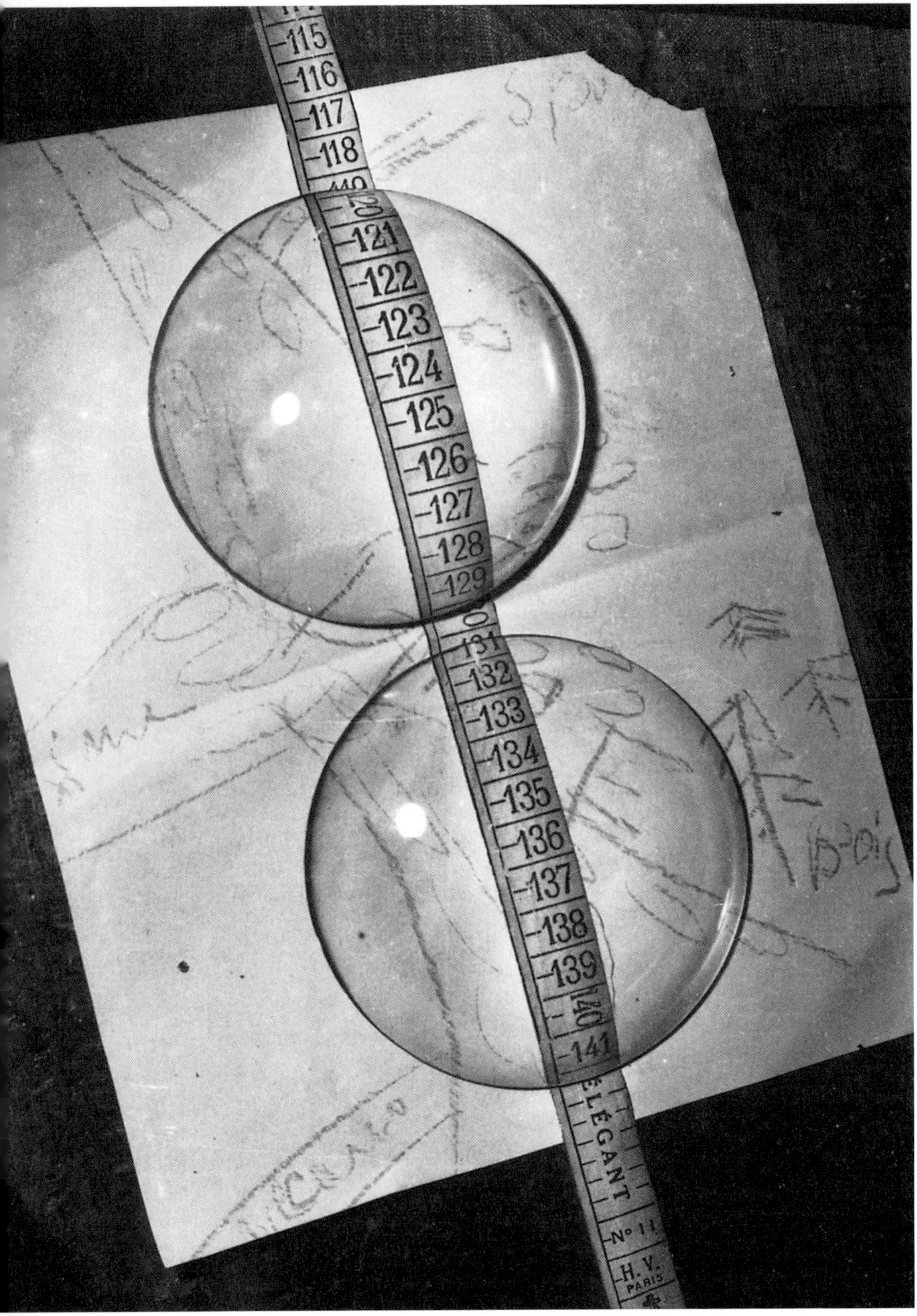

WOLS, a.a.O.

Edith Werner

Radikal subjektiv – Clarice Lispector

Ihre Katzenaugen lassen den Betrachter nicht los. »Sehen ist der Wahnsinn des Körpers« steht quer über dem transparenten Großfoto, das den Besucher durch alle Räume der imposanten Ausstellungshallen in der Banco do Brasil von Rio de Janeiro begleitet. Clarice Lispector, die 1977 verstorbene grande dame der modernen brasilianischen Literatur, wird 30 Jahre nach ihrem Tod in einer üppigen Schau ihrer Werke und ihres Lebens gefeiert. Mit ihren »Kirgisenaugen« ist die Tochter russischer Juden aus der heutigen Ukraine äußerlich eine Schwester Clawdia Chauchats, als hätte sie Thomas Mann Modell gestanden. Ihre Schönheit war legendär. Doch nichts von der Vagheit und trägen Sinnlichkeit der Verführerin im Zauberberg war ihr eigen. Acht Romane und neun Erzählungsbände, neben Gedichten, Kinderbüchern und journalistischen Arbeiten, sind Zeugnis ihrer lebenslangen bohrenden Selbst- und Welterforschung. »Sie lebte um zu schreiben«, bringt Gunhild Kübler es in einem Sammelband von Schriftstellerinnen-Biographien*, der 2009 erschien, auf den Punkt. Umgekehrt wird es ebenso wahr. Sie schrieb, um zu leben. »Schreiben ist auch«, so Clarice, »ein Leben zu segnen, das nicht gesegnet wurde.«

Mit Aplomb betrat die erst 23jährige 1944 mit ihrem Roman um eine in ein Liebesdreieck verwickelte junge Künstlerin die damals recht provinzielle Literaturszene von Brasilien. *Nahe dem wilden Herzen* war ein Misserfolg an den Kassen, ließ aber die Literaturkritik aufhorchen. So ganz anders war der Stil dieses Erstlings. Nichts von breit ausgemalter Sozialromantik. Stattdessen eine Sprache, die an Virginia Woolf geschult schien und sogar an James Joyce erinnerte. Clarice Lispector selbst hat Katherine Mansfield als eines ihrer bestimmenden frühen Leseerlebnisse genannt. Ihr eigenes wildes Herz hatte sie da schon in eine konventionelle Ehe mit einem Studienkollegen und späteren Diplomaten gezwängt. Sie folgte ihrem Mann auf die Stationen Neapel, Bern und Washington. Zurück ließ sie eine prekäre Familiengeschichte und eine zweite Heimat, nach der sie sich immer sehnen sollte.

Ihre Familie teilte all die Bitterkeit und das Unglück vieler jüdischer Einwanderer. In den Revolutionswirren nach dem Ersten Weltkrieg wurden ihre Angehörigen von russischen Soldaten überfallen und emigrierten schließlich nach Brasilien. Sie selbst litt lebenslang an einem Schuldkomplex, weil sie ihrer Mutter nicht hatte helfen können. Noch in der Ukraine wurde sie in der Hoffnung gezeugt, dass eine neue Schwangerschaft ihre Mutter von der Syphilis heilen könne, die sie aus einer Serienvergewaltigung davon getragen hatte. Nur wenige Monate

---

* Verena Auffermann / Gunhild Kübler / Ursula März / Elke Schmitter (Hrsg.): *Leidenschaften – 99 Autorinnen der Weltliteratur.* Darin: *Gunhild Kübler, Clarice Lispector – Fürs Schreiben Leben* (S. 324-329). C. Bertelsmann Verlag, München 2009.

alt, kam Lispector 1920 mit ihren Eltern und zwei älteren Schwestern in Brasiliens tropischem, armem Nordosten an. Aus Chaia, wie sie zuerst geheißen hatte, wurde Clarice. Von einem kleinen Ort im Staat Pernambuco zog die Familie bald nach Recife und, als Clarice vierzehn war, nach Rio. Der Vater, ein begabter Mathematiker, konnte in Brasilien nur schwer Fuß fassen und arbeitete als fliegender Händler. Dennoch genossen alle drei Töchter eine sorgfältige Ausbildung. Clarice studierte Jura. Nach dem Tod des Vaters, die Mutter war schon einige Jahre zuvor gestorben, wohnte sie bei einer ihrer Schwestern.

Eine Art Doppelleben führte die Autorin, die ihre Biographen als »einsame Wölfin« beschreiben, in den Jahren an der Seite ihres Diplomatengatten. Zwei Söhne gebar sie, artig servierte sie Tee, war unglücklich und schrieb. Das konnte auf die Dauer nicht gut gehen. Sechzehn Jahre und fünf Romane und Erzählungsbände später brach sie aus der Ehe aus und kehrte mit den beiden Söhnen ins geliebte Rio zurück. Ihr literarischer Ruhm wuchs ebenso wie ihre Scheu vor der Öffentlichkeit. Nachdem sie, die ohne Schlaftabletten keine Ruhe mehr finden konnte, ihr Bett versehentlich mit einer Zigarette entzündet hatte und durch den Brand entstellende Narben davon trug, ging sie kaum noch aus.

Nicht nur diese biographische Koinzidenz lässt den deutschsprachigen Leser an Ingeborg Bachmann denken. Der Grundton der tragisch ausgesetzten menschlichen Existenz bestimmt, vielfältig gebrochen, ihr Werk. Fremdheit war ihr eine existenzielle Erfahrung. Als sie auf dem Weg zu ihrem Mann die Sphinx in Ägypten besichtigte, notierte sie in ihrem Reisetagebuch: »Ich kann sie nicht ergründen, aber sie mich auch nicht.« Zehn Jahre nach dem Brand starb die Autorin 1977 an Krebs und wurde auf dem jüdischen Friedhof von Rio beigesetzt.

In Brasilien ist Clarice Lispector Kult. Ihre enigmatische Persönlichkeit, gepaart mit ihrer Schönheit, die Künstler wie Giorgo de Chirico zu Porträts inspiriert hat, ihrem Glamour und ihrer Scheu, sich preiszugeben, machten sie schon zu ihren Lebzeiten zu einer Legende. Ihr literarisches Werk erlebt derzeit in portugiesisch- und spanischsprachigen Ländern eine Renaissance. 50.000 Menschen besuchten die Gedächtnisausstellung, die dann noch nach Brasilia ging, allein in Sao Paulo und Rio. Auch junge Autoren beziehen sich gerne auf Lispector und ihren minimalistischen Stil. Die Cariocas, die Bewohner von Rio, betrachten Clarice, die sich ein Leben lang fremd gefühlt hat und doch nichts sehnlicher wünschte, als dazuzugehören, als eine der ihren. Ihr Verlag veranstaltete in Rio aus Anlass der Neuausgabe ihrer Werke im Mai 2010 ein zweitägiges Fest.

Das ist umso bemerkenswerter, als sie sich dem Publikum nie angebiedert hat. »Soweit ich weiß, habe ich niemals Konzessionen gemacht«, sagte sie am Ende ihres Lebens. Auch im spanischsprachigen Raum ist eine Neuausgabe der »schwarzen Sonne Brasiliens«, wie Tomás Eloy Martínez sie aus diesem Anlass nannte, in 25 Bänden im Entstehen. In Frankreich brachte die Literaturwissenschaftlerin Hélène Cixous die Romane Lispectors in explizit feministischer Lesart in den 80er Jahren auf die literarische Landkarte. Ein junger Amerikaner legte 2009 die maßgebende Biographie vor: Benjamin Moser, *Why this world / Warum diese Welt*. Eine andere Biographie trägt den Titel eines Gedichts von Lispector: *Ich bin ein Fragezeichen.*

Alles wurde ihr frag-würdig, der Alltag, die Welt, die Liebe und vor allem sie selbst. »Solange ich Fragen habe, auf die es keine Antworten gibt, werde ich weiter schreiben«, lässt sie den Erzähler in einem ihrer Romane sagen. Minutiöse Innenansichten sind ihr Markenzeichen. In ihren handlungsarmen Romanen beschreibt sie feinste Schwingungen der Interaktion ihrer Figuren mit ihrer Umgebung. Während sie selbst jedem bewussten Stilwillen misstraute und vielmehr dem automatischen Schreiben, der Intuition, vertraute, können sich ihre Leser dem zugleich suggestiven und quälenden Lispector-Sound kaum entziehen.

In Deutschland haben Suhrkamp und Rowohlt in den 80er und 90er Jahren die meisten ihrer Werke herausgebracht, einige in den vorzüglichen Übersetzungen von Curt Meyer-Clason. Heute ist lediglich der Roman *Der Apfel im Dunkeln* bei Suhrkamp lieferbar.

Die Texte, die hier dem deutschen Leser erstmals präsentiert werden, stammen aus Feuilletons, *Crônicas* genannt, die Clarice Lispector zwischen 1967 und 1973 allwöchentlich für die Zeitung Jornal do Brasil schrieb und die ihr Verlag posthum als Buchveröffentlichung unter dem Titel *A descoberta do mundo / Welterkundung* herausbrachte. Die Zeitung hatte der damals schon Berühmten Themen und Umfang völlig freigestellt. Es ist kein eigentlich journalistisches Schreiben, das in den *Crônicas* ausgebreitet wird. Vielmehr ist es eine Art Probebühne für Lispectors Erzählungen und Essays. Ihrem selbstreferentiellen und fragmentarischen Schreiben kommt die Form der lockeren Alltagsbeobachtungen, der Erzählungsversatzstücke und Gedankensplitter zu existenziellen Grundfragen sowie zum Prozess des Schreibens entgegen. Der Leser nimmt Einblick in das Laboratorium einer der bedeutendsten Schriftstellerinnen des lateinamerikanischen Sprachraums im späten 20. Jahrhundert.

Dem Übersetzer macht Lispector es nicht leicht. Ihr scheinbar einfacher, knapper Stil, fern aller tropischen Üppigkeit, will geduldig entfaltet werden, eine Mühe, welche die Verfasserin an die lateinischen Übersetzungsexerzitien ihrer Schul- und Studienzeit erinnerte. Ob wir mit Clarice in den gezähmten Dschungel des botanischen Gartens von Rio eintauchen, mit einer Unbekannten ins Meer schreiten, das die Autorin von ihrer Wohnung im Stadtteil Leme aus vor Augen hatte, oder das schwarze Pferd aus ihrem Inneren herantraben sehen, immer ist ein Subtext mitzulesen, der sich nur dem Geduldigen enthüllt.

Selten wird der doppelte Boden einer abgründigen Alltäglichkeit so sinnfällig wie in dem Stück über die Küchenschaben, das eines ihrer bevorzugten Motive aufgreift. In ihrem wohl bedeutendsten Roman, *Die Passion nach G.H.*, wird die gewaltsame Inbesitznahme des Anderen in Liebe und Tod bis zum Verzehr der Schabe auf die Spitze getrieben, eine radikale Epiphanie. Nicht zuletzt in dieser Geschichte sehen Viele eine Verwandtschaft Lispectors mit Franz Kafka. Doch dieser späten Nachfolgerin ist der Weg in die Parabel verwehrt. Die Geschichte vom Leben und Sterben Macabéas, der schlichten Doppelgängerin der Autorin aus dem brasilianischen Nordosten in Lispectors letztem Roman *Sternstunde*, wird immer wieder vom Räsonnement des personifizierten Erzählers unterbrochen. Jede Identifikationsmöglichkeit verweigert sich dem Leser. Es gibt nichts Selbstverständliches. ◆

Clarice Lispector (1925–1977) in ihrer Bibliothek. – Foto: © Editora Rocco / Paulo Gurgel Valente.

Clarice Lispector

»Schreiben – Ein Fluch, der rettet ...«

Auswahl aus den Crônicas »A descoberta do mundo / Welterkundung«

Abgründige Alltäglichkeit

26.7.1969 – Fünf Erzählungen und ein Thema

Diese Geschichte könnte sich *Die Statuen* nennen. Ein anderer möglicher Titel ist *Der Mord*. Und auch *Wie man Küchenschaben tötet*. Es wird also mindestens drei wahre Geschichten geben, denn keine widerlegt die andere. Obwohl nur eine, werden es tausend und eine sein, wenn man mir tausend und eine Nacht zugesteht.

Die erste, *Wie man Küchenschaben tötet*, beginnt so: Ich beklagte mich über die Küchenschaben. Eine Dame hörte meine Klage. Sie gab mir ein Rezept, wie man die Schaben tötet. Man mischt zu gleichen Teilen Mehl, Zucker und Gips. Mehl und Zucker ziehen die Schaben an und Gips verbrennt sie von innen. So machte ich es. Sie starben.

Die andere Geschichte ist in Wirklichkeit die erste und heißt *Der Mord*. Sie beginnt so: Ich beklagte mich über die Küchenschaben. Eine Dame hörte meine Klage. Folgt das Rezept. Und dann kommt der Mord. In Wahrheit habe ich mich über die Schaben, die nicht meine waren, sondern in das Stockwerk darunter gehörten und durch die Wasserleitungen in unsere Wohnung hochstiegen, nur abstrakt beklagt. Erst in dem Moment, als ich die Mischung zubereitete, wurden sie auch meine Schaben. In unserem Namen begann ich, Zutaten in etwas stärkerer Konzentration abzumessen und zu wiegen. Eine vage Bitterkeit hatte mich erfasst, ein Gefühl der Kränkung. Bei Tag waren die Schaben unsichtbar, und niemand hätte das schlimme Geheimnis geahnt, das sich in der so stillen Wohnung verbarg. Doch wenn sie auch, wie böse Geheimnisse, am Tag schliefen, ich war da und bereitete ihnen das Gift für die Nacht zu. Sorgfältig, mit brennendem Eifer verstärkte ich das Elexier des großen Todes. Erregte Furcht und mein eigenes böses Geheimnis leiteten mich. Jetzt hatte ich nur einen eiskalten Wunsch, jede Küchenschabe, die existierte, zu töten. Die Schaben steigen in den Leitungen auf, während wir, müde, schlafen. Und ich hatte es fertig, das blendend weiße Rezept. Weil es für wache Schaben war, verstreute ich geschickt das Pulver, bis es ein Teil Natur zu sein schien. In der Stille der Wohnung stellte ich mir von meinem Bett aus vor, wie sie hochkamen, eine nach der anderen bis zum Servicebereich, wo Dunkel herrschte, nur ein aufmerksames Handtuch auf der Wäscheleine. Stunden später erwachte ich mit verspäteter Bestürzung. Der Tag dämmerte schon. Ich ging durch die Küche. Im Dienstbotenzimmer waren sie, hart, groß. Während der Nacht hatte ich sie getötet. In unserem Namen. Es wurde Tag. Am Berghang krähte ein Hahn.

Die dritte Geschichte, die nun beginnt, ist die der *Statuen*. Sie fängt damit an, dass ich mich über die Küchenschaben beklagte. Dann kommt dieselbe Dame. Die Geschichte geht weiter bis zu dem Punkt, an dem ich im Morgengrauen aufwache und, noch schlaftrunken, durch die Küche gehe. Noch schlaftrunkener als ich ist der Winkel der Wohnung mit seinen Backsteinwänden. Und in der Morgendämmerung ein roter Schimmer, der sich von allem unterscheidet und von dem sich meine beschatteten weißen Füße abheben: Dutzende von Statuen in Erstarrung verstreut. Die Schaben, die von innen heraus nach außen hart geworden sind. Einige auf dem Rücken. Andere mitten in einer Bewegung, die nie zu ende geführt werden wird. Im Maul von einigen ein Stückchen weiße Nahrung. Ich bin die erste Zeugin des Tagesanbruchs von Pompeji. Ich weiß, wie diese letzte Nacht war. Ich weiß von der Orgie in der Dunkelheit. In einigen war der Gips so langsam wie in einem natürlichen Prozess hart geworden, und diese haben, furchtsam und mit immer schmerzhafteren Bewegungen, die Freuden der Nacht intensiviert und versucht, in sich selbst hinein zu entfliehen. Bis sie sich in Stein verwandelten, voller unschuldigem Schrecken und mit Blicken gekränkten Vorwurfs. Andere – plötzlich in ihrem Knochenmark angegriffen und ohne die Vorahnung einer inneren Form, die sich versteinern würde – kristallisierten sich sofort, als wäre ihnen das Wort vom Munde abgeschnitten: »Ich werde dich ...« Diese, zwecklos von Liebe redend, sangen in der Sommernacht, während jene dort, die mit der braunen, schmutzig weißen Antenne, zu spät geahnt hatte, dass sie sich genau deshalb mumifizierte, weil sie es nicht verstanden hatte, die Dinge mit der sorglosen Anmut der Nutzlosen hinzunehmen: »Es ist, weil ich zuviel in mich selbst hineingesehen habe! Es ist, weil ich zu viel in mich selbst ...« Aus meiner kalten Höhe des Menschen betrachtete ich die Zerstörung einer Welt. Es tagte. Die Antenne der einen oder anderen Schabe bewegte sich in der Brise. Aus der vorigen Geschichte kräht der Hahn.

Die vierte Geschichte eröffnet eine neue Phase im Haushalt. Sie beginnt in der bekannten Weise: Ich beklagte mich über die Küchenschaben. Sie geht weiter bis zu dem Moment, in dem ich die Gipsmonumente erblicke. Tot, ja. Aber ich sehe die Abflussrohre, in denen sich schon in dieser Nacht langsam eine neue, lebendige Bevölkerung bilden wird, im Gänsemarsch. Also sollte ich jede Nacht den tödlichen Zucker zubereiten? Wie jemand, der nicht einschläft, ohne den Eifer eines bestimmten Ritus. Und wird mich jeder Morgen schlaftrunken bis zum Pavillon führen? Im Laster begierig, mich zum Treffen mit den Statuen zu begeben, die meine schweißfeuchte Nacht errichtet hat. Mich schauderte in dem perversen Vergnügen, in der Vorstellung jenes doppelten Lebens als Zauberin. Und mich schauderte auch angesichts der Warnung des trocknenden Gipses, das Laster zu leben, das meine innere Form sprengen würde. Bitterer Moment der Wahl zwischen zwei Wegen, die sich trennen, dachte ich, darin sicher, dass jegliche Wahl eine des Opfers sein würde: ich oder meine Seele. Ich wählte. Und heute brüste ich mich heimlich in meinem Herzen mit einer Tugendplakette: »Dieses Haus wurde desinfiziert.«

Die fünfte Geschichte nennt sich *Leibniz und die Transzendenz der Liebe in Polynesien*. Sie beginnt so: Ich beklagte mich über die Küchenschaben.

* * *

Kindheit

16.3.1968 – Reste vom Karneval

Nein, nicht vom letzten Karneval, aber ich weiß nicht, warum der mich in die Kindheit zurückversetzte und in die Aschermittwoche in den ausgestorbenen Straßen, in denen Überbleibsel von Luftschlangen und Konfetti herumflogen. Die eine oder andere Schöne ging mit einem Schleier, der ihren Kopf bedeckte, zur Kirche und überquerte die Straße, die so unendlich leer war wie immer nach dem Karneval. Bis zum nächsten Jahr. Und wenn sich das Fest näherte, wie die innere Erregung beschreiben, die mich befiel. Als ob die Welt sich endlich aus ihrem Kokon öffnete, zu einer großen, scharlachroten Rose. Als ob die Straßen und Plätze von Recife endlich enthüllten, wozu sie gebaut worden waren. Als ob menschliche Stimmen endlich von der Bereitschaft zum Vergnügen sangen, die in mir heimlich angelegt war. Der Karneval war mein, mein.

In Wirklichkeit jedoch nahm ich wenig an ihm teil. Niemals war ich zu einem Kinderball gegangen, niemals hatte ich mich verkleidet. Stattdessen ließ man mich bis elf Uhr nachts an der Tür, am Fuß der Treppe der Etage, in der wir wohnten, wo ich begehrlich zusah, wie die anderen sich vergnügten. Zwei kostbare Sachen bekam ich dann und wendete sie sparsam an, damit sie über die drei Tage hielten: eine Parfümbombe und eine Tüte mit Konfetti. Ach, es fällt mir schwer zu schreiben. Weiß ich doch, dass mein Herz sich verdunkeln wird, wenn ich aufzeichne, ich so ausgehungert, dass ein Nichts mich zu einem glücklichen Kind machen konnte, obwohl ich so wenig an der Lustbarkeit teilnahm.

Und die Masken? Ich hatte Angst, aber es war eine lebendige und notwendige Angst, weil sie mit meinem tief innerlichen Verdacht zusammentraf, dass das menschliche Gesicht auch eine Art Maske sei. Wenn am Fuß meines Treppchens ein Maskierter mit mir sprach, trat ich sogleich unvermeidlich in Kontakt mit meiner inneren Welt, die nicht aus Zwergen und bezaubernden Prinzen gemacht war, sondern aus Menschen mit ihrem Geheimnis. So war der Kontakt bis hin zu meinem Erschrecken vor den Maskierten, für mich wesentlich.

Ich wurde nicht verkleidet. Mit all der Sorge um meine kranke Mutter hatte niemand im Haus Gedanken für den Karneval eines Kindes. Doch ich bat eine meiner Schwestern, meine glatten Haare aufzurollen, die mir so sehr gefielen und dann hatte ich die kokette Freude, Besitzerin lockiger Haare zu sein, wenigsten für drei Tage im Jahr. An diesen drei Tagen gab meine Schwester auch meinem brennenden Wunsch nach, eine junge Dame zu sein – ich konnte kaum das Ende einer verletzlichen Kindheit erwarten – und malte mir die Lippen mit kräftigem Rot an, außerdem trug sie mir etwas Rouge auf die Wangen auf. Dann fühlte ich mich hübsch und weiblich und war der Kindheit entkommen.

Aber es gab einen Karneval, der anders war, als die anderen. So wunderbar, dass ich nicht glauben konnte, dass mir soviel geschenkt wurde, mir, die ich schon gelernt hatte, wenig zu erbitten. Es war so, dass die Mutter einer meiner Freundinnen beschlossen hatte, ihre Tochter zu verkleiden, und das Kostüm sollte eine *Rose* darstellen. Dafür hatte sie Lagen um Lagen von rosa Krepppapier gekauft, mit denen sie, so nehme ich an, die Blütenblätter einer Rose nachahmen wollte. Mit offenem Mund sah ich zu, wie allmählich das Kostüm entstand und Form annahm. Obwohl Krepppapier nicht im Entferntesten an Blütenblätter erinnert, war ich der festen Überzeugung, es sei eines der schönsten Kostüme, die ich je gesehen hatte. Und dann geschah zufällig das Unerwartete: Es blieb viel Krepppapier übrig, sehr viel. Und die Mutter der Freundin – vielleicht auf meine stumme Bitte, auf meinen stummen, verzweifelten Neid antwortend oder vielleicht aus purer Gutmütigkeit, nachdem nun Papier übrig war – beschloss, mit dem restlichen Material auch für mich ein Rosenkostüm zu machen. An diesem Karneval also, würde ich zum ersten Mal im Leben das haben, was ich mir immer gewünscht hatte: Ich würde eine andere sein und nicht ich selbst.

Schon die Vorbereitungen überschwemmten mich mit Glück. Niemals hatte ich mich so eingenommen gefühlt. Minutiös planten meine Freundin und ich alles. Unter dem Kostüm probierten wir verschiedene Kombinationen an. So würden wir doch, falls es regnete und das Phantasiekostüm sich auflösen sollte, wenigstens irgendwie bekleidet sein – die Vorstellung von Regen, die uns immer wieder kam, ließ uns in unserer weiblichen Schüchternheit von Achtjährigen zusammen mit der Vorstellung auf der Straße zu sein, vorausgreifend vor Scham sterben. Aber, ach, Gott half uns, es regnete nicht! Mit Rücksicht darauf, dass mein Kostüm nur existierte, weil es den Überschuss bei dem der anderen gegeben hatte, schluckte ich meinen verletzten Stolz, der immer heftig gewesen war, herunter und akzeptierte bescheiden, was das Schicksal mir als Almosen beschert hatte.

Aber warum musste gerade dieser Karneval, der einzige mit Kostüm, so melancholisch sein? Früh am Morgen wurden meine Haare mit Lockenwicklern aufgerollt, damit sich die Kräuselung bis zum Nachmittag gut hielt. Doch mit all der Erwartung wollten die Minuten nicht vergehen. Endlich, endlich war es drei Uhr nachmittags. Vorsichtig, um nichts zu verknittern, kleidete ich mich als *Rose* an.

Viele Dinge, die für mich so schlecht ausgingen wie diese, verzieh ich. Doch diese kann ich selbst heute nicht verstehen. Ist das Spiel des Schicksals irrational? Es ist unbarmherzig. Als ich schon fertig mit dem Kreppkostüm bekleidet war, noch mit Lockenwicklern und ohne Lippenstift und Rouge, verschlechterte sich der Gesundheitszustand meiner Mutter heftig, ein plötzlicher Aufruhr entstand im Haus und ich wurde geschickt, schnell in der Apotheke ein Medikament zu kaufen. Ich lief als *Rose* gekleidet, aber das Gesicht, noch nackt, trug noch nicht die damenhafte Schminke, die mein so offen ausgesetztes Kinderleben hätte bedecken können. Ich lief und lief, verwirrt, verdutzt, zwischen Luftschlangen, Konfetti und Karnevalsjuchzern hindurch. Die Fröhlichkeit der anderen erschreckte mich.

Als sich einige Stunden später die Atmosphäre im Haus beruhigt hatte, kämmte und schminkte meine Schwester mich. Aber in mir war etwas gestorben. So wie ich in den Geschichten von Feen gelesen hatte, die Menschen verzaubern und entzaubern, war ich entzaubert. Ich war nicht mehr eine Rose, ich war wieder einfach ein Kind. Ich ging hinunter auf die Straße, und dort ging nicht eine Blume, sondern ein nachdenklicher Bajazzo mit rot geschminkten Lippen. In meinem Hunger danach, Ekstase zu spüren, versuchte ich, mich fröhlich zu fühlen, aber mit Reue erinnerte ich mich an den ernsten Zustand meiner Mutter, und von neuem erstarb die Freude.

Einige Stunden später kam die Erlösung. Und wenn ich mich schnell daran klammerte, so deshalb, weil ich so sehr der Rettung bedurfte. Ein Junge von ungefähr zwölf Jahren, der für mich schon ein junger Mann war, ein sehr hübscher Junge, blieb vor mir stehen und mit einer Mischung aus Großspurigkeit, Verspieltheit und Sinnlichkeit bedeckte er meine wieder glatten Haare mit Konfetti. Einen Augenblick lang blieben wir voreinander stehen, lachend und ohne zu sprechen. Und ich, damals eine kleine Frau von acht Jahren, glaubte für den Rest der Nacht, dass mich endlich jemand erkannt hatte: ja, ich war eine Rose.

18.9.1971 – Fragmente

Eines Nachmittags, allein zu Hause, verdoppelte ich mich in zwei Teile – wie in Geburtswehen – und sah, wie das Kind in mir starb. Niemals werde ich diesen Sonntag vergessen. Es brauchte Tage, bis die Wunde vernarbt war. Und siehe da, so bin ich nun. Hart, schweigsam und heroisch. Ohne Kind in mir.

* * *

Schreiben und Verstehen

9.12.1967 – Etwas

Ich habe etwas gesehen. Etwas in der Wirklichkeit. Es war abends um zehn auf dem Platz Tiradentes, und das Taxi fuhr. Da sah ich eine Straße, die ich nie wieder vergessen werde.Ich werde sie nicht beschreiben. Sie gehört mir. Ich kann nur sagen, dass sie leer war und dass es abends um zehn war. Nichts weiter. Aber ich wurde befruchtet.

11.5.1968 – Liebeserklärung

Dies ist ein Liebesbekenntnis: Ich liebe die portugiesische Sprache. Leicht ist sie nicht. Geschmeidig ist sie nicht. Und weil sie nicht tiefgründig vom Denken bearbeitet wurde, hat sie die Tendenz, keine Subtilitäten zu enthalten und manchmal mit einem wahren Fußtritt gegenüber denen zur reagieren, die so mutig wagen, sie in eine Sprache des Gefühls und der Wachsamkeit zu verwandeln. Und der Liebe. Die portugiesische Sprache ist für den, der schreibt, eine wahre Herausforderung. Besonders für denjenigen, der mit dem Schreiben von den Dingen und den Menschen die erste Schicht der Oberflächlichkeit abzieht.

Manchmal reagiert sie auf einen schwierigen Gedanken. Dann wieder erschrickt sie vor dem Unvorhersehbaren eines Satzes. Mir gefällt es, mit ihr umzugehen – wie es mir gefiel, auf einem Pferd zu sitzen und es mit den Zügeln zu dirigieren, manchmal langsam, manchmal im Galopp.

Ich wünschte, die portugiesische Sprache erreichte in meinen Händen ihren Gipfel. Und diesen Wunsch haben alle, die schreiben. Ein Camões und andere Gleichrangige haben nicht genügt, uns für alle Zeiten das Werkzeug einer bereits fertigen Sprache zu geben. Alle, die wir schreiben, arbeiten am *Tumulus des Denkens*, etwas das sie mit Leben erfüllt.

Diese Schwierigkeiten haben wir. Aber ich habe nicht von dem Vergnügen gesprochen, mit einer Sprache umzugehen, die nicht vertieft wurde. Was ich als Erbe erhielt, reicht mir nicht.

Wenn ich stumm wäre und auch nicht schreiben könnte, und man mich fragte, welcher Sprache ich angehören möchte, sagte ich: zum Englischen, das präzise und schön ist. Aber nachdem ich nicht stumm geboren wurde und schreiben kann, wurde es mir vollkommen klar, dass auf Portugiesisch zu schreiben das ist, was ich wirklich möchte. Bis dahin, das ich gewünscht hätte, keine anderen Sprachen gelernt zu haben, nur damit meine Begegnung mit dem Portugiesischen jungfräulich und rein sei.

14.9.1969 – Schreiben

Ich habe einmal gesagt, Schreiben sei ein Fluch. Ich erinnere mich nicht genau daran, warum ich das gesagt habe, und mit Ernst. Heute wiederhole ich: Es ist ein Fluch, aber ein Fluch, der rettet.

Ich beziehe mich nicht auf das journalistische Schreiben, sondern auf etwas, das sich vielleicht in eine Erzählung oder einen Roman verwandeln kann. Es ist ein Fluch, weil es verpflichtet, und es zieht herunter wie ein schmerzhaftes Laster, von dem sich zu befreien praktisch unmöglich ist, weil nichts es ersetzt. Und es ist eine Rettung.

Es rettet die bedrängte Seele, es rettet den Menschen, der sich nutzlos fühlt, es rettet den Tag, den man lebt und der niemals zu verstehen ist und weniger noch zu beschreiben. Schreiben ist, zu verstehen suchen, zu versuchen, das Unwiederholbare zu reproduzieren, es bedeutet, bis zum letzten Moment das Gefühl nachzufühlen, das kaum angedauert hat, vage und unterdrückt. Schreiben ist auch, ein Leben zu segnen, das nicht gesegnet wurde.

Welche Mühe, dass ich nur zu schreiben weiß, wenn spontan »die Sache« kommt. So bin ich der Gnade der Zeit anheimgegeben. Und zwischen einem wirklichen Schreiben und einem anderen können Jahre vergehen.

Ich erinnere mich heute mit Wehmut an den Schmerz, Bücher zu schreiben.

12.10.1969 – Stil

Als eine Form der Reinigung habe ich mir immer gewünscht, eines Tages nicht einmal in meinem natürlichen Stil zu schreiben. Der Stil, sogar der eigene, ist ein Hindernis, das überwunden werden muss. Ich wünsche mir nicht meine Art, etwas zu sagen. Ich wünsche mir nur, zu sagen.

Und das, was ich schreibe, wäre das menschliche Schicksal in seinem tödlichen Stich. Der Stachel, Herrlichkeit zu sein, Unglück und Tod. Es wäre, Demütigung

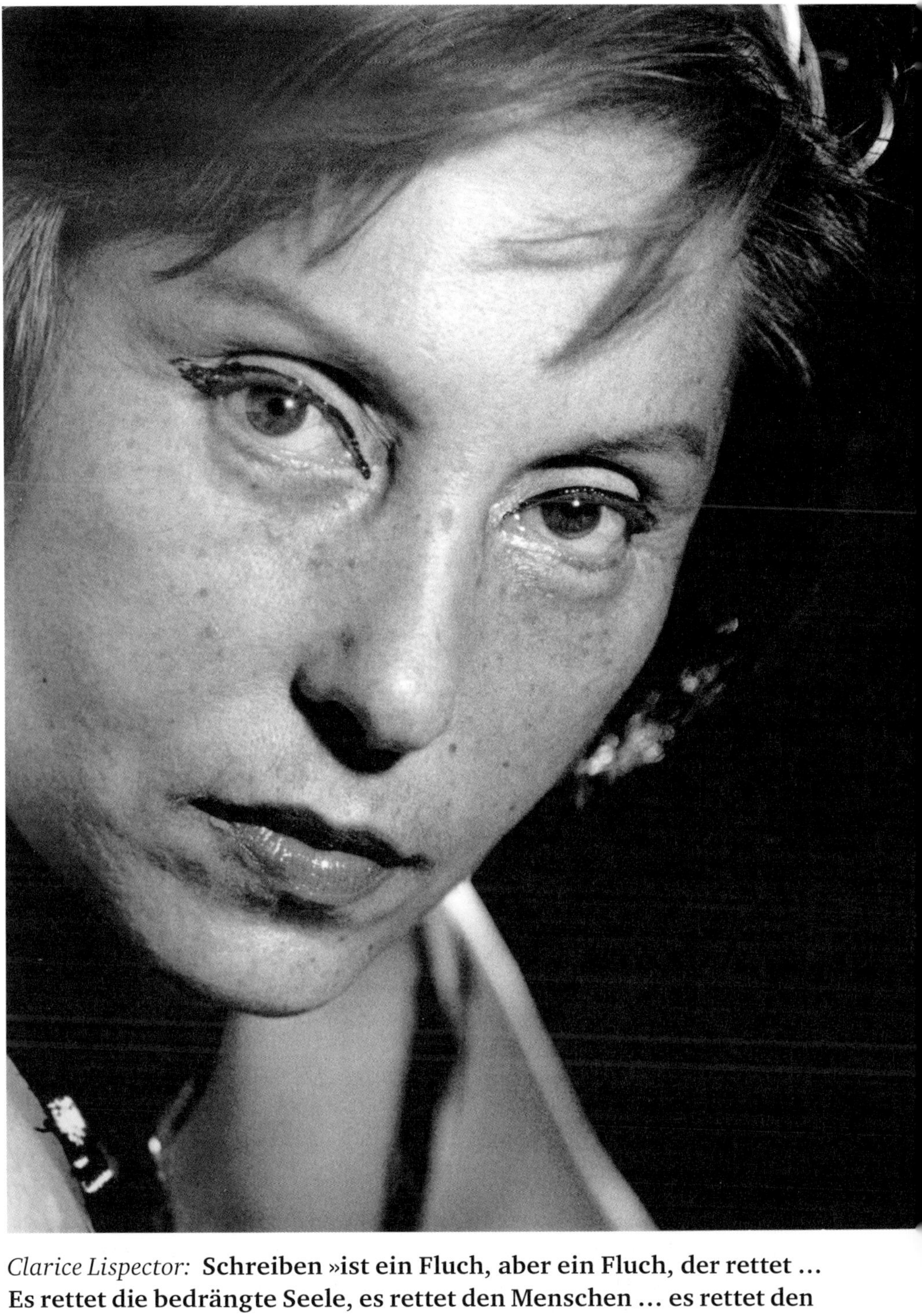

Clarice Lispector: **Schreiben »ist ein Fluch, aber ein Fluch, der rettet … Es rettet die bedrängte Seele, es rettet den Menschen … es rettet den Tag … Schreiben ist auch, ein Leben zu segnen, das nicht gesegnet wurde.«** © *Editora Rocco, a.a.O.*

und Fäulnis zu vergeben, weil sie Teil des vergänglichen, menschlichen Fleischs sind und seiner Fehler behafteten Art auf der Erde. Was ich schreibe, wäre das Vergnügen im Unglück. Es ist meine Schuld an Lebensfreude gegenüber einer Welt, in der es mir nicht leicht wird.

30.11.1968 – Wie man schreibt

Wenn ich nicht schreibe, weiß ich einfach nicht, wie man schreibt. Und wenn sie nicht infantil und falsch klänge, diese Frage, die zu den ernsthaftesten gehört, wählte ich einen befreundeten Schriftsteller aus und fragte ihn: »Wie schreibt man?«

Denn wirklich, wie schreibt man? Was sagt man? Wie sagt man es? Und wie fängt man an?

Und was macht man mit dem weißen Papier, das still vor uns liegt?

Ich weiß, dass die Antwort, so sehr sie auch beschäftigt, allein durch Schreiben entsteht. Ich selbst werde beim Schreiben am meisten überrascht. Und immer noch habe ich mich nicht daran gewöhnt, dass ich Schriftstellerin genannt werde. Denn, abgesehen von den Stunden, in denen ich schreibe, weiß ich absolut nichts vom Schreiben. Ist es so, dass Schreiben kein Beruf ist? Gibt es also keine Lehre? Was ist das? Ich werde mich erst an dem Tag als Schriftstellerin betrachten, an dem ich sagen kann: »Ich weiß, wie man schreibt.«

1.2.1969 – Nichtverstehen

Ich verstehe nicht. Da ist so umfassend, dass es jedes Verstehen übersteigt. Verstehen ist immer begrenzt. Aber Nichtverstehen kann keine Grenzen haben. Ich fühle, dass ich viel vollständiger bin, wenn ich nicht verstehe. Nichtverstehen, in der Art, wie ich es meine, ist eine Gabe. Nichtverstehen, aber nicht wie ein Schlichter im Geiste. Das Gute ist, intelligent zu sein und nicht zu verstehen. Es ist ein seltsamer Segen, so wie verrückt zu sein ohne Demenz. Es ist ein mildes Desinteresse, eine Süße der Einfalt. Nur, dass ab und zu die Unruhe kommt: Ich möchte ein wenig verstehen. Nicht zu viel, aber mindestens verstehen, dass ich nicht verstehe.

20.12.1969 – Form und Inhalt

Mit Bezug auf das Schreiben spricht man von der Schwierigkeit zwischen Form und Inhalt, soweit, dass man sagt: der Inhalt ist gut, aber die Form nicht usw. Aber, mein Gott, das Problem ist, dass es nicht auf der einen Seite den Inhalt und auf der anderen die Form gibt. So wäre es einfach. Es wäre, als erzählte man mittels einer Form das, was schon frei existiert, den Inhalt. Aber der Kampf zwischen Inhalt und Form findet im Denken selbst statt. Der Inhalt kämpft darum, sich zu formen. Um die Wahrheit zu sagen, man kann sich keinen Inhalt ohne Form vorstellen.

Nur die Intuition berührt die Wahrheit, ohne Inhalt oder Form zu brauchen. Die Intuition ist die versteckte, unbewusste Reflexion, die der Form vorausgeht, während diese selbst sich herstellt, bevor sie zu Tage tritt. Ich glaube, dass die Form dann erscheint, wenn das ganze Sein einen reifen Inhalt enthält, in der Weise, dass das Denken sich teilen oder sich in zwei Phasen schreiben will. Die Schwierigkeit der Form liegt im eigentlichen Konstituieren des Inhalts, im eigentlichen Denken oder Fühlen, das nicht ohne seine angemessene und manchmal einzige Form existieren kann.

* * *

Leben, Liebe, Tod

3.8.1968 – Wie man das behandelt, was man hat

In mir existiert ein Wesen als wäre es in seinem Haus, was es auch ist. Es handelt sich um ein schwarzes, glänzendes Pferd, das obwohl völlig wild – schließlich lebte es niemals in jemandes Inneren und niemand legte ihm Zügel und Sattel an – obwohl also völlig wild, hat es gerade deshalb die natürliche Sanftmut dessen, der keine Furcht kennt: Manchmal frisst es mir aus der Hand. Sein Maul ist feucht und kühl. Ich küsse sein Maul. Wenn ich sterbe, wird das Pferd ohne Haus sein und viel leiden. Sofern es nicht ein anderes Haus findet, das keine Furcht vor ihm hat, dem wilden und zugleich sanftmütigen. Ich mache darauf aufmerksam, dass es keinen Namen hat. Es genügt, es zu rufen, dann kommt es. Oder es kommt nicht, wenn es aber einmal mit sanfter Bestimmtheit gerufen wurde, kommt es. Wenn es schnüffelt und fühlt, dass ein Körper frei ist, trabt es lautlos herbei. Ich weise auch darauf hin, dass man sein Wiehern nicht fürchten muss. Wer glaubt, es sei eines, das aus Freude oder Wut wiehert, irrt sich.

9.11.1968 – Eine Revolte

Wenn die Liebe zu groß ist, wird sie nutzlos. Sie kann nicht gemeistert werden, und selbst die geliebte Person hat keine Aufnahmefähigkeit für soviel Liebe. Es lässt mich wie ein Kind staunen, festzustellen, dass wir selbst in der Liebe *common sense* und Sinn für Maßhalten bewahren müssen. Ach, das Gefühlsleben ist außerordentlich bürgerlich.

28.11.1970 – Spanien

Es war eigentlich kein Gesang, im Sinne musikalischen Einsatzes der Stimme. Es war auch kaum eine Stimme zu nennen, im Sinne der Formung von Wörtern. Der Flamenco-Gesang ist etwas vor der Stimme, er ist menschlicher Hauch. Ab und zu schlüpfte das eine oder andere Wort heraus und enthüllte, woraus dieser wortkarge Gesang gemacht ist: aus der Geschichte des Lebens, der Liebe und des Todes. Diese drei nicht ausgesprochenen Worte wurden unterbrochen von Wehklagen und Modulationen. Modulation des Hauchens, der Urzustand der Stimme, die das Leiden in seinem ersten Entstehen als Seufzer einfängt und auch die Freude in ihrem ersten Seufzer. Und im Schrei. Und weitere Schreie, aus Freude, geschrien zu haben. Die Mitwirkenden drum herum dunkel und schmutzig. Nach einer dieser lang gezogenen Modulationen, die in einem Seufzer vergehen, murmelt die Gruppe, erregt wie der Sänger, ein *olé* als Amen, das letzte Verglühen.

Da ist aber auch der ungeduldige Gesang, den die Stimme nicht ausdrückt: dann schneidet ihn ein nervöser und fester Stepptanz ab, das *olé*, das ihn ständig unterbricht, ist nun nicht mehr Amen, es ist Initiation, es ist der schwarze Stier. Der Sänger, gibt mit fast geschlossenen Zähnen der Stimme die Blindheit der Rasse, aber die anderen fordern mehr und mehr bis sie den Augenblick der Konvulsion erreichen: *España*.

Ich habe auch den abwesenden Gesang gehört. Er besteht aus einem Schweigen, das von den Schreien der Mitwirkenden unterbrochen wird. Innmitten der klaren Stille schlägt ein kleiner Mann wie ein glühendes Samenkorn, trocken, dunkel, die Hände in den Hüften, den Kopf zurückgeworfen, mit dem hartem Takt seiner Stiefel den unaufhörlichen Rhythmus des abwesenden Gesangs. Keine Musik. Und es ist kein Tanz. Das Steppen geht dem geformten Tanz voraus, der Körper drückt sich aus und überträgt in die Füße die Sprache, die Spanien versteht: den Zorn.

Mit Wut konzentriert sich die Gruppe auf das Schweigen selbst. Von Zeit zu Zeit die heisere Herausforderung einer Zigeunerin, ganz Kohle und rote Lappen, in der der Hunger sich in Glut und Drohung verwandelte. Es war keine Vorstellung, es gab keine Zuschauer: wer zuhört ist ebenso nötig, wie der, der schweigend mit den Füßen stampft. Bis zur Erschöpfung kommunizieren sie für Stunden mittels dieser Sprache, deren Worte, sollte es sie einmal gegeben haben, sich über die Jahrhunderte verloren haben, bis die mündliche Tradition vom Vater zum Sohn weitergegeben wurde wie ein Impuls des Bluts.

Und ich sah ein Paar Flamenco tanzen. Ich kenne keinen anderen Tanz, in dem die Rivalität zwischen Mann und Frau so nackt zutage tritt. Der Krieg ist so deutlich erklärt, dass Kunstkniffe keine Rolle spielen. Für Augenblicke wird die Frau fast maskulin, und der Mann betrachtet sie bewundernd. Wenn der Maure in spanischen Landen stolzer Maure ist, so verliert angesichts der baskischen Strenge die Maurin die leichte Trägheit. Die spanische Maurin ist ein Hahn, bis die Liebe sie in eine Maja verwandelt.

Die schwierige Eroberung in diesem Tanz. Während der Tänzer mittels seiner drängenden Füße spricht, umspielt die Tänzerin die Aura ihres Körpers mit dem Fächer in den Händen. So lockt sie an, so bereitet sie sich darauf vor, berührbar oder unberührbar zu werden. Doch wenn man es am wenigsten erwartet, kommt ihr Frauenstiefel vor und stampft mehrmals dreimal hintereinander auf. Den Tänzer schaudert es angesichts dieser kruden Sprache, er weicht zurück, wird unbeweglich. Es gibt einen Moment der Stille im Tanz. Allmählich streckt der Mann wieder seine Arme aus, und vorsichtig – mit Furcht, nicht mit Scham – versucht er, mit den ausgestreckten Händen dem stolzen Haupt seiner Gefährtin Schatten zu spenden. Er umrundet sie mehrere Male und für Momente exponiert er sich, jetzt fast Schulter an Schulter mit ihr, wobei er, wer weiß, einen Dolchstoß riskiert. Und wenn er nicht erdolcht wurde, zollt die Tänzerin ihm immer wieder Anerkennung für seinen Mut: er ist nun ihr Mann. Sie stampft mit den Füßen, den Kopf aufrecht im ersten Liebesschrei: endlich hat sie ihren Gefährten und ihren Feind gefunden. Widerstrebend weichen beide zurück. Sie haben einander erkannt. Sie lieben sich.

Der eigentliche Tanz beginnt. Der Mann ist dunkel, klein, eigensinnig. Sie ist streng und gefährlich. Ihre Haare wurden gestrafft, diese Eitelkeit der Härte. Der Tanz ist so wesentlich, dass man kaum versteht, wie das Leben danach weitergehen kann. Dieser Mann und diese Frau werden sterben. Andere Tänze sind die wehmütige Erinnerung an den Mut. Dieser Tanz ist der Mut. Andere Tänze sind heiter. Die Heiterkeit dieses Tanzes ist ernst. Oder die Heiterkeit ist entbehrlich. Es ist der tödliche Triumph, das zu leben, worauf es ankommt. Keiner der beiden lacht, sie vergeben einander nichts. Verstehen sie sich? Niemals haben sie daran gedacht, sich zu verstehen, jeder trägt sich selbst als einzige Standarte. Und wer besiegt wurde – in diesem Tanz sind beide Besiegte – versüßt sich nicht die Unterwerfung, er hat diese spanischen Augen, trocken vor Liebe und Zorn. Der Zermalmte – beide sind Zermalmte – wird dem anderen Wein reichen wie ein Sklave. Jedoch in diesem Wein wird, wenn die Leidenschaft der Eifersucht kommt, das tödliche Gift sein. Der Überlebende wird sich gerächt fühlen. Doch für immer allein. Denn nur diese Frau war seine Feindin, nur dieser Mann war ihr Feind, und sie hatten einander für den Tanz ausgewählt.

12.10.1968 – Vielleicht ist es so

Andererseits bin ich heute ein wenig müde und es ist über das Vergnügen schmerzlicher Müdigkeit, worüber ich heute sprechen werde. Jedes intensive Vergnügen berührt die Schwelle des Schmerzes. Das ist gut so. Der Schlaf, wenn er kommt, ist wie eine leichte Ohnmacht, eine Ohnmacht der Liebe.

Sterben muss so sein: Aus irgendeinem Grund so müde zu sein, dass nur der Schlaf des Todes entschädigt. Sterben erscheint manchmal wie ein Egoismus. Doch wer stirbt, braucht es zuweilen auch sehr dringend.

Ist der Tod vielleicht das höchste irdische Vergnügen?

4.1.1969 – Condition humaine

Meine *condition* ist sehr klein. Ich fühle mich eingeschnürt. Bis zu dem Punkt, in dem es nutzlos wäre, mehr Freiheit zu haben. Meine kleine *condition* würde es mir nicht erlauben, mehr Freiheit zu gebrauchen. Während die *condition* des Universums so riesig ist, dass sie sich nicht *condition* nennt. Mein Außer-Takt-Sein mit der Welt ist so groß, dass es komisch wird. Mir gelang es nicht, meinen Schritt der Welt anzupassen. Ich habe wohl versucht, mich mit der Welt auf eine Stufe zu stellen, aber es geriet mir nur komisch. Eines meiner Beine ist immer zu kurz. Das Paradox meiner *condition* ist es, dass meine Krüppelhaftigkeit auch fröhlich ist, denn sie ist Teil jener *condition*. Doch wenn ich ernst werde und mit der Welt im Gleichschritt gehen will, dann berste ich in Stücke und erschrecke mich. Danach aber lache ich mit bitterem Lachen, das nur deshalb nichts Schlechtes ist, weil es zu meiner *condition* gehört. Die *condition* ist nicht heilbar, aber die Furcht vor der *condition* ist es.

27.7.1968 – »Ritual« (Fragment)

Dort ist Es, das Meer, das am wenigsten Erkennbare der nicht-menschlichen Existenzen. Hier ist die Frau, am Strand stehend, das am wenigsten erkennbare Lebewesen. Wenn das menschliche Wesen eins Tages eine Frage über sich selbst stellt, wird es zum am wenigsten Erkennbaren aller Lebewesen: sie und das Meer.

Eine Begegnung ihrer beider Geheimnisse könnte es nur geben, wenn eines sich dem anderen anheimgibt: die Hingabe von zwei unerkennbaren Welten, voll des Vertrauens, mit dem sich zwei Verstehende vereinen würden.

Sie blickt auf das Meer, soweit sie es kann. Es ist für sie durch die Horizontlinie begrenzt, das heißt durch ihr menschliches Unvermögen, die Erdkrümmung zu sehen.

Es ist sechs Uhr morgens. Nur ein Hund streift am Strand herum, ein schwarzer Hund. Warum ist ein Hund so frei? Weil er das lebende Geheimnis ist, das sich nicht enthüllt. Die Frau zögert, sie wird nun hineingehen.

Ihr Körper tröstet sich über seine eigene Winzigkeit im Verhältnis zur Weite des Meers, denn es ist die Winzigkeit des Körpers, die es ihr erlaubt, sich warm zu halten und es ist diese Winzigkeit, die sie zu einer armen und freien Person macht, mit ihrer Art Hundefreiheit auf dem Sand. Dieser Körper wird in die unbegrenzte Kälte eintreten, die ohne Wut in der Stille der sechsten Stunde brüllt. Die Frau weiß es nicht, aber sie tut etwas Wertvolles. Angesichts des in dieser Morgenstunde leeren Strandes hat sie nicht das Vorbild anderer Menschen, die das Hineingehen in das Meer in ein simples Spiel der Lebensleichtigkeit verwandeln. Sie ist allein. Das salzige Meer ist nicht allein, denn es ist salzig und groß und das ist eine Verwirklichung. Zu dieser Stunde kennt sie sich noch weniger als sie das Meer kennt. Ihr Wert ist, ohne sich zu kennen, dennoch weiterzugehen. Es ist verhängnisvoll, sich nicht zu kennen, und sich nicht zu kennen, erfordert Mut.

Sie geht hinein. Das Salzwasser ist von einer Kälte, die auf ihren Beinen die Haare zu Berge stehen lässt. Doch eine verhängnisvolle Fröhlichkeit – die Fröhlichkeit ist ein Verhängnis –, erfüllt sie schon, obwohl es ihr nicht einfällt, zu lachen. Sie ist im Gegenteil sehr ernst. Das Aroma ist vernebelnd und erweckt ihre am tiefsten schlummernden, sinnlichen Träume. Und jetzt ist sie wach – obwohl ohne nachzudenken – wie ein Jäger gedankenlos wach ist. Die Frau ist nun kompakt, leicht und zugespitzt – und sie öffnet einen Weg in das Eisige, das, flüssig, sich ihr entgegenstellt, und das sie dennoch eindringen lässt, wie in der Liebe, in der der Widerstand eine Aufforderung sein kann.

Der langsame Weg erhöht ihren geheimen Wert. Und immer wieder lässt sie sich von der ersten Welle überschwemmen. Das Salz, das Jod, ganz flüssig, machen sie für einen Moment blind, während sie ganz ausrinnt – aufrecht, befruchtet.

Jetzt verwandelt sich die Kälte in Eisigkeit. Fortschreitend teilt sie das Meer in der Mitte. Noch braucht sie keinen Mut, sie ist jetzt antik in diesem Ritual. Sie taucht den Kopf in das Leuchten des Meeres und streicht eine Haarsträhne zurück, die ganz über die brennenden Augen gerutscht ist. Sie spielt mit der Hand im Wasser, hält ein, während die Haare an der Sonne vom Salz fast sofort hart werden. Mit der Schaufel ihrer Hände tut sie das, was sie im Meer immer getan hat, und mit dem Hochmut derer, die niemals eine Erklärung abgeben, auch nicht sich selbst gegenüber, trinkt sie aus der Handschaufel voll Wasser in großen, guten Schlucken.

Und es war das, was ihr fehlte: das Meer innen wie die dicke Flüssigkeit eines Mannes. Jetzt ist sie ganz eins mit sich selbst. Der genährte Schlund zieht sich durch das Salz zusammen, die Augen röten sich durch das von der Sonne getrocknete Salz, die sanften Wellen stoßen sie an und rollen zurück, schließlich ist sie ein kompaktes Hindernis.

Wieder taucht sie unter, wieder trinkt sie Wasser, jetzt ohne Gier. Sie braucht ja nichts mehr. Sie ist die Liebende, die weiß, dass sie das alles von neuem haben wird. Die Sonne steigt höher und schickt Schauer über die Frau, während sie trocknet. Sie taucht wieder unter, sie ist weniger gierig und weniger scharf. Jetzt weiß sie, was sie will. Sie will ausgestreckt und ruhig im Meer bleiben. Also bleibt sie so. Wie gegen die Wände eines Schiffs stößt das Meer, kommt wieder und stößt. Die Frau empfängt keine Impulse. Sie braucht keine Kommunikation.

Danach geht sie im Wasser zum Strand zurück. Sie geht nicht auf den Wassern – ach, niemals wird es das geben, seit man vor Jahrtausenden auf den Wassern gewandelt ist – aber niemand nimmt ihr das weg: Sie geht durch das Wasser. Manchmal leistet das Meer ihr Widerstand und zieht sie mit Macht zurück, doch dann rückt der Bug der Frau vor, ein wenig hart und rau.

Und jetzt betritt sie den Sand. Sie weiß, dass sie von Wasser, Salz und Sonne glänzt. Auch wenn sie es nach einigen Minuten vergessen haben wird, niemals kann sie all das verlieren. Und sie weiß auf irgendeine dunkle Weise, dass ihre ausgewrungenen Haare verwüstet sind. Sie weiß – weiß, dass sie ein Risiko einging. Ein Risiko so alt wie das menschliche Geschlecht.

4.3.1970 – Ich mache mich für die Welt verantwortlich

Ich bin eine sehr beschäftigte Person: ich mache mich für die Welt verantwortlich. Jeden Tag betrachte ich vom Balkon aus das Stück Strand und Meer und sehe manchmal, dass die Schaumkronen weißer aussehen und dass zuweilen während der Nacht das Wasser unruhig herankommt, ich sehe es an der Spur, die die Wellen auf dem Sand hinterlassen. Ich sehe die Mandelbäume in meiner Straße. Ich achte darauf, ob der Nachthimmel – bevor ich zu Bett gehe und mir mit der Welt in Form von Träumen zu schaffen mache – ob der Nachthimmel sternklar und marineblau ist. Der Kosmos macht mir viel Arbeit, besonders weil ich sehe, dass Gott der Kosmos ist. Damit beschäftige ich mich mit einer gewissen Abneigung.

Ich beobachte ein Kind von zehn Jahren, mit Lumpen bekleidet und sehr mager. Es wird eine Zukunft von Tuberkulose haben, wenn es sie nicht schon hat.

Im Botanischen Garten dann verweile ich erschöpft und muss mich mittels meiner Betrachtung für die tausend Pflanzen und Bäume verantwortlich machen und vor allem für die Victorias regias.

Man bemerke, dass ich nicht einmal meine gefühlsmäßigen Eindrücke erwähnt habe. Ich spreche natürlich nur von den Tausenden von Dingen und Personen, für die ich mich verantwortlich mache. Es handelt sich auch nicht um eine berufliche Tätigkeit, schließlich verdiene ich damit kein Geld. Ich unterrichte mich darüber, in welchem Zustand die Welt ist.

Macht es Arbeit, für die Welt Verantwortung zu tragen? Sicherlich! Sich an das ausdruckslose Gesicht einer Frau zu erinnern, die ich auf der Straße gesehen habe. Ich mache mich verantwortlich für die Tausende von *favelas* oben an den Berghängen. Ich beobachte an mir selbst den Wechsel der Jahreszeiten: ich verändere mich deutlich mit ihnen.

Man muss mich fragen, warum ich mir mit der Welt zu schaffen mache: weil ich geboren wurde; für alles bin ich zuständig. Und ich bin verantwortlich für alles was existiert, eingeschlossen die Kriege und Gewaltverbrechen gegen Körper und Seele. Ich bin außerdem zuständig für Gott, der in beständiger kosmischer Evolution begriffen ist, um sich zu verbessern.

Ich beschäftige mich seit meiner Kindheit mit einer Reihe von Ameisen, die sich aus entgegen gesetzter Richtung nähern, anhalten und etwas zu den anderen sagen.

Ich las das berühmte Buch über die Bienen, und fühlte mich seitdem für die Bienen verantwortlich, besonders für die Königin. Die Bienen fliegen und kämpfen mit Blumen: das habe ich festgestellt.

Aber die Ameisen haben eine sehr feine Taille. In sie, klein wie sie ist, passt eine ganze Welt, die, wenn ich nicht aufpasse, mir entschlüpft: instinktiver Ordnungssinn, Sprache, die unser Hörvermögen übersteigt und wahrscheinlich instinktive Liebesgefühle, schließlich sprechen sie. Ich machte mir mit den Ameisen zu schaffen als ich klein war, und jetzt wo ich sie so gerne wieder betrachten können würde, finde ich nicht eine. Dass es keinen Mord an ihnen gab, weiß ich, denn wenn es ihn gegeben hätte, hätte ich es erfahren. Sich für die Welt verantwortlich zu machen, erfordert auch viel Geduld. Ich muss bis zu dem Tag warten, an dem eine Ameise erscheint, die Blumen beobachten, wie sie sich kaum merklich und langsam öffnen.

Nur dass ich bisher niemanden getroffen habe, dem ich Rechenschaft ablegen könnte.

Textauswahl, kursive Zwischenüberschriften und Übersetzung aus dem brasilianischen Portugiesisch unter Heranziehung der argentinisch-spanischen Ausgabe von Edith Werner

Hans-Jürgen Heise

Der Tango, das argentinische Vaterunser?

Der berühmteste Argentinier ist wohl Che Guevara, der geistig bedeutendste Jorge Luis Borges. Der erste war ein Mann der Tat, der zum Mythos wurde, der zweite ein Mythomane, der zeitlebens den labyrinthischen Linien der Existenz ein kryptisches Deutungsraster überzustülpen versuchte. Che war ein Romantiker, der sich als Experte in Sachen Politik und Ökonomie profilierte, Borges ein Rationalist, der, sogar um den Preis von Vernunft und Logik, dunkel sein wollte. Der eine glaubte an die revolutionäre Dynamik des bewaffneten Kampfes. Der andere, wie er in einem der Essays seiner *Geschichte der Ewigkeit* postulierte, an die Kreisförmigkeit der Zeit, die keine Veränderung zulässt, also suchte er Zuflucht beim Stoizismus Mark Aurels, bei Schopenhauers Pessimismus und, in gewisser Weise, auch bei Nietzsche, den er spöttisch paraphrasierte: »Zur Ewigen Wiederkehr pflege ich ewig wiederzukehren.«

Borges' eklektische Metaphysik hatte, bevor sie sich ins Universelle weitete, argentinische Wurzeln und speiste sich aus letztlich ruralen Quellen: der Pampa und der – stark idealisierten – Figur des Gaucho, dessen Gitarrenspiel in der kollektiven Erinnerung nachklang und dessen Milongas und Messerstecher-Moritaten* eine Art Grundakkord lieferten, selbst in einem Gedicht wie »Die sagenumwobene Gründung von Buenos Aires«, das mit den Versen endet: »Man kann mir nicht weismachen, Buenos Aires habe einen Anfang, / für mich ist es ursprünglich wie Wasser und Luft.«

Die Hauptstadt Argentiniens ist seit ihrer Entstehung 1535 der dramatische Gegenpol zur Weite des Hinterlandes, das lange als bedeutungslos galt, weil es nichts als Raum war, ohne die Tiefendimension der Geschichte. Das Historische, meinte Ortega y Gasset in seiner Studie *Hegel und Amerika*, hat Relevanz lediglich durch eine gegenwartsbezogene Vergangenheit. Die Einöden Argentiniens aber hatten keine Vergangenheit – nicht bevor die spanischen Conquistadoren sie in Besitz nahmen, in der Hoffnung, Silber (argentino!) zu finden ... am Rio de La Plata, am Silberstrom.

Das Riesenland an der Spitze Südamerikas bot jedoch kein Äquivalent zu den Goldschätzen Mexicos und Perus. So wurde es für Jahrhunderte zu einer unbedeutenden Randregion, die nur interessant für arme europäische Auswanderer war – auch für sephardische Juden, die Spanien wegen der Inquisition verließen und so mit anderen Exilanten den Grundstock der Bevölkerung von Buenos Aires bildeten.

Die Pampa, groß wie Westeuropa, war eine Landschaft, in der sich nichts Dauerhaftes ereignete. Und die Indios, Jäger und Sammler, wurden von den Siedlern bald ausgerottet – ähnlich

---

* *Siehe auch* die horen, *Band 233/2009 (Borges + 5 Enkel) sowie die Sammlung ausgewählter Prosa, Lyrik und Essays aus zwei Jahrhunderten argentinischer Literatur (Der Vorabend aller Pracht /* die horen, *Band 238/2010), zusammengestellt von Michi Strausfeld.*

wie die Prärie-Indianer Nordamerikas, die durch ihre weiten Streifzüge ebenfalls das Wirken von Farmern und Viehzüchtern behinderten. Argentinien, das auch keine Negersklaven importierte, kannte keine größeren Rassenprobleme wie die Mestizenstaaten der Neuen Welt. Stattdessen gab es so etwas wie einen latenten Bürgerkrieg, der verbissen zwischen Stadt und Land ausgetragen wurde.

Zwar wurde der Gaucho von den »Porteños, den Bewohnern der Hafenstadt Buenos Aires, heraldisiert, in Wirklichkeit aber hatte er nur einen gewissen kostumbristischen Wert und diente der jungen Nation als vermeintlicher Archetypus eines noch naturbelassenen Lebens.

Dabei hatte ein ungeschöntes Bild des Gaucho schon 1775 ein Reisender entworfen, der unter dem Pseudonym Concolorcorvo die rauhen, oft außerordentlich brutalen Sitten der Viehtreiber beschrieb, ohne jene Empathie, die wir von Atahualpa Yupanqui kennen, dem schwermütigen Gitarristen, der, seit Edith Piaf ihn 1948 durch einen Gemeinschaftsauftritt zum Weltstar machte, schon in seiner Heimat einen eigenen elegischen Ton gefunden hatte: »Der Mensch ist Erde, die geht.« Oder, mit unwiderlegbar sozialkritischem Nachdruck: »Die Schätze der Reichen wandern in die Bank, / die der Armen in die Gitarre.«

Der Sohn eines Kreolen und einer Baskin, der eigentlich Héctor Roberto Chavero hieß, hat sich nach den beiden letzten Inka-Königen genannt, und mit tellurischer Solidarität schließt er Gestorbene ein in die Fürbitte seines Gesangs: »Gehst du hinaus aufs Feld, / irre nicht ab vom Weg, / du könntest sonst leicht auf die Schatten / toter Vorfahren treten.«

Die eigentliche Musik des Argentiniers ist allerdings nicht die ländliche Folklore, sondern der Tango, ein, wie Enrique Santos Discépolo, einer der besten Textschreiber, gesagt hat, trauriger Gedanke, den man tanzt. Der Tango ist eine Gefühls- und Stilmischung aus der cubanischen Habanera, diesem tropikalen Hängemattenwiegenlied, italienischen Einflüssen und der argentinisch-ländlichen Milonga, einem Gaucho-Tanz, bei dem sich ursprünglich Männer im Arm hielten, Burschen, die irgendwo draußen an einem abendlichen Feuer saßen und vielleicht gerade die besten Stücke einer geschlachteten Kuh verspeist hatten.

Der Tango, der zweimal um die Welt ging – zuerst um 1905 als modischer Gesellschaftstanz und dann, nach dem Zweiten Weltkrieg, als konzertanter *tango nuevo*, als neuer Tango – ist in Argentinien einerseits ein schnulziger Feierabendschwof, andererseits eine sozialkritische Großstadtballade, in der Wut und Gemüt eine Verbindung eingehen.

Der Tango ist gegen Ende des 19. Jahrhunderts in der Bordellwelt von Buenos Aires entstanden, im schäbigen, äußerst kriminellen Stadtteil La Boca (der Mund, die Hafenmündung). Heute ist in dieser Gegend alles verfallen, abgewrackt, verrottet – sogar der ursprüngliche Schmutz der Armut. Hier und da richtet sich hinter abgebröckelten, grell überpinselten Fassaden die Schickeria ein, die weltweit bisher noch jedes Elendsviertel, das ihr ins Visier geraten ist, kaputt saniert und der Würde ihres Elends beraubt hat.

Buenos Aires, einst wie Madrid oder auch andere verschlafene Städte, ein Dorf mit einem Anflug von Hauptstadtcharakter, ist heute eine ›location‹, wie man sie, auswechselbar, in allen Kontinenten findet. Niemand könnte mehr wie der junge Borges dichten: »Inmitten der Unschlüssigkeit des Brokats / verewigen die Mahagonimöbel / ihre uralte Plauderei ...« Selbst ehemals avantgardistische Verse, wie sie in Oliverio Girondos 1922 publik gemachtem Bändchen *Zwanzig Gedichte, in der Straßenbahn zu lesen*, haben längst eine Aura des Vormodernen, des zu stark Ästhetisierendem, wie es der poetische Esprit in den Kindertagen der Technik hervorgebracht hat.

Die spanischen Eroberer haben Buenos Aires schon im 16. Jahrhundert, gleich nach ihrer Landung in der La-Plata-Region, konzipiert, nach jenem Schachbrettmuster der Straßen, das mit der Renaissance in die architektonische Vorstellung kam und zum ersten Mal in Santo Domingo, der überseeischen Erstgründung, realisiert wurde. Zunächst geriet alles viel zu groß, die Parallelstraßen, die abgezirkelten Häuserblocks. Derart auftrumpfend, wollte man dem neuen Kontinent einen zusätzlichen Akzent geben, gleichwertig mit Mexico-Stadt und Lima, den Nachfolgekapitalen der besiegten Azteken- und Inka-Reiche.

Die Ausführung war freilich vorerst schlicht, und wenn im 19. Jahrhundert die Wohlhabenden auch aus ihrem flussnahen seuchengefährdeten Südstadtviertel in die gesündere Nordstadt auswichen, so erlangte Buenos Aires doch erst im 20. Jahrhundert seine Kontur als MegaCity, wo Arm und Reich durcheinander wohnen, getrennt allerdings durch Besitz und Status und also einander ferner denn je.

César Fernández Moreno, ein 1919 geborener Dichter, der es mochte, wenn sich lyrische Metaphern überraschend in Banalität auflösen, hat im Titelstück seines Versbandes *Argentinier bis in den Tod* von 1963 eine Fülle desillusionierender Feststellungen aneinandergereiht und ein Doppelporträt von sich und seinem Heimatland entworfen, das in der Weltliteratur seinesgleichen sucht: »... buenes aires wurde zweimal gegründet / ich hingegen sechzehnmal ... / von europa brachte man mich hierher / stück für stück / erst die eine hälfte / die andere zwei jahrhunderte später / so hab ich unterschiedlich lange beine / ... na schön bin eben argentinier / ich glaubte das Vaterunser sei ein tango / ... außerdem bin ich anwalt / die gescheiteste art argentinier zu sein / verklagt euch ruhig / bloß zwei drei argentinier die nicht anwalt sind / eh bien je suis argentin / ... *argentinier señor* / das sind wir, mit allen wassern gewaschen / zwanzig millionen leute nisteten sich bei uns ein / pläne entstehen spontan enden jedoch als aktenvorgang / ... *ich bin gaucho begreifen Sie das* / bin von hier und aus keinem anderen land / bin vollblutargentinier; bin porteño ...«

Fernández Moreno evoziert die Allgegenwart moderner Identitätslosigkeit. Er spricht als Argentinier. Doch Argentinien ist überall.

César Fernández Moreno (1919–1985). Foto: Archiv.

In unserer globalisierten Welt, in der Familien, Staaten und Kulturen zerfallen und Virtualität das Erstgeburtsrecht der Realität hinterfragt, erscheint Argentinien als parabolisches Beispiel eines bis heute ungelösten, ja sich zunehmend verschärfenden Konflikts zwischen Stadt und Land, Kultur und Natur oder, wie die argentinische Literatur im 19. Jahrhundert befangen feststellte: zwischen Zivilisation und Barbarei.

Seinerzeit, nach der Befreiung Argentiniens von der spanischen Kolonialmacht, war es der schriftstellernde Politiker Domingo F. Sarmiento, der in seinem Roman-Essay *Facundo / Civilización y Barbarie* den Finsternissen von Pampa und Seele entgegentrat und sich, konträr zu José Martí, Rubén Darío und anderen, auf die Seite der Vereinigten Staaten schlug. Die USA hatten 1823 mit der Monroe-Doktrin eine politsch-ökonomische Weichenstellung vorgenommen, mit der sie alle weiteren Besitzergreifungen europäischer Mächte auf dem amerikanischen Kontinent untersagten, zunächst eine Schutzmaßnahme, schließlich jedoch ein Instrument, selber in die befreiten territorialen Räume vorzustoßen und mit aggressiver Hegemonialhaltung an die Stelle der früheren Ausbeuternationen zu treten.

Sarmiento stellte sich ein von tüchtigen Kreolen bewirtschaftetes Argentinien vor, das vor allem Weizen und Rindfleisch für die Weltmärkte lieferte. Solchen Ideen standen die regional gesinnten Traditionalisten entgegen, besonders die Gutsherren, die von der Entwicklung ebenso beiseite geschoben wurden wie die Peones und Gauchos, all die Habenichtse von Landarbeitern, die gleichwohl die Glorie der Freiheit verkörpern.

Übrig blieben die Dominanz der großen Städte, Bankenwesen, Kommerz, ausländische, d. h. us-amerikanische Konzerne, ein schäbiges Landproletariat sowie entfremdete Angestellte, Arbeiter und sonstige Lohnabhängige, millionenfaches menschliches Strandgut, wie es beispielsweise der 1967 geborene Pablo Ramos beschreibt, in seinem Roman *Der Ursprung der Traurigkeit*, der vom Dahinvegetieren auf einem Großstadtfriedhof erzählt.

Die vorangegangene Generation der La-Plata-Autoren – Borges, Julio Cortázar, Ernesto Sábato, Adolfo Bioy Casares – hatte noch versucht, dem Leben eine Tiefendimension zu geben, indem sie Logik und Kausalität erzählerisch aushebelte. Doch diese allzu vorsätzlich operierenden Konstrukteure absurder Geschehnisse hatten meist nicht die atmosphärische Dichte und die Plausibilität jener lateinamerikanischen Schriftsteller, die man *magische Realisten* nennt und deren wichtigste Repräsentanten der Mexikaner Juan Rulfo, der Kolumbianer Gabriel García Márquez und der Brasilianer João Guimarães Rosa sind. Die argentinischen Mythologen, für deren Arbeiten man die Bezeichnung *phantastische Literatur* gefunden hat, bemühten sich angestrengt, vom Grund des zubetonierten Buenos Aires etwas Geheimnisvoll-Wunderbares aufscheinen zu lassen.

Ein Mensch sucht sich weder sein Land noch sein Zeitalter aus. So gilt für Argentinien, was mehr oder weniger für alle Länder des Westens zutrifft. Die Deckung verschwindet nicht allein aus den Währungen. Sie verschwindet auch – verdunstet förmlich – aus der Substanz des Lebens und dem Gehalt der Worte. Oder, um es mit einer Definition des Mexikaners Octavio Paz zu sagen: »Unsere Epoche ist das erste Zeitalter, das sich anschickt, ohne metahistorische Doktrin zu leben. Unsere Überzeugungen, seien sie nun religiöser, philosophischer, moralischer oder ästhetischer Natur, sind nicht länger kollektiv verankert, sie sind Privatsache. Das ist eine riskante Erfahrung.« ◆

Hans-Jürgen Heise

Pampa

für Atahualpa Yupanqui·

Die Frühe zittert
wie ein Fohlenherz

Malambo
danza pampera

Der Gaucho schwingt
den Horizont
als Lasso
gibt einer Bö
die Sporen

Hufgetrappel
überm Gitarrenboden

Malambo
danza pampera

Mit der Peitsche
zerteilt der Gaucho
den Wind
Er treibt

Malambo
danza pampera

Rinderherden
und Zirruskälbchen
in einen Himmel
aus Staub

Malambo: Tanz der Gauchos.

Geburtsstunde des Tangos

Zwei Böen balgen sich
um einen Papiergeldfetzen
Eine kommt vom La Plata
die andere
                    ausatmend
aus einer Ziehharmonika

Hühnerhof bedeutet hier zugleich
Frauenrock (und wirklich
es gackert und gackert
unter den Matrosenhänden)

Milonga

Die Hostie als Monokel
ins Auge geklemmt
Don Esteban
setzt überm Streichholz
ein Segel und

nimmt Kurs auf die Kaschemmen
La Bocas
                Damals
als der Tango
noch atemlos war

ein Vorstadtkellner
in Vierachteltaktschuhen

Porträt Johano Strasser: Foto: Isolde Ohlbaum.

Gert Heidenreich

Sänger des Zweifels

Johano Strassers Gedichte aus dreißig Jahren: »Labile Hanglage«

Dass Gedichte, die über einen Zeitraum von drei Jahrzehnten entstanden sind, über den Autor vielfältig Auskunft geben, ist nicht verwunderlich. Auch dass diese Auskünfte durch die Jahre variieren, versteht sich von selbst. Erstaunlich hingegen ist, dass die Gedichte sich *grosso modo* in einem gleich bleiben: Sie alle stammen von einem Sänger des Zweifels. – Sie stammen von einem, der sich nicht aufteilen lässt in den Romancier und den promovierten Philosophen Strasser, den habilitierten Politikwissenschaftler und den Essayisten; von einem, der den Dialektiker nicht vom Dialogiker trennt und den Lyriker nicht vom Analytiker der Gesellschaft. Selbstverständlich kann man ihn bei all diesen Eigenschaften und Verhaltensweisen je einzeln erwischen, zumeist aber fließt eins ins andere, verwandelt sich die soziologische Perspektive in den Erzählerblick für das Leben fiktiver Figuren, dringt der philosophische Diskurs so lange in die Natur ein, bis diese mit eindringlichen Bildern und den ihr eigenen Rätseln antwortet.

Johano Strasser

Litanei

Für Gert Heidenreich

Alles was raucht
Bringt Gewinn

Alles was rauchende Schlote reinigt
Bringt Gewinn

Alles was tötet
Bringt Gewinn

Was Menschen und Städte und Waffen vernichtet
Bringt reichlich Gewinn

Friedensschlüsse
Bringen Gewinn

Der Wiederaufbau zerstörter Landstriche
Das Graben von Tunneln das Spannen von Brücken
Das Häuserbauen
Bringt Gewinn

Lügen verbreiten
Bringt Gewinn

Die Entlarvung von Lügnern und Lügengespinsten
Der wortreiche Trost Die Anklage auch
Vor dem Gerichtshof der Vernunft

Alles was recht und unrecht ist
Bringt reichlich Gewinn

Aus: Johano Strasser: *Labile Hanglage*. Gedichte.
Brandes & Apsel, Frankfurt am Main 2010.

Johano Strasser verkörpert den Typus eines Schriftstellers, der nicht nur selten, sondern rar geworden ist; von einem rundum Gebildeten, der all seine höchst unterschiedlichen Weisen und Fähigkeiten, das Leben zu durchleuchten und sich selbst erhellen zu lassen, im Netz seiner Neugier miteinander verknüpft hat, und offenbar nichts davon hält, sich für Prosa und Gedicht, für Drama und politischen Essay je anders zu kostümieren.

Es geht bei solcher Amalgamierung unterschiedlicher Zugriffe auf die Welt nicht um die Frage, ob die Literatur sich gesellschaftlich verstehen muss oder nicht darf. Es geht ausschließlich um die Frage der Identität des Schriftstellers; es geht um die wechselnden Horizonte, die das poetische Ich liniert. Bei Johano Strasser, dessen Werk sich ganz anders entwickelt hat, als dies die öffentlichen Schubladen verzeichnen wollen, ist diese Identität in einer seiner vielen Disziplinen am dichtesten erfahrbar: In seiner Lyrik.

Das mag erstaunen, wird aber anhand der in dem Band *Labile Hanglage* versammelten Gedichte schnell einsichtig. Denn die poetische Durchdringung der Welt ist Ergebnis eines bewusst gewordenen Erstaunens, und dieses wird um so größer, je mehr wir wissen und zu wissen begehren. Weil mit dem Wissen die Ungewissheit kommunizierend zunimmt, dürfen wir, im wörtlichen Sinn, ver-wundert sein.

Poetisches Erstaunen hat nichts mit unvoreingenommenem Blick, schon gar nichts mit Naivität zu tun; im Gegenteil, in Strassers Poesie bündelt sich all das, was ihn ausmacht, in einer neuen sprachlichen Freiheit und Präzision, die es ihm ermöglicht, mit Erkenntnissen zu spielen, Bilder kognitiv zu grundieren, scheinbar unumstößliche Hauptsätze durch Metaphern unhaltbar zu machen, Gewissheiten ironisch aufzulösen, lyrisch erzeugte Widersprüche durch Humor abzufedern, die Welt, eben noch in ihrer existenziellen Schichtung erkannt, als Harlekinade zu präsentieren; da sind die Janusgesichter wichtiger als die eindeutigen Stellungnahmen, und alles in allem bleibt ein großes, façettenreiches Thema: Der Zweifel.

Zweifeln muss man können, verzweifeln kann jeder. Johano Strasser hat seine Poetologie des Zweifels über die Jahre seines Dichtens selbstverständlich mit all den Mitteln der Lyrik erarbeitet, die im Laufe der Sprachgeschichte so reichhaltig geworden sind: Die Brechung eines Wortes durch sein Gegenwort; die Metapher mit all ihrer möglichen Hinterhältigkeit; die Fußangeln des Rhythmus'; die Referenz auf die Dichtung, aus der wir kommen; die Landschaftsbilder mit ihrem Trost und ihrem seit der Romantik verbundenen Schmerz, weil wir auf immer von der Natur getrennt sind. Dazu baut der Skeptiker souverän Zustimmungsfallen, um uns, wenn wir gefesselt nicken, sanft auf die Torheit unseres Einverständnisses zu verweisen. Er erfindet Fragen, die sich selbst befragen, um sich mit Gegenfragen zu antworten.

Es ist eine intelligente Lyrik – und bei diesem Begriff hört man die Bauchredner des Gewerbes stöhnen. So als ob der begründete Zweifel geringer lyrisch wäre als unbegründete Trauer, der ironische Aphorismus unserer Existenz weniger entspräche als der Aufschrei aus den Tiefen des Ich.

Wenn ich von intelligenter Lyrik spreche, meine ich nicht rationale oder intellektuelle Poesie. Ganz und gar nicht. Es gibt in diesem Band Gedichte, deren Emotion und metaphorische Verschlüsselung auch nach mehrmaligem lauten Lesen keinen Zugang erlauben – doch Mal für Mal sich überlagernde Räume und Klänge entstehen lassen, aus denen sich langsam eine subjektive Mitteilung entwickelt. Dabei haben manche seiner Metaphern einen betörenden und verstörenden Glanz, so als trügen sie kein Dunkel in sich und wären blank begreiflich.

Das ist eine für uns hergestellte, vor uns hingestellte Täuschung. Denn Strassers Bildwelten sind Spiegellabyrinthe, in denen wir uns so lange begegnen, bis wir in uns selbst den Ausgang ins Freie entdecken. Selbstverständlich verfügt er über einen gehörigen Vorrat an Sprachfertigkeiten, die handwerklicher Natur sind. Er kennt den agrammatischen Zeilenbruch ebenso wie die Satzbilder der konkreten Poesie, die sich auch ironisch anwenden lassen; er weiß sehr genau, wann er sich im Strophenbild klassischen Vorbildern nähert; warum er, nach frühen Anklängen, expressionistische, gar durchaus vergnüglich-dadaistische Fährten verlassen hat. Doch das sind nicht die entscheidenden Erfahrungen, die man beim Lesen dieses Bandes macht.

Entscheidend ist, dass er in jedem der von ihm ausgewählten Texte aus dreißig Jahren sich selbst aufgespürt, gefunden und wieder versteckt hat. Er ist völlig in ihnen enthalten; doch niemals preisgegeben. Wiederum hat das nichts mit Gefühlsvermeidung zu tun. Es gibt geradezu aquarellierte Liebesgedichte auf dieser »labilen Hanglage«; Naturgedichte, aus denen ein wundervolles, hörbares Schweigen fließt.

Und die zunehmend formulierte Nachdenklichkeit über die Lebensspanne, die dem Schreibenden bleibt, kennt durchaus Melancholie und letzte Fragen – die freilich auch Strassers Grundfragen an unsere Spezies sind. Mit intelligenter Lyrik meine ich, dass man an ihr viel Spontanes, doch nichts Unbedachtes finden kann. Viel Musik, kein Gedröhn; viel Witz, keinen Klamauk; viel Stil, keine Manierismen.

Um das wichtigste Ingredienz dieser Poesie – unter dem stets mitschwebenden Zweifel – zu erfahren, müssen die Texte sehr genau gelesen werden. Dieses Ingredienz ist etwas, das man nicht leicht bei einem so durchtrainierten Skeptiker vermutet: Lebenshoffnung.

So unüberhörbar der Zweifel, der Selbstzweifel in diesen Gedichten aufklingt und poetisch gelungen ist, so beharrlich hält sich darunter der Grundton einer erstaunlichen, ja geradezu mitreißenden Zuversicht. Nicht, dass sie dezidiert ausgesprochen würde: Sie ergibt sich aus dieser Lyrik wie eine einfache Summe aus hochkomplexen Rechnungen.

Solch nüchterne Ermutigung als Gedicht in die Welt zu schicken und nicht als politisches Programm, ist ein waghalsiges Projekt, vielleicht aber auch der einzige noch nicht verseuchte Pfad der Hoffnung.

Dazu gehört das Vertrauen des Dichters darauf, dass die musikalischen, die wörtlichen, die metaphorischen Anspielungen auf die wunder-volle Strecke der deutschsprachigen Poesie mitgehört, mitgelesen und mitverstanden würden.

Nicht ohne Grund klingt Rühmkorf gelegentlich an und wird an einer Stelle, neben Klopstock, ausdrücklich genannt. Und Rühmkorf, der funkelnde Meister unserer Sprache, hat ja selbst spielerisch mit Verweisen gearbeitet und derart die Literatur, aus der er wuchs, gefeiert.

Gegenwärtige, entmutigende Erfahrung besagt freilich, dass die Fähigkeit, den lyrischen Gesamtklang der deutschen Sprache von Walter von der Vogelweyde über Heine bis heute vernehmen zu können, verschwindet.

Doch der Schriftsteller, der Gedichteschreiber zumal, kann gar nicht verhindern, dass er anspielt, anklingen lässt und sich, von der Bibel bis Brecht, auf das Textkontinuum der Sprachkunst bezieht. Wann immer wir schreiben, sind wir von unseren Vorgängern freundlich umstellt. Doch wenn wir mit dem Anklang einst vertrauter Verse bei unseren Lesern kein Echo mehr erzeugen können, entzieht sich ihnen auch die damit intendierte Bedeutung.

Wir müssen uns nichts vormachen: Längst geht ein tiefer Riss durch die Sprache. Die deutsche Literatur sinkt zurück in das Dunkel des Unerinnerten.

Strasser folgert nicht, dass man in unserer selbstreferentiellen Zeit möglichst auf eine *tabula rasa poetica* schreiben sollte, sondern er beharrt auf unserem historisch-ästhetischen Kontext. Auf dem verblassenden Erbe. Das ist nicht nur eine mutige, das ist eine richtige, ich meine: sogar notwendige Entscheidung. Denn, so widersprüchlich das klingen mag: Die größte poetische Freiheit liegt darin, sich des Reichtums unserer Dichtung im Sinne von innerer Verfügbarkeit bewusst zu sein.

Was nicht heißt, Traditionen zu folgen, sondern: sich in lebendige Verbindung zu setzen mit denen, die genau so um jedes treffende Wort gerungen haben. Und aus dem Schreiben ihr Leben gewannen. – Vielleicht ist damit auch der innerste Anlass für Strassers Gedichte benannt: Das Leben gewinnen, auch wenn die »Hanglage labil« ist.

Zum Schluss seien zwei Zeilen zitiert, zwei nur aus einem langen Gedicht, das dem Dichter Adel Karasholi gewidmet ist und in dem es um das Altern und den Blick auf die immer kürzer werdende Strecke nach vorn geht. Hier hat Johano Strasser die Zuversicht unwiderleglich in zwei Verse gestanzt, in denen er für sich und uns das Recht auf Resignation zeitlich definiert: »Bevor es zu spät ist, ist es zu früh.« □

Johano Strasser: *Labile Hanglage.* Gedichte. Brandes & Apsel Verlag GmbH, Frankfurt am Main 2010.

Eine Liebeserklärung

Günter Grass und die Brüder Grimm

Literatur und Politik – dass sie zusammengehören, in ein Bündnis zusammengezwängt erscheinen, macht auf eindringliche Weise das neue Buch von Günter Grass *Grimms Wörter* deutlich. Solche Zwänge können die Verbalisierung als eigentliche Aufgabe der Literatur wie der Wissenschaft, die sich mit ihr beschäftigt, stören, auf Irr- und Abwege führen; andererseits aber auch zu Taten beflügeln, die weit über ihre Zeit hinausreichen. So gäbe es vermutlich das *Deutsche Wörterbuch* der Brüder Wilhelm und Jacob Grimm nicht, wären sie nicht aufgrund ihrer politischen Haltung, ihrem Widerspruch gegen die Verfassungsänderung durch den Hannoveraner König, ihren Ämtern als Professoren der Göttinger Universität enthoben und dadurch in ein existentielles Nichts geworfen worden. »Ein Heiligtum der Sprache« sollte ihr Werk sein und in einer Zeit ohne nationale Einigung dem Leser den Reichtum der deutschen Sprache nahe bringen. Bis zum Buchstaben »F« ist es zu Lebzeiten der Brüder gediehen, ein Jahrhundert verging bis zu seiner Vollendung.

In Literatur übersetzt, könnte das Stoff für einen historischen Roman bieten. Grass jedoch wendet den Kunstgriff an, Vergangenheit und Gegenwart zu verschmelzen, sich selbst als Begleiter der Brüder einzubringen, sich in ihre Epoche zurückzuversetzen, als wäre er ihr Zeitgenosse, sie andererseits als Chimären in seine Gegenwart zu holen und ihr Leben mit seinem eigenen zu vermengen.

Da nimmt der Leser etwa an Wilhelms Heirat mit der Apothekerstochter (Henrietta) Dorothea Wild teil, um parallel manches aus dem Eheleben von Grass zu erfahren. Da finden wir ihn bei einer Wahlkampfveranstaltung in Gelsenkirchen, auf der er zu Arbeiterfrauen zu sprechen hat, wobei ihm der »Angstschweiß« ausbricht, und werden unterrichtet, dass eben dieses, einen beklemmenden Zustand beschreibende Wort »ohne literaturkundiges Zitat« im Band A des Wörterbuches steht.

Wir lesen von Jacob Grimms Gedenkrede für seinen verstorbenen Bruder Wilhelm vor der »Königlich Preußischen Akademie der Wissenschaften« und werden sofort von Grass' Reden »vor den Mitgliedern der Berliner Akademie der Künste« in Kenntnis gesetzt. »So, über Wörterbrücken, sind wir verbunden … Ich bin dem einen, dem anderen beiseite«, schreibt Grass.

Wahrhaft historisch wird es, filtert man Grassens intensiven Einstieg in das Phänomen »Wörterbuch« aus dem Beiwerk persönlicher Art heraus. Da ersteht das immense Arbeitspensum der Brüder geradezu handgreiflich, da atmet man die Luft der Studierstuben, nimmt Anteil an der weitläufigen Korrespondenz mit Verlegern und ihren Hilfskräften, den Suchern und Sammlern von Wörtern, die den Brüdern zu tausend und abertausend Bausteinen ihres Werkes werden.

Dieses imaginative Eindringen in eine fast zweihundert Jahre zurückliegende Welt, das Heraufholen von Sprache, Denkweise, Atmosphäre jener Zeit des sich wandelnden Absolutismus, des sich abzeichnenden Weges zu demokratischen Ansätzen der Gesellschaft, fokussiert auf das Leben der beiden brüderlich einander ergänzenden Wortgenies, gerät zu einem literarisch – historischen Meisterstück.

Das vom Verlag als »märchenhaft« gepriesene Buch ist im Grunde eine gezielt angelegte Doppelbiografie, in deren Protagonisten sich fast zwei Jahrhunderte deutscher literarischer und politischer Geschichte widerspiegeln. Anklänge an eine Erzählweise, wie sie Märchen eigen sein mag, finden sich in der Tat immer wieder, etwa in jenen Episoden, in denen Grass den Brüdern bei imaginierten Zusammenkünften im Berlin der Jetztzeit begegnet und ihnen deutsche Geschichte seit 1945 vorträgt. Aber auch, ganz gegenwärtig, in der Story über die Bespitzelung von Mitarbeitern der Deutschen Post, ebenso in der Rekapitulation eines Brandanschlags auf das Haus des von einer Wahlkampfveranstaltung zurückgekehrten Verfassers.

In der Vielfalt der angeschnittenen Themen geht es jedoch nicht nur um innerdeutsche Probleme, sondern auch um Ereignisse und Phänomene des Weltgeschehens, etwa um den Irak Saddam Husseins oder Afghanistan. Das auch in diesen vielfältigen Exkursen immer noch mitschwingende *Deutsche Wörterbuch* wird dadurch zum Fundament eines Bauwerks von Weltdimension, errichtet von der Sprach- und Gedankenkraft eines Autors, der sich nicht scheut, persönlichen Positionen globale Dimensionen zu geben.

Das aber macht umso mehr die Faszination dieses Betrachtungsnetzes aus, in dem sich der Leser verfangen und zu eigenen Denkaktionen herausgefordert sehen kann, aber auch einfach am Erzählfluss und nicht zuletzt an den eingestreuten, Zeitgenossenschaft locker versifizierenden Gedichten freuen mag. □

Walter Neumann

Günter Grass: *Grimms Wörter. Eine Liebeserklärung*. Steidl Verlag, Göttingen 2010.

Chimären-Halma

Dietmar Daths Weltenrettungs-Panorama

Über mangelnde Zuwendung seitens des Feuilletons braucht sich der Ex-Chefredakteur von »SPEX« und ehemalige Redakteur der FAZ Dietmar Dath momentan nicht zu beklagen. Was nicht nur daran liegt, dass er jedes Jahr einen Roman vorlegt (zuletzt: *Die Abschaffung der Arten*), sondern in Essay oder Interview auskunftsfreudig über Welt- und Dathbewegendes parliert. Über nicht vorhandene Platten etwa oder Peter Hacks, über Geobiopolitik, die überfällige Enteignung der Aldi-Brüder oder über die Aktualität Lenins.

Diese mediale Omnipräsenz hängt nicht von ungefähr damit zusammen, dass Dath zu den raren Intellektuellen hierzulande gehört, die aus der Analyse des sich barbarisierenden Weltkapitalismus die Notwendigkeit radikaler Umbauten der Gesellschafts-, einschließlich der Eigentumsverhältnisse ableiten. Und dazu noch wohlbegründete Ideen beizusteuern vermögen.

Der erklärte Marxist entbindet einem klaren Realitätssinn Visionen eines menschengerechten Gemeinwesens, die man nicht so einfach mit Helmut Schmidts Visionen-Kalauer entsorgen kann. Wie der Denker, so lotet auch der

Romancier seit geraumer Zeit in experimentellen Versuchsanordnungen die Fallhöhe zwischen Wirklichkeit und Utopie aus. In Sachen Weltenrettung unterwegs, ist vom Autor im neuen Roman *Sämmtliche Gedichte* nun die Poesie auserkoren worden, die Menschenwelt zum Guten wandeln zu sollen. »Wir müssen lyrischer und poetischer werden, wenn wir mit diesem ganzen Internet und Gottweißwas fertig werden wollen.«

So weit, so unrealistisch, aberwitzig und sympathisch. Aber trägt die gewagte Konstruktion auch? Es ist wohl kaum Zufall zu nennen, dass sich in der bisherigen Rezeption die einen Rezensenten vor Begeisterung überschlagen und die anderen sich schon in der Skizzierung des plots völlig verheddern. Der Kritiker des »Neuen Deutschland« erklärte gleich die Maßstäbe für Literaturkritik für obsolet und seine Kritik an diesem Buch, »das er nicht verstanden hat, aber sehr bewundert«, (ND, 16. 01. 10) zu einer »Besprechung« ritueller Natur, etwa so wie man Warzen »bespricht«.

Jenseits eines solchen Okkultismus ist einzuräumen, dass die Wiedergabe der »Story« wenig bringt, weil es gar nicht um die organische Entfaltung und Lösung von Konflikten geht, sondern um Versuchsanordnungen, die eher an den übersichtlich plazierten Vorgangsfiguren kenntlich werden: Die vorgetäuschte »Handlung« entfaltet sich im Kern zwischen vier »personae« im Sinne Pessoas: Auf tritt der ehemalige Biotechnologe, jetzige Milliardär, Mäzen und vorgehabte Menschheitsbeglücker Collin Kreuzer, der in mehreren mondänen Schwarzwaldvillen die eingekaufte creme de la creme aus Wissenschaft, Wirtschaft und Kultur beherbergt.

Auf tritt der etwas somnambule Berliner Szene-Dichter Adam Sladek, dem Kreuzer ein Poem von elementarer Verwandlungsgewalt abgewinnen will, weshalb er ihn zwischenzeitlich bei sich einquartiert. Auf tritt eine desillusioniert-zynische Mephistopheles-Gestalt namens Dietmar Dath als Gehülfe des Herrn Kreuzer, der den Poeten Sladek in handfeste Diskussionen und handgreifliche Auseinandersetzungen treibt.

Diese Figur inkarniert nach Auskunft des Autors das, was von Dietmar Dath bliebe, würde er vom Literaturzirkus aufgesogen: Eine intrigante Betriebsnudel, die »sich nur noch für Taktik interessiert, für das Platzieren von Dingen, nicht deren Produktion, hierarchische Zusammenhänge schleichen sich ein, Gewalthebel, wie sie Prestige mit sich bringt. Ein Impressario. Ein Funktionär von sogenannten Karrieren. Dem wird der spintisierende Poet gegenüber gestellt. Dann sind meine Sympathien klar.« (»Welt-online«, 29. September 2009). Auf tritt schließlich die Malerin Johanna als Jeanne d`Arc-Figur, die mit ihrer Liebe zu Sladek diesen und seine Dichtung aus der Verwertbarkeitsfalle des Kreuzer-Experiments befreit.

Es fällt nicht schwer, in diesen vier Hauptfiguren Spaltungsprodukte des Autors Dietmar Dath zu erkennen, die es diesem zudem erlauben, viel Erlesenes aus, sagen wir: Wirtschaftsgeschichte, Kunsttheorie, Sprachphilosophie, Avantgarde-Film-Historie der sechziger Jahre und vieles mehr dem Leser anheim zu geben, und: Gedichte, Gedichte, Gedichte. Deren Stellenwert im Roman wird nicht zuletzt dadurch unterstrichen, dass sich die Figuren verschiedentlich über die vorgeblich von Adam Sladek verfassten lyrischen Stücke beugen, Produktions- wie Rezeptionsaspekte hin und her wendend.

Einen Schlüsselverweis auf das Grundanliegen des Romans enthält ja bereits der Titel *Sämmtliche Gedichte* durch das archaisierende Doppel-m: Er legt eine Spur in die Sattelzeit des 18. Jahrhundert, »den letzten großen Umbruch der allgemeinen Zeitläufe« und rekurriert auf Christoph Martin Wielands *Sämmtliche Werke*. Wieland, so räsoniert die Dath-Figur, sei »ein Mann, der das Künftige erspürt, dadurch aber eben auch vollbracht hat. Und das mit den Mitteln der Griechen, mit denen des Gewesenen, aber Klassischen. Ein heiterer Autor. Ein Stil- und Formexperimentator. Kurz, ein Kallimachos, ein Theokrit«.

Kallimachos? Dieser hellenistische Dichter, belehrt uns eine Coda mit den Worten des Kallimachos-Übersetzers Markus Asper, zeichne sich vor allem durch den Willen aus, »die einzelnen Stile und konventionellen Gattungen ständig zu dekonstruieren und neu zusammenzusetzen«. Hier findet Dath also seine Begründung dafür, dass er ziemlich alles auffährt, was postmoderne Labyrinthtextur erzähltheoretisch zu bieten hat: Der Autorname als Handlungsfigur, Gattungs- und Genremischung zwischen Prosa, Lyrik, Essay und Traktat, Fiktionsdurchbrochenheit über Realverweise auf lebende Autoren, Soundmischungen zwischen erhaben und profan, gelehrten Abhandlungen und Kneipenargot. Eine vorgehabte »progressive Universalpoesie« (Novalis) für das 21. Jahrhundert.

Aber greift sie auch, im Sinne ästhetischer Schlüssigkeit und erzählerischer Rafinesse? Es funktioniert schon einmal nicht bei den lyrischen Intermedien, die ja erklärtermaßen das Herzstück des Buches bilden und das Vermögen besitzen sollen, tiefgreifende kathartische Wirkungen zu entfalten.

Zu den Eigentümlichkeiten Dathscher Verskunst gehört nun aber nicht nur ein alberner Abbreviatur-Strich mitten in der Verszeile, sondern auch, dass vom gebundenen, reimbestückten Vers in den vers libre gewechselt wird, von der lyrischen Emphase in das didaktische Abspulen von Thesen. Das Gedicht scheppert dann beispielsweise so auf sein Ende zu: »Ovulation nicht gleichzeitig mit Estrus / Größenunterschiede / Holly Menino referiert die Raterei / Aber es wird wohl ein metaphysisches baculum sein / Darwin hin / Darwin her / Das es mir verbietet mich einfach aus unserer / Komischen kleinen Geschichte zurückzuziehen / Kein Mensch ist eine Dawkinsel.«

Was da geschaffen wurde, sind letztlich literarische Chimären bar mythologischer Weihung. So berührend ich seine Hochschätzung der Lyrik, zumal auch der von lebenden Poeten finde, seine eigenen Gedichte reichen nicht im Mindesten an das Niveau jener Kolleginnen und Kollegen heran, auf die er im Roman gern verweist, Durs Grünbein, Steffen Popp, Elke Erb, Monika Rinck, Uljana Wolf ... Und der mehrfach emphatisch angerufene Peter Hacks würde sich im Grabe umdrehen, hielt er doch als Klassiker gar wenig von romantischen Mischwesen.

Selbstverständlich hat die Lyrik der Moderne von Rimbaud bis Christensen, von Benn bis Braun längst hinreichend unter Beweis gestellt, wie aus schroffen Abbreviaturen, polyphoner Stimmführung, prosanahem Parlando poetische Funken zu schlagen sind. Daths Gedichte hingegen generieren eine unbekömmliche Melange aus gestelzter Antikisierung, Pathosinszenierung, Kitsch, höherem Blödsinn und sind auch nicht durch einige gelungene Verse zu retten.

Die lyrischen Verunglückungen führen dann aber das hochgemute Grundanliegen des Romans ad absurdum. Dies ist auch deshalb zu bedauern, weil der Autor in den Prosa-Passagen durchaus zeigt, dass er originell erzählen kann. Aber er vertraut nicht darauf, überfrachtet sogleich die Figurenrede mit Exkursen, denen im Essay gewiss spannend nachzuforschen ist, die hier aber deplaciert erscheinen.

Warum geht er mit dem Text um wie mit einer Stopfgans? Wozu dieser den Roman durchziehende Sog der Hybris, Stichwort Weltenrettung? In Bezug auf den Autor gibt es etliche Fingerzeige im Text selbst. So, wenn die Dath-Figur erklärt, es sei an der Zeit, mit Anfang vierzig »langsam erwachsen werden«, so, wenn über sie befunden wird, dass »niemand so ungetröstet durch die Welt (geht) wie ein Narziß, dessen Eigenliebe nicht erwidert wird«.

Es ist unbedingt zu wünschen, dass Dietmar Dath panikärmer mit seinen Größenprojektionen umgehen lernt, denn er hat wirklich Substantielles zu sagen in denkarmer Gesellschaft. Für dieses Zwischen-Buch aber lässt sich leider nur festhalten: Statt Go wird Halma gespielt. Chimären-Halma. □

Peter Geist

Dietmar Dath: *Sämmtliche Gedichte*. Roman. Suhrkamp Verlag. Frankfurt am Main 2009.

»Aber das Weitermachen, ... das Finissieren ...«

Hugo Dittberners neuer Roman – Ein literarisches Kleinod

Von Kierkegaard stammt der Satz, dass das Leben zwar nach vorwärts gelebt, aber nur nach rückwärts verstanden wird. Hugo Dittberners Roman *Das See-Vokabularium* macht die Probe aufs Exempel. Wir befinden uns in den ersten Monaten des Jahres 1997 in einem südniedersächsischen Dorf. Überraschend taucht nach 30 Jahren Torge bei Albert auf, protestantischer Theologe und jüngerer Bruder von Alberts Freund Rainer aus gemeinsamen Studienzeiten in Göttingen. Rainer sei seit mehreren Jahren verschollen, die Familie habe ihn für tot erklären lassen. Er, Torge, sei nun auf der Suche nach Erinnerungsstücken seines Bruders, u.a. habe er damals Rainers und Alberts »Projekt« miterlebt, als sie Notizbücher mit Wortfunden, mit sogenannten »See-Wörtern« füllten.

Albert erinnert sich, er holt die inzwischen verstaubten, »schwarzen chinesischen Notizbücher mit den roten Rücken und den roten Kanten« vom alten Messingregal aus der Studentenzeit und beginnt darin zu lesen: »›Kimm‹, ›Seegaten‹ waren darunter, ›Glimmerschluff‹, aber auch gewohntere Wörter wie ›Wellenkamm‹ und ›Stromrinnen‹«.

Eigentlich bedeuten sie ihm nichts mehr. Aber auf die Intensität, mit der Torge auf dem Geheimnis der Wörter besteht und dahinter seinen verschollenen Bruder zu sehen meint, reagiert Albert mit kindlichem Trotz. Er reklamiert den seit langem aus den Augen Verlorenen nicht weniger heftig für sich. »Es war UNSER See-Vokabularium!« Die Phantasmen der Jugend, die Ideen der Studentenzeit, der Vergangenheit, holen ihn ein. Erinnerungen!

Er vertröstet Torge auf später und begibt sich Anfang Juni 1997 mit seiner Freundin Britta auf eine Autofahrt, eine empfindsame Reise in den Norden Niedersachsens. Das See-Vokabularium hat er bei sich, er würde es Rainer gerne übergeben, wenn er dafür das antiquarisch erstandene und Ende der 70er Jahre an Rainer ausgeliehene »Dünenbuch« zurück bekommen könnte.

Als Reiselektüre hat er ausgerechnet Coopers Roman *Die Prärie* mitgenommen – hier macht sich der unterschwellige satirische Humor des Romans bemerkbar, die norddeutsche Tiefebene und die Prärie lässt manchen Analogieschluss zu. Dem musikalisch poetischen Buch eignet auch ein verhaltener Sarkasmus, seiner fein austarierten Skurrilität muss man nachschmecken! Und man entdeckt schnell die ironisch gebrochenen Anspielungen auf romantische Topoi von der konspirativen und kreativen Bruderschaft der Wort-Sucher bis zur Romantisierung von Natur- und Alltagserfahrungen.

Wer die Gedichte Dittberners kennt, wird auch das eine oder andere Bild, den einen oder anderen Begriff daraus wiederfinden.

Das Jahr 1997 signalisiert Distanz, rückt das Buch aus der Aktualität und Hektik unserer Tage und macht deutlich, dass jene Generation gemeint ist, die in den 60er Jahren, also während der Studentenbewegung, studiert hat und sich 1997 noch im Arbeitsprozess befand. Es ist die Generation Dittberners.

Rainers Erbtante in Nordenham soll das erste Reiseziel sein. Aber schon in Worpswede, wo er mit Rainer, wie ihm einfällt, nach dem Studium mal zwei Tage im Haus im Schluh bei Gängen und Gesprächen über Rainers Vertonungen der Gedichte des amerikanischen Lyrikers Robert Frost verbracht hat, stoppt ein Unwetter die Weiterfahrt. Albert und Britta finden für die Nacht Unterschlupf in einem Künstlerstudio in der Straße »Vor den Pferdeweiden«, wo eine verängstigte Stipendiatin im Dunkeln sitzt, das ein Blitzeinschlag verursacht hat.

Über Nordenham führt die abenteuerliche Reise weiter nach Jever. Hierher hat es Marlene verschlagen, die Freundin Rainers. Die beiden haben das kleine Hotel im holländischen Domburg, das ein Treffpunkt der Freunde hatte werden sollen, wieder verkauft und Rainer hat Marlene verlassen, um in buddhistischen Camps Chöre zu leiten.

In Jever lebt noch ein weiterer alter Bekannter, Rainers Freund Holger, Prof. für Sinologie, Japanologie und ostasiatische Philosophie in Tokio, Berkeley und Hamburg – mit seiner japanischen Frau Hanako, einer Konzeptkünstlerin, die zu den ersten gehörte, »die Naturaufnahmen aus den frühmorgendlichen japanischen Parks als Hörspanne veröffentlichte, in Kyoto«. Als Albert in Marlenes Dritte-Welt-Laden nach Rainer, dem »Dünenbuch« und Holger fragt, erfährt er, dass Holger bereits verstorben ist. Von Rainer hat Marlene nie wieder etwas gehört.

Albert zieht es mit Britta nach Worpswede zurück, wo er die Notizbücher mit dem See-Vokabularium im Künstler-Studio liegenlassen hat. Mit Marlene und Hanako verabreden sie sich zu einem Treffen am nächsten Tag im Künstlerdorf, an Bernhard Hoetgers 1914 entstandener lachender Buddha-Statue. Als sie am nächsten Morgen wieder das Studio ihrer Gewitternacht aufsuchen, »Vor den Pferdeweiden«, um die Notizbücher zu holen, hat die Bewohnerin einen Zettel an die Tür geheftet: »Morgens sind nicht meine Sprechstunden; sondern meine Schweigestunden. Passant, achte mein Gebot!« Das tun sie.

In einem Galerie-Café kauft Albert Rilkes Buch *Stimmen der Freunde*, das ihn wehmütig an Naturbetrachtungen mit Rainer erinnert. Erst beim dritten Versuch, der Zettel hängt noch immer an der Tür, klopfen und klingeln sie an der Tür des Studios. Die Stipendiatin meldet sich mit einer Schimpfkanonade und schlägt den beiden die Tür vor der Nase zu. Es ist nicht leicht, ihr die Notizbücher wieder abzuluchsen und gelingt erst beim nächsten Versuch, als sie gerade Besuch hat.

Ausgerechnet in Worpswede, wo alt und neu, Jugendstil und Fachwerk, Natur und Kunst, Tier und Mensch, Landschaft und Bild, Idylle und Tourismus im ständigen Kontrast aufeinanderprallen und stimulierend wirken und wo immer mehr Paare ihre Hochzeit feiern, kulminiert der Roman in einem Moment aus Ratlosigkeit und Leere.

Als sich Marlene und Hanako mit Britta und Albert treffen, stellt Marlene aggressiv die Frage nach Sinn und Zweck: »Was wollt ihr hier, wenn ihr nicht heiraten wollt, sonst machen? Bilder kaufen?« Mit anderen Worten: Warum treffen die vier sich hier überhaupt? Über den Austausch von Informationen hinaus haben sie sich wenig zu sagen. Bei Spaziergängen und im Café vertreibt man sich die Zeit – mit spitzen Bemerkungen und Vorwürfen Marlenes. »Die Utopie vom Hotel der Freunde in Domburg« – sie sind nicht aufgetaucht, die Freunde! Albert entschuldigt sich halbherzig, »… am Ende ist jeder ein eigener Mensch und nicht ein Wunschgehilfe.«

Er glaubt, sich erklären zu müssen: »Das Pathetische … Es hat mich zwar immer irgendwie gelockt und mir den berühmten Schauer über den Rücken gejagt; aber so etwas unterschreiben, mit meiner Person dafür einstehen, und nicht nur heutzutage, grundsätzlich! – dagegen sträubt sich alles in mir …« Marlene vergleicht ihn mit Rainer: »Erwartungen zu erfüllen ist auch nicht deine Stärke, Albert, oder?«

Die Lebensentwürfe, die Träume und Erwartungen der einstigen Freunde und ihrer Frauen, die sich in den 60er Jahren kennengelernt haben, das wird immer deutlicher, sind in der niedersächsischen Prärie versandet, an der Wirklichkeit gescheitert, dem persönlichen Versagen, dem Schicksal, der nicht ausreichenden Kraft, den Lebensumständen. Holger hat zwar Karriere gemacht, aber er ist tot. Und der Idealist Rainer ist verschollen. Eine Leerstelle gleichsam, die vor allem für Albert und Marlene als Projektionsfläche dient. Die beiden alleingelassenen Frauen, Marlene und die Japanerin Hanako, versuchen als Freundinnen ihre Lebenssituation zu bewältigen. Aber vor allem Marlene ist durch Rainers Verschwinden tief verletzt. Und fühlt sich auch von Albert im Stich gelassen. Marlene, auf der Suche nach Halt und Orientierung, ist Buddhistin geworden, Hanako zum Protestantismus konvertiert.

Die Begegnung in Worpswede ist für Marlene, Hanako und Albert gleichermaßen schmerzhaft, jeder spiegelt sich im anderen. Vor allem Albert, dem Ich-Erzähler und Sucher seines Freundes Rainer, gehen die Erinnerungen, Begegnungen und Gespräche zunehmend unter die Haut, führen ihm seine eigenen Abgründe und Idiosynkrasien vor Augen. Eines langen Tages Reise in die Nacht ... Im small talk, bei Essen und Trinken, bringen die Freunde von früher die Zeit über die Runden und gehen wieder auseinander. Nur mit Hanako kommt es zu einer Verabredung, sie weiß mehr über Rainer und Marlene, was Albert gerne wissen möchte.

Der wacht am nächsten Morgen in Worpswede schon mit melancholischen Gedanken über die Vergänglichkeit auf. Das Bild an der Wand – alle alten Bilder, auch die bei sich zu Hause: ohne Beseelung, ohne Beatmung durch den mit den Bildern Lebenden sind sie leblos. Was bedeutet das für die Entwürfe und Visionen des eigenen Lebens? Der Tag fängt nicht gut an. Britta verschwindet so überraschend, wie sie aufgetaucht war. Ihre Beziehung ist unverbindlich. Alleine zieht Albert durch den Ort, besucht »Vor den Pferdeweiden« wieder das Studio. Wieder hängt der Zettel an der Tür, aber die Stipendiatin öffnet ihm. Überrascht steht er im Studio vor riesigen Leinwänden mit Entwürfen von Strandmotiven und mit Silberschrift geschriebenen Wörtern, hat womöglich das See-Vokabularium hier schon Früchte getragen? Sie schiebt ihn rasch wieder raus.

Hugo Dittberner. Foto: Ingo Wilhelm.

Aber er muss nur ein paar Studios weitergehen. Araya, die Thailänderin, lässt ihn schon vor ihrer Ausstellungseröffnung einen Blick auf ihre Kunst werfen, er ist befremdet über das, was er auf einer durchsichtigen Scheibe durch aufgeklebte Dias erkennt: »Liegende Körper sah ich in einer mir fremden Umgebung, die ein wenig an Liegehallen an der See oder an Lufthütten für Lungenkranke erinnerte.« Arayas »Totenprojekt« ist eine existenzielle Expedition in unbekanntes Terrain. Der Versuch, mit menschlichen Worten von der Liebe Tote ins Leben zurückzuholen, wenigstens mit ihnen ins Gespräch zu kommen. Dia-Aufnahmen von Arayas Lesung in der Leichenhalle eines thailändischen Krankenhauses. »War es nicht so, daß die Toten nach unseren Wünschen manchmal durchaus wieder mittun sollen?« hört er von ihr. »Und nicht nur, wenn wir in Not sind und ihre Hilfe brauchen oder wenn unser Herz so groß ist, daß gut noch ein paar dazukommen können. Wir wandeln auf dem Rücken der Erde, und eine Gemeinschaft wäre schön, die niemanden verdrängt und vergisst.« Ein künstlerischer Versuch, den Riss in uns zu überwinden, eine Ganzheit wieder herzustellen. Albert ist verunsichert, flüchtet sich ins Unverbindliche.

Auf der Zugfahrt mit Hanako von Bremen über Hannover nach Göttingen das Gespräch über Rainer und Marlene. Rainers Geschichte, seine Reisen nach Indien und in den Libanon, sein Vorbild der Dalai Lama. Sein Lieblingsbuch über den Weg eines buddhistischen Pilgers hat er nur zur Hälfte geschafft – Rainer hat sich Hanako offenbart: »Ich war immer der Anfangende, der Eröffnende, aber das Weitermachen und das Finissieren, das war immer mein Problem!«

Ideen, Ideale? Rainer folgte jeweils seinen neuen Träumen und verlor dabei Marlene ebenso aus den Augen wie die Vertonungen der Gedichte von Robert Frost. Oder seinen Freund Albert, der aber offensichtlich auch seine Probleme mit dem Weitermachen und Finissieren hatte. Dennoch konnte sich Hanako in Rainers Welt verlieben, weil er selbst ein Begeisterter war, der zu überzeugen wusste, aber in den Mühen der Ebene das Spielerische verlor, den Charme und die Überzeugungskraft.

Zwei Zugfahrten auf der selben Strecke sind für diese Gespräche kunstvoll ineinander geblendet, eine, die Hanako mit Rainer unternahm, damals, als Rainer noch da war und er sich ihr offenbarte – und die Reise Hanakos mit Albert jetzt. Damals hatte eine Horde Skinheads während eines Stillstands auf dem Gleis den Zug verlassen und war bei Abfahrt nicht rechtzeitig wieder aufgesprungen. Aber dieses seltsame Ereignis war rasch von der Schönheit der niedersächsischen Landschaft überlagert, vergessen. Es hat dann in jener Gegend einen Überfall von Skinheads auf ein südniedersächsisches Dorf gegeben, Menschen und Tiere wurden misshandelt und verletzt. Als das in der Zeitung stand, war Hanako schon wieder in Jever und Rainer in einem Camp in Dänemark, weit weg.

In Göttingen steigen Albert und Hanako aus, sie fährt nach Kassel weiter, er ist hier in der Nähe zuhause. So endet die Reise in die Vergangenheit als Blick in die eigenen und fremden Abgründe. Ab jetzt zählen wieder die ablenkenden und kaschierenden Legionäre des Augenblicks, wie Nietzsche sie nannte, oder die Herolde der Aktualität und der überwältigenden Probleme, wie Hugo Dittberner sie beschrieb.

Torge taucht wieder auf. Er berichtet begeistert von Finnland, wo er Elche jagt. Überall seien Kameras aufgestellt, er könne von Deutschland aus sehen, ob sein Parkplatz leer ist. »Wir sind erst da, wenn wir schnell und nur kurz da sind, war das Credo, das er aus einer Philosophie dieser Tage zitierte ...« Diesmal kommt er besser vorbereitet zum »Angriff« auf Rainers See-Vokabularium. Denn angesichts dieser »neuen Parameter, darauf liefen seine wiederholten Mitteilungen aus der neuen Welt hinaus, musste man sich der Erinnerungsarbeit zuwenden; das Erzählenswerte und das Bewahrenswerte, den Kanon des Besonderen neu vergegenwärtigen«.

Was Torge aus taktischem Kalkül als Argument einsetzt, das leistet Dittberners Roman! Zur Überraschung Torges gibt Albert die Hefte ohne weitere Diskussion raus, gerade als Torges Sohn dem Vater aus Norderney die wichtige Information simst: »Haben hier zwei Stunden in deiner Milchbar gesessen. Hinter Glas. Bei Sturm aufs Meer gesehen!« Und Britta überraschend in der Tür steht – mit dem »Physiologus«, einem frühchristlichen Kompendium der Tiersymbolik in der Hand. Während der

Theologe Torge fluchtartig das Haus, die Notizbücher unterm Arm, verlässt, liest Albert Abschnitt 11 aus dem »Physiologus« vor, von der Schlange: davon, wie man aus der eigenen Haut kommt und sich zum ewigen Leben verjüngt.

*

In diesem leisen Roman liegt jedes Wort auf der Goldwaage der Literatur. Er handelt vom Altern, vom verfehlten oder verpassten Leben, von Aufbruch und Wollen, von Erwartungen und Illusionen, von Freundschaft und Liebe, vom Können und vom Scheitern, vom Schicksal und vom Glauben, von der Geschichte, die in die Gegenwart hineinreicht, von Erkenntnis und Selbsterkenntnis, von Ablenkung und Betäubung, von der Begegnung mit der Natur und den Künsten, nicht zuletzt von der Sprache.

Der Roman *Das See-Vokabularium* ist ein vielschichtiges, anspielungsreiches Sprachkunstwerk. Das, was man früher ein literarisches Kleinod nannte. □

Wend Kässens

Hugo Dittberner: *Das See-Vokabularium*. Roman. Wallstein Verlag, Göttingen 2010.

Wandlungen, Verwandlungen und anverwandelte Leben

Anne Dorns Romanwelten

Man kann sagen, dass Anne Dorn mit ihrem Roman *Spiegelungen* fast ein ganzes Jahrhundert durchquert. Und sie tut es auf erstaunliche Weise. Man kann auch sagen, dieser Roman ist eine Art Biografie. Denn die Autorin spielt auf hohem literarischen Niveau und auf überraschende Art mit der Gattung. Setzt man beides zusammen kommt das monströse Wort Jahrhundertbiografie dabei heraus; man denkt dann an vermeintlich Großes, Welttragendes, an die ausholende, manchmal pompöse Geste eines zumeist männlichen Ich, das dabei gewesen ist. Die Begriffe so zusammen zu denken, führt bei *Spiegelungen* aber in die Irre.

Bei Anne Dorn ist das Ich nicht eines – es sind mindestens fünf weibliche Ichs, die die 1925 geborene Schriftstellerin auf die Bühne des 20. und des beginnenden 21. Jahrhunderts schickt. Und sie gibt ihnen Namen: Minza, Lena, Hanna, Judith, Clara. Sie wählt nicht die Ich-Perspektive, um von ihnen zu erzählen – und sitzt ihren Figuren doch unter der Haut. Und die ist höchst durchlässig, alle Sinne sind es: empfangen die feinsten Regungen und Eindrücke, die von außen kommen und reflektieren ihren Niederschlag im Inneren. Die Wahrnehmungen sind höchst subjektiv, bleiben ganz nah am eigenen Erleben der jeweiligen Figur – und sichtbar werden dennoch gesellschaftliche Atmosphären, prägende Eindrücke einer Zeit und in ihr geltende Übereinkünfte. Wie Anne Dorn das gelingt, ist beeindruckend. Noch mehr sind es ihre Erfahrungsfülle, ihre Empfindungs- und Wahrnehmungsbegabung, die so selten zu finden sind – im Leben und in der zeitgenössischen Literatur.

Fünf, am Ende sechs, weibliche Figuren durchschreiten also nacheinander die Jahrzehnte. Die großen Kapitel tragen einen der erwähnten Frauennamen und sind dann wiederum in verschiedene kleinere Abschnitte unterteilt. Mit der etwa achtjährigen Minza setzt der Roman in den frühen 1930er Jahren ein, eine ganze Zeit noch vor Beginn des Zweiten Weltkriegs. Lene ist die sehr junge Frau, die versucht, sich in der Nachkriegszeit zu orientieren. Hanna, die in den Fünfzigerjahren mit Stefan eine Familie gründet und sich nach großen Konflikten doch trennen wird, dann mit den Kindern alleine lebt, wohl in den Siebziger Jahren. Judith, die eigene Wege geht, nicht mehr in ständiger Rücksicht auf die Kinder lebt; Clara, um die Mitte fünfzig, vielleicht auch sechzig Jahre, die in einer schwierigen Beziehung lebt und die am Ende des Kapitels siebzig Jahre alt ist. So durchschreitet Anne Dorn die (Lebens)Zeit, gibt Hinweise zur Orientierung, etwa wenn Hanna ihre Eltern in der DDR besucht, macht aber kaum genaue Angaben.

»Wie nimmt ein Mensch die Welt eigentlich wahr, im Laufe eines Lebens?«, dieser Frage habe sie mit dem Roman nachgehen wollen, erzählt Anne Dorn im Gespräch. So spannt sie einen Bogen vom Kind, das die Welt mit Staunen und Neugier sieht, unmittelbar, ohne sich selbst als handelndes Ich darin wahrzunehmen; über die Phase der Identitätsfindung, der das Gefühl folgt, das Leben selbst gestalten zu können; bis hin zu der Erkenntnis, die im Alter kommt, dass das Staunen wieder zählt:

»Natürlich beruht es dann auf den Lebenserfahrungen. Und die Mitte, dieses Gefühl, alles gestalten zu können, ist sehr wichtig, unverzichtbar. Man hat das Leben aber nicht in der Hand, oder nur begrenzt. Nach der Mitte, mit zunehmendem Alter, zählt die Freude, dass man dazu gehört, die Erkenntnis, dass das Leben vieles ist, was man zuvor nicht gesehen hat. Und dass es ein großes Geschenk ist.«

Je länger man in den *Spiegelungen* liest, desto mehr verstärkt sich der Eindruck, dass hier nicht von verschiedenen Figuren erzählt wird, sondern dass es sich um den Roman eines Frauenlebens handeln könnte. Einer, dem keine wirkliche Handlung, keine Geschichte mit einem Plot zugrunde liegt: So wenig wie sich das Leben als in sich schlüssige Geschichte erzählen ließe. Anne Dorn geht also einen anderen Weg: Sie erzählt in Lebensphasen, aus denen sie jeweils verschiedene Situationen und Schwerpunkte wählt – und sie aus der Sicht der Frauen erzählt.

Wie eine fiktive Biografie in Momentaufnahmen funktioniert *Spiegelungen*, und was daran so besticht, ist die Genauigkeit der Autorin. Ihre Beobachtungen sind sehr fein, ob sie sich nun in die Perspektive des Kindes Minza versetzt, Szenen einer gewalttätigen Ehe, die Zwangsheiterkeit familiärer Feste, das Scheitern eines Liebeswunsches oder das Gewahrwerden des Alters beschreibt. Immer findet Anne Dorn die entsprechende Sprache, schafft dichte Atmosphären, so dass aus einem scheinbar knappen Geschehen kleine Erzählperlen werden.

Etwa wenn sie einen Familiensommerausflug beschreibt, den Hanna und Stephan mit ihren drei Kindern unternehmen. Wie es der Autorin hier gelingt, anhand eines Konflikts die ganze Paardynamik zum Vorschein zu bringen, ist großartig. Stefan will mit Hanna ins Kino, sie hat schon nein gesagt, er besteht während der Rückfahrt darauf: »Stefans in zwei Anläufen in Worte gepacktes Drängen, Hanna dahin zu bugsieren, wo er sie gerne hätte, Kino – Kino, radiert am Schweigen aller, er muss es gar nicht wiederholen – seine Art, starr geradeaus zu stürmen, den Blick nach vorn, um der zu sein, der den Weg bestimmt, spricht es unentwegt aus.«

Am Ende sitzt sie neben ihm im Kino. Der eine Tag, der Ausflug und die Zuspitzung des Konflikts sind zu einer in sich geschlossenen Erzählung geworden – so funktionieren auch andere Episoden, die nie direkt miteinander verknüpft und dennoch verbunden sind.

Zum Beispiel die von der Beziehung Claras zu Anselm, einem Alkoholiker. So viel Kluges ist hier über den Versuch eines Dennoch-Liebens zu lesen, so viel Zartheit und Schmerz gehen hier zusammen – und Anne Dorn findet dafür eben solche Bilder und Sätze: »Clara hat nicht geahnt, dass Anselm in einem Tresor steckt. Schloss und Riegel sitzen innen, auf der Innenseite der Tresortür. (...) ›Weißt Du eigentlich, dass ich die ganzen Jahre vor Deinem Tresor getanzt habe, damit Du herauskommst?‹ (...) ›Wenn Du weißt, dass ich mich vor mir verstecke, warum tanzt Du dann noch?‹«

Inhaltlich stellt sich die Verbundenheit der Episoden durch kleine Hinweise, etwa auf Herkunftsorte, einen möglichen Beruf, den einer hat, chronologische Zusammenhänge, her. Erzählerisch verbunden sind sie durch die Intensität des Blicks, diese Durchlässigkeit für Eindrücke, die Anne Dorn ihren Figuren zukommen lässt, die sich dann wieder in Sprache verwandeln. Eine Sprache die klar ist, jede Konstruiertheit meidet – und doch, je nachdem, was sie erzählen, zum Ausdruck bringen will, in ihrer Klarheit sehr wandelbar ist.

Anne Dorns Sprache kann leise, zart und poetisch sein. Sie kann aber auch eine Anspannung erzeugen, zum Zerreißen, wenn sich der Ehemann Stephan der zurückweichenden Hanna nähert, um mit physischer Gewalt Nähe zu erzwingen. Sie kann süffisant sein, von pointierter Ironie, wenn sie den Verhaltens- und Geschlechterkodex familiärer Feste beschreibt – und es ist ein Vergnügen das zu lesen: Wer von den sogenannten jüngeren Gegenwartsautoren und –autorinnen schlägt so giftig und prägnant in die Kerben, in die heute zu schlagen wäre? Wer hat diesen feinen Blick und dazu eine Haltung? Darüber hinaus verrät sich bei Anne Dorn fast en passant immer etwas vom Geist einer Zeit, den Rollen und Erwartungen, die in ihr zählen; den Möglichkeiten, die sie verwehrt oder bietet.

Man denkt sich, wer die Konventionen so fein zerlegen kann – muss nahe dran gewesen sein. Und diese Vielfalt und Intensität an Wahrnehmungen und Empfindungen müssen der Autorin zu eigen sein – nicht jede Wahrnehmung und Empfindung eine eigene, aber die Begabung dazu, diese Durchlässigkeit dafür. Nur was sie zuvor stark beeindruckt habe, könne sie dann im Schreiben auch ausdrücken, so hat Anne Dorn es wiederholt erklärt. In diesem Sinne hätten ihre Bücher immer mit ihr zu tun – ohne dass es sich um unmittelbare Abbildungen ihrer Biografie handele.

Kennt man die biografischen Eckdaten Anne Dorns, so lassen sich manche davon in *Spiegelungen* tatsächlich finden; und kennt man ihre anderen Werke, so entfal-

Anne Dorn. Foto: Isolde Ohlbaum.

tet sich ein literarisches Spiel mit diesen biografischen Motiven: die aber in immer anderen Varianten, anderer Betonung, in andere Bezüge gestellt erscheinen. Und die immer über sich selbst hinausweisen, mit denen Anne Dorn etwas anderes will, als, in welchen fiktionalisierten Formen auch immer, um sich selbst zu kreisen.

In ihrem 1991 erschienenen Roman *Hüben und drüben* etwa verhandelt sie, die in der Nähe von Dresden geboren wurde, nach dem Krieg in den Westen ging und deren Eltern im Osten blieben, die Auswirkungen der deutsch-deutschen Teilung. Die persönlichen Erfahrungen, die eigenen tiefen »Eindrücke«, sind der literarische Rohstoff – zum Ausdruck kommt aber, was die innerdeutsche Grenze ab dem Zeitpunkt, zu dem sie unvermittelt bleibende Fakten schuf, in den Köpfen und Beziehungen der Menschen anrichtete. Die nun in zwei verschiedenen Deutschlands lebten; mit ihren Bildern voneinander und vom jeweils anderen Teil des Landes. Mit ihren Vermutungen, Unterstellungen, unausgesprochenen Konflikten miteinander – weil die Zeit, die man während der aufwendig organisierten Besuche im Osten hatte, dafür ja zu kostbar war.

In *Geschichten aus tausendundzwei Jahren*, erschienen 1992, bleibt Anne Dorn wohl am nahesten an den eigenen Erfahrungen: Aber nur, um möglichst genau dem nachzugehen, was sich in den 1930er Jahren anbahnte; was dem Kind nur eine veränderte Atmosphäre sein konnte, dem jungen Mädchen halb verstandene Geschehnisse und Verlautbarungen, der sehr jungen Frau 1945 ein schockhaftes erstes Erkennen. »Was geschieht, wenn unsere Angst uns hindert, die wahrgenommenen Partikel zusammenzufügen zur zwingenden, zum Handeln zwingenden Erkenntnis?« schreibt sie selbst im Nachwort – und weist damit in die Gegenwart und Zukunft.

Auch ihrem 2007 erschienenen Roman *Siehdichum* liegen tiefe, persönliche Eindrücke zugrunde. Auch hier bedeutet sich zu erinnern, einen Blick in die Zukunft freizulegen und zugleich über den eigenen Horizont hinauszusehen. Denn dass »man ohne Erinnerung keine Zukunft denken kann«, davon ist Anne Dorn überzeugt.

In *Siehdichum* macht sich die über 70jährige Martha Lenders auf die Suche nach ihrem kurz vor Kriegsende in Polen verschollenen Bruder. Dieser wurde als 16jähriger noch im Januar 1945 zum Reichsarbeitsdienst eingezogen, als sich die Oberen schon vor den anrückenden Russen in Sicherheit brachten, während die meisten Jungen erfroren, ihren Verletzungen erlagen, ermordet wurden. Martha reist in jene Gegend Polens – auf der Suche nach konkreten Spuren, Hinweisen auf das Schicksal des Verschwundenen.

Solch eine Reise hat auch Anne Dorn angetreten, die ihren Bruder auf eben diese Weise verlor. Das Buch aber ist ein kunstvolles Stück Literatur: Anne Dorn spielt mit verschiedenen Zeitebenen, flicht Zeitzeugenberichte ein, Dokumente, fiktionale Briefe. Der Roman erzählt von einer persönlichen Bedrängnis, einer individuellen Notwendigkeit – und nähert sich zugleich auf äußerst sensible, einfühlsame Weise der deutsch-polnischen Geschichte, dem daher rührenden immer noch fragilen Verhältnis von Polen und Deutschen.

Der Historiker und Slavist Andreas Lawatty hat zu Recht darauf hingewiesen, dass *Siehdichum* in hohem Maße vom Dialog lebe – in dem Sinne, dass die Protagonistin sich in einem fortwährenden Austausch befindet: in Gedanken mit ihrem Bruder, real mit ihren erwachsenen Kindern, mit der jungen Polin Ewa, die sie eine Weile begleitet. Und nicht zuletzt mit dem polnischen Geschichtsprofessor Krzysztof Jaworski – ein Mensch, mit dem sie der Wunsch nach gegenseitiger Achtung und Achtsamkeit verbindet. Gerade in der Spiegelung im jeweils anderen, kann sich die Suche nach dem Bruder erweitern, öffnet sich ein Raum für die Suche Marthas auch nach sich selbst; für Fragen, die schon lange an das eigene Leben zu stellen sind – und die jetzt und an den bereisten Orten, wenngleich leise, hörbar werden dürfen.

In Anne Dorns Arbeit als Schriftstellerin spielt *Siehdichum* eine sehr wichtige Rolle: Mit diesem Roman, erklärt sie, habe sie ihr »Selbstbewusstsein als Literatin« gefunden. Das wird verständlich, wenn man weiß, dass es Anne Dorn, die auch Lyrikerin ist, erst spät möglich war, literarisch zu arbeiten und damit in die Öffentlichkeit zu treten. Ab Ende der Sechziger Jahre verdiente sie den Lebensunterhalt für sich und ihre vier Kinder allein – als Rundfunkjournalistin, Filmemacherin und Verfasserin von Drehbüchern. Trotz der prominenten Wertschätzung und Ermunterung durch Heinrich Böll, war es für sie fast unmöglich, sich im Literaturbetrieb Gehör zu verschaffen: Zu wenig Zeit. Zu wenig laut wohl auch sie selbst und ihre Texte.

Der Roman *Spiegelungen* konnte mit dem durch die Arbeit am vorherigen Buch gewonnenen Selbstbewusstsein entstehen und es zugleich weiter bestärken: »Diese beiden Büchern sind wie zwei Beine« sagt Anne Dorn. »Und ich brauche zwei Beine, um zu stehen.« Vielleicht hängt es mit diesem Vertrauen in die Bedeutsamkeit des eigenen Schreibens zusammen, dass *Spiegelungen* das Buch ist, in dem Anne Dorn sich am weitesten weg bewegt von einer offensichtlichen Auseinandersetzung mit großen historischen Themen.

Hier steht die Frau mit den vielen Namen im Zentrum – und sie füllt es ganz aus mit ihren sich wandelnden Vorstellungen, die sie von sich selbst hat. Wandlungen, die sich aber auch hier immer im Wechselspiel, ja in den Spiegelungen in einem Gegenüber vollziehen. Das letzte Kapitel trägt einen Phantasienamen, der alle vorigen in sich vereint.

Anne Dorns Themen sind hier individuell und allgemein: Um Paare geht es, um Liebesversuche und -wünsche und um deren Scheitern. Um das Allein-sein, Sich-wieder-Binden; um das Älter- und Altwerden – das darin neu und wieder gefundene Staunen über das Leben und was es ausmacht, wenn die Endlichkeit immer begreifbarer wird. Schon allein die Arten der Verwandlung erzählen aber zugleich viel über das vergangene Jahrhundert, denn sie wären für eine Frau so niemals zuvor möglich gewesen.

Liest man *Spiegelungen* also wie eine fiktive Biografie, so nähert sich die Autorin mit der Form der brüchigen Verbundenheit der einzelnen Episoden der Erzählbarkeit von Leben an. Es gibt kein Ziel, aber ein ständiges Geschehen, und Anne Dorns Erzählkunst macht daraus eine große Fülle.

Betrachtet man ihre Bücher zusammen, so lässt sich ihr bisheriges Werk auch wie die Spiegelung einer Biografie in wichtigen Ereignissen und Prägungen fast eines Jahrhunderts lesen. Natürlich mit ausgewählten Perspektiven und Themen. Und immer geprägt von diesem überaus eigenwilligen, genauen und poetischen Blick. □

Carola Ebeling

Anne Dorn: *Spiegelungen*. Roman. Dittrich Verlag, Berlin 2010.

Dies.: *Siehdichum*. Roman. Dittrich Verlag, Berlin 2007.

Dies.: *Mein Humus ist weg – Zum Einsturz des Historischen Archivs der Stadt Köln*. Hrsg. und mit einem Nachwort versehen von Michael Serrer. XIM Virgines Editio Libri e.K., Brend'amourstraße 33, 40545 Düsseldorf 2009. – www.editionvirgines.de

Widerständig leben

Sabine Peters' Roman-Kunststück »Feuerfreund«

Selbst hier blüht die blaue Blume! Hier, wo der Wind stark, die Luft salzig, die Gegend karg, der Boden feucht und der Himmel hoch ist. Der Blick reicht von den Deichen über den Dollart, aber auch tief bis nach Holland rein. Am nördlichen Horizont meint man die Nordsee zu sehen, die

Sabine Peters. Foto: Jutta Schwöbel.

sich weit in die Polderlandschaft mit ihren Wiesen, kleinen Ansiedlungen und Dörfern ergießt. Die Zentren der Region heißen Weener und Bunde. Eine Landschaft der Weite, der Leere und der Stille ganz im Nordwesten Ostfrieslands, im Rheiderland, wo auch die Menschen eher schweigen als reden, und das oft auch noch auf Platt. Man sieht die versprengten Häuser und geduckten Landarbeiterkaten rechts und links der Straße und der Wasserläufe vor sich – und ist alsbald angekommen in Ditzumerverlaat, am Lebens- und Erzählort von Rupert und Marie.

In diesen »grünen Schoß«, in diese spröde Ferne, hat sich der Dichter und Schriftsteller Rupert zum Arbeiten und zum Leben zurückgezogen. In diese Randlage kommen nur Freunde und Verwandte, die es ernst meinen. *Feuerfreund*, Sabine Peters' neuer imonierender Roman, setzt im Dezember 1986 ein, da wird Rupert gerade 59 Jahre alt. Er hat in seiner Heimatstadt Hamburg seine Autorenlaufbahn 30 Jahre vorher mit Hörfunksendungen und Fernsehspielen begonnen, dann aber auch Dokumentarfilme, Romane, Erzählungen und Gedichte veröffentlicht. Und war im deutschen Herbst der Endsiebziger Jahre mit seinem literarisch anspruchsvollem und politisch brisanten Werk ins Abseits geraten, weil er sich immer provozierend offen dazu bekannte, Kommunist zu sein. Aber einer, der nichts zu tun haben wollte mit den realsozialistischen Verhältnissen!

Der Faschismus war und ist sein Thema, der alte, und, wo er sichtbar wurde, auch der neue. Seit 1985 lebt er in Verlaat, nach fünf Jahren der Reisens und der Suche. Bei einem Besuch in seinem Verlag in Westberlin lernt er die Praktikantin Marie kennen. Auch sie kommt aus Hamburg. Dort trifft sie ihn anlässlich einer Lesung drei Monate später wieder. Sie ist 33 Jahre jünger als er, 26. Auch sie versucht, als Autorin zu leben, schreibt außerdem Literaturkritiken, 1990 erscheint ihr erstes Buch, dem weitere folgen. Im Herbst 1987 zieht sie zu ihm in die winzige Kate in Verlaat, zwei Jahre später heiraten sie, es ist Ruperts dritte Ehe.

Der Roman erzählt in knappen, lakonischen Sätzen und assoziativen Sprüngen das Leben von Rupert und Marie. Rupert ist der Feuerfreund, der die Wärme, das Licht sucht, »Feuerlegen ist doch seine Leidenschaft«. Dazu gehört auch das Brennen und Verbrennen im Kampf gegen die Ungerechtigkeit der Welt, für ein menschenwürdigeres Dasein. Was nicht bedeutet, daß er selbst als Gutmensch durch die Gegend läuft.

Ambivalenz zeichnet den Roman aus. Rupert ist auch einer, der vor sich selbst, vor seiner Vergangenheit, vor dem Literaturbetrieb, nicht zuletzt vor seinen Frauen und Kindern wiederholt davongelaufen ist. Ein Schwieriger, ein Widersprüchlicher, auch ein Spieler mit dem Feuer. Der sich mit Marie nur schwer auf einen weiteren Neuanfang einläßt. »Die erste Zeit einer Liebe: Man fängt sich selbst noch einmal an« schreibt Marie. Fast 18 Jahre lebt sie mit Rupert in Verlaat. 2004 kehren sie aus beruflichen Gründen nach Hamburg zurück, wo Rupert im August 2008 an Krebs stirbt.

Der Roman endet einige Monate danach. Erzählt aus der Perspektive Maries, entfaltet er sich vor dem Hintergrund der politischen Ereignisse und Umbrüche, dem Hungerstreik der RAF-Gefangenen, die um ihre Zusammenlegung kämpfen; dem Fall der Mauer und der Wiedervereinigung; dem Krieg in Jugoslawien, an dem auch deutsche Truppen beteiligt sind; den Terroranschlägen am 11. September 2001; den kriegerischen Folgen in Nahost; schließlich der entgrenzten Technologisierung der Landwirtschaft, der Globalisierung von Wirtschaft und Industrie.

Der Alltag der beiden Protagonisten ist erheblich davon bestimmt. Das beginnt bei der offensichtlichen Knappheit des für ihr eher bescheidenes Land- und späteres Stadtleben zur Verfügung stehenden Geldes. Bei ihrem Engagement für bessere Haftbedingungen für die RAF-Gefangenen in Stammheim. Bei heftigen und manchmal auch verzweifelten politischen Diskussionen mit Freunden über Möglichkeiten, aus der Isolation und Depression herauszukommen, wieder zur Solidarität zurückzufinden und politisch teilzuhaben an den Auseinandersetzungen. Reicht über Besuche in der nun offenen DDR und in Polen auf den Spuren von Ruperts Vater; über ein Nachdenken über das Ausschlachten der letzten menschlichen Ressourcen zur finanziellen Aufbesserung durch Blut-, Samen- und Ei-Spenden, »mit körpereigenen Rohstoffen gegen die Finanzkrise«; bis zu Erfahrungen mit der zunehmenden Ökonomisierung aller menschlichen Verhältnisse, was auch die zwischenmenschlichen Beziehungen, die Liebe incl., einschließt; und bis zum Aussterben des dörflichen Lebens und der Umwandlung der Vieh- und Landwirtschaft in eine Industrie.

»Was sie mit den Tieren machen, springt auf Menschen über.« – Wer erinnert sich heute noch an BSE? Vor allem die Ausweitungen der Kriege und die Folgen erschüttern Rupert in den Grundfesten. Hier fließt auch die Religion in die Diskussion ein. Mit dem Verweis auf das Leben erst nach dem Leben ist sie für Rupert ohne Trost. Alle Versuche in der Vergangenheit, die Entwicklung aufzuhalten: fehlgeschlagen! »Im liebsten, im radikalen Denken sei er gescheitert. Er bleibe aber Kommunist. Egal, sagt er.«

Sabine Peters versteht es, mit wenigen Sätzen und einer großen sprachlichen Leichtigkeit den Alltag von Marie und Rupert zunächst im Dorf und später in der Stadt so zu skizzieren, dass ein umfassendes und auch atmosphärisch dichtes Bild entsteht. Der Alltag eines Autorenpaares zwischen literarischen und journalistischen Aktivitäten, Dienstreisen zu Lesungen, Begegnungen und Gesprächen mit Nachbarn, Freunden und Verwandten, gegenseitigem Vorlesen, gemeinsamem Musikhören, Gesprächen über Sprache und Literatur, das Betrachten von Ruperts Fotos aus Kinderzeit, das Einkaufen in der nächsten Stadt trotz gelegentlicher »Kuhstaus« auf den Straßen, Reisen in den baufälligen Dornenhof nach Portugal, später der Umzug nach Hamburg, das Leben in der Hausgemeinschaft in der Böckmannstraße im multikulturellen St. Georg, – nicht zuletzt das Bewältigen der schwierigen Ehe, Ruperts Härte, Maries Eifersucht auf sein früheres Leben, bis zum Ausbruch der Krebserkrankung, Ruperts Tod und der Beerdigung auf dem Verlaatsfriedhof, wie er es sich gewünscht hat.

All dies kommt auf vergleichsweise wenigen Seiten plastisch vor Augen. »Bilder« ist denn auch der erste des aus drei Teilen bestehenden Romans überschrieben. Der zweite Teil, »Briefe«, besteht aus Briefanfängen und Mitteilungen Maries an ihren verstorbenen Mann, Versuche, sich ihn lebendig ins Gedächtnis zu rufen. Der dritte, »Brücken«, mit knapp 140 Seiten umfangreichste, schlägt Brücken der Erinnerung in die Vergangenheit mit Rupert. Marie stellt sich die Frage, wie sie Rupert in der Komplexität seines Wesens und seinen Widersprüchen literarisch gerecht werden kann, ihn zu »nennen«, ohne ihn zu verraten, ohne ihn festzulegen.

Vergeblich versucht sie, das Chaos ihrer Gefühle und der zerfließenden Erinnerungen in klare Zuordnungen und Abläufe zu bändigen, es gelingt ihr nicht. Sie bringt die schmerzhafte Erfahrung auf den Punkt: »Wir sind eine Wirklichkeit und eine Zeit in anderen Gleichzeitigkeiten.«

Der Roman hat auch philosophische Dimensionen. Und sucht – anlässlich der schmerzhaften Erkenntnis, dass Erinnerung verblasst, täuscht, oft auch ganz verloren geht, dass letztlich nichts bleibt – nach Brücken, die in eine Zukunft führen, in der das Leben als Schriftstellerin ohne Trauer, Selbstmitleid und schlechtes Gewissen wieder möglich ist.

In diesem letzten Kapitel gewinnt der Roman zusätzlich noch satirische Qualitäten, weil die Begegnungen mit der Realität absurde Formen annehmen. Die Studienkollegin Almut führt Marie ihren neuen Freund mit der Zweckrationalität eines erfolgreichen Geschäftsabschlusses vor. »Almut klappt ihr Handy auf und liest Marie zwei SMS vor. Sie sagt, je größer die Lust, desto barbarischer die Sprache. Da kannst Du sehen, wie es abging. Ganz und gar nicht literaturfähig.«

Tante Gilgi befürchtet, Marie verkomme ohne Partner zum Freiwild: »Die jagen am helllichten Tag, in tiefster Nacht, beim Schlachter, besonders gern in der Kirche.« Und im Bus von Leer nach Verlaat klingen die Sprechblasen der Jugendlichen wie von Kind gebliebenen Erwachsenen: »Auf Playstation gibt's das Spiel schon ab sechzehn, das ist aber Scheiße, nicht wie im Computer, das ist nur die Baby-Fassung, sie haben das Blut gelöscht. Viel Spaß mit Atombomben und Orgasmus, und tschüss.« Es ist ein galliger Humor, der den Leser in die ideologischen Abgründe unserer Zivilisation blicken lässt.

Marie bricht auf in Neuland, ein Stipendium im Künstlerdorf Schöppingen macht es möglich: Die Begegnung mit internationalen Stipendiaten und einer Ausstellung der Japanerin Kazuko, »Travelling, no return«, für die sich kaum jemand so richtig interessiert – sie hat die Einrichtung ihres Zimmers zerlegt und neu arrangiert, gleichsam fremd gemacht. Verwirrend und deshalb nicht ohne Reiz, »wenn den Sachen ihr Zusammenhang verloren geht«, erläutert Marie, die damit auch eine eigene Erfahrung anspricht, mit dem Tod Ruperts ist auch ihr Zusammenhang verloren gegangen.

»Inhaltlich verfolgt Kazuko ein romantisches Motiv. Der fahrende Künstler, ein unbehaustes Genie ...« stellt die polnische Fotografin Vanja neidisch fest. Sie ist gescheitert mit ihrer Absicht, das nahe Asylbewerberheim zu ihrem künstlerischen Thema zu machen, »mein Wissen und meine Empörung übers Asylrecht liegen vor der Kamera«. Sie glaubt, ohne konkretes Wissen und Wollen zu den besten Bildern zu kommen.

Ihr widerspricht Marie, »denn wir sind keine unbeschriebenen Blätter. Aber mein Mann sagte vor Jahren, Schreiben bedeute für ihn vor allem, zu warten. Das sei eine Form von Arbeit, die sich nicht messen ließe«. – Schreiben als Warten, als Arbeit der Selbstklärung, vielleicht, weil man dem Herbeigesehnten im Moment in der Wirklichkeit nicht näher kommt – auch das ist ein romantisches Motiv. Auch Rupert war, anders als Marie, Romantiker.

Wer die Romane von Sabine Peters kennt, der weiß, dass sie dicht an ihrem eigenen Leben angesiedelt sind. Insofern stecken die früheren Romane in Andeutungen auch in diesem. Wer so skrupulös und empfindsam mit den ihm nahen Menschen umgeht, sich so existenziell immer wieder die Frage stellt »Wer ist der andere, wer ist man selbst?«, der kann sich als Schriftsteller nur für den Roman entscheiden, um den üblichen Lügen, Erfindungen und Mythisierungen der

Autobiographie keine Nahrung zu geben. *Feuerfreund* ist der Leere, den verwirrenden Gefühlen und Erinnerungen nach dem Tod ihres eigenen Mannes abgerungen und war damit zugleich auch der Weg aus dieser Leere. Sabine Peters' Mann war der Schriftsteller Christian Geissler, der seinen Roman, *Kamalatta* von 1988, – die Ereignisse um eine bewaffnete Aktion der RAF gegen eine Antiguerillakonferenz des Pentagon im Mai 1970 in Bad Tölz – als »Romantisches Fragment« bezeichnete. Das bezieht sich auf fehlende Textelemente, die der Autor nicht ausformulieren kann oder will, die der Leser mit seinen eigenen Gedanken und Überlegungen selbst füllen muss.

Sabine Peters greift für *Feuerfreund* dieses literarische Verfahren auf, das fragmentarische, nicht chronologische Erzählen, den überraschenden Perspektivenwechsel, das Überlappen von Bildern und den harten Schnitt, um in Momenten der höchsten eigenen Emotion, existenziellen Verwirrung und Sprachlosigkeit den Leser einzubeziehen. Denn auch der ist kein unbeschriebenes Blatt und kann die fehlenden Textstellen vielleicht durch eigene Erfahrungen füllen. Oder auch nicht. Ein Kunstwerk muß nicht bis in die letzten Abgründe ausgelotet werden können.

Obwohl die im Roman genannten Orte, Daten und Fakten mit dem Leben von Sabine Peters und Christian Geissler übereinstimmen, sind die handelnden Personen doch nicht mit Sabine Peters und Christian Geissler identisch. Denn wie jeder gute Roman ist auch dieser ein Stück Offenlegung und zugleich, aus gutem Grund, Verschleierung, Erfindung, Fiktion. Marie und Rupert sind Figuren eines Gesellschaftsromans, der von einem ungleichen Paar, vom Arbeiten, vom Schreiben, Lieben, vom Leben und Sterben und vom Weiterleben erzählt.

Und es ist ein politischer Roman, der nachdenkt über die Gesellschaft, die für ihren aktuellen Wohlstand dazu bereit ist, mit der Atomenergie für Jahrtausende ein Risikopotential aufzuhäufen, das von niemandem mehr beherrschbar ist, und die Ökonomisierung allen Lebens zuzulassen, womit gleichzeitig dieses Leben und die zu ihm gehörende Natur zerstört wird.

Dass der Widerstand dagegen, wie der Roman zeigt, eher erbärmlich und hilflos ausfällt, dass die Widerständigen eher ratlos sind, ist der Wirklichkeit geschuldet. Die blaue Blume ist zur Zeit auch im Rheiderland eher eine mickrige Pflanze. Doch wer weiß, was das nächste Frühjahr bringt. □

Wend Kässens

Sabine Peters: *Feuerfreund*. Roman. Wallstein Verlag, Göttingen 2010.

Edenkoben – eine sterbende Stadt?

Gabriele Weingartners vierter Roman »Tanzstraße«

Relativ spät, mit 48 Jahren, hat die als Journalistin tätige Gabriele Weingartner ihren ersten Roman *Der Schneewittchensarg* (1996) veröffentlicht, eine geradlinig erzählte Geschichte, die in ironischem Ton von den Erlebnissen eines neurotischen Anpassers in Westberlin berichtet. Auch im Mittelpunkt ihres zweiten Romans, *Bleiweiß* (2000), steht ein Anti-Held, dessen krummen Wegen und Blicken die Erzählerin zur Zeit der Wende folgt, eine spannende Ost-West- Geschichte. *Fräulein Schnitzler* endlich, der dritte Roman (2006), ist eine opernhafte Erzählung um die Liebe und den frühen Tod der Tochter des österreichischen Dichters Arthur Schnitzler.

Mit dem neuen Werk *Tanzstraße* wagt Gabriele Weingartner etwas, das andere Autoren nicht selten mit dem ersten

Buch tun, sie aber bislang zu vermeiden wusste: Sie erzählt insistierend von sich selbst, von ihrer Nachkriegs-Kindheit und Jugend im pfälzischen Edenkoben (im Buch stets schamhaft mit E. abgekürzt), lässt längst gestorbene Nachbarn, kleine Geschäftsleute, Bewohner der Tanzstraße und das damals karge Provinzstadtleben Revue passieren. Und fast alle kommen ziemlich schlecht dabei weg.

Lilian, eine nach dem Ufa-Filmstar Lilian Harvey getaufte Archivarin mittelalterlicher Handschriften in Berlin, ist im April 2004 nach 30 Jahren in ihren Geburtsort zurückgekehrt. Sie hat Martin, ihren Geliebten, einen jungen Onkologen, der ihr Sohn sein könnte, nach einem Streit verlassen und ist nun auf der Suche nach dem »Beginn ihrer Herzlosigkeit«, dem »Anfang ihrer Kälte«, was nicht recht einleuchtet, da sie eher kindlich-hilflos und zur Melancholie neigend, denn kühl oder gar kalt wirkt; eine übersensible Person, die sich als alte Frau empfindet und sich die Altersflecken von den Armen zu kratzen versucht.

Die Tanzstraße, in der sich das Textilfachgeschäft ihrer Eltern befand, erscheint ihr völlig verändert. Die alten Läden sind verschwunden, die Häuser abgerissen, so auch der gelegentlich von Ratten aus dem nahen Elendsviertel »Russischer Hof« heimgesuchte »Friseursalon Gripp«, ein beliebter Treffpunkt der Frauen, an dem sie sich verwandeln und ihre Geheimnisse austauschen konnten – doch Rückständigkeit und provinzielle Enge haben sich erhalten.

E. sei »eine sterbende Stadt«, heißt es, »verloren« und »verkommen«, ohne Krankenhaus, Kino, Lokalzeitung, ein Ort, dessen Zerbröseln Lilian keineswegs nostalgisch, vielmehr mit einer gewissen Zustimmung beobachtet, als hätte er dieses Ende verdient.

Lange genug, meint sie, habe sie hier als Kind unter ihren zerstrittenen Eltern gelitten, der sie beim kleinsten Anlass verprügelnden Mutter und dem ständig fremdgehenden Vater, unter der katholischen Erziehung, der Kontrolle der Nachbarn, dem groben Dialekt, »den kratzigen Leibchen, an denen man Strümpfe mit Strapsen fixierte.«

Die ärmliche Nachkriegszeit mit Eisblumen am Fenster und Nachttöpfen unter dem Bett lebt in diesem Buch wieder auf, eine Zeit, als es in der Volksschule noch getrennte »Pissrinnen« für katholische und evangelische Kinder gab, als die »Elektrische«, die »Schneck«, noch am Gebirge entlang durch die Weindörfer fuhr und die Menschen alles Unangenehme verdrängten.

Dass sich gegen Kriegsende, auf der Flucht vor den Alliierten, französische Nazis »mit ihren aufgedonnerten Frauen« in der Vorderpfalz aufhielten, im »Café Bauer« (eigentlich »Café Ludwig«) im Zentrum von Edenkoben »Orgien feierten« und sogar die Gründung eines Radiosenders planten, ist heute kaum noch bekannt. Gabriele Weingartner vermutet sogar, dass sich unter ihnen der antisemitische Arzt und berühmte Schriftsteller Louis-Ferdinand Céline befunden haben könnte; er habe der Friseuse, Frau Gripp, in betrunkenem Zustand ein Furunkel aufgeschnitten.

Während die Eingeborenen, tote wie lebende, in diesem Roman mit wenigen Ausnahmen aufdringlich und unsympathisch dargestellt sind, als »Gespenster«, rückt die schlesische Flüchtlingsfamilie von Simmern, die es nach E. verschlagen hat und die so ganz anders ist, in das günstigste Licht. Frau von Simmern wirkt stets hochmütig und distanziert, auch die Geschwister Uli und Ursula machen sich mit den einheimischen Kindern, von denen sie gequält werden, nicht gemein.

Schlank und engelhaft hellblond, scheinen sie aus einer höheren Welt zu kommen. Ihre Gefühle, Gesten und Blicke, »eine nur angedeutete Lippenkräuselung«, finden eingehende Beachtung. Denn Lilian, die Schreiberin, liebte als Kind diese Außenseiter, ohne Gegenliebe zu erfahren.

Allerdings – mit dem übergescheiten Uli (der Erich Kästners *Fliegendem Klas-*

senzimmer entstammt), besuchte die Sechzehnjährige Filme wie *La Strada* und ließ sich von ihm sogar unter der Kuppel des Siegesdenkmals oberhalb von E. entjungfern und dabei schwängern, was nun doch etwas zu nahe an die Kolportage rückt.

Dieses sehr persönliche, autobiographisch inspirierte Buch ist in seinem Kern ein Haken schlagender Briefroman. Die nach E. zurückgekehrte Lilian schreibt, hinter einer Sonnenbrille getarnt den Ort durchstreifend, insgesamt neun Briefe mit Erinnerungssplittern an Martin in ihr Notebook. Hinzu kommen wenige Kapitel, in welchen das Geschehen aus der Perspektive des geistig etwas behäbigen und schwach profilierten Geliebten betrachtet wird – alles geschrieben mit leichter Hand und einer stilistischen Eleganz, die sich dem psychologischen Realismus verpflichtet weiß.

Der kommt freilich im Ich- oder Briefroman, wo radikale Introspektion gefragt ist, nicht ganz so glanzvoll zur Geltung, wie das bei einem vielstimmig instrumentierten Erzählen der Fall wäre, das den Worten und Taten der Tanzstraßen-Bewohner mehr Raum böte.

Auch die Thomas Mann'sche Ironie, die Gabriele Weingartners bisherige Bücher prägte, tritt im Briefroman naturgemäß zurück.

Gleichwohl haben es wir hier mit dem ersten wirklichen Edenkoben-Roman zu tun, ein Buch über die Stadt selbst und weniger über die vom Wein geprägte Landschaft, in dem auch die königliche Villa Ludwigshöhe, der den Ort durchfließende Triefenbach und die schlauchartig engen Gässchen (»Pädel« genannt) mitspielen. Ein Ostergeschenk nicht nur für Pfälzer. □

Michael Buselmeier

Gabriele Weingartner: *Tanzstraße*. Roman. Limbus Verlag, Hohenems, 2010.

Das beschädigte Leben

Pedro Mairals kleiner Roman – Ein beklemmender Sturz in die Vergangenheit

Ein Künstler, der überhaupt keine Anerkennung braucht. Zwar größenwahnsinnig und maßlos und auch anarchisch – aber Bewunderung, Verherrlichung? Nein! Juan Salvatierra ist solch ein Künstler, einer von Salingers Gnaden. Er arbeitet im Verborgenen und ist sich selbst genug. Ein Anti-Baselitz gewissermaßen; er steht nicht Kopf, um aufzufallen. Sein Mythos heißt Schweigen. Juan Salvatierra ist neun Jahre alt, als er vom Pferd fällt. Er überlebt, bleibt stumm, und »man ließ ihn bei den Frauen«. Das mit den Frauen könnte ein Fehler gewesen sein, denn er lernte sie lieben über die Maßen. Wie sehr »über die Maßen« – ob ungebührlich, wie schicklich –, das erfahren die Söhne Miguel und Luis erst spät. Und auf schutzlosen Wegen.

Mit zwanzig beginnt Juan Salvatierra zu malen, und er malt in einem fort, Tag für Tag, rauschhaft, traumhafte Sequenzen auf riesigen Leinwänden, er malt sein Leben als einzigen Fluss – und als Kreis. Ein Tagebuch der Leidenschaften, der Freuden, der Intimitäten, der Begehrlichkeiten. Das Leben als Umwälzung im unendlichen Strom der Zeit, eine Welt im steten Übergang, »als decke er die gewaltsame Metamorphose auf, die jedem Wesen, jedem Ding, jeder Situation innewohnt«: Ein glückliches Familienfest zwischen den Bäumen mutiert so zum grimmigen Schlachtfeld einer Razzia; nächtliche Szenerien gleiten in die Helligkeit des Morgens; das weiße Licht der sommerlichen Siestas mündet in den Sturzregen einer argentinischen Landschaft.

Ein Lebensgewebe aus Menschen, Tieren, Nächten und Katastrophen. Allumfassend. Universell. »In seinem Werk sind die Grenzen durchlässig, jede Kreatur ist der anderen ausgesetzt, gefangen in der Grausamkeit der Natur. Alle werden zur Beute. Auch die Menschen.« Am Schluss, bei Salvatierras Tod, werden es 60 Leinwand-Rollen sein, die er gemalt hat, jede zentnerschwer, eine für jedes Jahr, 40 Kilometer lang. Die Verpuppung eines ganzen Lebens, durchgängig, ausnahmslos. Indes: eine Rolle fehlt, das Jahr 1961. Eine Lücke in der Biographie, die die Söhne beunruhigt. Gibt es etwas zu verbergen? Hatte der Vater ein Geheimnis? Außerdem: besagte Rolle wurde geschlitzt, im Streit, mit einem Messer.

Der 1970 in Buenes Aires geborene Pedro Mairal liebt es, »dem Leser einen leeren Stuhl zu hinterlassen. Ich mag es nicht, alles zu erklären«. Das ist gute Erzähltradition. Und zwar nicht nur bei Borges und Cortázar, jenen argentinischen Ahnen, die man derzeit nicht müde wird zu erwähnen, um Mairals Talent zu loben. Aber braucht er diese unwürdige Würdigung, diese Verschattung durch die Großen? Natürlich hat er sie studiert, hat ihre Geschichten gelesen, »wie ein kleines Kind, das ein Spielzeug auseinander nimmt«.

Trotzdem: Mairal hat eine eigene Stimme. Und die scheint raffiniert. Das Universelle im Einfachen etwa, Mairal braucht dafür keine überdeutliche Metaphernhuberei. Gewiss, da ist dieser Fluss, und ja, er erinnert sogar etwas an Cortázars magische »Erzählung mit einem tiefen Wasser«, aber er ist nicht bedeutungsschwanger, will nicht rufen: Ey, schaut her, ich bin Symbol, ich heiße Leben! Zumindest nicht vordergründig.

Mairal ist kein Thomas Mann, kein Gleichnisbastler und Wortschrauber, er bleibt bei sich, ganz selbst-verständlich. Und schafft doch – auf unerfindliche Weise – Tiefe, macht Eindruck. Wahrscheinlich hat ihm diese bescheidene, unaufdringliche Komplexität und die daraus resultierende Sogkraft 1998 auch den renommierten Premio Clarín eingebracht.

Ungerührt und lustvoll stellt er Regeln auf den Kopf, etwa Tschechows dramaturgisches Pistolen-Dekret, nach dem jede Pistole, die im 1. Akt an der Wand hängt, spätestens im zweiten abgefeuert werden muss. Mairals im Roman früh erwähnter »Johnson-Revolver mit dem Eulenzeichen« geht eben gerade nicht los. Aber er könnte jederzeit – gegen Salvatierra, gegen die Söhne, gegen den Leser. Und so wird der Sturz der Brüder in des Vaters Vergangenheit umso beklemmender. Das Bangen ist unsichtbar gelagert zwischen den Zeilen.

Juan Salvatierra verkörpert etwas, das ich gerne wäre, ein Künstler, der überhaupt keine Anerkennung braucht, er kann sein ganzes Leben aufmalen, nur des Spaßes und der Befriedigung wegen. Sein endloses Gemälde ist auf eine Weise eine Autobiographie, bei der er selbst nicht präsent ist. Doch ich bin nicht so. Ich brauche die Rückmeldung, und ich heiße gelegentliche Anerkennung meiner Arbeiten sehr willkommen.« Also erkennen wir es an: Mairal hat einen feinen kleinen Roman geschrieben – über das beschädigte Leben, die Brüchigkeit von Biografien, die Gegenwärtigkeit des Todes und ganz nebenbei auch noch über des Künstlers unabdingbare Kunst, sich bescheiden zu geben, um ungehindert groß sein zu dürfen. □

Ingo Flothen

Pedro Mairal: *Das fehlende Jahr des Juan Salvatierra*. Aus dem Spanischen von Dagmar Ploetz. Carl Hanser Verlag, München 2010.

Hinaus aufs Meer?

Carl-Henning Wijkmarks »Nahende Nacht«

Ein Krankenhaus in Schweden: Harry, Börje und Hasse nennen Zimmer fünf, in dem sie selbst liegen, das »Basislager«. Denn das eigentliche Wagnis des Sterbens steht ihnen bevor. Sie sind austherapiert und wer-

den nur noch behandelt, um Schmerzen zu lindern. Alle drei hängen am Tropf. Hasse, der Ich-Erzähler, kann anfangs noch im Flur »promenieren«, aber er fragt sich, was er dort noch zu suchen hätte. Er, der früher beim Theater arbeitete, liest theologische und philosophische Bücher über den Tod; biologische und medizinische Prozesse interessieren ihn nicht. Körperliche Schmerzen erinnern ihn ohnehin oft genug daran, wie es mit ihm steht. Seine Zimmerkameraden finden das Lesen verdächtig, eine Art Flucht. Harry, der jahrelang Penner war, und Börje, ein ehemaliger kleiner Angestellter, sehen lieber Fernsehn oder schließen Wetten ab, wer von ihnen am längsten leben wird. Wenn sich der Arzt noch sehen lässt, blickt er auf sein Laptop anstatt auf die Patienten; Hasse nennt ihn bei sich »Inspektor«.

Der schwedische Schriftsteller Carl-Henning Wijkmark, Jahrgang 1934, hat in den siebziger Jahren mit seinem Buch *Der moderne Tod* international provoziert. In hellsichtigem Zynismus beschrieb er, wie eine Runde von Politikern, Ärzten und anderer Experten angesichts der Überalterung der Gesellschaft eine »zivilisierte« Diskussion über den möglichen Mord an alten Menschen führt. Das Buch wurde bald als Satire abgetan. Mittlerweile, angesichts eines Präsidenten der Ärztekammer, der bereits 1998 von »sozialverträglichem Frühableben« sprach, und angesichts des sogenannten »Sterbetourismus« in die Schweiz und in die Niederlande, hat das Buch an Brisanz gewonnen.

Wijkmarks neuer Roman *Nahende Nacht* lässt nicht die Ideologen und Organisatoren des Gesundheitswesens räsonnieren, sondern hier kommen die Betroffenen zu Wort. Also hat man es hier mit dem zu tun, das früher politisch engagierte Literatur hieß? Jein. Die drei Sterbenden, die sich selbst als alte, struppige Käfigvögel sehen, sind längst über Euthanasie-Debatten hinaus. Sie hören gelegentlich von Ärzten und Schwestern, dass es auch bei ihrem Leben und Sterben ums Geld geht. Viele kleine Morphiumspritzen sind teurer als eine grosse, und Zimmer fünf soll aus Kostengründen bald eingespart werden. Abstrakte Berechnungen sind ihnen aber völlig egal. Wichtiger ist Konkretes: Ob man noch zum Klo kommt, wie weit es mit dem Wundliegen ist und ob die Schwestern freundlich sind – denn die noch verbliebenen Angehörigen haben sich zurückgezogen.

Wijkmark fragt, was das Bewusstsein mit dem nahenden Ende macht; es geht in seinem Roman um Seelenzustände. Die drei Männer helfen sich, so gut es geht, sei es mit solidarischem Schweigen, kleinen Witzen oder freundlichen Gesten. Darüber hinaus richtet sich ihre Zuneigung, richten sich auch ihre erotischen Triebe auf die Krankenschwestern Birgit und Angela.

Börje und Harry beschließen, eine Party für Angela zu geben, und sie macht mit: Sie genießt ein feines Mahl vor den Augen der dreien, die sich unter Nahrung kaum mehr etwas vorstellen können. Als Börje und Harry dann selbst zugreifen und auch noch Wodka trinken, wissen alle: Das ist ihre Art des Abgangs. Nur Hasse will nicht essend und trinkend sterben. Nach dem Tod seiner Gefährten wird er in ein anderes Zimmer verlegt.

Hasse durchläuft kein schlichtes Stufen-Modell, demzufolge es nach einer Phase von Auflehnung und Todesangst hinein in die große Ruhe geht. Wijkmark beschreibt vielmehr eine wellenförmige Bewegung: Lange Zeiten des Dämmerns und Träumens, Erinnerungen an die Kindheit, an Entlegenes. Plötzliche Zustandsverbesserung, vom Arzt für medizinisch unmöglich erklärt. Panikkrämpfe, und die größten körperlichen Schmerzen sind gleichzeitig mit dem größten Lebenswillen verbunden. Dann wieder Ruhe; Hasse fühlt sich so trocken, »dass der Staub aufstieben müsste«.

Selbsterforschung, so findet er, kann man vergessen, denn das Ich ist fast dahin. Aber dann setzt die Selbstbeobachtung und Reflexion doch wieder ein: »Ja Mutter, sagte ich vor ein paar Tagen in einem Fiebertraum zu ihr, ich habe geschlafen, als du gestorben bist, aber kannst du mir das nicht endlich verzeihen? Ich habe es dreißig Jahre lang bereut. Und das ist nun *mein* Sterbebett, mach es bitte nicht zu einer Folterbank. – Darauf gab sie mir keine Antwort ... Ich nähere mich dem Paketstadium: Noch bin ich ein Mensch, aber wohl kaum noch ein Mann in den Augen einer Frau. Aus der größeren Wärme, die es sicher einmal gab, ist Anstand und Mitmenschlichkeit geworden, beanwortet von Dankbarkeit und verhaltener Zärtlichkeit. Ich bin mit mir und meinem Leben fertig, nie wieder werde ich etwas in Angriff nehmen, nie wieder jemanden lieben ... Es gibt gute Gründe, nicht klar zu denken. Sich selbst von Grund auf zu kennen, kann nur schrecklich sein ... Und die ›Würde‹, die in aller Munde ist? Es ist schon merkwürdig, dass eine Gesellschaft, die sich ansonsten keinen Deut um Würde schert, auf einmal diese Forderung erhebt, wenn man stirbt ... Wieder ist es Angela, die weitere pseudokluge Überlegungen unterbricht; eine Wohltat.«

Hasse bleibt skeptisch in bezug auf letzte große Fragen, auch wenn er sie, wie er selbst sagt, »in zittrigen Halbkreisen« umreißt – er bleibt auch kritisch sich selbst gegenüber. Bis zuletzt sind ihm einfühlsame Worte über den Tod zuwider; er hält es mit Wittgenstein und sagt: »Wovon man nicht sprechen kann, darüber muss man schweigen.«

Der Norweger Jon Fosse hat vor einigen Jahren mit *Morgen und Abend* einen berührenden Roman über den letzten Lebenstag des Fischers Johannes geschrieben; er hat die Grenzüberschreitung vom Leben in den Tod in das Bild einer Bootsfahrt gefasst. Ein minimalistischer Text, der in einer archaischen Gegend spielt. Wenn man sehr streng gesonnen ist, könnte man allerdings fragen, wie zeitgemäß dieses Bild ist, und wie verallgemeinerbar die Existenz als naturverbundener einfacher Fischer, der in seinem organischen Zusammenhang lebt und stirbt. Natürlich wollte der Autor keine empirische, quasidokumentarische Studie schreiben; Fosses Gestalt ist eher als Kunstfigur, denn als Archtetyp zu verstehen.

Die Bootsfahrt aufs offene Meer hinaus ist für Wijkmarks Hasse unmöglich; aber auch er hat manchmal die Neigung, draußen unter freiem Himmel zu sterben, und »Natur« findet sich, vorsichtig skizziert, auch im Roman *Nahende Nacht*: In einem Traum läuft ein Kater wie ein Wegweiser voraus, und eine Fledermaus bei Nacht wirkt auf Hasse als Freund. Schließlich spürt er noch, wie die Krankenschwester Angela sich neben ihn legt, auch wenn ihre Wärme ihn nicht mehr erreicht.

»Ist das so?« Diese Frage drängt sich beim Lesen auf, aber wahrscheinlich ist sie falsch gestellt. Denn am Schluss dieses gewagten Textes geht es Wijkmark nicht um Realismus – wie wahrscheinlich es ist, ob im Augenblick des Übergangs noch jemand bei Hasse ist – es geht dem Autor buchstäblich um Wunscherfüllung: Was ein Sterbender sich wünschen könnte, und was die Lebenden zuletzt für ihn tun können.

Wijkmark muss nicht erklären, dass ein behütetes Kranksein und Sterben konkrete Rahmenbedingungen braucht: Ein in Schmerztherapie und rundum gut ausgebildetes, motiviertes Pflegepersonal. Unterstützung von Angehörigen und Freunden, sofern der Patient sie noch hat. Eine Pflege, die nicht Zeit und Geld aufrechnet. Kurz, eine andere Politik.

Der Autor ist für seinen Roman 2007 mit dem bedeutensten schwedischen Literaturpreis, dem August-Preis, gewürdigt worden, und man wünscht diesem Buch auch hierzulande viele Leser: *Nahende Nacht* ist von einem humanistischen, skeptisch-aufgeklärten Weltbild getragen. Mit der Form der Ich-Erzählung wird ein großes Risiko eingegangen, aber die Lektüre zeigt auf überzeugende Weise, was Literatur vermag: Bei allen konkreten, detailgenauen Schilderungen trägt der Text in seinem Respekt vor dem Sterben eine Art

Bilderverbot in sich. Und er transportiert das Wissen, dass noch der Sterbende, biblisch gesprochen, »von fern steht« und dem nahenden Rätsel nur entgegensehen kann.

Dieser spröde und doch zartfühlende Roman oszilliert auf subtile Weise zwischen dem ganz Einfachen und dem ganz Schweren. Ein lang nachklingendes Memento mori. □

Sabine Peters

Carl-Henning Wijkmark: *Nahende Nacht*. Roman. Aus dem Schwedischen von Paul Berf. Matthes & Seitz, Berlin 2009.

Der Charme des Gemächlichen

Francis Wyndhams Roman »Der andere Garten«

Heute, mit seinen 85 Jahren, sieht er aus wie ein englischer Basset: sehr, sehr gutmütig. Und behäbig. Der Journalistenkollege und Schriftsteller Philip Norman beschrieb ihn 1996 in einem Roman als einen Mann »mit dem hängenden Mund eines aus Inzucht hervorgegangen zweitrangigen Fürsten«. Das wird ihn nicht gestört haben, denn Francis Wyndham – um ihn geht es – liebt die Literatur. Vor allem als Entdecker und Förderer: als früher Freund von V.S. Naipaul, als Vertrauter und Nachlassverwalter von Jean Rhys, als Mentor von Allen Hollinghurst und Edward St Aubyn. Einen anderen Großen hat er urmächtig zum Schreiben verführt: Bruce Chatwin. Ohne Wyndham, der ihn 1972 zur Sunday Times holte, gäbe es heute nicht das betörende Flirren und die Strahlkraft der Chatwinschen Prosa, diese Geschichten aus dem Abseits, geschrieben »mit warmem Herzen und eiskaltem Auge« (Cees Nooteboom). Wyndham selbst blieb immer bescheiden; er wusste um seine Brillanz als Journalist, das genügte. Mehrere Jahrzehnte Kritiken, eine Sammlung von Literaturessays – das war's. Ein Leben für die Zeitung, ein Zeitungsleben.

Dass er auch anders konnte, war wenigen bekannt. Als Teenager schon schrieb er Stories, aus dem Krieg heraus, und auch später immer wieder unter der Hand. Erschienen ist alles erst in den Siebzigern, den Achtzigern. Auch sein einziger Roman, *Der andere Garten*, wird spät erscheinen, 1987, da ist Wyndham bereits 63 Jahre alt – und heimst gleich den Whitbread First Novel Award dafür ein. Nun, fast ein Viertel Jahrhundert später, erscheint dieses schmale Werk auf Deutsch, in verführerischem Cover-Gewand, im feinen Schweizer Dörlemann Verlag.

Thema ist, wie könnte das bei einem Eton- und Oxfordsprössling anders sein, die britische Oberschicht, jene Welt also, in der man sich noch im Dschungel zum Dinner umzieht, wo Geschmack in Kleidungsfragen die Moral der Nation hebt. Etikette ist alles: »Der Einzige, für den ich etwas übrig habe, ist Feldmarschall Göring – der geborene Gentleman.« Man spricht King's English.

Der Plot: In einem südenglischen Dorf am Vorabend des 2. Weltkriegs freundet sich der 13-jährige Erzähler mit Kay an, der fast 20 Jahre älteren, weltfremden, etwas exzentrischen Tochter aus so genanntem »guten Hause«. Sie leidet unter »angeborenem Mangel an Tatkraft«. Ihre Eltern meiden sie, sparen all ihre Liebe, den ganzen Stolz für Sandy auf, den bildschönen Bruder. Kay und ihr junger Freund – man darf sich durchaus Francis Wyndham als kleinen Bub vorstellen – begehren auf gegen Konformität und Klassendünkel. Jahre später – der Erzähler wird erwachsen – kommen noch London hinzu, ein Hund, etwas British Army und viel Tuberkulose.

Gerühmt wird *Der andere Garten* seiner »ruhigen, suggestiven Prosa« wegen. Vor allem die Upper-Class-Experten Edward St Aubyn und Alan Hollinghurst sind über die Maßen angetan: von »glittering quality« ist die Rede, von Henry James und Jane Austen, sie werden als Referenzgrößen dem Autor zur Seite gestellt. Doch warum wird man den Verdacht nicht los, dass hier Freunde unterwegs sind, ihren Dank zu erweisen – für einstige Protektion, für gelungene Promotion? Weil die Prosa in der Tat eher neblig ist denn suggestiv? Der Aufbau eher fahrig denn strukturell?

Warum erfahren wir nie etwas wirklich Nachvollziehbares über die Ursachen für Kays zerstörtes Wesen? Warum hat man in einem fort das Gefühl, dass der Autor lediglich seine privaten Lebensharmlosigkeiten geradewegs – das heißt: ohne wesentlichen Formwillen - ins Romanhafte treibt? »Spöttische Beobachtung und eiskalte Technik«, so Philip Norman, das zeichnete Wyndham einst aus als Journalist. Doch der Spott ist lasch beim Romancier, die Technik lau.

Es gehört zur Ironie des berufsmäßigen Nepotismus, dass die Protektoren die Protegés oft überstrahlen. Wer sich also wirklich erquickliche Boshaftigkeiten – und stahlstichartige gift-geätzte Portraits – über die britische Herrenschicht zu Gemüte führen möchte, der lese Edward St Aubyn selbst, seinen Roman *Schöne Verhältnisse* etwa. Der Autor als reißender Wolf im Dekadenz-Gehege. Francis Wyndham hingegen kommt nur selten über den Charme des Gutmütig-Gemächlichen hinaus. Ganz englischer Basset. □

Ingo Flothen

Francis Wyndham: *Der andere Garten.* Aus dem Englischen von Andrea Ott. Deutsche Erstausgabe, Dörlemann Verlag, Zürich 2010.

Vom Leben mit dem, was war und vom Mut zum Nein.

Zwanzig Jahre »Jeanette Schocken Preis« – Ein Lesebuch

Der *Jeanette Schocken Preis* für Literatur wurde 1989 von den Bürgern der Stadt Bremerhaven gestiftet, um an eine beschämende Szene zu erinnern: Am 6. Mai 1933 verbrannte man auf dem Marktplatz dieser Stadt Bücher, also vier Tage früher als im übrigen nationalsozialistischen Deutschen Reich. Der Preis ist dem Andenken Jeanette Schockens gewidmet, die aus einer angesehenen, einst in Bremerhaven ansässigen Familie stammt; sie wurde im November 1941 von den Nationalsozialisten nach Russland verschleppt und umgebracht, weil sie Jüdin war.

Der Literaturpreis soll ein Zeichen setzen und tut es in vielerlei Hinsicht. Im Statut von 1989 ist zu lesen: »Der Preis wird von den Bremerhavener Bürgerinnen und Bürgern gespendet. Mit der Namensgebung erinnern sie nicht nur an die Bücherverbrennung und die Vernichtung des Geisteslebens durch den Nationalsozialismus, sondern auch an das Schicksal all jener Menschen, die vor der Barbarei der Nationalsozialisten flohen oder ihr zum Opfer fielen. Bremerhaven war

für viele Verfolgte die letzte Station in Deutschland auf der Flucht ins Exil.« Aus diesem Geist heraus wird der Preis für Literatur verliehen, die sich mit Unrecht, Gewalt, Hass und Intoleranz auseinandersetzt.

Von den hunderten deutschen Literaturpreisen, die man im Internet aufgelistet finden kann, tragen nur 20 den Namen einer Frau, die meisten den einer Schriftstellerin. Der Name von Jeanette Schocken ist einer der ganz wenigen, die nicht auf ein literarisches Werk, sondern auf das verweisen, wofür ein Mensch einstehen kann: Haltung, Mut, Mit-Mensch sein. Über Jeanette Schocken, geborene Pinthus, erfahren wir in dem beeindruckenden Portrait, das Manfred Ernst von ihr zeichnet, dass sie Deutschland nach dem 9. November 1938 nicht verließ, obwohl sie es gekonnt hätte und wie es einem Teil ihrer Familie noch gelang. Sie wollte ihre durch die Naziverfolgung psychisch erkrankte Tochter nicht allein lassen und hoffte auf Genesung und eine gemeinsame Flucht.

Das Leben Jeanette Schockens steht für eine Kultur, eine mögliche Lebenswelt in Deutschland, und verweist als persönliches Schicksal im weiteren, auf das aktive jüdische kulturelle Leben noch nach 1933, wie wir aus dem aufschlussreichen Aufsatz von Wilfried F. Schoeller über Salman Schocken, den Schwager Jeanette Schockens, erfahren. In seinem 1931 gegründeten Verlag entwickelte Schocken ein vielseitiges Programm, beraten von Martin Buber und dem Lektor Lambert Schneider, was u. a. noch im Jahr 1935 zur Veröffentlichung einer fünfbändigen Franz Kafka-Ausgabe führte. Seit 1934 leitete Schocken den Verlag aus dem Exil in Tel Aviv, immer mit der Absicht, eine imaginäre deutsch-jüdische Bibliothek aufzubauen. Ähnliches ließe sich über den Cassirer Verlag sagen, denn bis zum Sommer 1937 sollen in Deutschland noch 27 jüdische Verlage und 53 jüdische Buchhandlungen bestanden haben (so Schoeller). Ein weiteres Beispiel vergessenen Widerstands.

Die im Frühjahr 2010 im Wirtschaftsverlag NW Verlag für neue Wissenschaft (Bremerhaven) erschienene Dokumentation zum *Jeanette Schocken Preis* ist umfangreich, reich bebildert und versteht sich als ein Lesebuch, das in drei Teile gegliedert ist: Im ersten finden sich die bereits erwähnten biographischen Aufsätze zu Jeanette und Salman Schocken sowie eine detailreiche Darstellung von Friedrich Pfäfflin zu der 1987 von Hans-Albert Walter konzipierten großen Ausstellung über den Querido Verlag aus Amsterdam, der Exilautoren Publikationsmöglichkeiten geboten hat. Johann P. Tammen rekapituliert das spätere Symposium zum Thema »Verlegen im Exil«.

Im Hauptteil des Bandes geht es um die Preisträger und Preisträgerinnen, die in chronologischer Folge vorgestellt werden: 1991 Irene Dische, 1993 Hanna Krall, 1995 Louis Begley, 1997 Imre Kertész, 1999 Tuvia Rübner, 2001 Barbara Honigmann, 2003 George Tabori, 2005 Bei Dao, 2007 Lizzie Doron, 2009 Ursula Krechel. – Die Namen der Preisträger sprechen für sich und zeigen, dass der Preis nicht an die deutschsprachige Literatur gebunden ist. Die Jury zeigte eine wohltuende Offenheit für Sprachen und verschiedene literarische Formen.

Der dritte Teil des Bandes enthält die Satzung des Preises, porträtiert die Jury (Gabriele von Arnim, Hugo Dittberner, Wolfgang Emmerich, Wend Kässens und Zsuzsanna Gahse), erinnert in Nachrufen an die verstorbenen Mitglieder der Gründungs-Jury: Carola Stern, Elsbeth Wolffheim und Wolfgang Promies und dokumentiert die bisherigen Veranstaltungen im Rahmen der »Jeanette Schocken Literaturtage«.

Es tut gut zu wissen, dass es den *Jeanette Schocken Preis* in seiner Besonderheit als »Bürgerpreis« gibt. Gerade auch eindenk der Worte von Barbara Honigmann aus dem Jahr 2001, »dass es keine reine Freude ist, ihn entgegenzunehmen, sondern dass er den Blick zurücklenkt auf einen Tag, von dem man wünscht, er hätte nie stattgefunden«.

Diese durch den Preis ausgelöste Erinnerung führt aber dazu, eine der Chancen von Literatur zu Bewusstsein zu bringen, so wie es Lizzie Doron 2007 getan hat: »Eine Nation definiert sich normalerweise durch ein gemeinsames geographisches Territorium, eine gemeinsame Religion oder eine gemeinsame ethnische Geschichte, doch ich glaube, dass die Literatur die Kraft besitzt, Menschen über geographische, religiöse und ethnische Grenzen hinaus zu einen.« Die Kraft von Geschichten kann etwas gegen die »Phantasielosigkeit des Herzens« (Karl Jaspers) bewirken. □

Eva Taylor

Jeanette Schocken Preis – 20 Jahre Bremerhavener Bürgerpreis für Literatur. Eine Dokumentation. Hrsg. vom Jeanette Schocken Preis – Bremerhavener Bürgerpreis für Literatur e.V. – Wirtschaftsverlag NW Verlag für neue Wissenschaft GmbH, Bremerhaven 2010. www.nw-verlag.de

Bücherlust seit fünfzig Jahren

Das künstlerische Handwerk des Eric van der Wal

Annähernd 200 Bücher hat Eric van der Wal im holländischen Bergen seit 1961 in Handarbeit und Bleisatz auf seiner alten Victoria Tiegeldruck hergestellt, nicht eingerechnet die zahlreichen Einzelblatt-, Widmungs- und Freundschaftsdrucke. Und lang ist die Liste der Autoren, die bei ihm ein Buch veröffentlicht haben – es sind, auch das sei gleich zu Beginn als bemerkenswert festgehalten, vor allem deutschsprachige Autoren und Autorinnen, die Eric van der Wal verlegt. Sie haben bei aller Unterschiedlichkeit der Texte aber eines gemeinsam: Nach dem sorgfältigen Lektorat durch Hans Georg Bulla (Eric van der Wals Lektor und Herausgeber seit fast dreißig Jahren) sind sie dem Büchermacher gnadenlos ausgeliefert, der – ganz gegen sein sonstiges Naturell – zum »Diktator« wird, der keinerlei Mitspracherecht an der weiteren Gestaltung zulässt, seine »eigene Version der Gedichte [...], einen Kommentar« dazu finden will. So hat er es selbst schon vor 15 Jahren bei der Eröffnung einer Ausstellung mit seinen Büchern und Bildern formuliert.

Es mag für manchen Autor fast unerträglich sein, das oft mühsam gegen das weiße Blatt errungene geistige Eigentum in blindem Vertrauen wegzugeben, aber seien wir ehrlich: Wie leicht wiegen diese narzisstischen Ängste gegenüber jenem Moment, in dem die Post das *Drukwerk* schließlich ins Haus bringt, die Freiexemplare als Ent- oder besser Belohnung für den Autor – eine bargeldlose Honorierung der soliden Art, ungefährdet durch Phishing, Skimming oder gar durch verordnete Verlagsverträge.

Der Empfänger freut sich an der Akkuratesse des Aufklebers mit dem roten Signet, an dem bunten Schnürchen (ich habe sie alle aufbewahrt!), an dem Herausschälen der Bücher aus den verschiedensten recycelten Materialien, bei denen auch Styropor nicht verschmäht wird und die alle einem einzigen Ziel untergeordnet sind: dass den Büchern aber auch gar nichts passieren darf – und schließlich an dem *Drukwerk* selbst, dessen Gestaltung oft ganz anders ist, als sie der Autor erwartet hat und die gerade deshalb so gut zu den Texten passt: Eric van der Wal ist kein Illustrator, er ist ein gleichberechtigter Künstler.

Schließlich ist das Büchermachen auch nicht seine einzige Tätigkeit. Buchgestaltung und freie Grafik gehen vielmehr Hand in Hand, korrespondieren miteinander. Diese beiden Arbeitsfelder (»Buch und Kunst«) sind durch eine nüchtern-gediegene Handwerklichkeit geprägt – fern aller modischen Ismen. Stattdessen werden traditionelle künstlerische Techniken aufgenommen und in ein eigenes, umfangreiches Buch-und-Kunst-Gesamtwerk überführt – jederzeit als seines erkennbar. Und auf beiden Feldern wird eine weitere Eigenart deutlich – Erics Vorliebe für das Drucken. Denn auch in seiner Kunst bevorzugt er die Druckgrafik, die in einer bestimmten Auflage (wie klein auch immer) gedruckten Blätter.

Mag sein, dass darin ein Grundantrieb seiner Arbeit sichtbar wird, nicht nur einzelne, sondern mehr als den einen an seiner Kunst, an Poesie und neuer Literatur teilhaben zu lassen. Ausgangspunkt und Thema der Bilder ist dabei oft die Landschaft, vor allem die der Nordseeküste, die Eric van der Wal täglich vor Augen hat. Er betont deren Weite mit klaren, schnörkellosen Linien und vertikal gesetzten Landmarken – natürliche (Bäume, Sträucher) und von Menschen gemachte (Gatter, Zäune), die er mit der Zeit immer mehr in den Vordergrund rückt und dadurch das Auge des Betrachters empfänglicher macht für deren Strukturen.

Diese gestalterischen Elemente werden immer abstrakter, nähern sich in ihrer Zeichenhaftigkeit der Schrift an. In seiner schon zitierten Rede spricht Eric van der Wal selbst davon, dass man manche seiner Grafiken »wie Buchstaben« lesen könne. Neben seinen Gouachen konzentriert er sich deshalb vor allem auf den Linol- und Holzschnitt und er experimentiert, druckt mit Holzlatten, Wellpappe, Setzblöcken, um die gewünschten Strukturen und Farbnuancen herstellen zu können.

Damit ist auch die Brücke wieder geschlagen zum Büchermachen, zu den Texten, in die sich der Künstler vertieft und aus dieser eigenen Sicht das Buch herstellt, Format, Einband, Papier, Schrift und vor allem die grafische und bildnerische Umsetzung entwickelt. Am Ende ergibt sich daraus ein Buch, das nicht nur zu lesen ist, sondern mit Augen, Nase und Händen erfahren sein will. Um es mit seinen eigenen Worten zu sagen: Man muss als Leser hören können, »wie das Papier klingt«.

Eigentlich meide ich schon einige Zeit größere Buchhandlungen, in denen es in-

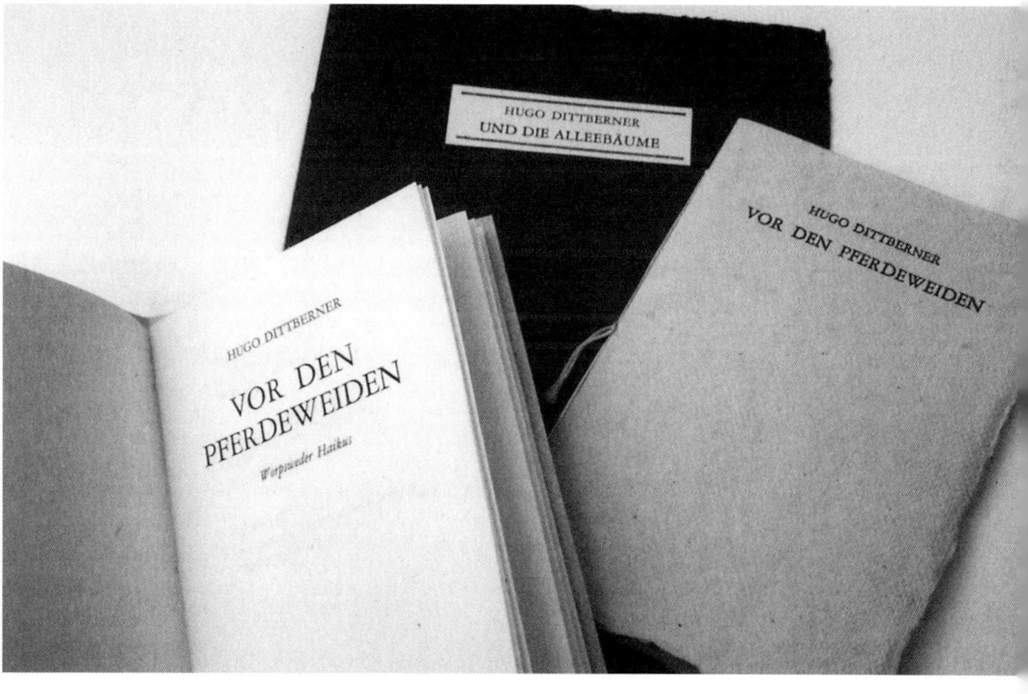

Porträt Eric van der Wal. Foto: Ursula Schmitz.

zwischen nicht mehr nach Büchern riecht, sondern nach Seife oder Parfum und in denen kostbarer Platz dadurch verschwendet wird, dass in e i n e m Regal zwanzig Mal der gleiche »Topseller« steht. Aber wenn ich mich dann doch einmal in einen solchen Buchshop verirre und außerdem die vielen Kartons sehe, in denen schon geistiges Eigentum des Vorjahres als völlig veraltet verramscht wird, dann habe ich sofort die Bücher Eric van der Wals vor Augen und spüre sie in der Hand, Bücher, denen eine solche Lieblosigkeit wegen ihrer Einmaligkeit nicht widerfährt.

Wer sich die Produkte seiner langen Tätigkeit anschaut, wird bei allen Überraschungen der Einmaligkeit auch durchgängige Charakteristika von Eric van der Wals Kopf und Hand wiedererkennen: den oft ausgefransten, unbeschnittenen Einband, die aufgeklebten Titel, die vielen, vielen Gestaltungsideen, die mit der Prachtbibliophilie von Schweinsleder und Goldschnitt aber auch gar nichts zu tun haben: Da gibt es die traditionelle Linol- und Holzschnitttechnik ebenso wie Frottagen, eingeklebte Kartenausschnitte, Abdrücke von Motorradreifen, gefaltete Schiffe, gepresste Blumen (und Fliegen!) – man bedenke bei solchen Faltungen, Sammel- und Fangaktionen den Arbeitsaufwand, der, auch bei einer kleinen Auflage von 80 – 90 Exemplaren einen beträchtlichen Einsatz notwendig macht …

Bei Hans Georg Bullas Band *Mit der Hand auf der Schulter* (2006) klappt sich eine Hand aus dem Einband heraus; mit Druckerschwärze eingefärbte Fahrradspeichen und das Blindmaterial des Setzkastens werden ebenso zum Bild (zum Beispiel für die »wolkenkrabbers« von Manhattan) wie die verschiedenen Buchstaben- und Zahlentypen. Der Büchermacher verlässt aber auch die Buchform, verwandelt sie in Leporellos oder Doppel- und Mehrfachbücher wie bei der *Kleinen Lüneburger Anthologie* (1995) oder er fügt dem eigentlichen Band einen weiteren im Miniformat bei.

Er packt Gedichte zusammen mit Strandfundstücken in Kästchen, stellt passend zum Bandtitel *Wurfhölzer* her. Das hat alles nichts mit der heute angesagten selbstdarstellerischen Originalitätssucht zu tun: krampfhaft irgendeine neue Masche finden und die dann mit der Strickliesel zur dünnen Endloskordel verarbeiten… Im Mittelpunkt steht bei Eric van der Wal vielmehr immer die Intention, von den Texten her, zu den Texten hin eigene Wege zu gehen.

Cap Gris-Nez (2003).

Salzgarten (Guérande) (1998).

Voraussetzung und Konsequenz einer solchen Haltung ist eine enge Verbindung des Büchermachers zu seinen Autoren, nicht nur reflektierend wie in der Entstehungsphase der Bücher, sondern real, von Person zu Person. Sichtbares Zeichen dafür sind die kleinen Kalender, die pünktlich zum neuen Jahr »met de beste wensen« eintreffen und in immer neuer typografischer Gestaltung die nächste Jahreszahl thematisieren.

Eine solche Beziehung entsteht aber auch aus dem grundlegenden Ansatz des Büchermachers, vor allem junge, unbekannte Autoren zu fördern und ihnen den Start ins oft genug feindliche Literaturleben zu ermöglichen. Daraus entwickeln sich immer wieder persönliche Begegnungen, Freundschaften: »Bei einer Briefwechselung bleibt alles so formal. Jetzt sind die Dichter Menschen geworden«, schrieb er einmal in Erinnerung an ein Treffen. Was mir persönlich im Rückblick als kennzeichnend für solche Gespräche einfällt, ist Eric van der Wals »Wörterliebe«, seine Freude daran, gerade vom nahen und doch auch fremden Holländisch an die deutschen Wörter heranzugehen, sie an der Wurzel zu packen – einer Wurzel, die oft genug dem Muttersprachler selbst nicht mehr bewusst war.

Es tat dabei der gemeinsamen Entdeckerfreude gut, wenn das etymologische Wörterbuch nicht gar zu weit entfernt stand. Diese Haltung, Sprache wörtlich zu nehmen, ist ja auch Grundprinzip seiner »Bebilderung«, wie er es selbst nennt. Nehmen wir als ein Beispiel Peter Gosses Band *Scharfeinstellung* (1991), in dem Eric van der Wal durch selbst abgenommene Frottagen von alten Grabsteinen den Blick wieder schärft für die verwitterten Zeichen und sie dadurch bildnerisch lesbar macht: eine bekannte Technik der Archäologen übrigens, wenn das bloße Abbild der Fotografie zu flach ist.

Das Wörtlich-Nehmen kann ganz konkret umgesetzt sein: Hannelies Taschaus Titel *Mittellange Lustfahnen* (1992) zum Beispiel findet sich im durchscheinenden, lebendigen Adernrelief des asiatischen Reispapiers für den Umschlag wieder. Die Verbindung zur Gestaltung kann sich aber auch nur über Farbassoziationen von Wörtern vollziehen, etwa wenn Eric van der Wal bei den norddeutschen Gedichten von Peter Piontek nach eigener Auskunft »wattenfarbiges Papier« verwendet.

Wörterliebe schließt darüber hinaus das Wörterspiel ein, den Witz, jene leise, trockene Ironie, die in den anderen hineinschaut, ohne ihn zu verletzen. Sie ist typisch für die persönlichen Gespräche mit ihm; Hinweise darauf finden sich aber auch in seinen Bemerkungen zu einzelnen Autoren, die er im Laufe der Jahre als eine Art Logbuch gesammelt hat.

Wo liegt der Antrieb für die Lust des Verlegers, solche Bücher zu machen, worin besteht die Lust sie zu lesen? Ein Pfennigfuchser hat einmal in einer kritisch gemeinten Besprechung von Walle Sayers Gedichtband *Ausgangspunkt* (1998) auszurechnen versucht, dass jedes Gedicht mit fünf Mark zu Buche schlage, das Buch also viel zu teuer sei und man besser auf einen richtigen Band warten solle. Sehen wir einmal davon ab, dass ein »marktkonformer« Lyrikband, so er denn überhaupt noch von einem Verlag gewagt wird, ebenfalls wenig Chancen hat, eine dreistellige Leserschaft zu erreichen, zumal doch selbst die ach so zahlreichen Lyriker die Bücher ihrer Kollegen kaum kaufen. Wo liegt er aber dann, der Mehrwert, der die Produktion und den Kauf von Büchern aus Bergen rechtfertigt?

Auf der einen Seite haben wir die Lust des Produzenten – an der Auseinandersetzung mit unveröffentlichten Texten ebenso wie am künstlerischen und handwerklichen Umgang mit ihnen, auf der anderen Seite die Lust des Lesers – auch hier in mehrfacher Hinsicht: an einem Unikat in nummerierter Auflage mit speziell dafür ausgewähltem Papier, Bleisatz und Fadenheftung, an den Texten des Autors, an der Bebilderung durch den Künstler, und schließlich am Zusammenwirken von Wort

Eric van der Wal in seiner Werkstatt (Anfang der achtziger Jahre). Foto: Archiv.

und Gestaltung. Wenn das kein Mehrwert ist in unserer uniformen Bücherwelt, die Texte und Autoren immer schneller verschleißt …

Ein solcher Mehrwert schlägt sich leider nicht im Portemonnaie nieder; ein Büchermacher wie Eric van der Wal führt ein wahrhaft bescheidenes Leben im Dienst der Literatur und Kunst. Nicht nur dem armen Poeten wird es manchmal zu kalt in der kleinen Kammer, sondern auch dem Büchermacher in der ungeheizten Werkstatt. Dass er, der unlängst seinen siebzigsten Geburtstag feiern konnte, diesen Dienst seit nunmehr fünfzig Jahren nicht nur klaglos, sondern mit einer solchen bemerkenswerten Bücherlust geleistet hat (und hoffentlich noch lange weiter leistet), ist ihm nicht hoch genug anzurechnen. □

Gerd Kolter

Näheres siehe unter: http://home.kpn.nl/fzhecvdwal551/

„Bücher sind wie Sterne, deren Wandlung wir nicht belauern können…“ *Albert Vigoleis Thelen*

Die Autoren, Künstler & Übersetzer

Gottfried Benn, geb. 1886 in Mansfeld / Westprignitz, gest. 1956 in Berlin. Pfarrerssohn, Studium der Medizin, war in beiden Weltkriegen als Militärarzt verpflichtet; ließ sich 1917 in Berlin als Facharzt für Haut- und Geschlechtskrankheiten nieder (Praxis bis 1935). Nach der Publikation von *Der neue Staat und die Intellektuellen* und *Kunst und Macht* (Essays 1933/34) und seiner Hinwendung zum Nationalsozialismus 1938 Schreibverbot, 1945-48 Publikationsverbot. Im Aufsatz *Kunst und Drittes Reich* (1941) bekundete er seine gewandelte Auffassung; Expressionist. *Gesammelte Werke* in 4 Bänden, hrsg. von Dieter Wellershoff (1977/78).

S. 8: Hör zu. Aus: G. B.: *Sämtliche Gedichte*. Klett-Cotta, Stuttgart 1998.

Michael Buselmeier, geb. 1938 In Berlin, lebt in Heidelberg; Lyriker, Erzähler, Essayist, Hörspielautor, Kritiker, Stadtführer und Herausgeber; zahlr. Buchveröffentlichungen, zuletzt u.a.: *Amsterdam, Leidseplein*, Roman (2003); *Lichtaxt*, Gedichte (2006) sowie zahlr. Herausgaben, zuletzt u.a. *Der gelbe Akrobat. 100 deutsche Gedichte der Gegenwart* (zus. mit Michael Braun, 2009). – Siehe auch *die horen*, Band 173/1994, 180/1995, 183/1996, 233 + 236/2009.

S. 223: Edenkoben – eine sterbende Stadt? Gabriele Weingartners vierter Roman »Tanzstraße«; bücherforum.

Anne Dorn, geb. 1925 in Wachau bei Dresden, lebt seit 1969 als Freie Autorin in Köln; veröffentlichte Erzählungen, Hörspiele, Autorenfilme, ein Theaterstück (*rübergemacht*, 1978; Wiederaufführung 2005) und versch. Multi-Media-Projekte. 1991 erschien der Roman *hüben und drüben* (mit einem Vorwort von Lew Kopelew); 1992 der Band *Geschichten aus tausendundzwei Jahren* (erw. Neuausg. als TB bei Rowohlt); 1996 die Novelle *Damals, als die Sonne schien*; 2007 schließlich der Roman *Siehdichum* und 2010 der Roman *Spiegelungen* (beide im Dittrich Verlag Köln / Berlin); außerdem Gedichte in zahlr. Anthologien. – Siehe auch *die horen*, Band 168/1992, 189/1998, 207/2002, 221/2006.

S. 152: »Hinter der Stirn« – Fünf Gedichte.

S. 215: Anne Dorns Romanwelten (Carola Ebeling); bücherforum.

Carola Ebeling, geb. 1970; war nach dem Studium der Germanistik und Soziologie Redakteurin der Literaturzeitschriften *GrauZone* und *Stint*. Sie lebt und arbeitet in Hamburg als freie Kulturjournalistin, in der Programmgestaltung des Hamburger Literaturzentrums und in einem Verlag.

S. 215: Wandlungen, Verwandlungen und anverwandelte Leben – Anne Dorns Romanwelten; bücherforum.

Gerhard Falkner, geb. 1951 in Schwabach, lebt in Weigendorf und Berlin; Lyriker, Erzähler, Dramatiker, Essayist und Übersetzer. Sein Debütband *so beginnen am körper die tage* (1981) erregte großes Aufsehen; 1984 folgte *der atem unter der erde*, 1986 *Berlin. Eisenherzbriefe* und 1989 *wemut*, den er seinerzeit als seinen letzten Gedichtband ankündigte. Anschließend lebte er längere Zeit in Mexiko und in den USA, wo er u. a. die Anthologie *AmLit. Neue Literatur aus den USA* (1992) vorbereitete; 1993 erschien unter dem Titel *Über den Unwert des Gedichts* ein Band mit Fragmenten und Reflexionen; 1996 folgte *X-te Person Einzahl*; 2000 das »Grundbuch« *Endogene Gedichte*, 2005 das Langgedicht *Gegensprechstadt – ground zero* sowie 2008 *Hölderlin Reparatur* (2009 mit dem Peter-Huchel-Preis ausgezeichnet) und ebenfalls 2008 die Novelle *Bruno* (ausgezeichnet u. a. mit dem Kranichsteiner Literaturpreis und dem August-Graf-von-Platen-Literaturpreis). Bereits 1998 erschien – verfasst von Neil Donahue – die erste große Monographie: *Voice an Void. The poetry of Gerhard Falkner* – und jüngst (2010) erhielt er für den Band *Kanne Blumma*, Gedichte fränkisch – deutsch, den

Preis für Kunst und Wissenschaft der Stadt Nürnberg. – Siehe auch in *Atmen lang von Babel her – Poesie aus Griechenland*, Reihe *Poesie der Nachbarn*, hrsg. von Gregor Laschen, *edition die horen*, Bremerhaven 2003.

S. 6: zeit / druck. Aus: *der atem unter der erde*, Luchterhand Verlag, Darmstadt / Neuwied 1984.

S. 71: Peter Geist: »Lust, Zartheit, Klugheit, Schmerz ...« / Laudatio zum Peter-Huchel-Preis 2009.

S. 80: Ist es einfach, ist es schwierig. Dankrede zum Peter-Huchel-Preis 2009.

S. 89: Schmerzkopfen in Kiev.

Ulrich Faure, geb. 1954 in Halle / Saale, lebt in Düsseldorf; Redakteur der Fachzeitschrift *BuchMarkt*, Publizist und Lektor. 1992 erschien seine Geschichte des Malik-Verlags; zahlreiche Herausgaben zu literarischen und literaturhistorischen Themen, zuletzt Mitherausgeber der Briefausgabe *Albert Vigoleis Thelen: Meine Heimat bin ich selbst. Briefe 1929-1953* (zus. mit Jürgen Pütz) im DuMont Buchverlag. – Betreibt zusammen mit Jürgen Pütz die Website www.vigoleis.de – Siehe auch *die horen*, Band 228/2007.

S. 19: »Nun hoffe ich von Herzen, dass Sie meine Arbeit brauchbar finden ...« – Albert Vigoleis Thelen: Briefe aus düsteren Jahren 1929-1948 (zusammen mit Jürgen Pütz).

Ingo Flothen, geb. 1963 in Buenos Aires, lebt in Freiburg; Studium der Germanistik, Anglistik und Architektur in Freiburg und München; Leiter der *galerie blau* von 1989-2001; freischaffender Autor und Topophilist. Kritiken und Essays für NZZ, FR Wespennest, Kunstforum International u.a.m.; Herausgaben zu Themen der Kunst. – Siehe auch *die horen*, Band 237/2010.

S. 225: Das beschädigte Leben – Pedro Mairals Sturz in die Vergangenheit; bücherforum.

S. 229: Der Charme des Gemächlichen – Francis Wyndhams Roman »Der andere Garten«; bücherforum.

Peter Geist, geb. 1956 in Greifswald, lebt in Berlin; Literaturwissenschaftler, Kritiker, Essayist und Herausgeber; zahlr. Veröffentlichungen zur deutschsprachigen Literatur nach 1945, insbes. zur Lyrik, u. a.: *Deutsche Lyrik des 20. Jahrhunderts in Einzel- und Gruppenporträts* (zus. mit U. Heukenkamp, 2006); *Echtermeyer. Deutsche Gedichte von den Anfängen bis zur Gegenwart* (zus. mit E. Paefgen, aktualisierte und erw. Ausgabe 2010); zuletzt Arbeiten zur *Poesie des undergrounds*, zur postmodernen Naturlyrik und zu Peter Hacks. – Siehe auch *die horen*, Band 203/2001 und 207/2002.

S. 71: »Lust, Zartheit, Klugheit, Schmerz ...« – Rede zur Verleihung des Peter-Huchel-Preises 2009 an Gerhard Falkner.

S. 208: Chimären-Halma – Dietmar Daths Weltenrettungs-Panorama; bücherforum.

Michael Gormann-Thelen, geb. 1946, lebt in Hannover; Studium der Literaturwissenschaft, Philosophie und Soziologie, zuletzt: Religionswissenschaftler, Übersetzer, freier Lektor und Herausgeber, u.a. Briefwechsel des Philosophen Franz Rosenzweig (2003 / 2011), des Soziologen Eugen Rosenstock-Huessy (2010) sowie von Teixeira de Pascoaes' *Napoleon. Spiegel des Antichrist* (1997); arbeitet z. Z. an einer neuen poetologischen Übersetzung von André du Bouchet. – Siehe auch *die horen*, Band 199/2000, 2. vergr. Aufl. 2001: Essay in *Lauter Vigoleisiaden* oder *Der zweite Blick auf Albert Vigoleis Thelen*; Essay in *Albert Vigoleis Thelen – Mittler zwischen Sprachen und Kulturen*, Waxmann Verlag, Münster 2005.

S. 59: Neues vom »Prallerzähler« – Eine erste Edition von Briefen des Albert Vigoleis Thelen.

Irja Grönholm, geb. 1951 in Eberswalde, lebt in Berlin; Studium der Biologie in Greifswald; 1974-84 wiss. Mitarbeiterin an der Akademie der Wissenschaften der DDR in Berlin; seit 1984 freie Übersetzerin für estnische Literatur (Belletristik, Dramatik, Kinder- und Sachbuch); zahlr. Übersetzungen von Romanen und Kurzprosa (Jaan Kross, Maimu Berg, Mati Unt, Eeva Park u. a.), Theaterstücken (Jaan Tätte, Merle Karusoo, Peeter Jalakas, Tiit Ojasoo); Mithrsg./ Hrsg. von *estonia*, Zeitschrift für estnische Literatur und Kultur und Jahrbüchern estnischer Literatur; Mitarbeit bei (Dokumentar) filmen, Rundfunksendungen und Tagungen; Kuratorentätigkeit; Preis *via estica* für Übersetzungen aus dem Estnischen (1991); 2010 mit Eeva Park (*Falle, unendlich*) nominiert für den Brücke Berlin Preis / Shortlist.

S. 108: Hasso Krull: »Bin ich jetzt verwandelt? Nein ...« – Zwölf Gedichte (Dt. Fassung, zus. mit Gisbert Jänicke).

Michael Hametner, geb. 1950 in Rostock, lebt in Leipzig; studierte Journalistik in Leipzig, zusätzlich Abschluss in Germanistik / Literaturwissenshaft; arbeitete zunächst als Schauspieler und Regisseur und leitete des Poetische Theater »Louis Fürnberg« in Leipzig; Literatur- und Theaterkritiker. Seit 1994 tätig als Literaturredakteur und Moderator bei MDR Kultur resp. MDR Figaro – und initiierte dort 1995 den MDR-Literaturwettbewerb; Herausgabe der jährlichen Anthologie *Das Beste aus dem MDR-Literaturwettbewerb* (Rotbuch-Verlag); *Zornesrot*, Anthologie junger Autoren (mdv 2007); *Zeit der Witze*, Anthologie junger Autoren (mdv 2009).

S. 115: Die Welt des KrauseZwieback in Wort und Wort.

Wolfgang Hegewald, geb. 1952 in Dresden, lebt in Hamburg; Studium der Informatik und ev. Theologie in Dresden und Leipzig; Arbeit als Friedhofsgärtner und in der Industrie; 1983 Ausreise in die Bundesrepublik Deutschland; 1983-93 freier Autor, 1993-96 Leiter des »Studio Literatur und Theater« an der Universität Tübingen, seit 1996 Professor für Rhetorik, Poetik & Creative Writing am Fachbereich Gestaltung (neuerdings: Department Design) der Hochschule für Angewandte Wissenschaften Hamburg; seit 2006 Ordentliches Mitglied der Freien Akademie der Künste Hamburg. Neben Veröffentlichungen in Anthologien, Zeitschriften und Feuilletons bislang zehn Bücher, zuletzt u. a.: *Fegefeuernachmittag / Mein Leben. Von ihm selbst erzählt*, Roman (2009); *Die eigene Geschichte – Aufzeichnungen aus dem Jahr 2000* (2010, beide: Matthes & Seitz Berlin). – Siehe auch *die horen*, Band 180/1995, 186/1997, 201/2001, 219 + 220/2005, 222/2006, 225/2007 und 233/2009.

S. 11: »Dass die Kanaille Herr ist und bleibt.« – Wilhelm Raabe zum Gedächtnis anlässlich seines 100. Todestages.

Gert Heidenreich, geb. 1944 in Eberswalde, lebt in Seefeld-Hechendorf; veröffentlichte Romane, Erzählungen, Theaterstücke, Essays und Gedichte, auch als Sprecher für Radio, Fernsehen und Hörbuchproduktionen tätig; von 1991-95 Präsident des P.E.N.-Zentrums der Bundesrepublik Deutschland. Buchveröffentlichungen zuletzt u. a.: *Im Dunkel der Zeit*, Kriminalroman, auch als Hörbuch (2007); *Schreiben in einer friedlosen Welt* (Hrsg., 2007); *Das Fest der Fliegen*, Kriminalroman, auch als Hörbuch (2009); *Die Nacht der Händler*, Roman (1995, Neufassung 2009); *Brauchen wir Kafka?*, Komödie (2009). – Siehe auch *die horen*, Band 180/1995 ff., zuletzt 216/2004, 219 + 220/2005, 227/2007.

S. 203: Sänger des Zweifels – Johano Strassers Gedichte aus dreißig Jahren: »Labile Hanglage«; bücherforum.

S. 204: Johano Strasser: Litanei – für Gert Heidenreich. Aus: *Labile Hanglage*. Brandes & Apsel 2010.

Hans-Jürgen Heise, geb. 1930 in Bublitz / Pommern (heute Bobolice), war nach Kriegsende einer der jüngsten Feuilletonjournalisten in Berlin, musste 1950 von Ost- nach Westberlin fliehen und lebt seit 1958 in Kiel. Rund 50 Buchpublikationen: Lyrikbände, Essaysammlungen, Reisebücher. Im Wallstein Verlag in Göttingen erschien zwischen 2002 und 2008 eine 6-bändige Werkauswahl (darin enthalten 2006 *Schach der Ewigkeit – Iberisches von beiden Ufern des Atlantiks*). Letzte Publikationen: *Luftwurzeln* – Ausgewählte Gedichte aus sechs Jahrzehnten (2009); *El canto quiere ser luz – Das Lied will Licht sein*. Ausgewählte und übersetzte Gedichte Federico García Lorcas (2009); *Ein Sommertag extra – Achtzig Short Cuts*, Prosagedichte (2010): alle drei letztgenannten Bände im Verlag Ralf Liebe, Weilerswist. Bei fixpoetry (www.fixpoetry.com) 2010 *Brieftauben im Internet* – Neue Gedichte zum 80sten, als Nr. 18 der Reihe *Lesehefte*. Mehrere Literaturpreise; Poetikdozent an der Johannes Gutenberg-Universität Mainz; Professorentitel in Anerkennung des literarischen Werks. – Siehe auch *die horen*, Band 180/1995 ff., zuletzt 227 + 228/2007.

S. 197: Der Tango, das argentinische Vaterunser? Mit drei Gedichten: Pampa / Geburtsstunde des Tangos / Milonga. Aus: *Luftwurzeln*, Verlag Ralf Liebe, Weilerswist 2009. © beim Autor.

Gisbert Jänicke, geb. 1937 in Ziegelhausen bei Heidelberg, lebt in Helsinki; übersetzt Lyrik, Dramatik und Prosa aus dem Finnischen, Schwedischen, Estnischen und Jiddischen. Herausgeber und Übersetzer der Anthologien *Finnland – Mythos und Realität* (*die horen*, Band 133/1984, 2. Aufl. 1990); *Das Land, das nicht ist – Finnlandschwedische Modernisten* (Hinstorff, 1986); *Erkundungen – 22 Erzähler aus Finnland* (Volk und Welt, 1986); *Das Leben ist noch neu. Zehn estnische Autoren* (Edition Junge Poesie, 1992); *Kalewala. Das finnische Epos des Elias Lönnrot* (Jung und Jung, 2004); *Zwölf finnische Frauen* (Lichtungen, Band 104/105); *europa erlesen: Helsinki – Helsingfors* (Wieser, 2010). Eigenveröffentl.: *Edith Södergran* (1984); *Kalewaland. Das finnische Epos und die Problematik der Epikübersetzung* (1991); *Ernst Brausewetters finnländisches Abenteuer. Das Schicksal eines Übersetzers* (Berlin 2006).

S. 108: Hasso Krull: »Bin ich jetzt verwandelt? Nein ...« – Zwölf Gedichte (Dt. Fassung, zus. mit Irja Grönholm).

Cornelia Jentzsch, geb. 1958 in Torgau, lebt als freiberufliche Literaturkritikerin (DLF, DLR, WDR) und Moderatorin in Berlin; Journalistikstudium, Galerieassistenz, Rechercheurin für DEFA-Dokumentarfilme, Mitarbeiterin im Druckhaus Galrev, in der LiteraturWerkstatt und im Verlag Matthes & Seitz Berlin. Veröffentlichungen zu Literatur, Kunst, Musiktheater und Stadtgeschichte in Anthologien und Monografien (Rotbuch, Elefanten Press, Henschel, Erich Schmidt, Gimlet & Partner u.a.m.) und in Literaturzeitschriften. Jurymitglied verschiedener Preise für Poesie. – Siehe auch *die horen*, Band 205/2002.

S. 99: Ich bin nicht Schrödingers Nichte, weil Wittgensteins Katze mich kennt – *oder* Vom Freiraum der Gleichzeitigkeit – Notizen zu Barbara Köhlers Poesie.

Wend Kässens, geb. 1947 in Hamburg, lebt dort; Studium der Germanistik, Soziologie und Theaterwissenschaft in Hamburg; tätig als Dramaturg, Lektor (im Suhrkamp-Theaterverlag) und Kulturredakteur beim NDR / Leiter der Hörfunk-Literaturredaktion von 1991-2009. Zahlr. Publikationen, zuletzt u.a.: *Der Spielmacher – Gespräche mit George Tabori* (Hrsg., 2004); Herausgeber des Romanwerks von George Tabori und Paul Nizon, zuletzt u.a.: *Die Zettel des Kuriers* – Journal 1990-1999 (2008). –

›Fröhliche Wissenschaft‹
bei Matthes & Seitz Berlin

Byung-Chul Han
Müdigkeitsgesellschaft

Arthur Rimbaud
Die Zukunft
der Dichtung
Die Seher-Briefe

René Girard
Gewalt und Religion
Gespräche mit
Wolfgang Palaver

Pravu Mazumdar
Das Niemandsland
der Kulturen

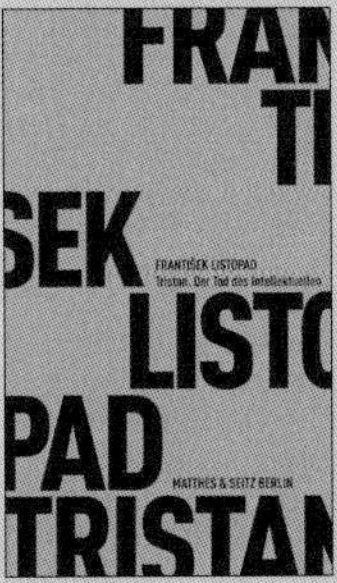

František Listopad
Tristan oder
Der Verrat des
Intellektuellen

Wolfgang Hegewald
Die eigene Geschichte

176 S., Klappenbroschur
ISBN 978-3-88221-544-1

»Wolkenballett zwischen den Schauern. Auf der Weide schüchterne Kühe.«

»Ohne Eile, wie ein Sieger, überquert die Katze mit der Maus im Maul die Straße. Ich muss scharf bremsen. Wer soeben noch Beute machte, hält sich für unsterblich.«

Siehe auch *die horen*, Band 173/1994 ff., zuletzt 210/2003, 220/2005, 237/2010.

S. 211: »Aber das Weitermachen, ...das Finissieren ...« – Hugo Dittberners neuer Roman – Ein literarisches Kleinod; bücherforum.

S. 219: Widerständig leben – Sabine Peters' Roman-Kunststück »Feuerfreund«; bücherforum.

Barbara Köhler, geb. 1959 in Burgstädt / Sachsen, lebt in Duisburg; studierte nach Abitur und unterschiedlichen Tätigkeiten von 1985-88 am Institut für Literatur Johannes R. Becher in Leipzig. Schon für ihren Debütband *Deutsches Roulette* (Gedichte 1984-1989, Suhrkamp 1991) wurden ihr vielfach Preise zugesprochen (Preis der Jürgen-Ponto-Stiftung, Förderpreis zum Leonce-und-Lena-Preis und zum Else-Lasker-Schüler-Preis), 1995 erschien *Blue Box*, Gedichte, 1999 *Wittgensteins Nichte. Vermischte Schriften / Mixed Media*, 2002 *Gertrude Stein: Zeit zum Essen* (Übers., CD mit Booklet), 2004 *Gertrude Stein: Tender Buttons – zarte knöpft* (übertragen und mit einem Nachwort von B. K.), 2005 *Samuel Beckett:Trötentöne – Mirlitonnades* (übertragen von B. K.), 2007 *Niemands Frau. Gesänge* (mit CD) – und zu den Preisen kamen u. a. hinzu, der Clemens-Brentano-Preis (1996), der Samuel-Bogumil-Linde-Literaturpreis (2003), der N.-C.-Kaser-Preis (2004), der Spycher:Literaturpreis Leuk (2007) und der Ringelnatz-Preis (2008). Neben ihrer schriftstellerischen Tätigkeit arbeitet sie mit bildenden Künstlerinnen zusammen, fotografiert und produziert Schriftbilder, Multiples und installative Texte für den öffentlichen Raum. – Siehe auch in *Ich hörte die Farbe Blau – Poesie aus Island*. Reihe *Poesie der Nachbarn*, hrsg. von Gregor Laschen & Wolfgang Schiffer. *edition die horen*, Bremerhaven1992.

S. 5: In the movies. Aus: *Blue Box*, Suhrkamp Verlag, Frankfurt/Main 1995.

S. 99: Cornelia Jentzsch: Ich bin nicht Schrödingers Nichte, weil Wittgensteins Katze mich kennt – *oder* Vom Freiraum der Gleichzeitigkeit – Notizen zu Barbara Köhlers Poesie.

Gerd Kolter, geb. 1949 in Ludwigshafen, lebt in Göppingen; Oberstudienrat, Lyriker und Kritiker; Veröffentlichungen zuletzt u. a.: *Ortsgedächtnis*, Gedichte (1997); *Was er sich nur denkt*, Lyrik und Kurzprosa (1999); *Fallende Handlung*, Gedichte (2003). – Siehe auch *die horen*, Band 183/1996 ff., zuletzt 216/2004, 226/2007, 236/2009.

S. 232: Bücherlust seit fünfzig Jahren – Das künstlerische Handwerk des Eric van der Wal; bücherforum.

Wolfgang KrauseZwieback, geb. 1951 in Kamenz; Studium an der Hochschule für Grafik und Buchkunst Leipzig; Regisseur, Autor, Schauspieler, Bühnen-/Kostümbildner, Grafiker; seit 1978 freischaffend. Solo- und Duo-Abende, Theater-Projekte, Theater für die Sinne, Hörspiele, Musiktheater, Oper, Film, Performances: Arbeiten an Stadttheatern in Leipzig, Mannheim, Magdeburg, Weimar, Jena, Berlin, insbesondere an der Schaubühne Lindenfels Leipzig. – Letzte Inszenierungen: *Wasser taucht nie auf* (mit Tobias Morgenstern) und Rekonstruktion des Solo-Theaters *Und nun: Aufgehört! – KabasurdesAbrett*. – Buchpublikationen u. a.: *Die Lust ist schön als Überfall* (1992, mit H.-Christoph Bigalke); *Der Horizont ist eine Kugel* (2008); *Mit Proust zum Glück in der Bäderanstalt* (2010, mit Corinna Harfouch). – Siehe auch *die horen*, Band 236/2009.

S. 115: Michael Hametner: Die Welt des KrauseZwieback in Wort und Wort.

S. 118: Sims geht vor.

Hasso Krull, geb. 1964 in Tallinn, lebt dort; studierte estnische Sprache und Literaturwissenschaft in Tallinn; unterrichtet – mit Unterbrechungen – seit 1990

Literaturtheorie am Estnischen Humanitarinstitut / Universität Tallinn; Lyriker, Essayist und Übersetzer. Krull gilt in Estland als intellektuelle Institution. Er veröffentlichte bisher zehn Lyrik- und drei Essaybände; Debüt 1986 mit der Gedichtsammlung *Mustvalge* (*Schwarzweiß*), damals noch unter dem Pseudonym Max Harnoon; zuletzt (2006) erschienen u. a. die Gedichtsammlung *Talv* (*Winter*) und der Band *Neli korda neli* (2009). Daneben hat sich Krull als Übersetzer aus dem Französischen, Englischen, Deutschen, Niederländischen, Finnischen und Schwedischen einen Namen gemacht: Durch ihn wurde das Werk Jacques Derridas in Estland populär. – Siehe auch in *Die Freiheit der Kartoffelkeime – Poesie aus Estland*. Reihe *Poesie der Nachbarn*, hrsg. von Gregor Laschen, *edition die horen*, Bremerhaven 1999.

S. 108: »Bin ich jetzt verwandelt? Nein …« – Zwölf Gedichte. Aus dem Estnischen von Irja Grönholm und Gisbert Jänicke.

Margitt Lehbert geb. 1957 in Genf, aufgewachsen in Genf, Washington D.C., Mexiko City und Bonn; Studium der Philosophie und Germanistik an der Universität Konstanz sowie der Vergl. Literaturwissenschaften (Englisch, Deutsch, Französisch) an der University of Iowa; lebt in Südschweden, wo sie im Nimrod Förlag (gegründet 2006) die Reihe *Edition Rugerup* mit hauptsächlich internationaler Lyrik in deutscher Übersetzung verantwortet. Übersetzte u. a. Poesie von John Montague, Les Murray, Robin Fulton, Elizabeth Bishop, Paul Muldoon, Carol Ann Duffy und Amanda Haight; Übers. Ins Englische u. a. von Georg Trakl, Sarah Kirsch und Michael Augustin. – Siehe auch *die horen*, Band 228/2007.

S. 148: Derek Mahon: »Eis im Mare Imbrium« – Sechs Gedichte (Dt. Fassung, zus. mit Hans-Christian Oeser).

Clarice Lispector, geb. 1920 in Tschetschelnyk / Ukraine, gest. 1977 in Rio de Janeiro; die jüngste von drei Töchtern russ.-jüdischer Eltern, die zwei Monate nach der Geburt der Tochter Clarice (die zunächst den hebräischen Namen Chaya / Leben erhielt) über Hamburg nach Maceió / Brasilien emigrierten. Sie wuchs znächst in Recife, im armen Nordosten des Landes, auf, zog aber 1934 mit der Familie nach Rio de Janeiro, wo sie die Schule und ein Jurastudium absolvierte und als Lehrerin und für div. Zeitungen arbeitete. 1944 erschien ihr erster Roman *Perto do coração selvagem* (*Nahe dem wilden Herzen*). Als ihr Mann als Botschafter verpflichtet war, musste sie ihm folgen – und lebte so u. a. in Neapel, Bern und Washington. In ihrem Schreiben war sie sowohl vom Existenzialismus wie auch von Virginia Woolf und Katherine Mansfield beeinflusst. In dt. Übersetzung erschienen u. a. *Die Passion nach G. H.* (1984/1990); *Die Nachahmung der Rose* (1985); *Sternstunde* (1985); *Das Buch der Lust* (1988); *Von Traum zu Traum* (1992); *Aqua viva: Ein Zwiegespräch* (1994) und *Der Apfel im Dunkeln* (1998).

S. 179: Edith Werner: Radikal subjektiv – Clarice Lispector.

S. 183: »Schreiben – Ein Fluch, der rettet …« – Auswahl aus den Crônicas »A descoberta do mundo« (*Welterkundung*). Dt. von Edith Werner. – Mit freundlicher Genehmigung der Agencia Literaria Carmen Balcells S.A., Barcelona, Sept. 2010.

Ludwig Lugmeier, geb. 1949 in Kochel am See, lebt in Berlin; freier Autor. Zahlr. Buchveröffentlichungen, zuletzt u. a.: *Wo der Hund begraben ist*, Roman (1993); *Der Mann, der aus dem Fenster sprang*, Autobiografischer Roman (2005); Gedichte und Erzählungen in versch. Verlagen, außerdem Rundfunk-Feature, Reportagen und Essays. – Siehe auch *die horen*, Band 233/2009, 237/2010.

S. 165: »Mach was draus«, dachte ich mir.

S. 176: Lieber Michael.

Die Autoren, Künstler & Übersetzer

Derek Mahon, geb. 1942 in Belfast, lebt in Kinsale, County Cork / Irland; Studium am Trinity College in Dublin, wo er mit Seamus Heaney, John Montague und Michael Longley befreundet war. 1968 erschien sein Debütband *Night Crossings*; verbrachte einen Großteil seines Lebens im Ausland (England, Frankreich, USA). Seit 1968 erschienen mehr als ein Dutzend Bücher von ihm, so u.a. *The Hudson Letter* (1995), *The Yellow Book* (1997), *Collected Poems* (1999), *Selected Poems* (2000) und *Harbour Lights* (2005). – Für 2011 in Vorbereitung: *Derek Mahon: Ovid auf Reisen*. Edition Rugerup.

S. 148: »Eis im Mare Imbrium« – Sechs Gedichte. Dt. Fassung: Margitt Lehbert & Hans-Christian Oeser.

Walter Neumann, geb. 1926 in Riga / Lettland, lebt in Bibertal / Kissendorf; freier Schriftsteller, Lyriker, Kritiker. Zahlr. Buchveröffentlichungen, zuletzt u. a.: *Die Bewegung der Erde*, Gedichte (2001); *Die Ankunft des Frühlings*, Gedichte (2004); *In den Gedächtnisfächern. Frühe Gedichte 1961-1977* (2006). – Siehe auch *die horen*, Band 120/1980 ff., zuletzt 226 + 228/2007, 233 + 236/2009, 237/2010.

S. 207: Eine Liebeserklärung – Günter Grass und die Brüder Grimm; bücherforum.

Hans-Christian Oeser geb. 1950 in Wiesbaden, lebt seit 1980 in Dublin (z. Z. in Berlin); 1971-77 Studium der Germanistik und Politologie in Marburg und Berlin; 1980-83 Lektor am University College Dublin, seitdem literarischer Übersetzer, Herausgeber und Autor; Übersetzer u .a. von Brendan Behan, Ray Bradbury, Maeve Brennan, F. Scott Fitzgerald, Bernard Mac Laverty, Ian McEwan, John McGahern, John Montague, Paul Muldoon, Muriel Spark, William Trevor und Oscar Wilde; Autor u.a. von *Treffpunkt Irland. Ein literarischer Reiseführer* (1996); *Oscar-Wilde-ABC* (2004); *Dublin. Ein Reisebegleiter* (2005) und *James Joyce* (zus. mit Jürgen Schneider, 2007); Herausgeber u .a. von *Irische Short Stories des 20. Jahrhunderts* (1999) und *Irland: Glaube, Liebe, Hoffnung – Armut, Qual und Buße. Irische AugenBlicke* (zus. mit Barbara Freitag), *die horen*, Band 151/1988, 2. Aufl. 1996. – Siehe auch *die horen*, Band 197/2000, 211/2003, 221/2006.

S. 148: Derek Mahon: »Eis im Mare Imbrium« – Sechs Gedichte. Dt. Fassung, zus. mit Margitt Lehbert.

Isolde Ohlbaum, geb. in Moosburg/ Obb.,lebt in München; freie Fotografin; zahlr. Buchveröffentlichungen, zuletzt u. a.: *Im Garten der Dichter* (1997); *Autoren, Autoren* (2000); Zu *Gast bei Gustav Klimt* (2003); *Berlin* – mit einem Vorwort von Tilman Spengler (2004); *Lesen* (2006); *Bilder des literarischen Lebens* (2008); *Auswärtsspiele* (2009). – Siehe auch *die horen* seit 1982, zuletzt in Band 218/2005 (2. Aufl. 2006): *Im übersetzten Sinn – Vom literarischen Übersetzen* mit drei Porträtzyklen sowie Band 221, 222 + 224/2006: *Ein Album für Oskar (Pastior)*; 227/2007: *Ein Album für Günter Grass*; 228/2007, 231/2008, 236/2009, 237/2010.

S. 33/34: Vier Porträts: Albert Vigoleis Thelen 1979 in Lausanne sowie weitere Porträts von Barbara Köhler (S. 98), Johano Strasser (S. 203) und Anne Dorn (S. 217).

Sabine Peters, geb. 1961 in Neuwied, lebt in Hamburg; Studium der Lit.-Wiss., Politologie und Philosophie in Hamburg; Autorin und Literaturkritikerin, tätig für div. Zeitungen und Sender. Buchveröffentlichungen u. a.: *Nimmersatt*, Prosa (2000); *Abschied*, Erz. (2003); *Singsand*, Reisebericht (2006); *Feuerfreund*, Roman (2010). – Siehe auch *die horen*, Band 192/1998: *Vorwärts & wohin? Oder: Literatur als Grenzüberschreitung / Vom Schreiben an Erfahrungsgrenzen … Lebens- und Werkspuren zu Christian Geissler* (zus. mit Johann P.

Tammen) sowie Band 206/2002: Über Boris Pahor, 237/2010: Über Michael Sollorz.

S. 219: Wend Kässens: Widerständig leben – Sabine Peters' Roman-Kunststück »Feuerfreund«; bücherforum.

S. 226: Hinaus aufs Meer? – Carl-Henning Wijkmarks »Nahende Nacht«; bücherforum.

Jürgen Pütz, geb. 1957 in Viersen / Niederrhein, lebt in Köln; Studium der Germanistik und Philosophie an der Universität Köln; Dissertation über Albert Vigoleis Thelen, die unter dem Titel *Doppelgänger seiner selbst* in der edition lithaus als Buch vorliegt. Weitere Publikationen: *Sie tanzte nackt auf dem Söller. Das Leben des Albert Vigoleis Thelen – Aus seinen Texten zusammengestellt* (Claassen Lebensläufe, Hildesheim 1992): *Lauter Vigoleisiaden* oder *Der zweite Blick auf Albert Vigoleis Thelen* (*die horen*, Band 199/2000, 2. vergr. Aufl. 2001); *Albert Vigoleis Thelen. Erzweltschmerzler und Sprachschwelger. Eine BildBiographie* (*edition die horen*, Bremerhaven 2003). Inhaber einer Presseagentur; betreibt zusammen mit Ulrich Faure die Website www.vigoleis.de

S. 19: »Nun hoffe ich von Herzen, dass Sie meine Arbeit brauchbar finden ...« – Albert Vigoleis Thelen: Briefe aus düsteren Jahren 1929-1948 (zus. mit Ulrich Faure).

Wilhelm Raabe (Pseudonym: Jakob Corvinus), geb. 1831 in Eschershausen, gest. 1910 in Braunschweig; »zählt – neben Fontane – zu den bedeutendsten Vertretern des deutschen Realismus und zu den Vorläufern der Moderne. Neben Gegenwartsromanen mit realistischer Darstellung der Gesellschaft stehen historische Werke und novellistische Romane. Gegen Ende seines Schaffens verlässt Raabe die traditionelle Erzählhaltung und eröffnet neue Erzählperspektiven ... In der Nachfolge Jean Pauls ist seine Bildungskritik unter dem Einfluß von L. Sterne, Ch. Dickens, W. M. Thackerey, G. W. F. Hegel, J. Böhme und A. Schopenhauer zu sehen ... Als Kultur- und Gesellschaftskritiker lehnt er es ab, den Humoristen zugerechnet und damit missdeutet zu werden.« (Brockhaus) – Hinweise zu Neuausgaben und lieferbaren Titeln siehe Seite 17 in diesem Band.

S. 9: Des Menschen Hand. Aus: *Sämtliche Werke*, hrsg. von K. Hoppe, Bd. 20, Vandenhoeck & Ruprecht, Göttingen 1968.

S. 11: Wolfgang Hegewald: »Dass die Kanaille Herr ist und bleibt« – Wilhelm Raabe zum Gedächtnis anlässlich seines 100. Todestages.

Peter Rühmkorf (Pseudonyme: Leo Doletzki, Leslie Meier, Johannes Fontara, John Frieder, Hans-Werner Weber, Harry Flieder, Hans Hingst; Übername: Lyngi), geb. 1929 in Dortmund, gest. 2008 in Roseburg im Kreis Herzogtum Lauenburg; Lyriker, Erzähler, Essayist, Dramatiker; studierte zunächst Pädagogik und Kunstgeschichte, später Germanistik und Psychologie in Hamburg; gab – zusammen mit Werner Riegel – von 1951-56 die Zs. *Zwischen den Kriegen* heraus; war von 1958-64 Verlagslektor, seither freier Schriftsteller in Hamburg; 1979 Gastdozent für moderne deutsche Literatur in Austin / Texas, 1977 in Essen, 1978 in Warwick, 1980 in Frankfurt/Main und Hannover, 1983 in New Hampshire und 1985/86 in Paderborn; 1976 Stadtschreiber von Bergen-Enkheim; seit Mitte der 60er Jahre renommiertester Rampenking auf vielen Lyrik- und Jazz-Bühnen, vielfach mit Michael Naura und Wolfgang Schlüter. – Bei Rowohlt erschien zuletzt u. a. die 4-bändige Gesamtausgabe (*Bd. 1: Gedichte; Band 2: Die Jahre, die ihr kennt. Anfälle und Erinnerungen; Band 3: Schachtelhalme. Schriften zur Poetik und Literatur; Band 4: Die Märchen*) sowie die *Tagebücher* (*Tabu I*, 1995; *Tabu 2*, 2004) und *Paradiesvogelschiß. Gedichte* (2008).

S. 7: Drei Variationen über das Zeitgedichte. Aus: *Paradiesvogelschiß*. Rowohlt Verlag, Reinbek 2008.

Michael Schulte, geb. 1941 in München, lebt in Berlin und in Schleswig-Holstein; Kindheit in einem Dorf bei Regensburg und in Damaskus; 1959/60 Austauschschüler in den USA, Buchhändlerlehre und Germanistikstudium in Göttingen (beides abgebrochen); zahlr. Reisen durch Europa und Asien, häufig wechselnde Wohnsitze in Deutschland und in den USA; veröffentlichte zahlr. Romane, Erzählungen und Sachbücher, zuletzt u. a. den Roman *Die Flaschenpost des Herrn Debussy*. – Siehe auch *die horen*, Band 227/2007 und 233/2009.

S. 170: Die Wandlung – Ein Bericht.

Klaus Stiller, geb. 1941 in Augsburg, lebt in Berlin; Studium der Germanistik, Romanistik und Theaterwissenschaft in Grenoble; 1961 erste Gedichtveröffentlichung in *Akzente*; 1966 Einladung zur Jahrestagung der *Gruppe 47* in Princeton, dort Lesung unveröffentlichter Gedichte; freier Schriftsteller, zeitweise Lektor, 1981-93 Literaturredakteur beim RIAS, 1994-96 Leiter der Literaturredaktion beim DeutschlandRadio Berlin. – Zahlr. Buchveröffentlichungen (Auswahl): *H.*, Protokoll (1970); *Tagebuch eines Weihbischofs* (1972); *Die Faschisten*, Italienische Novellen (1976); *Weihnachten*, Roman (1980); *Italienische Erzählungen des 20. Jahrhunderts*, Anthologie (Hrsg., 1982); *Die Klassiker der italienischen Literatur*, Lexikon (1990); *Ach, das ferne Land*, Gedichte (1992); *Vom Volke der Deutschen – Eine heillose Legende* (2000); *Im Schein des Gegenlichts*, Gedichte (noch unveröffentlicht), z. Z. in Arbeit: Der 3. Band der Augsburger Nachkriegs-Romantrilogie. – Siehe auch *die horen*, Band 228/2007.

S. 65: Philosophismen.

S. 129: »Das Unermessliche vermessen …« – Sechs Gedichte.

Johano Strasser, geb. 1939 in Leeuwarden / Niederlande, lebt in Berg am See; Schriftsteller, Publizist, Politologe; Studium am Auslands- und Dolmetscherinstitut der Universität Mainz in Germersheim, Arbeit als Übersetzer in den Ford-Werken in Köln, Studium der Philosophie in Mainz, Promotion 1967, Habilitation in Politikwissenschaft an der FU Berlin 1977; 1980-88 Redakteur und Mithrsg. der Zs. *L 80*; ab 1995 Generalsekretär zunächst des westdeutschen, dann des gesamtdeutschen P.E.N.-Zentrums der Bundesrepublik Deutschland, seit 2002 dessen Präsident. Veröffentlichte zahlr. Sachbücher, Romane, Gedichte, Hörspiele, zuletzt u. a.: *Bei Regen über Regen reden*, Gedichte (2000); *Die Tücke des Subjekts. Handreichungen für Unverbesserliche* (2002); *Als wir noch Götter waren im Mai – Erinnerungen* (2007); *Bossa Nova – Ein Provinzroman* (2008); *Labile Hanglage*, Gedichte (2010). – Siehe auch *die horen*, Band 207/2002, 221/2006, 233/2009.

S. 157: Eine Art Unfall.

S. 164: Hamburger Simulation. Aus: *Labile Hanglage*, Gedichte. Brandes & Apsel, Frankfurt / Main 2010.

S. 203: Gert Heidenreich: Sänger des Zweifels – Johano Strassers Gedichte aus dreißig Jahren: »Labile Hanglage«; bücherforum.

S. 204: Litanei – für Gert Heidenreich. Aus: *Labile Hanglage*, a.a.O.

Johann P. Tammen. Geb. 1944 in Hohenkirchen / Friesland, lebt in Bremerhaven-Weddewarden; Herausgeber der *horen* und der *edition die horen*. Studium der Germanistik, Soz.-Wiss. und Geschichte in Oldenburg. Zahlr. Veröffentlichungen, zuletzt u. a.: *Urweltgläs und Bunterkunt. A. V. Thelens Gedichtsprache – Füllstoff für wortleere Vorratskammern* (Essay). In: *Albert Vigoleis Thelen – Mittler zwischen Sprachen und Kulturen* (Waxmann Verlag, Münster 2005); *Sags dem Meer* mit Farbholzschnitten von

Lothar Seruset und einem Nachwort von Hugo Dittberner (Quetsche, Verlag für Buchkunst, Witzwort 2009); verantwortlich für die Auswahl und Redaktion dieses *horen*-Bandes.

Eva Taylor, geb. 1956 in Heiligenstadt / Thüringen; Dozentin, Autorin und Herausgeberin; lebt in Florenz; schreibt auf deutsch und italienisch. Veröffentlichte Gedichte und Erzählungen in Zeitschriften (*Ort der Augen*; *Signum*). Zuletzt erschienen die Gedichtbände *L'igiene della bocca* Edizione l'Obliquo, Brescia 2006) und *Aus dem Schneebuch* (Eric van der Wal, Bergen / Holland 2008). – Siehe auch *die horen*, Band 236/2009.

S. 230: Vom Leben mit dem, was war und vom Mut zum Nein – Zwanzig Jahre »Jeanette Schocken Preis« / Ein Lesebuch; bücherforum.

Albert Vigoleis Thelen, geb. 1903 in Süchteln am Niederrhein, gest. 1989 in Dülken am Niederrhein; Autor, Kritiker und Übersetzer. Sein Roman *Die Insel des zweiten Gesichts* (Erstveröffentlichung 1953) gilt als eines der großen literarischen Werke des 20. Jahrhunderts; Fontane-Preis 1954 (Siegfried Lenz, 1954: »Ein epischer Zauberer!«; Paul Celan, 1954: »... Einen neuen deutschen Roman gelesen, der mir ein wahres Kunstwerk zu sein scheint ...«; Marten 't Hart, 1999: »Seit langem glaube ich: Das größte Buch dieses Jahrhunderts ist *Die Insel des zweiten Gesichts* von Albert Vigoleis Thelen.«). Weitere Buchveröffentlichungen: *Vigolotria*, Gedichte (1954); *Der Tragelaph*, Gedichte (1955); *Der schwarze Herr Bahßetup. Ein Spiegel*, Roman (1956); *Runenmund*, Gedichte (1963); *Glis-Glis*, Erzählung (1967); *Im Gläs der Worte*, Gedichte (1979); *Saudade*, Gedichte (1986); *Der magische Rand*, Romanfragment (1989); *Poetische Märzkälbereien*, Ges. Prosa (1990); *Die Literatur in der Fremde*, Literaturkritiken (1996); *Teixeira de Pascoaes: Napoleon. Spiegel des Antichrist*, Übersetzung (1997); *Briefe an Teixeira de Pascoaes* (2000); *Lauter Vigoleisiaden* oder *Der zweite Blick auf Albert Vigoleis Thelen* (*die horen*, Band 199/2000, 2. vergr. Auflage 2001); Die *Gottlosigkeit Gottes oder Das Gesicht der zweiten Insel*, Doppel-CD (Platz 1 der Hörbuch-Bestenliste im April 2001); *Albert Thelen liest aus »Die Insel des zweiten Gesichts«*, CD (2003); *Albert Vigoleis Thelen. Erzweltschmerzler und Sprachschwelger. Eine BildBiographie* (hrsg. von Jürgen Pütz, *edition die horen*, Bremerhaven 2003). – Siehe auch *die horen*, Band 211/2003: *Albert Vigoleis Thelen – Ein Jahrhundertschelm in neuen Ansichten*. – Näheres siehe auch unter www.vigoleis.de

S. 19: »Nun hoffe ich von Herzen, dass Sie meine Arbeiten brauchbar finden ...« – Albert Vigoleis Thelen: Briefe aus düsteren Jahren 1929-1948. Ausgewählt, kommentiert und bebildert von Ulrich Faure und Jürgen Pütz.

S. 59: Michael Gormann-Thelen: Neues vom »Prallerzähler« – Eine erste Edition von Briefen des Albert Vigoleis Thelen.

Ralf Thenior, geb. 1945 in Bad Kudowa / Schlesien, lebt in Dortmund; Lyriker, Erzähler, Essayist, Herausgeber, Übersetzer, Hörspiel- und Featureautor, Kinder- und Jugenbuchautor; zahlr. Buchveröffentlichungen, zuletzt u. a.: *Einfache Dinge*, Prosa und Gedichte (1996); *Das bulgarische Gefühl*, Prosa (1998); *Dämonenspiegel*. Gedichte (2003); *Zerbrochene Träume* (2003); *Herbstmobil*, Lyrik (2007); *Hundefleisch und Tigerbeer*, Reisebericht (2008); *Der Hausgott trinkt Fanta*, Prosa (2008). – Siehe auch *die horen*, Band 180/1995 ff.

S. 147: es geht weiter. Aus: *Einfache Dinge*. Gedichte und Prosa aus 25 Jahren. Bücher der Nyland-Stiftung, Köln 1995.

Die Autoren, Künstler & Übersetzer

Jürgen Theobaldy, geb. 1944 in Straßburg, lebt nach dem Rückzug aus dem Brotberuf als freier Schriftsteller in Ostermundigen bei Bern in der Schweiz; zahlr. Buchveröffentlichungen, zuletzt u. a.: *In der Ferne zitternde Häuser*, Prosa (2000); *Immer wieder alles*, Gedichte (2000); *Trilogie der nächsten Ziele*, Roman (2003); jüngst erschienen die Gedichtbände *Wilde Nelken* (zu Klampen Verlag, Springe 2005) und *24 Stunden offen* (Verlag Peter Engstler, Ostheim / Rhön 2006).

S. 137: Drei Männer / Vor der Siesta / Nacherzählt / Strafe muss nicht sein. Aus einer fortlaufenden Sammlung von Kalendergeschichten (noch unveröffentlicht).

S. 177: Im Gerede. Aus: *Die Sommertour*. Gedichte. Rowohlt Verlag, Reinbek 1983.

Edith Werner. Nach dem Studium der Literaturwissenschaft und Geschichte in ihrer Heimatstadt Berlin und Promotion in Heidelberg sowie Lehrtätigkeit an den Universitäten Kairo und Heidelberg arbeitete Edith Werner in der Wissenschaftsförderung, später begann sie eine zweite Karriere als Reiseschriftstellerin mit einer Reihe von Buchveröffentlichungen und Artikeln in Zeitungen und Zeitschriften zu Afrika und Lateinamerika. Ihr Südafrika-Porträt wurde in die Schriftenreihe der Bundeszentrale für Politische Bildung aufgenommen und erscheint in Kürze in zweiter Auflage. Ein Stadtführer *Buenos Aires* ist ihre jüngste Buchveröffentlichung. Näheres unter www.edithwerner.com – Nach fünf Jahren in Kapstadt und einer längeren Zeit in Buenos Aires lebt sie inzwischen – reisend und schreibend – in Singapore.

S. 179: Radikal subjektiv – Clarice Lispector.

S. 183: »Schreiben – Ein Fluch, der rettet …« – Auswahl aus den Crônicas »A descoberta do mundo« (Welterkundung). Dt. Fassung.

Götz Wienold, geb. 1938 in Großpostwitz / Oberlausitz, lebt in Tokyo; Linguist und Semiotiker; schreibt Theaterstücke, Romane und Erzählungen. Im Druck erschienen die Theaterstücke *Trakls Tod*, *Die verbrannten Uniformen* (Siegen: Carl Böschen, 2003); im Passagen Verlag (Wien) *Xavier und die Nonne Buddhas* (2007) und *Luther oder Die Vielweiberei erobert Europa* (2009) sowie der Roman *Großwahrwitz. Aus den Anfängen des neuen Deutschland* (2006); im ND 2009 die Erzählung *Glatzköpfe*, in *Signum* Sommer 2010 *Fahrten Fährten*, in *Ort der Augen* Juni 2010 *Meine Mutter, die Spinne*.

S. 133: Rotlauf.

* * *

Wir danken …

… allen mitwirkenden Autorinnen & Autoren, insbesondere Edith Werner für das »Zuspiel« der »Welterkundungs«-Prosa von Clarice Lispector sowie für die umfangreich damit verbundenen Recherchen und Copyrightabklärungen; Uwe Herms für die »Anzettelung« des Prosa-Pass-Spiels zwischen Ludwig Lugmeier und Michael Schulte; Katherina Narbutovič für Scout-Dienste, die uns die neuen Gedichte von Hasso Krull in der Übersetzung von Irja Grönholm und Gisbert Jänicke zugänglich machten; Hans-Christian Oeser und Margitt Lehbert für die Erlaubnis zum Vorabdruck der Ge-

dichte von Derek Mahon. Und schließlich noch ein ausdrückliches Dankeschön an Jürgen Pütz und Ulrich Faure für die Hergabe der unveröffentlichten Briefe Albert Vigoleis Thelens, des von uns hochverehrten und auf ewig unübertroffen bleibenden bunterkunten Weltverneinungspikaristen erster Ordnung. Millionen Leser mögen es den Beiden ebenfalls danken!

Und zum Ausklang des 55. *horen*-Jahrgangs 2010 ist es einmal mehr sehr angebracht, allen Förderern und Unterstützern ganz herzlich zu danken: Das sind zuvörderst das Land Niedersachsen, die Landeshauptstadt Hannover, der Senat der Freien und Hansestadt Bremen sowie das Kulturamt der Seehafenstadt Bremerhaven, die kontinuierlich für die Grundsicherung der *horen* eintreten. Und das ist zum wiederholten Male die *E. L. Familienstiftung zur Förderung von Kunst und Kulturwerten Bremerhaven / Hamburg*, namentlich Herr Eddy Lübbert, der uns großmutig den beständigsten Wind unter unsere klammen Herausgeberflügel lenkt. Herzlichen Dank!

Aufzufassen als eine heiter-respektvolle Verbeugung vor Seiner Singularität, dem Größten unter den Großen, haben wir uns – fünf Minuten nach Redaktionsschluss – den kleinen Kunstdiebstahl auf Seite 170 dieses *horen*-Bandes erlaubt: Da galt es möglichst noch – so optimal und anspielungsreich wie nur irgend denkbar – eine »Lücke« zu füllen zwischen der *Animation* Ludwig Lugmeiers und der *Wandlung* Michael Schultes, »irgendetwas zum Thema Mensch und Hund« musste her. Also ran ans Genialste: Loriots Klassiker *Auf den Hund gekommen*; d e m Longseller in Züricher Diogenes-Obhut. O-Ton Hund zu Hund: »Entsetzlich, sie sind nur einzeln zu ertragen!« © Vicco von Bülow / Diogenes 1980 (Erstveröffentlichung 1954). – Wir bitten um Nachsicht und Schonung!

Die mehrfach in diesem *horen*-Band zum Bestaunen ausgestellten Sujets von WOLS (Reproduktionen seiner Photographien aus den Jahren 1932-1941) entnahmen wir dem Buch *WOLS. Bilder Aquarelle Zeichnungen Photographien Druckgraphik*, erschienen im Benteli Verlag, Bern. © Kunsthaus Zürich / Kunstsammlung Nordrhein-Westfalen, Düsseldorf 1989.

WOLS (d. i. Alfred Otto Wolfgang Schulze), geb. 1913 in Berlin, gest. 1951 in Paris, reiste 1932 auf Empfehlung seines Lehrers Lászlo Moholy-Nagy nach Paris, wo er sich alsbald mit Hans Arp, Alexander Calder, Fernand Léger, Alberto Giacometti u. a. anfreundete. In Paris jedoch lebte er zunächst ohne Arbeitserlaubnis und unter ärmlichsten Bedingungen – und zog deshalb zunächst nach Barcelona, später nach Mallorca. Aber ohne Papiere galt er als fahnenflüchtig und staatenlos, was mehrfach zu Inhaftierungen führte. Wahrscheinlich Ende 1935 wurde er aus Spanien abgeschoben – und kehrte auf abenteuerlichen Wegen über die Pyrenäen nach Frankreich zurück. Nach Deutschland jedoch kehrte er nie mehr zurück. Ein kundig edierter Bildband mit seinen »Photographien« als eigenständigem Teil seines künstlerischen Schaffens wäre verdienstvoll. – *die horen* erinnern voller Hochachtung an WOLS als einen wichtigen Wegbereiter, der nicht länger ein Vergessener sein sollte.

Verlag + Redaktion die horen

EDITION KÜNSTLERHAUS

Herausgegeben
von Michael Buselmeier

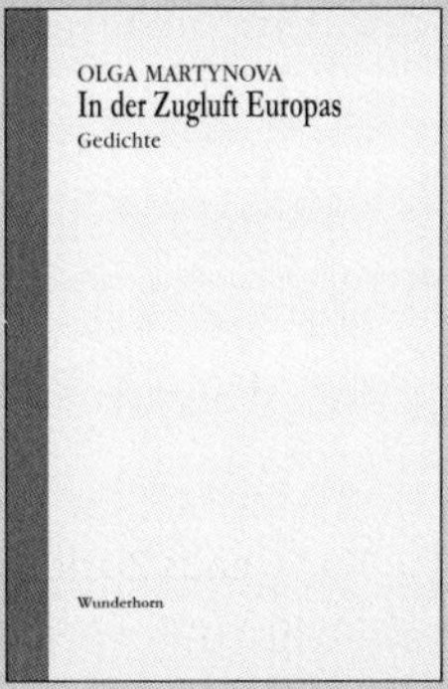

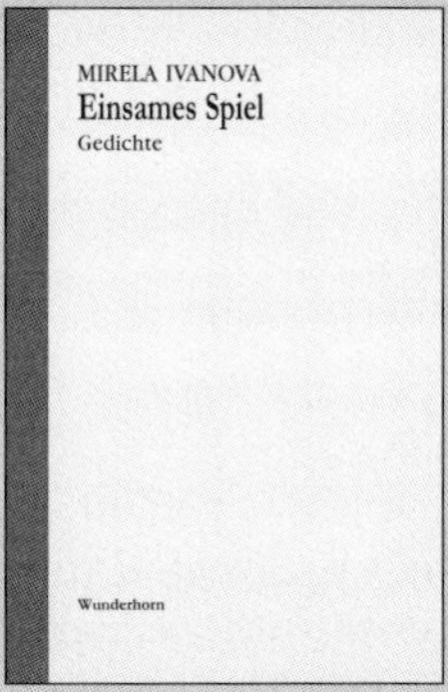

»Eine Fundgrube für Sammler & Entdecker!«

In dieser Reihe werden jährlich zwei Titel herausgegeben: Gedichte wie Kurzprosa, schmale, jeweils einem deutschen oder ausländischen Autor gewidmete Bände in bibliophiler Aufmachung zwischen 48 und 64 Seiten. Alle vorgestellten Autoren haben eine Beziehung zum Künstlerhaus Edenkoben: als Vorlesende, Stipendiaten oder als Teilnehmer an der Übersetzer-Reihe »Poesie der Nachbarn«.

Ernest Wichner

»bin ganz wie aufgesperrt«

Gedichte

In diesem Band sind vorwiegend Liebesgedichte versammelt, gerichtet an eine nicht einmal ferne, aber doch umso mehr herbeigesehnte Frau. Sie handeln von Leidenschaft, von einer Liebe, deren Erfüllung außerhalb des Möglichen liegt (»Und hätte ich ein Maß für dieses Elend, Ja und Nein«). Dieses Urthema der Lyrik überhaupt gestaltet Ernest Wichner mit einer genauen Kenntnis der abendländischen Tradition, aber auch mit einer Inbrunst, die ihresgleichen sucht. Anklänge von Petrarca (»Wer hat, was in uns wühlt, codiert/und zum Problem gemacht«) finden sich ebenso wie John Donne und eine Spur der großen Erotiker aus der Antike.

48 Seiten, gebunden, bibliophile Ausgabe.
ISBN 978-3-88423-352-8, 13,50 Euro

Bitte fordern Sie unser
Verlagsverzeichnis an:

E-Mail: **wunderhorn.verlag@t-online.de**

Verlag Das Wunderhorn · Rohrbacher Straße 18 · D-69115 Heidelberg · Tel. 0 62 21/40 24 28 · Fax 40 24 83

Unverhoffte Himmel / Zeitgenössische makedonische Poesie. Herausgegeben von Norbert Randow & Johann P. Tammen.
ISBN 978-3-89701-987-6.
172 Seiten, 18,-- Euro.

Ausgewählte Gedichte von Michail Rendžov, Radovan Pavlovski, Bogomil Gjuzel, Eftim Kletnikov, Simjon Simev, Katica Kjulavkova, Liljana Dirjan, Vera Čejkovska, Jordan Danilovski & Saša Gigov Giš. – Nachdichtungen von Annemarie Bostroem, Stefan Döring, Ulrike Draesner, Elke Erb, Kerstin Hensel, Uwe Herms, Gregor Laschen, Richard Pietraß, Brigitte Struzyk, Johann P. Tammen und Ernest Wichner. – Mit einem Vorwort von Norbert Randow und Bildern von Jovan Balov.

Königs Schiffe vor Eden – 15 Jahre »Poesie der Nachbarn – Dichter übersetzen Dichter« / Bilder und Reflexionen. Herausgegeben von Gregor Laschen.
ISBN 978-3-89701-986-8.
180 Seiten, 18,– Euro.

Eine Dokumentation. Mit Fotos von Ingo Wilhelm, Isolde Ohlbaum, Paul van Schie, Anita Schiffer-Fuchs u.v.a.m. – Mit einem Vorsatz von Gregor Laschen und poetologischen Texten vieler der in 15 Jahren am Projekt beteiligten Autoren. – »Diese zwischen den Literaturen vermittelnde Werkstatt hat sich wahrlich bewährt.«

Walter Hinck / FAZ

Atmen lang von Babel her / Poesie aus Griechenland. Herausgegeben von Gregor Laschen.
ISBN 978-3-89701-985-X.
208 Seiten, 13,-- Euro.

Gedichte von Katerina Angelaki-Rooke, Stratis Paschalis, Maria Kyrtzaki, Maria Topali, Mimis Souliotis und Charis Vlavianos – Nachdichtungen von Róža Domašcyna, Gerhard Falkner, Dorothea Grünzweig, Rolf Haufs, Gregor Laschen und Johann P. Tammen. – Mit einem Nachwort von Torsten Israel und neun Bildern von Hans Arp.

»POESIE DER NACHBARN – DICHTER ÜBERSETZEN DICHTER.«

Eine literarische Reihe ausgewählter Gedichte der europäischen Moderne.

Die bibliophile Quadratbuchreihe. Zweisprachig, illustriert, kommentiert und mit bio-bibliographischen Daten der beteiligten Dichter und Nachdichter.

»Poesie Vis-à-vis« – Blicke zum Nachbarn.

» Es ist eine Lust, in diesen Büchern zu lesen, die zweisprachig und in exzellenter Aufmachung einen wahren Vorschein spiegeln vom europäischen Traum der Gemeinsamkeiten. «

LUDWIG HARIG / SÜDDEUTSCHE ZEITUNG

» Mal wieder so ein Abend querdurch, so ein Wühl und Planschabend. Bücherbadetag. Allein die Alben der ›edition die horen‹, herausgegeben von Gregor Laschen: Zweisprachig natürlich ... Gott erhalt's! «

BENEDIKT ERENZ / DIE ZEIT